普通高等教育“十二五”规划教材
普通高等院校机电工程类规划教材

互换性与技术测量

（第2版）

主　编　邢闽芳
副主编　房强汉　兰利洁

清华大学出版社
北京

内容简介

本书的编写结合了近年来教育改革成果和应用型本科教育的特点，将理论与实际应用紧密联系，实用性强。全书前后呼应，整体性强；采用了最新颁布的国家标准，表述独特、通俗易懂；便于自学。

全书共分8章，内容包括：绪论，轴、孔结合的极限与配合(其中包括滚动轴承的精度和互换性)，测量技术基础，几何公差及检测，表面粗糙度及其检测，光滑工件尺寸检测和量规设计，零件典型表面(键与花键、螺纹、齿轮、圆锥等)的公差配合与检测，尺寸链。全书重点介绍了常见几何参数的精度设计方法和各类公差选择、标注、查表与解释，介绍了几何量的常见检测方法和数据处理。

本书可以作为应用型本科院校机械设计、制造类专业的教材，也可作为成人教育学院、函授大学、电视大学、高等职业技术学院等机电类专业本科及专科的教材，还可作为从事机械设计与机械制造的工程技术人员的参考用书。

图书在版编目(CIP)数据

互换性与技术测量/邢闽芳主编. --2版. --北京：清华大学出版社，(2016.7重印)
(普通高等院校机电工程类规划教材)
ISBN 978-7-302-26332-6

Ⅰ. ①互…　Ⅱ. ①邢…　Ⅲ. ①零部件—互换性—高等学校—教材 ②零部件—技术测量—高等学校—教材　Ⅳ. ①TG801

中国版本图书馆CIP数据核字(2011)第152374号

责任编辑：庄红权
责任校对：刘玉霞
责任印制：何　芊

出版发行：清华大学出版社
网　址：http://www.tup.com.cn，http://www.wqbook.com
地　址：北京清华大学学研大厦A座　邮　编：100084
社 总 机：010-62770175　邮　购：010-62786544
投稿与读者服务：010-62776969，c-service@tup.tsinghua.edu.cn
质量反馈：010-62772015，zhiliang@tup.tsinghua.edu.cn
印 装 者：北京嘉实印刷有限公司
经　销：全国新华书店
开　本：185mm×260mm　印　张：17　字　数：412千字
版　次：2011年8月第2版　印　次：2016年7月第8次印刷
印　数：15001～17000
定　价：35.00元

产品编号：034638-02

前　　言

"互换性与技术测量"是应用型高等院校机械类、仪器仪表类和机电结合类各专业重要的主干技术基础课程，是和机械工业发展紧密联系的基础学科。本教材切合当前教育改革需要，侧重培养适应21世纪现代工业发展要求的机械类高级应用技术型人才。

在机械产品的精度设计和制造过程中，如何正确应用相关的国家标准和零件精度设计的原则、方法进行机械产品的精度设计，如何运用常用的、现代的检测技术手段来保证机械零件加工质量是本课程教学的培养目标。

根据应用型本科院校机械类、仪器仪表类和机电结合类各专业的培养目标及对毕业生的基本要求，本书本着注重理论与实践紧密联系的原则，既保证了必要、足够的理论知识内容，又增强了理论知识的应用性、实用性；既突出了常见几何参数及典型表面的公差要求的标注、查表、解释以及对几何量的常见检测方法和数据处理的内容，又适当地保证了对国家标准制订的基本原理的解释、分析。本书以实际例子，说明理论内容，尤其是重点化解难以理解的理论内容。为了满足教学和自学的需要，巩固和加深对有关内容的理解，本教材提供大量的实训、适量的习题。

随着经济技术的迅猛发展，国家标准也在不断更新和修订。为了保证先进性，本教材绝大部分依据最新国家标准进行编写。

本书由福建工程学院邢闽芳副教授主编，山东交通学院房强汉副教授和沈阳建筑大学兰利洁副教授任副主编。本书第1、2、4、6章由邢闽芳编写，第7章由房强汉编写，第3、5、8章由兰利洁编写。参加编写工作的还有：山东交通学院刘泽深、吴承格。全书由邢闽芳统稿和定稿。

由于编者水平有限，时间仓促，书中难免有不足和错漏之处，恳请读者批评指正。

编　者

2011年7月

目　　录

第1章 绪 论

本章要点及学习指导

(1) 机械产品的精度设计是机械设计与制造中重要的环节之一,设计是否正确、合理,对机械产品的使用性能和制造成本、对企业生产的经济效益和社会效益都有着重要的影响。

(2) 通过"机床——小型立式台钻"实例分析,结合学习的"机械制图"、"机械设计"等课程,了解机械产品精度设计的基本内容,明确精度设计的任务。

(3) 了解在机械产品的制造、装配和使用过程中,一般遵循"互换性"原则的理由。

(4) 掌握互换性概念的基本内容、互换性的作用、互换性的种类及其应用。

(5) 掌握实现互换性的条件——公差标准化和测量技术的基本内容。

(6) 了解公差标准化应用实例——标准尺寸的应用。

(7) 明确本课程的性质与基本要求。

1.1 机械产品的几何量精度设计概述

本节介绍机械产品的几何量精度设计的基本概念和基本任务。

1.1.1 机械产品的几何量精度设计

机械产品(如:各类机器设备——机床、各类机构——减速器及其他传动装置及各类机械产品)设计通常除了进行机械产品的总体开发、方案设计、运动设计、结构设计、强度和刚度设计计算之外,还必须进行机械产品的精度设计。而几何量精度设计是机械产品的精度设计中的重要内容。几何量精度设计是否正确、合理,对机械产品的使用性能和制造成本,对企业生产的经济效益和社会效益都有着重要的影响,有时甚至起决定性作用。

1. 几何量精度设计的基本概念

机械产品的几何量精度设计是指按照机械产品的使用功能要求和机械加工及检测的经济合理的原则,对构成机械产品的零部件的配合部位确定配合性质;确定各个零件上各处的尺寸精度、几何精度、表面质量以及零件上典型表面精度;确定机械产品在轴向上的定位精度(涉及尺寸链计算和确定轴向尺寸公差)等。

2. 几何量精度设计的任务

机械产品的几何量精度设计的主要任务如下:

(1) 在机械产品的总装配图和部件装配图上,确定各零件配合部位的配合代号和其他技术要求,并将配合代号和相关要求标注在装配图样上。

(2) 确定组成机械产品的各零件上各处尺寸公差、几何公差、表面粗糙度要求以及典型表面(如：键、圆锥、螺纹、齿轮等)公差要求等内容,并在零件图样上进行正确标注。

1.1.2 机械产品的几何量精度设计实例

以小型机床——立式台钻主轴部件的几何量精度设计为例,具体说明"几何量精度设计"的主要内容。

如图 1.1 所示是台钻主轴部件的装配示意图。台钻主轴部件主要由主轴箱、主轴、齿条套筒、齿轮轴、花键套筒、皮带轮(塔轮)、轴承、挡圈、端盖、键、密封圈、螺母等零件组成。

1. 台钻的基本工作原理

如图 1.1 所示,台钻主轴部件的工作原理是由电动机带动皮带轮经三角带传至主轴皮带轮和花键套筒,再经花键传动至主轴,并使与主轴联结的钻头旋转。花键套筒上的皮带轮为 5 级塔轮,变换 V 形胶带在塔轮上的级位,可获得 5 种转速,达到变速要求。

2. 台钻的几何量精度设计的主要内容

(1) 在台钻主轴部件的装配图样中,确定其各零件之间配合部位的配合代号或其他技术要求,并进行图样标注,注出相关的技术要求。

(2) 经过尺寸链计算,确定主轴上各零件轴向尺寸及其公差,以保证它们在轴向上的定位要求。

(3) 在台钻的各零件图中,确定各处尺寸公差、形状和位置公差、表面粗糙度要求、键与键槽的公差以及齿轮齿面公差要求等,并进行图样标注,注出相关的技术要求。

台钻主轴部件装配示意图、花键套筒和箱体的零件示意图如图 1.1、图 2.17、图 2.23 所示。

3. 台钻零件加工、部件装配和台钻使用过程中遵循的原则

1) 台钻零件的加工、部件装配过程

由图 1.1 可知,台钻由多种零件组成,有轴承、键、弹性挡圈、弹簧、螺母等标准件或通用件,有箱体、主轴、齿条套筒、花键套筒、齿轮轴、压紧螺母和挡圈等非标准件,还有密封圈、油毛毡等非金属标准件等。这些零件由不同工厂、不同车间、不同工人生产,如：轴承是由专业化的轴承制造厂家制造；键、螺母、弹性挡圈、弹簧、密封圈等由专业化的标准件厂生产；非标准件由一般的机械制造厂加工制造。当这些零件加工合格后,都汇聚到台钻的装配车间。当装配一定批量的台钻时,为了提高装配效率,在装配车间的装配线上,各个装配工位按照一定的节拍进行装配。装配工人在一批相同规格的零件中不经选择、修配或调整地任取其中一个零件就能装配在一起,最后装配成一台满足预定使用功能要求的台钻。

2) 台钻的使用及修配过程

当台钻使用一段时间后,其中一些易损件,如：轴承中的滚动体——滚珠、密封圈、齿轮齿面等容易磨损。当磨损到一定程度,就会影响台钻的使用功能。这时要求迅速更换易损件,使台钻尽快修复,从而保证台钻尽早可靠地正常工作。

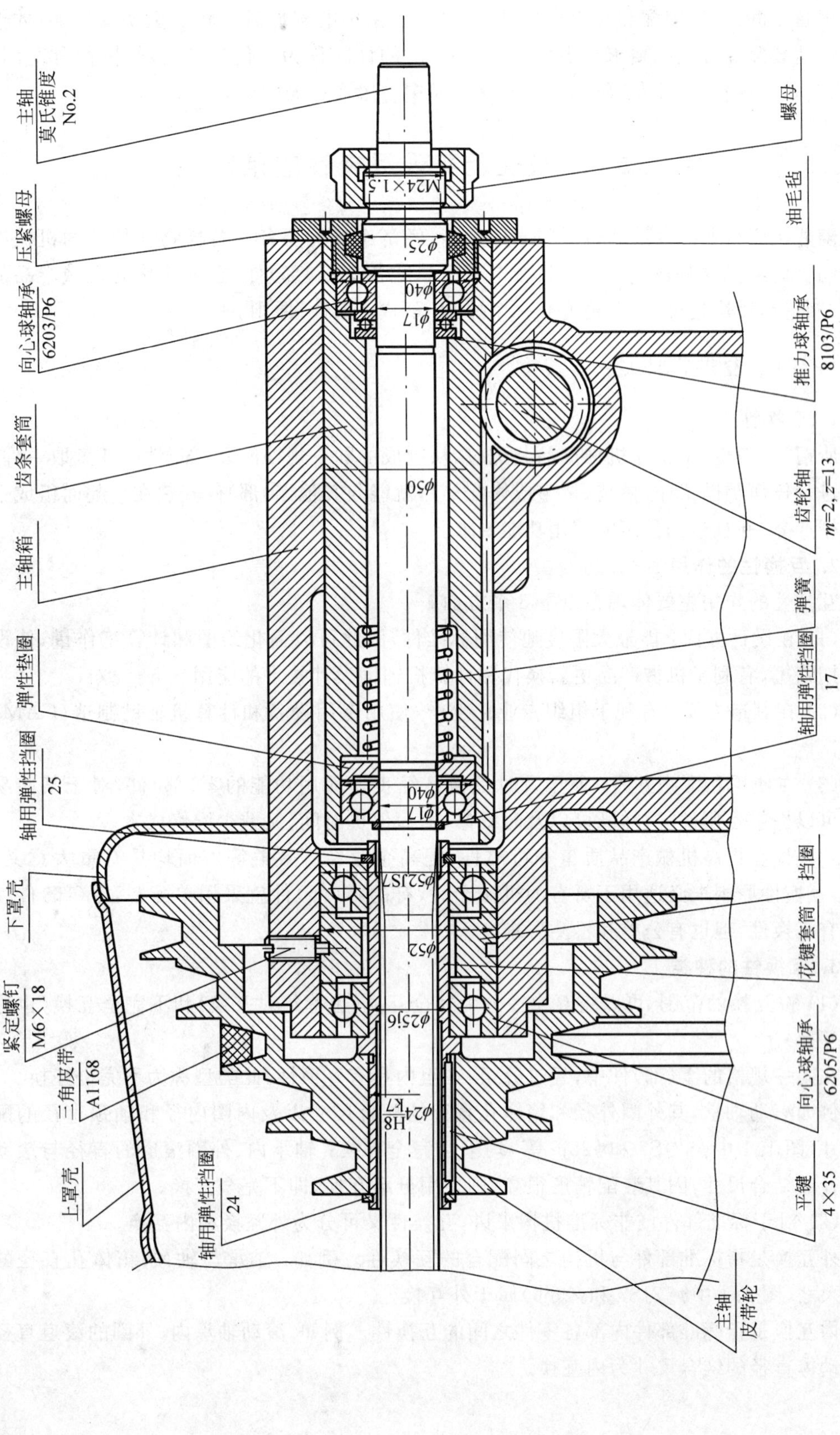

图 1.1　台钻主轴部件装配示意图

由台钻的加工、装配和使用过程可知,只有台钻中的零件具有相互更换的性能,才能满足快速装配和修配的要求。零件“相互更换”的性能称为几何量“互换性”,简称“互换性”。它是全球化、专业化、协作生产机械产品中一般要遵循的原则。

1.2 互换性及实现互换性的条件

随着机械行业的发展和科学技术的提高,经济市场需要各式各样物美价廉的机械电子产品。而组成这些技术装备和机械电子产品的各个零(部)件,在现代化的机械产品的设计、制造和使用过程中,普遍遵守一个原则——“互换性”原则。

1.2.1 互换性概述

1. 互换性

所谓“互换性”是指在机械产品装配时,从制成的同一规格的零(部)件中任意取一件,不需进行任何辅助工作(挑选、调整或修配等),就能与其他零(部)件安装在一起而组成一台机械产品,并且达到预定的使用功能要求。

2. 互换性的作用

互换性的作用主要体现在以下 3 个方面。

(1) 在设计方面:能最大限度地使用标准件,因此可以简化绘图和计算工作量,使设计周期缩短,有利于机械产品更新换代和计算机辅助设计技术的应用。

(2) 在制造方面:有利于组织专业化生产,使用专用设备和计算机辅助制造(CAM)技术。

(3) 在使用和维修方面:便于及时更换已经丧失使用功能的零(部)件,对于某些易损件可以提供备用件,这样既可以及时维修,缩短停机时间,又减少维修成本。

互换性在提高机械产品质量和可靠性、提高企业经济效益等方面均具有重大意义。但是,互换性原则未必适用于所有的机械产品,有的零(部)件就采用单配制,零(部)件就不具有互换性,但也有公差和检测要求。

3. 互换性的种类

(1) 按互换的范围,可以将互换性分为完全互换(也称绝对互换)和不完全互换(也称有限互换)。

在同一规格的零(部)件中,经过分组,在组内具有互换性,此类型称为不完全互换。

例如滚动轴承,其外圈外径和箱体孔直径的配合尺寸以及内圈内径和轴颈直径的配合尺寸(图 1.1 中ϕ52JS7 和ϕ25j6 等)均采用完全互换;轴承内、外圈滚道的直径与滚动体直径的结合尺寸,因其装配精度很高,则采用分组互换,即不完全互换。

(2) 对于标准部件或非标准机构来讲,互换性又可分为外互换和内互换。

外互换是指标准部件与机构之间配合的互换性。例如:轴承与轴颈、箱体孔直径的配合尺寸(图 1.1 中ϕ52JS7 和ϕ25j6)属于外互换。

内互换是指标准部件内部各零件之间的互换性。例如,滚动轴承内、外圈的滚道直径与滚动体直径的结合尺寸为内互换。

1.2.2　实现互换性的条件——公差标准化和技术测量

1. 几何量公差及其标准化

机械产品的零(部)件具有互换性,也就是说：相互更换的两个相同规格的零(部)件,其几何参数——尺寸、形状、位置以及表面微观形状等应一致。

在零件的加工过程中,由于各种因素(机床误差、刀具误差、切削变形、切削热、刀具磨损等)的影响,使零件的几何参数不可避免地存在误差,因此,无法将一批相同规格的零件制成完全一致,或者说,无法将零件的几何参数加工成绝对准确。

从满足零件的互换性要求和机械产品的使用性能出发,也不要求将零件制造得绝对准确。只要求将零件的几何参数误差控制在一定范围内,即制成的一批相同规格的零(部)件的几何参数具有一致性。

这个允许零件几何参数变动的范围称为几何量公差。

1) 几何量公差

几何量公差包括：尺寸公差、几何公差、表面粗糙度要求以及典型表面(如：键、圆锥、螺纹、齿轮等)公差。

2) 公差标准化

简单地说,公差标准化是指几何量的公差应在一定范围内进行规范、统一,并要求相关制造企业和管理机构遵照执行。

在现代化生产中,标准化是一项重要的技术措施。因为某一机械产品的制造,往往涉及地区内、国内许多制造厂家和有关部门,甚至还要进行国际间协作。如果没有在一定范围内共同遵守的技术标准,就不能达到“互换性”要求。

所谓标准是指为了在一定的范围内获得最佳秩序,对活动或其结果规定共同的和重复使用的规则、导则或特性的文件。

标准分类：我国按标准使用的范围分为国家标准、行业标准、地方标准和企业标准。

3) 公差标准化应用实例

公差标准化实例很多。例如,图 1.1 所示的配合尺寸都应进行标准化,这个经过标准化的尺寸称为标准尺寸,即尺寸数值应按优先数选取。

国家标准 GB/T 321—2005《优先数和优先数系》规定十进制等比数列为优先数系,并规定了 4 个基本系列,分别用符号 R5,R10,R20 和 R40 来表示,并依次称为 R5 系列、R10 系列、R20 系列和 R40 系列。R80 系列为补充系列。

优先数系 R5,R10,R20 和 R40 公比 q 分别是 $\sqrt[5]{10}$,$\sqrt[10]{10}$,$\sqrt[20]{10}$ 和 $\sqrt[40]{10}$,它们的 1～10 常用数值见表 1.1。

表 1.1　优先数系列公比和 1～10 的常用值

优先数系列	公比 q	1～10 的常用值					
R5 系列	$q_5=\sqrt[5]{10}\approx1.6$	1.00	1.60	2.50	4.00	6.30	10.00
R10 系列	$q_{10}=\sqrt[10]{10}\approx1.25$	1.00	1.25	1.60	2.00	2.50	3.15
		4.00	5.00	6.30	8.00	10.00	

续表

优先数系列	公比 q	1～10 的常用值
R20 系列	$q_{20}=\sqrt[20]{10}\approx 1.12$	1.00　1.12　1.25　1.40　1.60　1.80　2.00　2.24 2.50　2.80　3.15　3.55　4.00　4.50　5.00　5.60 6.30　7.10　8.00　9.00　10.00
R40 系列	$q_{40}=\sqrt[40]{10}\approx 1.06$	1.00　1.06　1.12　1.18　1.25　1.32　1.40　1.50 1.60　1.70　1.80　1.90　2.00　2.12　2.24　2.36 2.50　2.65　2.80　3.00　3.15　3.35　3.55　3.75 4.00　4.25　4.50　4.75　5.00　5.30　5.60　6.00 6.30　6.70　7.10　7.50　8.00　8.50　9.00　9.50 10.00

从表 1.1 中可知：R5 系列的常用值中包含在 R10 系列的常用值之中；R10 系列的常用值中包含在 R20 系列的常用值之中；由此类推，等等。

4 个基本系列的小于 1 和大于 10 的常用数可按照十进制向两端进行扩展，如：在 R5 系列中，大于 10 的常用数为 10,16,25,40,63,100,…。

优先数系具有一系列的优点：相邻两项的相对差相同，疏密适当，前后衔接不间断，简单易记，运用方便。工程技术人员应在一切标准化领域中尽可能地采用优先数系列中的优先数，以达到对各种技术参数协调、简化和统一的目的。

为了满足技术与经济的要求，应当按照 R5，R10，R20，R40 的顺序，优先选用公比较大的基本系列，而且允许采用补充系列——R80 系列。

在确定零件的尺寸时，应尽量地采用优先数系的常用值。如图 1.1 所示台钻的设计中，经力学计算，得出主轴的最小直径为 16.98mm，则该处直径的公称尺寸按优先数系取值，即该处直径的公称尺寸应为 17mm(为 R40 系列)。

优先数还应用于 IT6～IT18 的公差等级系数 α 值之中，见表 2.3。

此外，在几何量精度设计中均应采用最新颁布的几何量公差等国家标准，实现在全国范围内的公差标准化。

2. 技术测量

在机械产品的几何量精度设计之后，工人按照零件图上的各项要求进行加工。各个零件完工之后，须采用适当的计量器具、正确的测量方法和数据处理方法对零件进行检测，从而判断零件是否达到零件图纸上各公差标准的要求。只有将真正符合标准要求的零(部)件装配成机械产品，才能使机械产品发挥设计时规定的使用功能，其零(部)件才能具有互换性。计量器具、检测方法和手段等构成技术测量，技术测量是保证实现互换性的重要手段。

对工件进行检验和测量(简称检测)，其目的不仅在于仲裁零件是否合格，而且还要根据检测结果，分析产生废品的原因，以便减少废品，最终消除废品，降低制造成本。

要使检测的结果准确可靠，必须在计量上保证长度计量单位的统一，并在全国范围内规定严格的量值传递系统以及相应的测量方法，制定有关计量器具、测量方法和数据处理的规定，以保证必要的检测精度，最终确保零(部)件具有互换性。

综上所述，机械产品的几何量精度设计及其检测是保证企业生产的机械产品质量与制造成本的两个重要的技术环节。

1.3　本课程的性质与要求

1.3.1　本课程的性质

"互换性与技术测量"课程是高等工科应用型本科院校机械类各专业（包括车辆、材料、仪表仪器等专业）的一门重要的技术基础课程，是联系机械设计与后续机械加工工艺等课程的纽带，是从专业基础课学习过渡到专业课程学习的桥梁。

1.3.2　本课程的基本要求

学习者在学习本课程之前，应具有一定的理论知识和初步的机械制造生产实践知识。在完成本课程的学习任务以后，应达到以下基本要求：

(1) 建立几何参数互换性与标准化的概念。

(2) 认识有关几何参数公差标准的基本内容和主要规定。

(3) 初步掌握选用国家标准规定的各几何参数公差与配合；在机械产品的装配图和零件图样上，按常见几何参数公差与配合的要求正确标注，会解释和查用有关标准。

(4) 会正确选择、使用在机械制造现场中常用的计量器具，能对一般的、常见的几何量进行综合检测和数据处理，并作出合格性的正确判断。

(5) 会设计光滑极限量规。

本书为了强化应用能力的学习，每章均有实例应用，将理论知识与几何量精度设计有机地结合在一起，使学习者更容易理解理论知识。本书突出教学重点和教学的基本点，使学习者在有限的学习时间内，掌握必要的内容，达到基本要求。

习　　题

1. 填空题

(1) "互换性"是指在机械产品装配时，从制成的同一规格的零（部）件中，不需进行任何辅助工作（__________等），就能与其他零（部）件安装在一起而组成一台机械产品，并且达到预定的________要求。

(2) 按互换的范围，可以将互换性分为________和__________。

对于标准部件或非标机构来讲，互换性又可分为________和________。

(3) 实现互换性的条件有________和________。

(4) 在确定轴类零件上轴径公称尺寸时，应按________取值。

(5) R5 数系的公比为________，每逢__________________项，数值增大到 10 倍。

(6) R40 系列 10～100 的常用值________________________________。

(7) 20～100W 系列的日光灯,该系列的符号为________________。

2. 选择题

(1) IT6～IT18 标准公差的计算公式为 $10i, 16i, 25i, 40i, 64i, 100i, 160i, 250i, \cdots\cdots$,公差单位 i 前的公差等级系数约为(　　)系列的常用数值。

A. R5　　B. R10　　C. R20　　D. R40

(2) 螺纹公差的等级自 3 级起,其公差等级系数为 0.50,0.63,0.80,1.00,1.25,1.60,2.00,它们属于(　　)优先数的系列。

A. R5　　B. R10　　C. R20　　D. R40

(3) 下列优先数系中,(　　)为基本系列。

A. R5　　B. R10　　C. R80　　D. R40

3. 简答题

(1) 机械产品的零(部) 件是否具有"互换性"的意义?

(2) 为什么技术测量是实现互换性的重要手段?

(3) 本课程的性质和要求是什么?

第 2 章 轴、孔结合的极限与配合

本章要点及学习指导

(1) 通过图 1.1 台钻的尺寸精度设计实例，介绍如何根据台钻的使用功能要求设计、确定组成台钻的各零件之间的配合和零件上各相关尺寸公差的方法。学会在机械产品的装配图和零件图上正确标注的方法，这是机械类工程技术人员最基本的能力之一。

(2) 介绍在机械产品的几何量精度设计中，与尺寸公差、配合关系密切的国家最新颁布的标准——《极限与配合》的基本内容，简要介绍标准的构成及其原理。

(3) 重点介绍应用《极限与配合》的基本方法、步骤，使学习者初步掌握机械产品的零件尺寸公差和配合的设计方法和具体要求。

涉及极限与配合的最新国家标准有：

GB/T 1800.1—2009《产品几何技术规范(GPS) 极限与配合 第 1 部分：公差、偏差和配合的基础》

GB/T 1800.2—2009《产品几何技术规范(GPS) 极限与配合 第 2 部分：标准公差等级和孔、轴极限偏差表》

GB/T 1801—2009《产品几何技术规范(GPS) 极限与配合　公差带和配合的选择》

GB/T 1804—2000《一般公差　未注公差的线性和角度尺寸的公差》

GB/T 4458.5—2003《机械制图　尺寸公差与配合注法》

2.1 极限与配合基本概念

由图 1.1 台钻主轴部件装配图可知：各零件之间多处反映了轴与孔的结合。轴与孔结合在机械制造中应用广泛。

2.1.1 轴和孔

在图 1.1 台钻花键套筒上，$\phi24$ 轴和皮带轮孔配合，此轴上还有宽度尺寸为 4mm 的键槽与键配合，它们都是轴和孔的配合。其中，一个配合表面是圆柱面，另一个是两平行平面，这就涉及一个概念：狭义的轴、孔和广义的轴、孔。

1. 狭义的轴和孔

狭义的轴指工件的圆柱形外表面，狭义孔指工件的圆柱形内表面。轴为被包容面，而孔为包容面。如图 1.1 所示，花键套筒上 $\phi24$ 轴被皮带轮孔包容，它们是狭义的轴和孔。

2. 广义的轴和孔

广义的轴指由单一尺寸确定的外表面。如键由单一尺寸——宽度 b 确定的两平行平面组成外表面。轴是被包容面,如图 2.1(a)所示,键被键槽包容。

广义的孔指由单一尺寸确定的内表面。如:键槽由单一尺寸——宽度 b 确定的两平行平面组成内表面,键槽是孔。键槽指轴键槽(见图 2.1(b))和毂键槽(见图 2.1(c)),它们包容键。

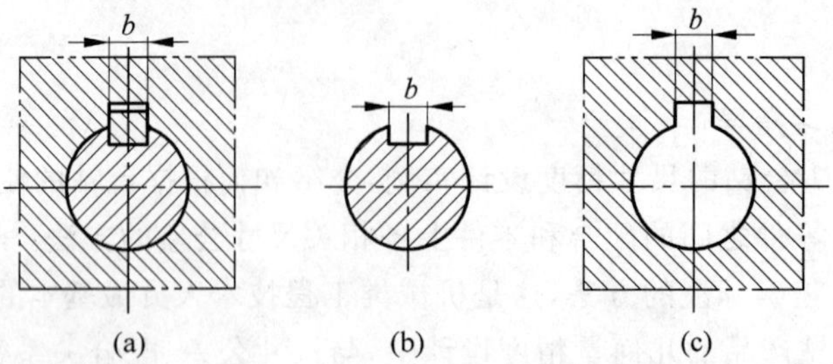

图 2.1 键与键槽

(a) 键与轴键槽、毂键槽的配合;(b) 轴键槽;(c) 毂键槽

又如:在图 2.2 中,若方轴的宽度 a 等于方孔的宽度 A,方轴的高度 b 等于方孔的高度 B。当方轴放入方孔中,则组成两组轴与孔的结合。它们都是广义的轴和孔。

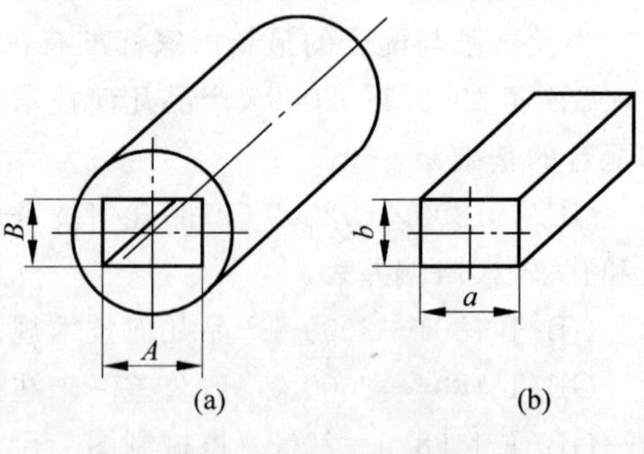

图 2.2 方轴与方孔

(a) 方孔;(b) 方轴

2.1.2 尺寸

尺寸指以特定单位表示线性尺寸的数值。

特定单位指在机械制图中,图样上的尺寸通常以 mm(毫米) 为单位。当单位为 mm 时,在标注时常将单位省略,仅标注数字。但单位不是 mm 时,应标注数字和单位。

尺寸包括长度、直径、宽度、高度、深度和中心距等。

1. 公称尺寸(轴 d、孔 D)

公称尺寸指由图样规范确定的理想形状要素的尺寸,且是按优先数系列选取的尺寸。即公称尺寸应是标准尺寸,它是理论值。公称尺寸可以是整数或一个小数值。

图 2.17 中,直径 $\phi 25$、轴长 55、键槽宽 4 等均为公称尺寸。

2. 局部尺寸(轴 d_a、孔 D_a)

局部尺寸指通过测量获得的尺寸。

提取组成要素的局部尺寸指一切提取组成要素上两对应点之间距离。

提取圆柱面的局部尺寸指要素上两对应点之间的距离。其中,两对应点之间的连线通过拟合圆圆心;横截面垂直于由提取表面得到的拟合圆柱面的轴线。

两平行提取表面的局部尺寸指两平行对应提取表面上两对应点之间的距离。其中,所有对应点的连线均垂直于拟合中心平面;拟合中心平面是由两平行提取表面得到的两拟合平行平面的中心平面(两拟合平行平面之间的距离可能与公称距离不同)。

由于测量过程中，不可避免地存在测量误差，因此局部尺寸往往不是被测尺寸的真实大小(真值)。而且，同一轴(或孔)的相同部位用同一量具或仪器测量多次，其局部尺寸也不完全相同。

另外，由于零件存在形状误差，所以，其同一表面不同部位的局部尺寸不一定相等。

由此可见，局部尺寸非理论值。

根据局部尺寸的定义，任何人用任何测量器具和测量方法，在任何环境条件下测得的尺寸都可以称为被测尺寸的局部尺寸。例如：在图 2.17 花键套筒上，测量轴肩宽度尺寸 5mm，用游标卡尺测得为 4.9mm，用百分尺测得为 4.91mm，用测长仪测得为4.912mm，则这些不同的测量结果都可以称为该被测尺寸的局部尺寸。但在实际工作中，以何种精度的测量结果作为局部尺寸才符合经济合理的原则，则需要根据精度要求和测量成本来确定。

3. 极限尺寸

极限尺寸指尺寸要素允许的尺寸的两个界限值。其中最大的称为上极限尺寸(轴的上极限尺寸 d_{max} 和孔的上极限尺寸 D_{max})，最小的称为下极限尺寸(轴的下极限尺寸 d_{min} 和孔的下极限尺寸 D_{min})。

如图 2.17 中，轴承位 $\phi 25j6(^{+0.009}_{-0.004})$ 的上极限尺寸为 25.009，下极限尺寸为 24.996。

极限尺寸是根据设计要求而确定的，其目的是要求提取组成要素的局部尺寸应位于其中，也可达到极限尺寸。实际完工后的花键套筒，当轴 $\phi 25j6$ 的提取要素的局部尺寸均处于 24.996～25.009 之中(包括两个界限值)，那么，该轴的局部尺寸符合要求。

由图 2.17 中尺寸标注可知：极限尺寸可以大于、等于或小于公称尺寸。

2.1.3　尺寸偏差和公差

1. 尺寸偏差

尺寸偏差(简称偏差)指某一尺寸减其公称尺寸所得的代数差。所以偏差可能是正值、负值或零。因此，偏差除零外须冠以符号。

偏差有极限偏差和实际偏差。

1) 极限偏差

极限尺寸减其公称尺寸所得的代数差称为极限偏差。

极限偏差有上极限偏差和下极限偏差。

上极限偏差指上极限尺寸减其公称尺寸所得的代数差。轴用 es 表示，孔用 ES 表示。下极限偏差指下极限尺寸减其公称尺寸所得的代数差。轴用 ei 表示，孔用 EI 表示。

轴承位 $\phi 25j6(^{+0.009}_{-0.004})$ 尺寸上极限偏差为＋0.009，下极限偏差为－0.004。注意：极限偏差须冠以符号，将上极限偏差 es＝＋0.009，写成 es＝0.009 是错误的。

2) 实际偏差

局部尺寸减其公称尺寸所得的代数差称为实际偏差。轴用 e_a 表示，孔用 E_a 表示。

例如，在花键套筒上，轴肩宽度尺寸 5mm，用游标卡尺测得实际尺寸为 5.02mm，则实际偏差 e_a＝＋0.02mm。实际偏差也要冠以符号。

2. 尺寸公差(简称公差)

公差指允许尺寸变动的量(或范围)。轴公差用 T_d 表示,孔公差用 T_D 表示。

公差等于上极限尺寸与下极限尺寸的代数差的绝对值,也等于上极限偏差与下极限偏差的代数差的绝对值。公差表示一个变动范围,所以公差数值前不能冠以符号。

轴 $\phi25\text{j}6(^{+0.009}_{-0.004})$,尺寸公差为:$T_d=0.013\text{mm}$。

3. 极限与配合图解(尺寸公差带图)

为了直观地表达极限与配合之间的关系,用公差带图解来表达。公差带图解由零线和公差带两部分组成。

(1) 零线　在公差带图解中,表示公称尺寸的一条直线,以其为基准确定偏差和公差。正偏差位于零线上方,负值位于零线下方。

(2) 公差带　在公差带图解中,由代表上极限偏差和下极限偏差或上极限尺寸和下极限尺寸的两条直线所限定的区域。

在公差带图解中,通常公称尺寸用 mm 表示,偏差和公差用 μm 表示,见图 2.3、图 2.4。

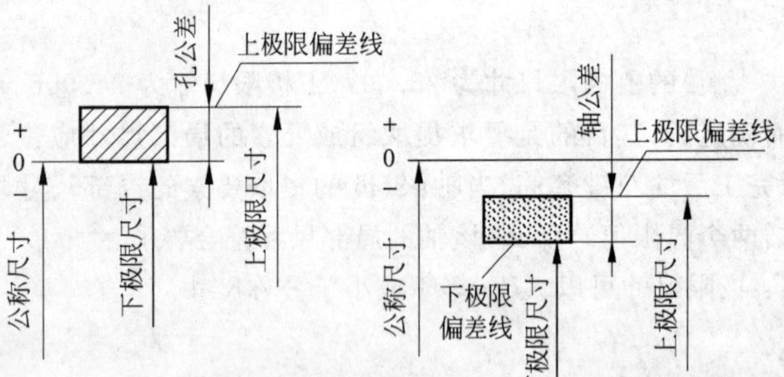

图 2.3　公称尺寸、上极限尺寸和下极限尺寸

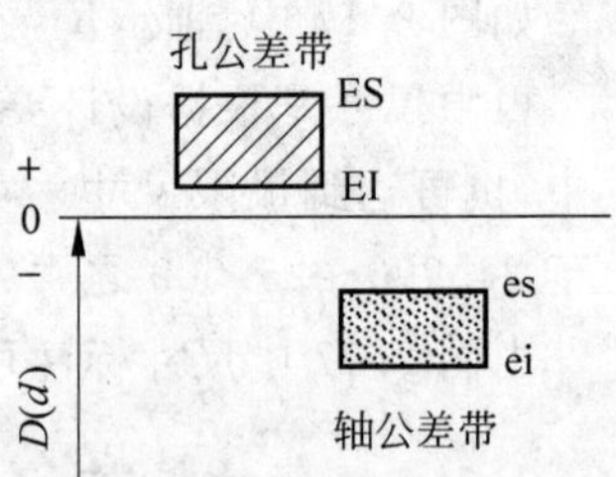

图 2.4　公差带图解

确定公差带的两个要素是公差带大小和公差带位置。

公差带大小是指上、下极限偏差线或两个极限尺寸线之间的宽度,由标准公差确定;公差带位置是指公差带相对零线的位置,由基本偏差确定。

标准公差是国家标准在极限与配合制中所规定的任一公差。

基本偏差是国家标准在极限与配合制中,确定公差带相对零线位置的那个极限偏差。它可以是上极限偏差或下极限偏差,一般是靠近零线的那个极限偏差。

如图 1.1 中,皮带轮孔 $\phi24\text{H}8(^{+0.033}_{0})$ 的公差带大小为 0.033;因为其下极限偏差为 0,所以其公差带的位置为最靠近零线,即 $\phi24\text{H}8$ 的基本偏差是 EI=0,见图 2.5。

轴承 $\phi25\text{j}6(^{+0.009}_{-0.004})$ 的公差带大小为 0.013,决定公差带的位置是下极限偏差,所以,$\phi25\text{j}6$ 的基本偏差是 ei=−0.004,见图 2.6。

2.1.4 配合

1. 配合

配合是指公称尺寸相同并且相互结合的轴和孔公差带之间的关系。

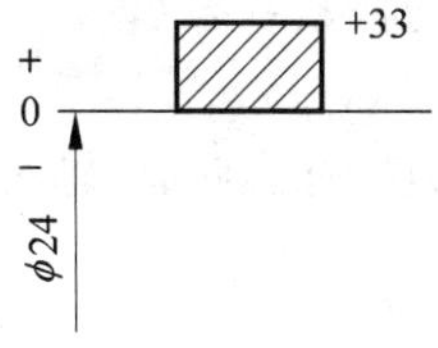

图 2.5　孔ϕ24H8 公差带图

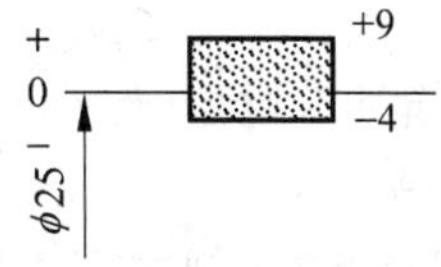

图 2.6　轴ϕ25j6 公差带图

2. 间隙和过盈

孔的尺寸减去相配合的轴的尺寸所得的代数差，差值为正时，称为间隙，用 X 表示；差值为负时，称为过盈，用 Y 表示。间隙和过盈见图 2.7 所示。

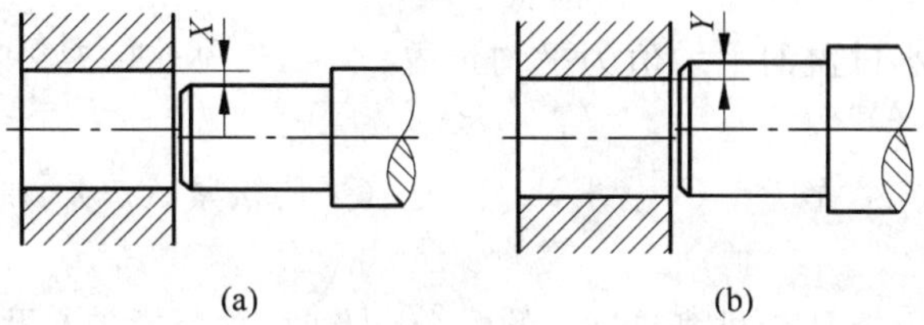

图 2.7　间隙和过盈

(a) 间隙；(b) 过盈

3. 配合种类

配合种类有：间隙配合、过盈配合和过渡配合。

1) 间隙配合

间隙配合是指具有间隙（包括最小间隙等于零）的配合。此时，轴公差带在孔公差带的下方（见图 2.8 所示）。

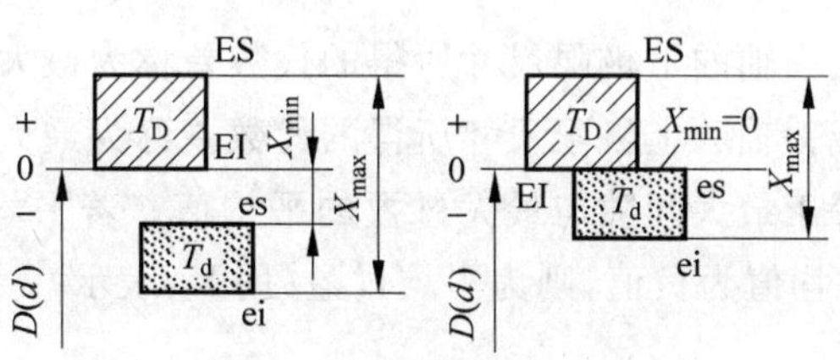

图 2.8　间隙配合及其图解

由于轴和孔的局部尺寸各不相同，因此装配后，每对轴、孔结合产生的间隙大小也不同。当轴尺寸制成等于下极限尺寸，而孔尺寸制成等于上极限尺寸时，装配后便得到最大间隙。反之，得到最小间隙。即孔的上极限尺寸减去轴的下极限尺寸所得的代数差称为最大间隙（用 X_{max} 表示），孔的下极限尺寸减去轴的上极限尺寸所得的代数差称为最小间隙（用 X_{min} 表示）。

$$X_{max} = D_{max} - d_{min} = ES - ei \quad （最松状态）$$

$$X_{min} = D_{min} - d_{max} = EI - es \quad （最紧状态）$$

最大间隙与最小间隙的平均值为平均间隙（用 X_{av} 表示）。

$$X_{av} = (X_{max} + X_{min})/2 \quad (平均松紧状态)$$

2）过盈配合

过盈配合是指具有过盈(包括最小过盈等于零）的配合。此时，轴公差带在孔公差带的上方(见图 2.9 所示)。

孔的上极限尺寸减去轴的下极限尺寸所得的代数差称为最小过盈(用 Y_{min} 表示）；孔的下极限尺寸减去轴的上极限尺寸所得的代数差称为最大过盈(用 Y_{max} 表示)。

$$Y_{min} = D_{max} - d_{min} = ES - ei \quad (最松状态)$$

$$Y_{max} = D_{min} - d_{max} = EI - es \quad (最紧状态)$$

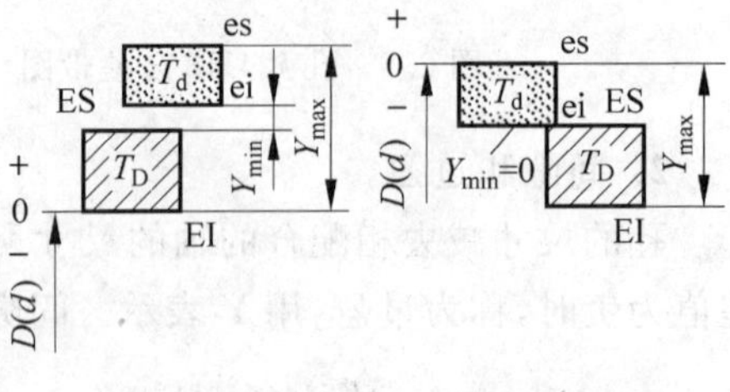

图 2.9　过盈配合及其图解

最大过盈与最小过盈的平均值为平均过盈(用 Y_{av} 表示)。

$$Y_{av} = (Y_{min} + Y_{max})/2 \quad (平均松紧状态)$$

3）过渡配合

过渡配合是指可能具有间隙或过盈的配合。此时，轴公差带与孔公差带相互交叠(见图 2.10 所示)。

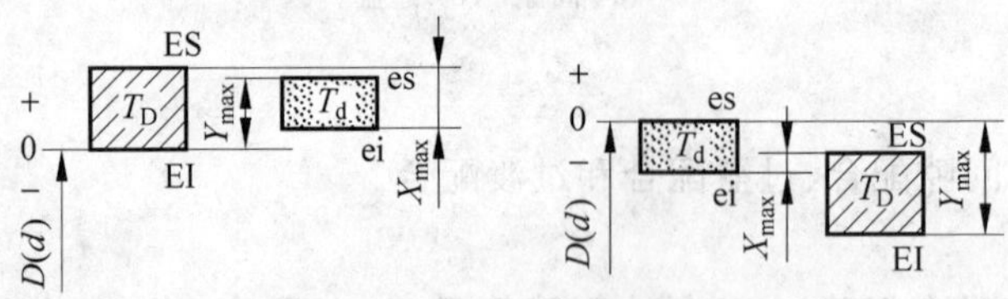

图 2.10　过渡配合及其图解

孔的上极限尺寸减去轴的下极限尺寸所得的代数差称为最大间隙(用 X_{max} 表示)。

孔的下极限尺寸减去轴的上极限尺寸所得的代数差称为最大过盈(用 Y_{max} 表示)。

平均间隙或过盈等于最大间隙与最大过盈的平均值。若平均值为正值，则为平均间隙(用 X_{av} 表示）；若平均值为负值，则为平均过盈(用 Y_{av} 表示)。

应该说明的是：

(1) 极限间隙(指最大间隙和最小间隙)和(或)极限过盈(指最大过盈和最小过盈)反映配合松紧程度的极限状态。其中最大间隙和最小过盈为最松状态，最小间隙和最大过盈为最紧状态。

(2) 极限间隙或极限过盈出现的概率：产生极限间隙(或极限过盈）是配合松紧的两个极限状态。在实际配合中，任取一个轴和一个孔结合，出现极限间隙(或极限过盈）的可能性较小，而出现平均间隙(或平均过盈）的概率较高。

4. 配合公差及其图解

1）配合公差

配合公差指允许间隙或过盈的变动量。配合公差大小表示配合松紧程度的变化范围，配合公差用 T_f 表示。

在间隙配合中，最大间隙与最小间隙之差为配合公差。在过盈配合中，最小过盈与最大过盈之差为配合公差。在过渡配合中，最大间隙与最大过盈之差为配合公差。即

$$\text{间隙配合}\quad T_f = |X_{max} - X_{min}|$$

$$\text{过盈配合}\quad T_f = |Y_{min} - Y_{max}|$$

$$\text{过渡配合}\quad T_f = |X_{max} - Y_{max}|$$

将计算极限间隙或极限过盈的公式分别代入配合公差的计算公式，可获得配合公差与相配合的轴、孔尺寸公差之间的关系。

以间隙配合为例：

$$\begin{aligned} T_f &= |X_{max} - X_{min}| = |(\mathrm{ES} - \mathrm{ei}) - (\mathrm{EI} - \mathrm{es})| \\ &= (\mathrm{ES} - \mathrm{EI}) + (\mathrm{es} - \mathrm{ei}) \end{aligned}$$

所以

$$T_f = T_D + T_d \tag{2-1}$$

式(2-1)说明：配合件的配合精度取决于相互配合的轴、孔的尺寸精度(尺寸公差)。相互配合的轴、孔尺寸精度愈高，配合精度也愈高；反之就愈低。

2）配合公差带图解

配合公差与极限间隙、极限过盈之间的关系可用配合公差带图解表示，见图 2.11。图中零线是确定间隙和过盈的基准线，即零线上的间隙或过盈为零。纵坐标表示间隙和过盈，零线上方表示间隙(符号为“＋”)，下方表示过盈(符号为“－”)。代表极限间隙或极限过盈的两条直线段之间所限定的区域称为配合公差带，它以垂直于零线方向上的宽度代表配合公差大小。在配合公差带图解中，极限间隙或极限过盈的常用单位为 μm(微米)。

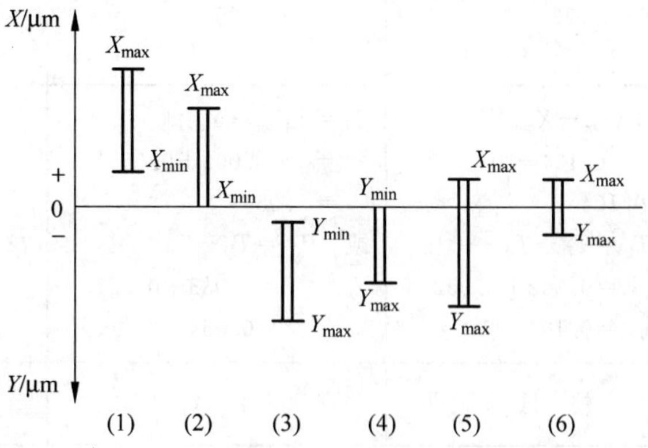

图 2.11　配合公差带图解

由图 2.11 可知：当配合公差带在零线上方为间隙配合(如(1)、(2)组配合)；在零线下方为过盈配合(如(3)、(4)组配合)；跨在零线上下两侧为过渡配合(如(5)、(6)组配合)。由配合公差带宽、窄可判断配合精度高低，(6)组配合精度最高，(5)组配合精度最低。在间隙配合中，(1)组配合的平均间隙比(2)组大(或松)。

表 2.1 为通过实例对三大类配合的综合比较说明。

表 2.1　三大类配合实例综合比较表

项目 \ 配合类型		间隙配合	过盈配合	过渡配合
轴、孔公差带之间关系		轴公差带在孔公差带之下 $\phi 30\frac{H9}{f9}$	轴公差带在孔公差带之上 $\phi 30\frac{H8}{s7}$	轴公差带与孔公差带交叠 $\phi 30\frac{H7}{k6}$
轴、孔公差带图解		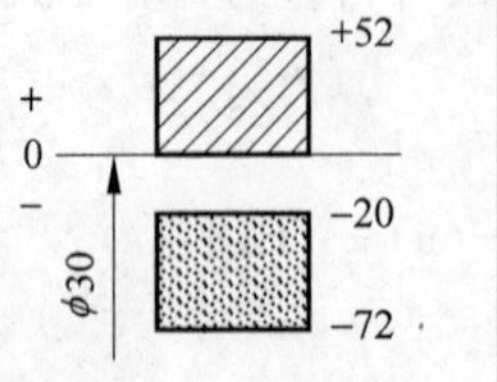	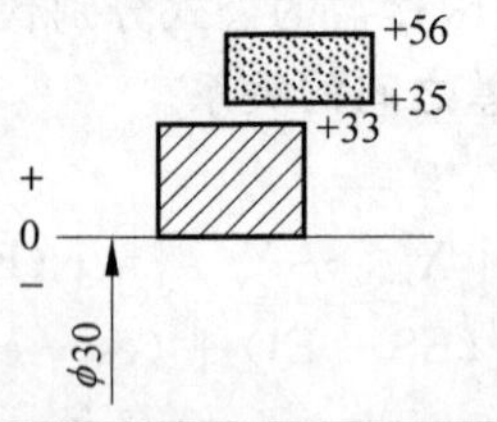	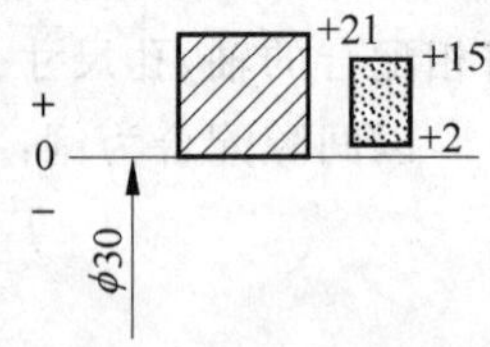
配合松紧的特征参数	配合最松状态下的极限盈隙	$X_{max}=ES-ei$ $=+0.052-(-0.072)$ $=+0.124$	$Y_{min}=ES-ei$ $=+0.033-0.035$ $=-0.002$	$X_{max}=ES-ei$ $=+0.021-0.002$ $=+0.019$
	配合最紧状态下的极限盈隙	$X_{min}=EI-es$ $=0-(-0.020)$ $=+0.020$	$Y_{max}=EI-es$ $=0-(+0.056)$ $=-0.056$	$Y_{max}=EI-es$ $=0-(+0.015)$ $=-0.015$
	配合平均松紧状态下的平均盈隙	$X_{av}=(X_{max}+X_{min})/2$ $=(+0.124+0.020)/2$ $=+0.072$	$Y_{av}=(Y_{max}+Y_{min})/2$ $=(-0.002-0.056)/2$ $=-0.029$	$(X_{max}+Y_{max})/2$ $=(+0.019-0.015)/2$ $=+0.002=X_{av}$
配合公差		$T_f=\lvert X_{max}-X_{min}\rvert$ $=\lvert +0.124-0.020\rvert$ $=0.104$ 或 $T_f=T_D+T_d$ $=0.052+0.052$ $=0.104$	$T_f=\lvert Y_{min}-Y_{max}\rvert$ $=\lvert -0.002+0.056\rvert$ $=0.054$ 或 $T_f=T_D+T_d$ $=0.033+0.021$ $=0.054$	$T_f=\lvert X_{max}-Y_{max}\rvert$ $=\lvert +0.019+0.015\rvert$ $=0.034$ 或 $T_f=T_D+T_d$ $=0.021+0.013$ $=0.034$
配合精度比较		较低	中等	较高
配合公差带图解		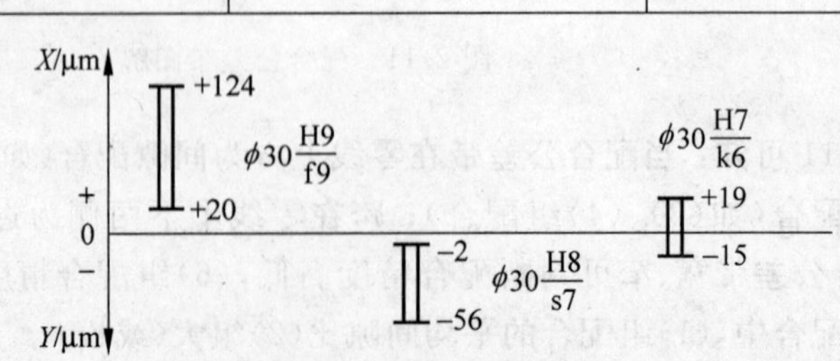		

2.2　国家标准《极限与配合》的主要内容及规定

为了实现“尺寸公差和配合”的标准化，就必须掌握标准的有关内容和规定，为应用标准打下基础。《极限与配合》标准主要有两部分内容，一是极限制，二是配合制。

2.2.1　极限制

极限制是经标准化了的公差与偏差制度。它包含了尺寸的标准公差的数值系列和标准极限偏差的数值系列，从而可以获得标准化的极限尺寸，因此称为极限制。

1. 标准公差系列

标准公差(IT) 是极限与配合制中所规定的任一公差数值。表 2.2 列出了国家标准(GB/T 1800.1—2009) 规定的机械制造行业常用尺寸(尺寸至 500mm) 的标准公差数值。

表 2.2　公称尺寸至 500mm 的标准公差数值

公称尺寸/mm		公差等级																			
		IT01	IT0	IT1	IT2	IT3	IT4	IT5	IT6	IT7	IT8	IT9	IT10	IT11	IT12	IT13	IT14	IT15	IT16	IT17	IT18
大于	至	μm													mm						
—	3	0.3	0.5	0.8	1.2	2	3	4	6	10	14	25	40	60	0.10	0.14	0.25	0.40	0.60	1.0	1.4
3	6	0.4	0.6	1	1.5	2.5	4	5	8	12	18	30	48	75	0.12	0.18	0.30	0.48	0.75	1.2	1.8
6	10	0.4	0.6	1	1.5	2.5	4	6	9	15	22	36	58	90	0.15	0.22	0.36	0.58	0.90	1.5	2.2
10	18	0.5	0.8	1.2	2	3	5	8	11	18	27	43	70	110	0.18	0.27	0.43	0.70	1.10	1.8	2.7
18	30	0.6	1	1.5	2.5	4	6	9	13	21	33	52	84	130	0.21	0.33	0.52	0.84	1.30	2.1	3.3
30	50	0.6	1	1.5	2.5	4	7	11	16	25	39	62	100	160	0.25	0.39	0.62	1.00	1.60	2.5	3.9
50	80	0.8	1.2	2	3	5	8	13	19	30	46	74	120	190	0.30	0.46	0.74	1.20	1.90	3.0	4.6
80	120	1	1.5	2.5	4	6	10	15	22	35	54	87	140	220	0.35	0.54	0.87	1.40	2.20	3.5	5.4
120	180	1.2	2	3.5	5	8	12	18	25	40	63	100	160	250	0.40	0.63	1.00	1.60	2.50	4.0	6.3
180	250	2	3	4.5	7	10	14	20	29	46	72	115	185	290	0.46	0.72	1.15	1.85	2.90	4.6	7.2
250	315	2.5	4	6	8	12	16	23	32	52	81	130	210	320	0.52	0.81	1.30	2.10	3.20	5.2	8.1
315	400	3	5	7	9	13	18	25	36	57	89	140	230	360	0.57	0.89	1.40	2.30	3.60	5.7	8.9
400	500	4	6	8	10	15	20	27	40	63	97	155	250	400	0.63	0.97	1.55	2.50	4.00	6.3	9.7

注：1. 公称尺寸小于或等于 1mm 时，无 IT14～IT18。

2. 标准公差 IT01 和 IT0 的公差数值在标准 GB/T 1800.1—2009 的附录 A 中给出。

由表 2.2 可知，标准公差的数值与标准公差等级和公称尺寸分段有关。

1) 标准公差等级及其代号

标准公差等级是指确定尺寸精确程度的等级。为了满足机械制造中零件各尺寸不同精度的要求，国家标准在公称尺寸至 500mm 范围内规定了 20 个标准公差等级，用符号 IT 和数值表示：IT01、IT0、IT1、IT2 至 IT18。其中，IT01 精度等级最高，其余依次降低，IT18 等级最低。在公称尺寸相同的条件下，标准公差数值随公差等级的降低而依次增大。

同一公差等级(例如 IT6) 对所有公称尺寸的一组公差被认为具有同等精确程度。

由表 2.2 可知，标准公差数值与公差等级、公称尺寸有关。

2）常用标准公差等级

机械行业常用的公差等级 IT5～IT18 的标准公差数值计算公式为

$$IT = \alpha \times i \quad (\mu m) \tag{2-2}$$

式中，i 是标准公差因子，系数 α 的数值见表 2.3，它采用 R5 优先数系中的常用数值。

表 2.3 公称尺寸不大于 500mm、IT5～IT18 的标准公差计算公式中系数 α

标准公差等级													
IT5	IT6	IT7	IT8	IT9	IT10	IT11	IT12	IT13	IT14	IT15	IT16	IT17	IT18
7	10	16	25	40	64	100	160	250	400	640	1000	1600	2500

标准公差因子 i 是公称尺寸的函数，单位是 μm：

$$i = 0.45\sqrt[3]{D(d)} + 0.001D(d) \tag{2-3}$$

式中，$D(d)$为孔(轴) 的公称尺寸，mm。

尺寸公差是用来控制加工误差和测量误差的，因此其公差值大小应符合加工误差和测量误差的变化规律，这样才能经济合理。

生产实际经验和统计分析表明，当工件的公称尺寸不大于 500mm 时，在一定的工艺系统加工条件下，加工误差与公称尺寸之间呈立方抛物线关系，而测量误差与公称尺寸之间呈线性关系。

3）公称尺寸分段

公称尺寸至 500mm 范围内分为主段落和中间段落。标准公差数值表中体现 13 个主段落，轴、孔的基本偏差数值表中体现 25 个中间段落。见表 2.2、表 2.4 和表 2.5。

所以，式(2-3) 中的公称尺寸 $D(d)$为每一尺寸段中首、尾两个尺寸的几何平均值，即

$$D(d) = \sqrt{D_1(d_1) \times D_2(d_2)}$$

式中，$D_1(d_1)$——尺寸分段中首位尺寸，D_1 表示孔尺寸，d_1 表示轴尺寸；

$D_2(d_2)$——尺寸分段中末尾尺寸，D_2 表示孔尺寸，d_2 表示轴尺寸。

【例 2.1】 某轴的公称尺寸为ϕ25mm，求 IT6 的标准公差数值。

【解】

ϕ25mm 在 18～30mm 的尺寸段内，该尺寸段首、尾两个尺寸的几何平均值为

$$d = \sqrt{18 \times 30} \approx 23.238\text{mm}$$

由式(2-3) 和表 2.3 可得

$$i = 0.45\sqrt[3]{d} + 0.001d = 0.45\sqrt[3]{23.238} + 0.001 \times 23.238 \approx 1.307\mu m$$

$$IT6 = 10i = 10 \times 1.307 \approx 13\mu m$$

2. 基本偏差系列

如前所述，基本偏差是公差带的位置要素。为了满足各种不同配合的需要，必须将轴和孔的公差带相对零线的位置标准化。

1）基本偏差的种类及其代号

标准对轴和孔各规定了 28 个公差带位置，分别由 28 个基本偏差来确定。

基本偏差代号用拉丁字母表示。小写代表轴，大写代表孔。在 26 个拉丁字母中去掉 5 个容易混淆的字母 I(i)，L(l)、O(o)，Q(q)，W(w)，再增加 7 个双写字母 CD(cd)，EF(ef)，FG(fg)，JS(js)，ZA(za)，ZB(zb)，ZC(zc)，作为 28 种基本偏差代号。

28 种基本偏差代号代表了轴、孔各有 28 种公差带位置，构成了基本偏差系列。

图 2.12 是基本偏差系列图，它表示公称尺寸相同的 28 种轴、孔基本偏差相对零线的位置。图中画的是"开口"公差带，这是因为基本偏差只表示公差带的位置，而不表示公差带的大小。图中只画出公差带基本偏差的偏差线，另一极限偏差线则由公差等级决定。

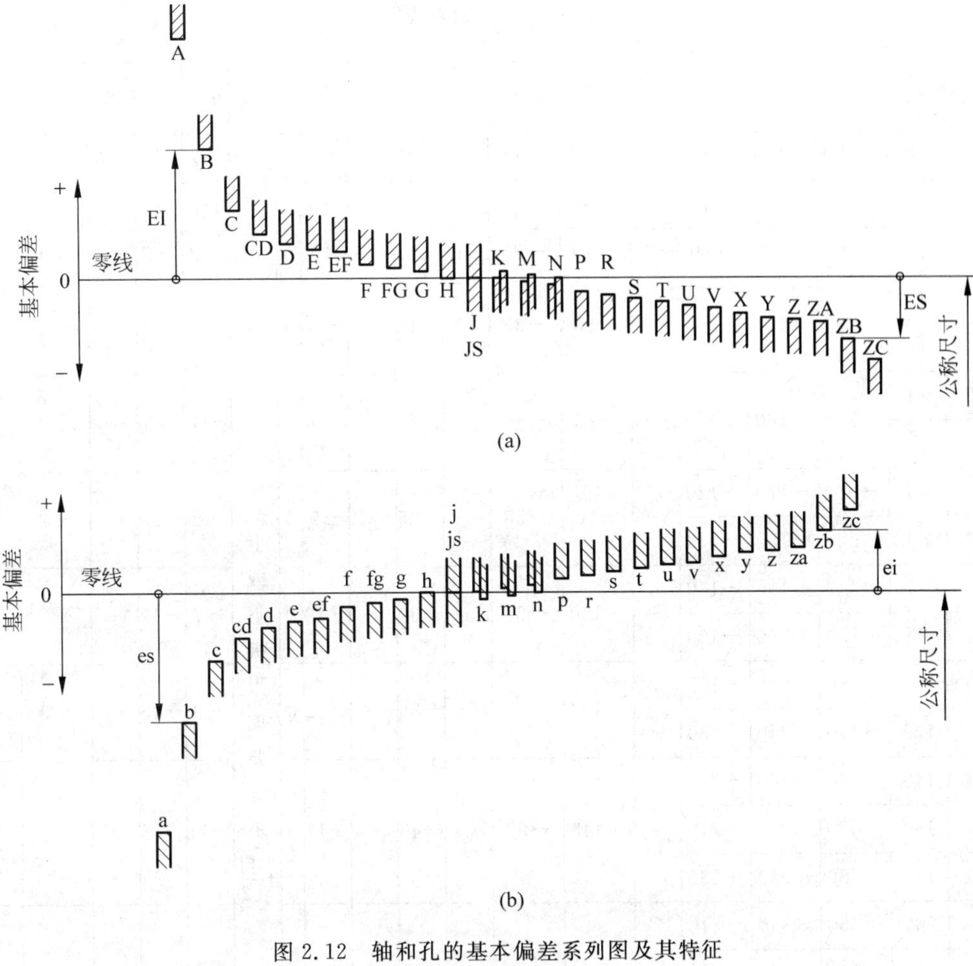

图 2.12　轴和孔的基本偏差系列图及其特征

(a) 孔的基本偏差系列；(b) 轴的基本偏差系列

2）基本偏差数值

（1）轴的基本偏差数值

轴的基本偏差是以基孔制配合为基础，依据各种配合要求，标准规定了轴的基本偏差数值，见表 2.4。

根据公称尺寸、轴的基本偏差代号和公差等级，查表 2.4 可获得轴的基本偏差数值。

注意：须明确该轴的基本偏差是上极限偏差还是下极限偏差。

另一个极限偏差数值（上或下极限偏差）按照轴的极限偏差与标准公差之间的关系求得。如：ϕ30k6，该轴的基本偏差数值为：ei＝＋0.002；该轴的标准公差（查表 2.2）IT＝0.013，则另一个极限偏差为：es＝＋0.015。

表 2.4　公称尺寸≤500mm 轴的基本偏差数值　　μm

基本偏差		上极限偏差 es											js	下极限偏差 ei				
		a	b	c	cd	d	e	ef	f	fg	g	h		j			k	
公称尺寸/mm		公差等级																
大于	至	所有的级												5、6	7	8	4～7	≤3 >7
—	3	−270	−140	−60	−34	−20	−14	−10	−6	−4	−2	0	上或下极限偏差等于 $\pm\frac{IT}{2}$	−2	−4	−6	0	0
3	6	−270	−140	−70	−46	−30	−20	−14	−10	−6	−4	0		−2	−4	—	+1	0
6	10	−280	−150	−80	−56	−40	−25	−18	−13	−8	−5	0		−2	−5	—	+1	0
10	14	−290	−150	−95	—	−50	−32	—	−16	—	−6	0		−3	−6	—	+1	0
14	18																	
18	24	−300	−160	−110	—	−65	−40	—	−20	—	−7	0		−4	−8	—	+2	0
24	30																	
30	40	−310	−170	−120	—	−80	−50	—	−25	—	−9	0		−5	−10	—	+2	0
40	50	−320	−180	−130														
50	65	−340	−190	−140	—	−100	−60	—	−30	—	−10	0		−7	−12	—	+2	0
65	80	−360	−200	−150														
80	100	−380	−220	−170	—	−120	−72	—	−36	—	−12	0		−9	−15	—	+3	0
100	120	−410	−240	−180														
120	140	−460	−260	−200	—	−145	−85	—	−43	—	−14	0		−11	−18	—	+3	0
140	160	−520	−280	−210														
160	180	−580	−310	−230														
180	200	−660	−340	−240	—	−170	−100	—	−50	—	−15	0		−13	−21	—	+4	0
200	225	−740	−380	−260														
225	250	−820	−420	−280														
250	280	−920	−480	−300	—	−190	−110	—	−56	—	−17	0		−16	−26	—	+4	0
280	315	−1050	−540	−330														
315	355	−1200	−600	−360	—	−210	−125	—	−62	—	−18	0		−18	−28	—	+4	0
355	400	−1350	−680	−400														
400	450	−1500	−760	−440	—	−230	−135	—	−68	—	−20	0		−20	−32	—	+5	0
450	500	−1650	−840	−480														

下极限偏差 ei													
m	n	p	r	s	t	u	v	x	y	z	za	zb	zc
公差等级													
所有的级													
+2	+4	+6	+10	+14	—	+18	—	+20	—	+26	+32	+40	+60
+4	+8	+12	+15	+19	—	+23	—	+28	—	+35	+42	+50	+80
+6	+10	+15	+19	+23	—	+28	—	+34	—	+42	+52	+67	+97
+7	+12	+18	+23	+28	—	+33	—	+40	—	+50	+64	+90	+130
							+39	+45	—	+60	+77	+108	+150
+8	+15	+22	+28	+35	—	+41	+47	+54	+63	+73	+98	+136	+188
					+41	+48	+55	+64	+75	+88	+118	+160	+218
+9	+17	+26	+34	+43	+48	+60	+68	+80	+94	+112	+148	+200	+274
					+54	+70	+81	+97	+114	+136	+180	+242	+325
+11	+20	+32	+41	+53	+66	+87	+102	+122	+144	+172	+226	+300	+405
			+43	+59	+75	+102	+120	+146	+174	+210	+274	+360	+480
+13	+23	+37	+51	+71	+91	+124	+146	+178	+214	+258	+335	+445	+585
			+54	+79	+104	+144	+172	+210	+254	+310	+400	+525	+690
+15	+27	+43	+63	+92	+122	+170	+202	+248	+300	+365	+470	+620	+800
			+65	+100	+134	+190	+228	+280	+340	+415	+535	+700	+900
			+68	+108	+146	+210	+252	+310	+380	+465	+600	+780	+1000
+17	+31	+50	+77	+122	+166	+236	+284	+350	+425	+520	+670	+880	+1150
			+80	+130	+180	+258	+310	+385	+470	+575	+740	+960	+1250
			+84	+140	+196	+284	+340	+425	+520	+640	+820	+1050	+1350
+20	+34	+56	+94	+158	+218	+315	+385	+475	+580	+710	+920	+1200	+1550
			+98	+170	+240	+350	+425	+525	+650	+790	+1000	+1300	+1700
+21	+37	+62	+108	+190	+268	+390	+475	+590	+730	+900	+1150	+1500	+1900
			+114	+208	+294	+435	+530	+660	+820	+1000	+1300	+1650	+2100
+23	+40	+68	+126	+232	+330	+490	+595	+740	+920	+1100	+1450	+1850	+2400
			+132	+252	+360	+540	+660	+820	+1000	+1250	+1600	+2100	+2600

注：1. 公称尺寸小于或等于 1mm 时，基本偏差 a 和 b 均不采用。

2. js 的数值：对公差等级为 IT7～IT11，若标准公差 IT(μm)为奇数，则 js＝±(IT－1)/2。

(2) 孔的基本偏差数值

公称尺寸≤500mm时,孔的基本偏差是由轴的基本偏差换算得来的,见表2.5。

孔与轴基本偏差换算的原则是:用同一字母表示孔和轴的基本偏差所组成的公差带,按照基孔制形成的配合和按照基轴制形成的配合(称为同名配合),两者的配合性质应相同。如:ϕ30H9/d9与ϕ30D9/h9为两组基准制不同的配合(前者为基孔制,后者为基轴制)。它们配合件的基本偏差字母相同,同是$D(d)$,故它们为同名配合。同理:ϕ50H7/p6与ϕ50P7/h6为同名配合。同名配合,它们的配合性质相同。即,ϕ30H9/d9与ϕ30D9/h9的配合性质相同,即,ϕ30H9/d9的极限间隙与ϕ30D9/h9的极限间隙相等。ϕ50H7/p6与ϕ50P7/h6配合性质相同,它们的极限过盈相等。

【例2.2】 查表求ϕ30D9的基本偏差数值,并验证ϕ30H9/d9与ϕ30D9/h9配合性质相同。

【解】

由表2.4轴的基本偏差数值查得:轴ϕ30d9的基本偏差es=−0.065,IT9=0.052,ei=−0.117。查表2.5可得:孔ϕ30H9的EI=0,ES=+0.052。

孔ϕ30D9的基本偏差EI=+0.065,ES=+0.117。轴ϕ30h9的es=0,ei=−0.052。

经计算可得:ϕ30H9/d9和ϕ30D9/h9配合的最大间隙、最小间隙相等,分别为+0.169、+0.065。

【例2.3】 查表求ϕ50P7/h6的基本偏差数值。验证同名配合:ϕ50H7/p6和ϕ50P7/h6的极限过盈相同。

【解】

查表2.2可得:公称尺寸ϕ50,IT6=0.016,IT7=0.025。

查表2.4、表2.5轴和孔的基本偏差数值可得:

ϕ50P8基本偏差代号P,公差等级>7(即,低于7级),基本偏差$ES'=-0.026$;

ϕ50P7基本偏差$ES_2=ES'+\Delta$,$\Delta=0.009$,$ES_2=-0.026+0.009=-0.017$,$EI_2=-0.042$;

ϕ50p6的基本偏差为$ei_1=+0.026$,$es_1=ei_1+IT6=+0.042$;

ϕ50H7的基本偏差为$EI_1=0$,$ES_1=EI_1+IT7=+0.025$;

ϕ50h6的基本偏差为$es_2=0$,$ei_2=es_2-IT6=-0.016$。

验证:同名配合,它们的极限过盈相等。

ϕ50H7/p6的最大、最小过盈:$Y_{min}=ES_1-ei_1=-0.001$,$Y_{max}=EI_1-es_1=-0.042$。

ϕ50P7/h6的最大、最小过盈:$Y_{min}=ES_2-ei_2=-0.001$,$Y_{max}=EI_2-es_2=-0.042$。

3. 公差带系列

1) 公差带代号

轴或孔公差带是由公差带大小和公差带相对零线的位置构成。

公差带代号由基本偏差代号和公差等级数字表示。例如:H8,F7,J7,P7,U7等为孔的公差带代号;h7,g6,r6,p6,s7等为轴的公差带代号。

ϕ50J7可解释为:公称尺寸为ϕ50mm(狭义孔),基本偏差代号为J,公差等级为7级的孔公差带。

表 2.5　公称尺寸≤500mm 孔的基本偏差数值　μm

基本偏差		下极限偏差 EI											JS	上极限偏差 ES								
		A	B	C	CD	D	E	EF	F	FG	G	H		J			K		M		N	
公称尺寸/mm		标准公差等级																				
大于	至	所有公差等级												6	7	8	≤8	>8	≤8	>8	≤8	>8
—	3	+270	+140	+60	+34	+20	+14	+10	+6	+4	+2	0	上或下极限偏差等于 $\pm\frac{IT}{2}$	+2	+4	+6	0	0	−2	−2	−4	−4
3	6	+270	+140	+70	+46	+30	+20	+14	+10	+6	+4	0		+5	+6	+10	−1+Δ	—	−4+Δ	−4	−8+Δ	0
6	10	+280	+150	+80	+56	+40	+25	+18	+13	+8	+5	0		+5	+8	+12	−1+Δ	—	−6+Δ	−6	−10+Δ	0
10	14	+290	+150	+95	—	+50	+32	—	+16	—	+6	0		+6	+10	+15	−1+Δ	—	−7+Δ	−7	−12+Δ	0
14	18																					
18	24	+300	+160	+110	—	+65	+40	—	+20	—	+7	0		+8	+12	+20	−2+Δ	—	−8+Δ	−8	−15+Δ	0
24	30																					
30	40	+310	+170	+120	—	+80	+50	—	+25	—	+9	0		+10	+14	+24	−2+Δ	—	−9+Δ	−9	−17+Δ	0
40	50	+320	+180	+130																		
50	65	+340	+190	+140	—	+100	+60	—	+30	—	+10	0		+13	+18	+28	−2+Δ	—	−11+Δ	−11	−20+Δ	0
65	80	+360	+200	+150																		
80	100	+380	+220	+170	—	+120	+72	—	+36	—	+12	0		+16	+22	+34	−3+Δ	—	−13+Δ	−13	−23+Δ	0
100	120	+410	+240	+180																		
120	140	+460	+260	+200	—	+145	+85	—	+43	—	+14	0		+18	+26	+41	−3+Δ	—	−15+Δ	−15	−27+Δ	0
140	160	+520	+280	+210																		
160	180	+580	+310	+230																		
180	200	+660	+340	+240	—	+170	+100	—	+50	—	+15	0		+22	+30	+47	−4+Δ	—	−17+Δ	−17	−31+Δ	0
200	225	+740	+380	+260																		
225	250	+820	+420	+280																		
250	280	+920	+480	+300	—	+190	+110	—	+56	—	+17	0		+25	+36	+55	−4+Δ	—	−20+Δ	−20	−34+Δ	0
280	315	+1050	+540	+330																		
315	355	+1200	+600	+360	—	+210	+125	—	+62	—	+18	0		+29	+39	+60	−4+Δ	—	−21+Δ	−21	−37+Δ	0
355	400	+1350	+680	+400																		
400	450	+1500	+760	+440	—	+230	+135	—	+68	—	+20	0		+33	+43	+66	−5+Δ	—	−23+Δ	−23	−40+Δ	0
450	500	+1650	+840	+480																		

续表

基本偏差		上极限偏差 ES													Δ/μm					
		P 到 ZC	P	R	S	T	U	V	X	Y	Z	ZA	ZB	ZC						
公称尺寸/mm		公差等级																		
大于	至	≤7	>7 级												3	4	5	6	7	8
—	3	在大于7级的相应数值上增加一个Δ值	-6	-10	-14	—	-18	—	-20	—	-26	-32	-40	-60	0					
3	6		-12	-15	-19	—	-23	—	-28	—	-35	-42	-50	-80	1	1.5	1	3	4	6
6	10		-15	-19	-23	—	-28	—	-34	—	-42	-52	-67	-97	1	1.5	2	3	6	7
10	14		-18	-23	-28	—	-33	—	-40	—	-50	-64	-90	-130	1	2	3	3	7	9
14	18							-39	-45	—	-60	-77	-108	-150						
18	24		-22	-28	-35	—	-41	-47	-54	-63	-73	-98	-136	-188	1.5	2	3	4	8	12
24	30					-41	-48	-55	-64	-75	-88	-118	-160	-218						
30	40		-26	-34	-43	-48	-60	-68	-80	-94	-112	-148	-200	-274	1.5	3	4	5	9	14
40	50					-54	-70	-81	-97	-114	-136	-180	-242	-325						
50	65		-32	-41	-53	-66	-87	-102	-122	-144	-172	-226	-300	-405	2	3	5	6	11	16
65	80			-43	-59	-75	-102	-120	-146	-174	-210	-274	-360	-480						
80	100		-37	-51	-71	-91	-124	-146	-178	-214	-258	-335	-445	-585	2	4	5	7	13	19
100	120			-54	-79	-104	-144	-172	-210	-254	-310	-400	-525	-690						
120	140		-43	-63	-92	-122	-170	-202	-248	-300	-365	-470	-620	-800	3	4	6	7	15	23
140	160			-65	-100	-134	-190	-228	-280	-340	-415	-535	-700	-900						
160	180			-68	-108	-146	-210	-252	-310	-380	-465	-600	-780	-1000						
180	200		-50	-77	-122	-166	-236	-284	-350	-425	-520	-670	-880	-1150	3	4	6	9	17	26
200	225			-80	-130	-180	-258	-310	-385	-470	-575	-740	-960	-1250						
225	250			-84	-140	-196	-284	-340	-425	-520	-640	-820	-1050	-1350						
250	280		-56	-94	-158	-218	-315	-385	-475	-580	-710	-920	-1200	-1550	4	4	7	9	20	29
280	315			-98	-170	-240	-350	-425	-525	-650	-790	-1000	-1300	-1700						
315	355		-62	-108	-190	-268	-390	-475	-590	-730	-900	-1150	-1500	-1900	4	5	7	11	21	32
355	400			-114	-208	-294	-435	-530	-660	-820	-1000	-1300	-1650	-2100						
400	450		-68	-126	-232	-330	-490	-595	-740	-920	-1100	-1450	-1850	-2400	5	5	7	13	23	34
450	500			-132	-252	-360	-540	-660	-820	-1000	-1250	-1600	-2100	-2600						

注：1. 公称尺寸在 1mm 以下时，各公差等级的基本偏差 A 和 B 以及大于 8 级的基本偏差 N 均不采用。

2. 标准公差≤IT8 级的 K，M，N 及≤IT7 的 P 至 ZC 的基本偏差中的 Δ 值从续表的右侧选取。

例：18～30mm 的 P7，因为 P8 的 $ES'=-22\mu m$；而 P7 的 $\Delta=8\mu m$，因此 $ES=ES'+\Delta=-14\mu m$。

3. JS 的数值：对于 IT7～IT11，若标准公差 IT(μm)为奇数，则 JS=±(IT−1)/2。

4. 特殊情况，当公称尺寸为 250～315mm 时，M6 的 ES 等于−9(代替−11)μm。

10h8 可解释为：公称尺寸为 10mm(广义轴)，基准轴，基本偏差代号为 h，公差等级为 8 级的轴公差带。

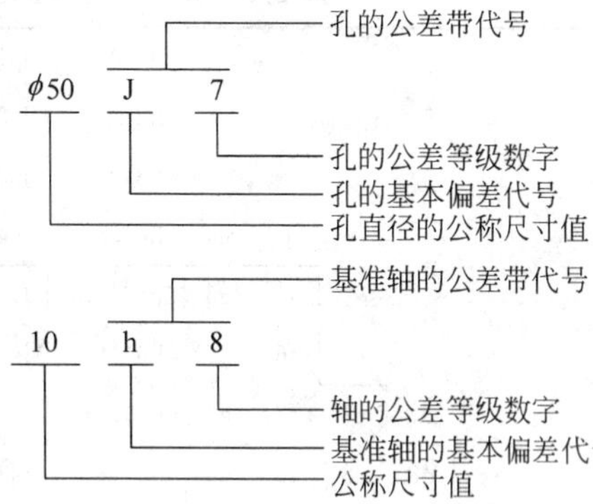

2）尺寸公差带代号在零件图中的标注形式

可根据实际要求按下列 3 种形式标注。

(1) 标注公称尺寸和极限偏差值　如：$\phi25^{+0.009}_{-0.004}$，$4^{\ 0}_{-0.03}$，此种标注一般适用在单件或小批量生产的产品零件图样上，应用较为广泛。如图 2.13(a) 所示。

(2) 标注公称尺寸、公差带代号和极限偏差值　如：$\phi25j6(^{+0.009}_{-0.004})$，$4N9(^{\ 0}_{-0.03})$，此种标注一般适用在中、小批量生产的产品零件图样上。如图 2.13(b)所示。

(3) 标注公称尺寸和公差带代号　如：$\phi25j6$，4N9，此种标注适用于大批量生产的产品零件图样上。如图 2.13(c)所示。

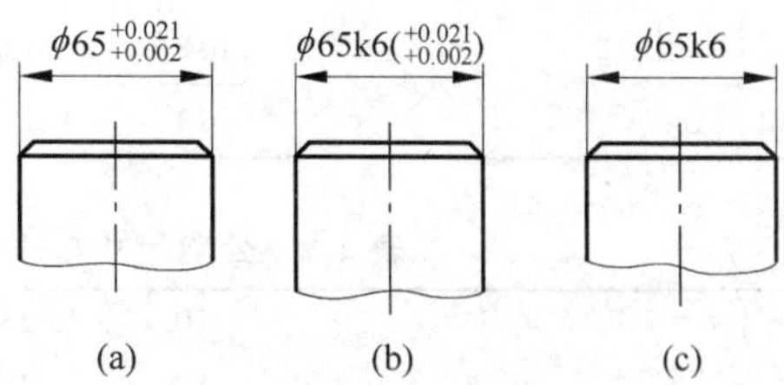

图 2.13　注公差尺寸的标注形式

3）国家标准推荐选用的尺寸公差带

根据国家标准规定的 20 个等级的标准公差和 28 种基本偏差代号，从理论上讲，轴、孔可分别组成 560 种公差带。但是实际上有许多种公差带在生产上几乎不用，如 A01，ZA18 等。而且，公差带种类过多，将使公差带表格过于庞大而不便使用，生产中也需要配备相应的刀具和量具，这显然不经济。为了减少定值刀具、量具和工艺装备的数量和规格，国家标准对公差带种数加以限制。

国家标准推荐了孔、轴的一般、常用和优先选用的公差带。

(1) 轴公差带

国家标准推荐的一般、常用和优先选用的轴公差带共有 116 种，如表 2.6 所示。其中方框内为常用公差带，有 46 种，括号内的为优先选用的公差带，有 13 种。

(2) 孔公差带

国家标准推荐的一般、常用和优先选用的孔公差带共 105 种，如表 2.7 所示。其中方框内为常用公差带，有 31 种，括号内的为优先选用的公差带，有 13 种。

选用公差带时，应按优先、常用、一般公差带的顺序选取。若一般公差带中也没有满足要求的公差带，则按 GB/T 1801—2009 中规定的标准公差和基本偏差组成的公差带选取，还可考虑用延伸和插入的方法来确定新的公差带。

2.2.2　配合制

配合制是由同一极限制的轴和孔组成的一种配合制度。国家标准规定了两种配合制：基孔配合制和基轴配合制。

1. 基孔制配合

基孔制配合指基本偏差为一定的孔公差带，与不同基本偏差的轴公差带形成各种配合的一种制度，简称基孔制。

表 2.6　公称尺寸≤500mm 的一般、常用和优先轴公差带

							h1		js1												
							h2		js2												
							h3		js3												
						g4	h4		js4	k4	m4	n4	p4	r4	s4						
					f5	g5	h5	j5	js5	k5	m5	n5	p5	r5	s5	t5	u5	v5	x5		
				e6	f6	(g6)	(h6)	j6	js6	(k6)	m6	(n6)	(p6)	r6	(s6)	t6	(u6)	v6	x6	y6	z6
			d7	e7	(f7)	g7	(h7)	j7	js7	k7	m7	n7	p7	r7	s7	t7	u7	v7	x7	y7	z7
		c8	d8	e8	f8	g8	h8		js8	k8	m8	n8	p8	r8	s8	t8	u8	v8	x8	y8	z8
a9	b9	c9	(d9)	e9	f9		(h9)		js9												
a10	b10	c10	d10	e10			h10		js10												
a11	b11	(c11)	d11				(h11)		js11												
a12	b12	c12					h12		js12												
a13	b13						h13		js13												

表 2.7　公称尺寸≤500mm 的一般、常用优先孔公差带

							H1		JS1												
							H2		JS2												
							H3		JS3												
							H4		JS4	K4	M4										
						G5	H5		JS5	K5	M5	N5	P5	R5	S5						
					F6	G6	H6	J6	JS6	K6	M6	N6	P6	R6	S6	T6	U6	V6	X6	Y6	Z6
			D7	E7	F7	(G7)	(H7)	J7	JS7	(K7)	M7	(N7)	(P7)	R7	(S7)	T7	(U7)	V7	X7	Y7	Z7
		C8	D8	E8	(F8)	G8	(H8)	J8	JS8	K8	M8	N8	P8	R8	S8	T8	U8	V8	X8	Y8	Z8
A9	B9	C9	(D9)	E9	F9		(H9)		JS9			N9	P9								
A10	B10	C10	D10	E10			H10		JS10												
A11	B11	(C11)	D11				(H11)		JS11												
A12	B12	C12					H12		JS12												
							H13		JS13												

在基孔制配合中,孔为基准孔,其基本偏差(下极限偏差)为 0,基准孔的基本偏差代号为 H,如图 2.14(a)所示。

2. 基轴制配合

基轴制配合指基本偏差为一定的轴公差带,与不同基本偏差的孔公差带形成各种配合的一种制度,简称基轴制。

在基轴制配合中,轴为基准轴,其基本偏差(上极限偏差)为 0,基准轴的基本偏差代号为 h,如图 2.14(b)所示。

3. 配合系列

1) 配合代号

国家标准规定,用孔和轴的公差带代号以分数形式组成配合代号。其中,分子为孔的

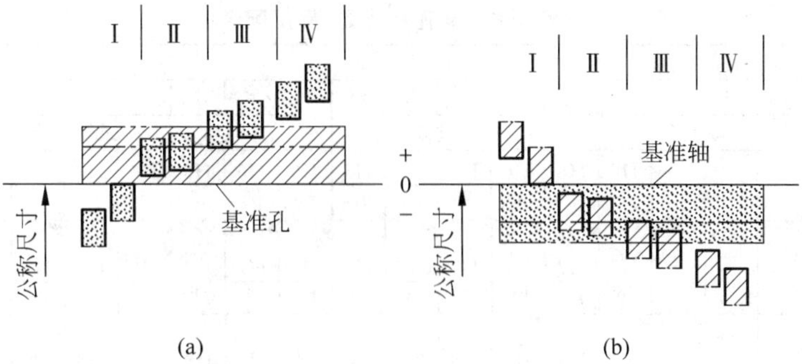

图 2.14　基孔制配合和基轴制配合

(a) 基孔制配合；(b) 基轴制配合

公差带代号，分母为轴的公差带代号，如：ϕ30H7/g6 或$\phi 30\ \dfrac{H7}{g6}$。若配合的孔或轴中有一个是标准件，则仅标注配合件(非基准件)的公差带代号。如综合实例中轴承内圈内径与花键套筒轴颈ϕ25j6 配合，因为轴承是标准部件，故配合代号为ϕ25j6，即，在装配图上，仅标注配合件(非基准件) 的公差带代号，见图 1.1。

$\phi 30\ \dfrac{H7}{g6}$可解释为公称尺寸为ϕ30mm，基孔制，由孔公差带 H7 与轴公差带 g6 组成间隙配合。

P6 级轴承内圈内径与ϕ25j6 配合，可解释为，以标准件——轴承内圈内径(孔)为基准，与轴公差带ϕ25j6 组成过渡配合。

2) 配合代号在装配图上的标注形式

见图 2.15 所示。标注时可根据实际情况，选择其中之一的形式标注，其中图 2.15(b)形式的标注应用最广泛。

3) 国家标准推荐选用的配合

(1) 基孔制的优先和常用配合。GB/T 1801—2009 规定基孔制常用配合 46 种，优先配合 13 种，见表 2.8。

(2) 基轴制的优先和常用配合。GB/T 1801—2009 规定基轴制常用配合 34 种，优先配合 13 种，见表 2.9。

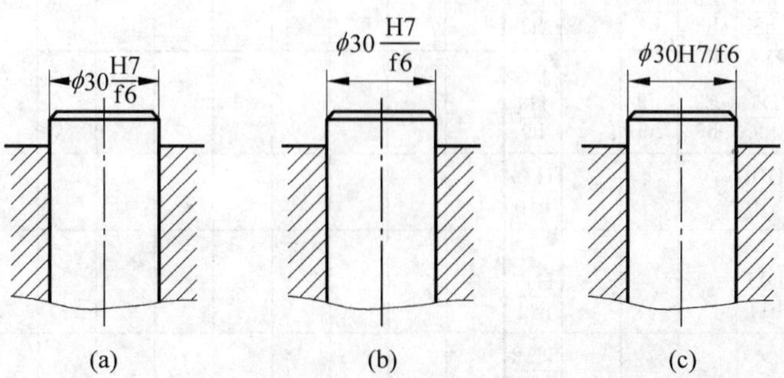

图 2.15　配合的标注方法

表 2.8　基孔制优先、常用配合

基准孔	轴																				
	a	b	c	d	e	f	g	h	js	k	m	n	p	r	s	t	u	v	x	y	z
	间隙配合								过渡配合			过盈配合									
H6						H6/f5	H6/g5	H6/h5	H6/js5	H6/k5	H6/m5	H6/n5	H6/p5	H6/r5	H6/s5	H6/t5					
H7						H7/f6	◤H7/g6	◤H7/h6	H7/js6	◤H7/k6	H7/m6	◤H7/n6	◤H7/p6	H7/r6	◤H7/s6	H7/t6	◤H7/u6	H7/v6	H7/x6	H7/y6	H7/z6
H8					H8/e7	◤H8/f7	H8/g7	◤H8/h7	H8/js7	H8/k7	H8/m7	H8/n7	H8/p7	H8/r7	H8/s7	H8/t7	H8/u7				
				H8/d8	H8/e8	H8/f8		H8/h8													
H9			H9/c9	◤H9/d9	H9/e9	H9/f9		◤H9/h9													
H10			H10/c10	H10/d10				H10/h10													
H11	H11/a11	H11/b11	◤H11/c11	H11/d11				◤H11/h11													
H12		H12/b12						H12/h12													

注：1. H6/n5，H7/p6 在公称尺寸小于或等于 3mm 和 H8/r7 在小于或等于 100mm 时，为过渡配合。
　　2. 标注◤的配合为优先配合。

表 2.9　基轴制优先、常用配合

基准轴	孔																				
	A	B	C	D	E	F	G	H	JS	K	M	N	P	R	S	T	U	V	X	Y	Z
	间 隙 配 合								过 渡 配 合			过 盈 配 合									
h5						F6/h5	G6/h5	H6/h5	JS6/h5	K6/h5	M6/h5	N6/h5	P6/h5	R6/h5	S6/h5	T6/h5					
h6						F7/h6	◤G7/h6	◤H7/h6	JS7/h6	◤K7/h6	M7/h6	◤N7/h6	◤P7/h6	R7/h6	◤S7/h6	T7/h6	◤U7/h6				
h7					E8/h7	◤F8/h7		◤H8/h7	JS8/h7	K8/h7	M8/h7	N8/h7									
h8				D8/h8	E8/h8	F8/h8		H8/h8													
h9				◤D9/h9	E9/h9	F9/h9		◤H9/h9													
h10				D10/h10				H10/h10													
h11	A11/h11	B11/h11	◤C11/h11	D11/h11				◤H11/h11													
h12		B12/h12						H12/h12													

注：标注◤的配合为优先配合。

由表 2.8、表 2.9 中可知，当相配合的孔和轴公差带均为优先公差带时，可组成优先配合。当相配合的孔和轴公差带均是常用公差带时，或其中一个是常用公差带，另一个是优先公差带，则组成常用配合。同理，选用配合时，按优先、常用配合的顺序选取。

在实际生产中，如因特殊需要或其他充分的理由，也允许采用非基准制的配合。即采用非基准孔和非基准轴相配合，如ϕ55D9/k6，ϕ100J7/f9 等。这些配合习惯上又称“混合配合”。

在 2.3.3 节的图 2.17 中，$\phi 24k7(^{+0.023}_{+0.002})$，$\phi 25j6(^{+0.009}_{-0.004})$等是按照“注公差尺寸”的形式标注，而肩宽 5 和花键套筒长度 104 的尺寸公差未注出，这类尺寸称为“一般公差——线性尺寸”。

2.2.3　一般公差——未注公差的线性和角度尺寸的公差

国家标准 GB/T 1804—2000《一般公差　未注公差的线性和角度尺寸的公差》应用在线性尺寸（例如，外尺寸、内尺寸、阶梯尺寸、直径、半径、距离、倒圆半径和倒角高度）、角度尺寸（包括通常不注出角度值的角度尺寸，如直角 90°）和机加工组装件的线性及角度尺寸等。

当零件上的某尺寸采用一般公差时，在零件的图样上，此尺寸只标注公称尺寸，不注出其极限偏差，而是在图样上的标题栏附近或技术要求、技术文件中注出本标准号和公差等级代号。见 2.3.3 节图 2.17 花键套筒零件中的尺寸 5 和 104 等标注和图中“技术要求”所示。

1. 一般公差的概念

所谓线性尺寸的一般公差指在车间普通工艺条件下，机床设备可以保证的公差。在正常维护和操作情况下，它代表经济的加工精度。对于低精度的非配合尺寸，或功能上允许的公差等于或大于一般公差时，均可采用一般公差。

采用一般公差的尺寸在正常车间精度保证的条件下，零件加工后一般可不检验。若对其合格性发生争议，可根据线性尺寸的极限偏差数值作为评判依据。只有当零件的功能受到损害时，超出一般公差的工件才能被拒收。

应用一般公差可简化制图，使图样清晰易读；节省图样设计时间，只要熟悉和应用一般公差的有关规定，就可不必逐一考虑其公差值；突出了图样上注出公差的尺寸，这些尺寸大多是重要的且需要控制的尺寸，以便在加工和检验时引起重视。由于明确了图样上要素的一般公差要求，便于供需双方达成加工和销售合同协议，交货时也可避免不必要的争议。

2. 一般公差的公差等级和极限偏差

GB/T 1804—2000 对一般公差规定了 4 个公差等级，其公差等级从高到低依次为：精密级(f)、中等级(m)、粗糙级(c)、最粗级(v)。

倒圆半径和倒角高度尺寸的一般公差的极限偏差数值见表 2.10；线性尺寸的一般公差的极限偏差数值见表 2.11。

表 2.10　倒圆半径和倒角高度尺寸的极限偏差数值　　mm

<table>
<tr><th rowspan="2">公差等级</th><th colspan="4">公称尺寸分段</th></tr>
<tr><th>0.5～3</th><th>>3～6</th><th>>6～30</th><th>>30</th></tr>
<tr><td>精密级(f)</td><td rowspan="2">±0.2</td><td rowspan="2">±0.5</td><td rowspan="2">±1</td><td rowspan="2">±2</td></tr>
<tr><td>中等级(m)</td></tr>
<tr><td>粗糙级(c)</td><td rowspan="2">±0.4</td><td rowspan="2">±1</td><td rowspan="2">±2</td><td rowspan="2">±4</td></tr>
<tr><td>最粗级(v)</td></tr>
</table>

表 2.11 线性尺寸的极限偏差数值 mm

公差等级	公称尺寸分段							
	0.5～3	>3～6	>6～30	>30～120	>120～400	>400～1000	>1000～2000	>2000～4000
精密级(f)	±0.05	±0.05	±0.1	±0.15	±0.2	±0.3	±0.5	—
中等级(m)	±0.1	±0.1	±0.2	±0.3	±0.5	±0.8	±1.2	±2
粗糙级(c)	±0.2	±0.3	±0.5	±0.8	±1.2	±2	±3	±4
最粗级(v)	—	±0.5	±1	±1.5	±2.5	±4	±6	±8

由表 2.11 的极限偏差数值可看出,线性尺寸的公差带均相对零线对称分布,不分孔、轴或长度尺寸。

2.3 零件的尺寸精度和配合的设计

零件的尺寸精度和配合设计主要包括 3 方面的内容：一是基准制的选择与应用设计；二是尺寸精度设计；三是配合的选择与应用设计。这些内容均涉及如何正确、合理地应用《极限与配合》国家标准的问题。

2.3.1 基准配合制的选择

基准配合制的选择主要考虑两方面的因素：一是零件的加工工艺可行性及加工、检测经济性；二是机械设备及机械产品的结构形式的合理性。

基准配合制的选择原则是优先采用基孔制配合,其次采用基轴制配合,特殊场合应用非基准制。

1. 基孔制配合的选择

一般情况下,优先采用基孔制配合。

由于孔的加工比轴的加工难度大,尤其是中、小孔的加工,一般采用定值尺寸刀具和计量器具进行加工和检测。采用基孔制配合,可以减少孔公差带的数量,从而减少孔的定值尺寸和定值刀具、量具的规格和数量,可以获得较佳的经济效益。

在图 1.1 中,花键套筒轴颈与皮带轮孔配合为“一般情况”,优先采用基孔配合制。

当孔为标准件或标准部件时,同样采用基孔配合制。如图 1.1 中,轴承内圈内径与轴颈ϕ25 配合,轴承内圈内径公差带是按相关的轴承公差标准规定设计的,并已确定此处应选择“基孔配合制”。根据此处配合要求,选择配合轴的公差带,此处配合代号为ϕ25j6。

2. 基轴制配合的应用场合

1) 用冷拉钢制圆柱型材——光轴作为基准轴

这一类圆柱型材的规格已标准化,尺寸公差等级一般为 IT7～IT11。它作为基准轴,轴径可以免去外圆的切削加工,只要按照不同的配合性质来加工孔,就可实现技术与经济的最佳效果。

2) 轴为标准件或标准部件(如键、销、轴承等)

如图 1.1 所示,轴承外圈外径与主轴箱体孔的配合(ϕ52JS7)是采用基轴配合制。

3) "一轴多孔",而且构成的多处配合的松紧程度要求不同

所谓"一轴多孔"指一轴与两个或两个以上的孔组成配合。如图 2.16(a),内燃机中活塞销与活塞孔及连杆小头孔的配合,它们组成三处、两种性质的配合。图 2.16(b)表示采用基孔配合制,轴为阶梯轴,且两头大中间小,既不便加工,也不便装配。显然,这种情况选择基孔配合制是不合理的。图 2.16(c)表示采用基轴配合制,简化了加工和装配工艺。所以,采用基轴配合制为宜。

3. 非基准制应用的场合

国家标准规定,为了满足配合的特殊需要,允许采用非基准制配合,即采用任一孔、轴公差带(基本偏差代号非 H 的孔或 h 的轴) 组成的配合。

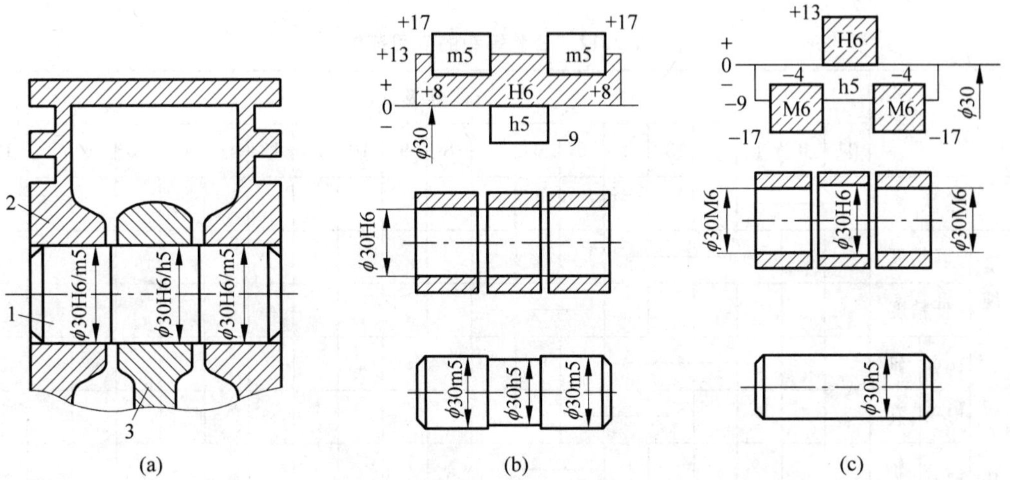

图 2.16　一轴多孔且配合性质不同时应用基轴制的选择示例

(a) 内燃机中活塞销与活塞孔及连杆小头孔的配合；(b) 基孔制配合的孔、轴公差带和孔、轴；

(c) 基轴制配合的孔、轴公差带和孔、轴

1—活塞销；2—活塞；3—连杆小头孔

在图 1.1 中,主轴箱体孔与挡圈外圆柱的配合应选择非基准制配合。

目前,在各种机械设备及产品中,大多数采用基孔配合制,少数采用基轴配合制,而非基准制配合仅是在个别特殊情况下应用。

2.3.2　尺寸公差等级的选择

尺寸公差等级的选择是一项重要且困难的工作。因为公差等级的高低直接影响机械产品的使用性能和加工的经济性。公差等级过低,产品质量达不到要求;公差等级过高,将使制造成本增加,也不利于提高综合经济效益。因此,应正确合理地选择公差等级。

1. 公差等级的选择原则

在满足使用性能的前提下,尽量选取较低的公差等级。

所谓"较低的公差等级"是指假如 IT7 级以上(含 IT7) 的公差等级均能满足使用性能要求,那么,选择 IT7 级为宜。它既保证使用性能,又可获得最佳的经济效益。

2. 公差等级的选择方法

(1) 类比法　即经验法,指参考经过实践证明合理的类似产品的公差等级,将所设计的机械(机构、产品)的使用性能、工作条件、加工工艺装备等情况与之进行比较,从而确定合理的公差等级。对初学者来说,多采用类比法,此法主要是通过查阅有关的参考资料、手册,进行分析比较后确定等级。类比法多用于一般要求的配合。

(2) 计算法　指根据一定的理论和公式计算后,再根据《极限与配合》标准确定合理的公差等级。即根据工作条件和使用性能要求确定配合部位的间隙或过盈允许的界限,然后通过计算法确定相配合的孔、轴的公差等级。计算法多用于重要的配合。

3. 采用类比法确定公差等级应考虑的几个问题

(1) 了解各个公差等级的应用范围。公差等级的应用范围见表2.12。

表 2.12　公差等级的应用范围

应用			公差等级(IT)																			
			01	0	1	2	3	4	5	6	7	8	9	10	11	12	13	14	15	16	17	18
量块			—	—	—																	
量规	高精度				—	—	—															
量规	低精度								—	—	—											
孔与轴配合	特别精密	轴				—	—	—														
孔与轴配合	特别精密	孔					—	—	—													
孔与轴配合	精密配合	轴							—	—	—											
孔与轴配合	精密配合	孔								—	—	—										
孔与轴配合	中等精度	轴										—	—	—								
孔与轴配合	中等精度	孔											—	—								
孔与轴配合	低精度														—	—	—					
非配合尺寸																—	—	—	—	—	—	—
原材料公差												—	—	—	—	—	—					

(2) 熟悉各种工艺方法的加工精度。公差等级与加工方法的关系见表2.13。根据加工方法选择公差等级,在保证质量的前提下,选择较低的公差等级。

(3) 注意轴和孔的工艺等价性。公称尺寸不大于500mm时,高精度(≤IT8)孔比相同精度的轴难加工,为使相配的孔与轴加工难易程度相当,即具有工艺等价性,一般推荐孔的公差等级比轴的公差等级低一级;通常,6,7,8级的孔分别与5,6,7级的轴配合。低精度(>IT8)的孔和轴采用同级配合。

(4) 配合精度要求不高时,允许孔、轴公差等级相差2~3级,以降低加工成本。如 ϕ52J6/f9。

表 2.13　各种加工方法可能达到的公差等级

加工方法	公差等级(IT)																			
	01	0	1	2	3	4	5	6	7	8	9	10	11	12	13	14	15	16	17	18
研磨	—	—	—	—	—	—	—													
珩磨						—	—	—	—											
圆磨							—	—	—	—										
平磨							—	—	—	—										
金刚石车							—	—	—											
金刚石镗							—	—	—											
拉削							—	—	—	—										
铰孔								—	—	—	—	—								
车									—	—	—	—	—							
镗									—	—	—	—	—							
铣										—	—	—	—							
刨、插												—	—							
钻孔												—	—	—	—					
滚压、挤压												—	—							
冲　压												—	—	—	—	—				
压铸													—	—	—	—				
粉末冶金成形								—	—	—										
粉末冶金烧结									—	—	—	—								
砂型铸造、气割																		—	—	—
锻造																		—		

(5) 协调与相配零(部)件的精度关系。例如,与滚动轴承配合的轴或孔的公差等级应与滚动轴承的公差等级相匹配(见 2.4 节)。带孔的齿轮,其孔的公差等级是按照齿轮的精度等级选取的(见表 7.22);而与齿轮孔相配合的轴的公差等级应与齿轮孔的公差等级相匹配。

2.3.3　配合的选择

配合的选择主要是根据配合部位的工作条件和功能要求,确定配合的松紧程度,然后选择适当的配合,即确定配合代号。

1. 配合选择的方法

配合的选择方法有类比法、计算法和试验法 3 种。

(1) 类比法　同公差等级的选择相似,大多通过查表将所设计的配合部位的工作条件和功能要求与相同或相似的工作条件或功能要求的配合部位进行分析比较,对于已成功的配合作适当的调整,从而确定配合代号。此选择方法主要应用在一般、常见的配合中。

(2) 计算法　计算法主要用于两种情况:一是用于保证与滑动轴承的间隙配合,当要求保证液体摩擦时,可以根据滑动摩擦理论计算允许的最小间隙,从而选定适当的配合；二是完全依靠装配过盈传递负荷的过盈配合，可以根据要求传递负荷的大小计算允许的最小过盈，再根据孔、轴材料的弹性极限计算允许的最大过盈，从而选定适当的配合。

(3) 试验法　试验法主要用于新产品和特别重要配合的选择。这些部位的配合选择，需要进行专门的模拟试验，以确定工作条件要求的最佳间隙或过盈及其允许变动的范围，然后，确定配合性质。这种方法只要试验设计合理、数据可靠，选用的结果就比较理想，但成本较高。

2. 配合选择的任务

当基准配合制和孔、轴公差等级确定之后，配合选择的任务是确定非基准件(基孔制配合中的轴或基轴制配合中的孔)的基本偏差代号。

3. 配合选择的步骤

采用类比法选择配合时，可以按照下列步骤选择：

(1) 确定配合的大致类别。根据配合部位的功能要求，可按表 2.14 确定配合的类别。

表 2.14　功能要求及对应的配合类别

<table>
<tr><td rowspan="4">无相对运动</td><td rowspan="3">要传递转矩</td><td rowspan="2">要精确同轴</td><td>永久结合</td><td>过盈配合</td></tr>
<tr><td>可拆结合</td><td>过渡配合或基本偏差为 H(h)①的间隙配合加紧固件②</td></tr>
<tr><td colspan="2">不要精确同轴</td><td>间隙配合加紧固件</td></tr>
<tr><td colspan="3">不需要传递转矩</td><td>过渡配合或轻的过盈配合</td></tr>
<tr><td rowspan="2">有相对运动</td><td colspan="3">只有移动</td><td>基本偏差为 H(h),G(g)等间隙配合</td></tr>
<tr><td colspan="3">转动或转动和移动形成的复合运动</td><td>基本偏差为 A～F(a～f) 等间隙配合</td></tr>
</table>

注：① 指非基准件的基本偏差代号。
② 紧固件指键、销钉和螺钉等。

(2) 根据配合部位具体的功能要求，通过查表，比照配合的应用实例，参考各种配合的性能特征(见表 2.15～表 2.18)，选择较合适的配合，即确定非基准件的基本偏差代号。

4. 各类配合的选择

配合的选择主要依据配合部位的功能要求、配合的性能特征选择松紧合适的配合。

1) 间隙配合的选择

间隙配合主要应用场合：孔和轴之间有相对运动和需要拆卸的无相对运动的配合部位。

由表 2.8 和表 2.9 可知，基孔制的间隙配合，轴的基本偏差代号为 a～h；基轴制的间隙配合，孔的基本偏差代号为 A～H。间隙配合的性能特征见表 2.15。

2) 过渡配合的选择

过渡配合主要应用场合：孔与轴之间有定心要求，而且需要拆卸的静联结(即无相对运动)的配合部位。

由表 2.8 和表 2.9 可知，基孔制的过渡配合，轴的基本偏差代号为：js～m(n,p)；基轴制的过渡配合，孔的基本偏差代号为 JS～M(N)。过渡配合的性能特征见表 2.16。

3) 过盈配合的选择

过盈配合主要应用的场合：孔与轴之间需要传递扭矩的静联结(即无相对运动)的配合部位。

表 2.15　各种间隙配合的性能特征

基本偏差代号	a,b (A,B)	c (C)	d (D)	e (E)	f (F)	g (G)	h (H)
间隙大小	特大间隙	很大间隙	大间隙	中等间隙	小间隙	较小间隙	很小间隙 $X_{min}=0$
配合松紧程度	松———→紧						
定心要求	无对中、定心要求					略有定心功能	有一定定心功能
摩擦类型	紊流液体摩擦		层流液体摩擦				半液体摩擦
润滑性能	差———→好←———差						
相对运动速度		慢速转动	高速转动		中速转动	低速转动或移动（或手动移动）	

表 2.16　各种过渡配合的性能特征

基本偏差	js(JS)	k(K)	m(M)	n(N)
间隙或过盈量	过盈率很小 稍有平均间隙	过盈率中等 平均间隙(过盈) 接近 0	过盈率较大 平均过盈较小	过盈率大 平均过盈稍大
定心要求	可达较好的定心精度	可达较高的定心精度	可达精密的定心精度	可达很精密的定心精度
装配和拆卸性能	木槌装配 拆卸方便	木槌装配 拆卸比较方便	最大过盈时需要相当的压入力，可以拆卸	用锤或压力机装配，拆卸困难

由表 2.8 和表 2.9 可知，基孔制的过盈配合，轴的基本偏差代号为：(n,p)r～zc；基轴制的过盈配合，孔的基本偏差代号为(N)P～ZC。过盈配合的性能特征见表 2.17。选择各类配合时，应尽量选用优先、常用配合。优先配合选用说明可参见表 2.18。

表 2.17　各种过盈配合的性能特征

基本偏差	p,r (P,R)	s,t (S,T)	u,v (U,V)	x,y,z (X,Y,Z)
过盈量	较小与小的过盈	中等与大的过盈	很大的过盈	特大过盈
传递扭矩的大小	加紧固件传递一定的扭矩与轴向力，属轻型过盈配合。不加紧固件，可用于准确定心，且仅传递小扭矩，又需轴向定位部位	不加紧固件传递较小的扭矩与轴向力，属中型过盈配合	不加紧固件可传递大的扭矩与动载荷，属重型过盈配合	传递特大扭矩和动载荷，属特重型过盈配合
装配和拆卸性能	装配时使用吨位小的压力机，用于需要拆卸的配合中	用于很少拆卸的配合中	用于不拆卸(永久结合) 的配合	

注：1. p(P) 与 r(R) 在特殊情况下可能为过渡配合，如当公称尺寸小于 3mm 时，H7/p6 为过渡配合，当公称尺寸小于 100mm 时，H8/r7 为过渡配合。

2. x(X)，y(Y)，z(Z) 一般不推荐，选用时需经试验后可应用。

表2.18　优先配合选用说明

优先配合		说　明
基孔制	基轴制	
H11/c11	C11/h11	间隙非常大,用于很松的、转动很慢的动配合,要求大公差与大间隙的外露组件,或要求装配方便、很松的配合
H9/d9	D9/h9	间隙很大的自由转动配合,用于非主要配合,或有大的温度变化、高转速或有大的轴颈压力的配合部位
H8/f7	F8/h7	间隙不大的转动配合,用于中等转速与中等轴颈压力的精确转动,也用于装配较容易的中等精度的定位配合
H7/g6	G7/h6	间隙很小的滑动配合,用于不希望自由转动,但可自由移动和滑动并且有精密定位要求的配合部位;也可用于要求明确的定位配合
H7/h6,H8/h7 H9/h9,H11/h11		均为间隙定位配合,零件可自由拆装,而工作时一般相对静止不动。在最大实体条件下的间隙为0;在最小实体条件下的间隙由公差等级及形状精度决定
H7/k6	K7/h6	过渡配合,用于精密定位
H7/n6	N7/h6	过渡配合,允许有较大过盈的更精密定位
H7/p6	P7/h6	过盈定位配合,即轻型过盈配合,用于定位精度高的配合部位,能以最好的定位精度达到部件的刚性及对中的性能要求。而对内孔承受压力无特殊要求,不依靠配合的紧固性传递摩擦负荷
H7/s6	S7/h6	中等压入配合,适用于一般钢件,或用于薄壁件的冷缩配合,用于铸铁件可得到最紧的配合
H7/u6	U7/h6	压入配合,适用于可以承受高压力的零件或不宜承受大压入力的冷缩配合

5. 配合应用实例

【例2.4】　试确定在图1.1台钻中,花键套筒的轴颈$\phi 24$mm与皮带轮孔的配合代号。

【解】

分析:为了保证皮带轮(塔轮)在台钻中处于正确位置,具有一定的旋转精度,则花键套筒上轴颈$\phi 24$mm与皮带轮孔配合有以下要求:

(1) $\phi 24$mm的轴线与皮带轮孔轴线应有一定精度的同轴度要求。由于此处皮带轮的皮带有一定弹性,故对皮带轮的旋转精度要求不太高。即花键套筒上轴颈$\phi 24$mm轴线与皮带轮孔轴线同轴。

(2) 传递运动和一定量的转矩要求。$\phi 24$mm与皮带轮孔之间无相对运动,传递运动和转矩主要是靠键联结实现。

(3) 装配和拆卸应比较方便,便于台钻维修。

选择:

(1) 基准制选择:花键套筒与皮带轮均是非标准件,属于“一般场合”,应选择基孔制,即孔的基本偏差代号为H。

(2) 尺寸公差等级选择:台钻是小型机床,它是用来加工工件中的实心孔或扩孔,此处配合精度应属于“精密配合”范畴。按照表2.12推荐,孔的公差等级为IT6～IT8,轴的

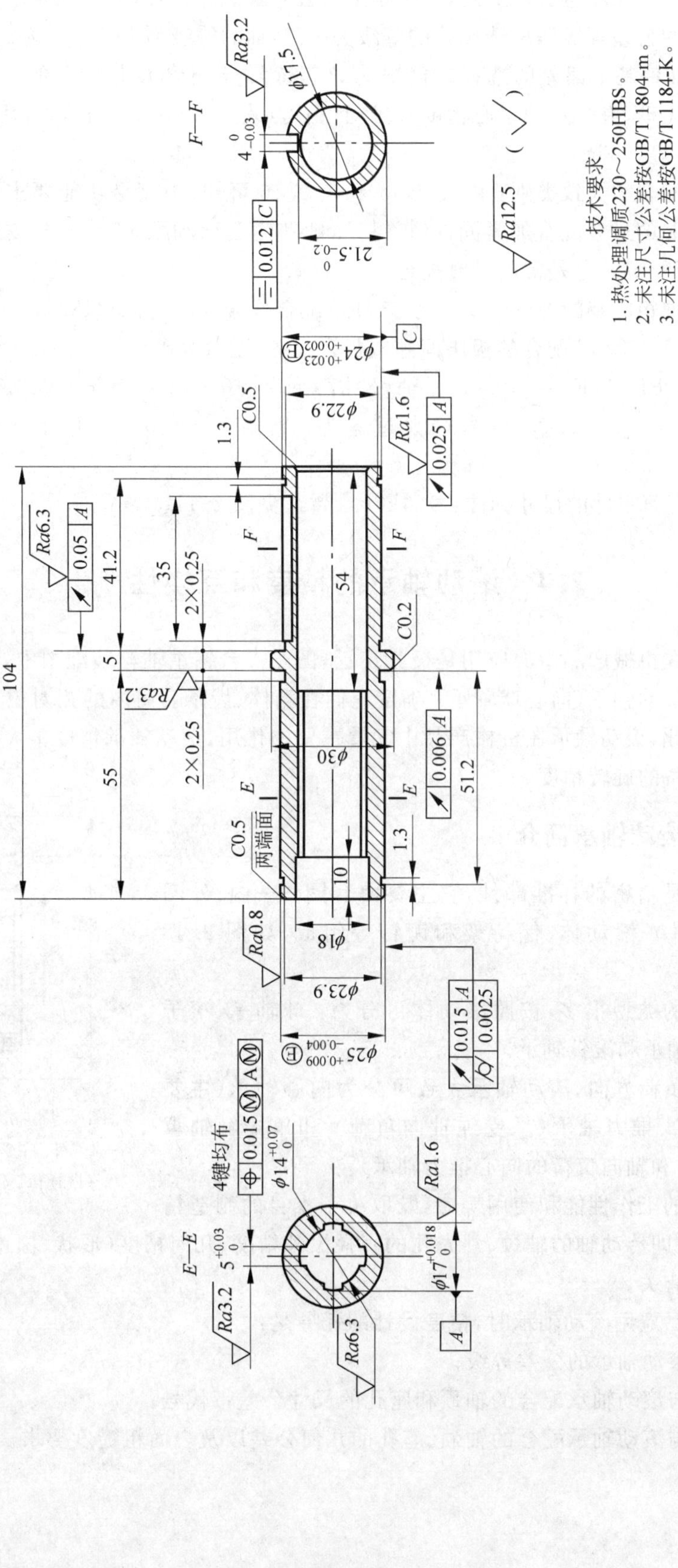

图 2.17　台钻主轴箱中花键套筒零件示意图

公差等级为 IT5～IT7。根据“工艺等价”原则和公差等级选择原则“在保证功能要求的前提下选择较低的公差等级”，可选择孔的等级为 IT8，轴的等级为 IT7。

(3) 非基准件基本偏差的选择。根据花键套筒ϕ24mm 与皮带轮孔的功能要求：它们之间无相对运动，有一定的定心精度要求，且由键(表 2.14“注释”中的“紧固件”) 传递转矩，需要拆卸等。

首先确定配合的大致类别：由表 2.14 和表 2.16 可知，为满足功能要求，可选择“基本偏差代号为 k 的过渡配合加紧固件(指键)”，即花键套筒轴颈ϕ24mm 与皮带轮孔的配合代号为ϕ24H8/k7。它是常用过渡配合。

在台钻主轴箱的装配图(图 1.1)上，该部位配合代号标注为ϕ24H8/k7。

(4) 计算ϕ24H8/k7 配合的极限间隙或极限过盈、配合公差：

孔ϕ24H8：EI＝0，ES＝＋0.033；轴ϕ24k7：ei＝＋0.002，es＝＋0.023。过渡配合，最大间隙为：$X_{max}=+0.031$mm，最大过盈为：$Y_{max}=-0.023$。配合公差为：$T_f=0.054$mm。

(5) 花键套筒零件的尺寸标注：$\phi 24k7(^{+0.023}_{+0.002})$，见图 2.17。

2.4 滚动轴承的精度和互换性

滚动轴承在机械产品中的应用是极其广泛，图 1.1 台钻主轴箱装配图中，花键套筒和主轴就是通过滚动轴承(向心球轴承) 确定它们在箱体、齿条套筒内的相对位置和主轴的旋转精度。因此，滚动轴承在机械产品中起着重要的作用，滚动轴承精度很大程度决定了机械产品或设备的旋转精度。

2.4.1 滚动轴承简介

滚动轴承是精密的标准部件，它主要由套圈——内、外圈(薄壁套类零件)、滚动体、保持架和铆钉等组成，如图 2.18 所示。

图 2.18 滚动轴承

1—外圈；2—内圈；3—滚动体；4—保持架

滚动轴承的类型很多，按照滚动体可分为：球轴承、滚子(圆柱、圆锥) 轴承和滚针轴承。

按照承受负荷方向，滚动轴承大致可分为向心轴承(主要承受径向负荷)、推力轴承(承受纯轴向负荷) 和角接触轴承(同时承受径向和轴向负荷的向心推力轴承)。

滚动轴承的工作性能和使用寿命，既取决于本身的制造精度，也与配合件即传动轴的轴颈、外壳孔的直径尺寸精度、几何精度(形状、位置精度)以及表面粗糙度等有关。

当机械产品应用滚动轴承时，精度设计的任务是：

(1) 选择滚动轴承的公差等级；

(2) 确定与滚动轴承配合的轴颈和座孔的尺寸公差带代号；

(3) 确定与滚动轴承配合的轴颈、座孔的几何公差以及表面粗糙度要求。

因此，实现"滚动轴承与轴颈及与座孔（或称外壳孔）"的外互换性，首先必须解决两个问题：一是掌握国家标准规定的滚动轴承公差等级；二是掌握国家标准关于"轴承内圈内径公差带和外圈外径公差带"规定。目的为了正确选择滚动轴承的公差等级，确定与滚动轴承的配合代号。

2.4.2　滚动轴承的精度规定

1. 滚动轴承的公差等级及其应用

在实际应用中，向心球轴承比其他类型轴承应用更为广泛。根据国家标准 GB/T 307.1—2005《滚动轴承 向心轴承 公差》的规定，滚动轴承按尺寸公差与旋转精度分级。向心轴承分为 0,6,5,4 和 2 五个精度等级，其中 0 级最低，2 级最高；圆锥滚子轴承分为 0,6x,5,4,2 五个等级；推力球轴承分为 0,6,5,4 四个等级。

0 级为普通精度，在机器制造中应用最广泛，主要用于旋转精度要求不高的机构中。例如，用于减速器、卧式车床变速箱和进给箱，汽车和拖拉机变速箱、普通电机水泵、压缩机和涡轮机之中。

除 0 级外，其余各等级统称高精度轴承，主要用于高的线速度或高的旋转精度的场合。这类精度的轴承在各种金属切削机床上应用较多，可参见表 2.19。如图 1.1 台钻实例中，滚动轴承公差等级采用 6 级。

表 2.19　机床主轴轴承公差等级

轴承类型	公差等级	应用情况
深沟球轴承	4	高精度磨床、丝锥磨床、螺纹磨床、磨齿机、插齿刀磨床
角接触球轴承	5	精密镗床、内圆磨床、齿轮加工机床
	6	卧式车床、铣床
单列圆柱滚子轴承	4	精密丝杠车床、高精度车床、高精度外圆磨床
	5	精密车床、精密磨床、转塔车床、普通外圆磨床、多轴车床、镗床
	6	卧式车床、自动车床、铣床、立式车床
向心短圆柱滚子轴承、调心滚子轴承	6	精密车床及铣床的后轴承
圆锥滚子轴承	4	磨齿机
	5	精密车床、精密铣床、镗床、精密转塔车床、滚齿机
	6x	铣床、车床
推力球轴承	6	一般精度车床

2. 滚动轴承内径、外径公差带及其特点

GB/T 307.1—2005 对滚动轴承内径(d)和外径(D)规定了两种公差：一是规定了内径和外径实际尺寸的极限偏差；二是轴承套圈任一横截面内量得的最大直径和最小直径的平均直径（即单一径向平面内的平均内、外径——d_{mp}、D_{mp}）的公差。

国家标准规定这两种公差的目的：

(1) 规定"轴承内圈内径和外圈外径尺寸的极限偏差"是为了使轴承内圈或外圈在加工和运输过程中产生的变形不至于过大而能在装配后得到矫正,减少对轴承工作精度的影响。因为,轴承内圈和外圈是薄壁套类零件,径向刚性较差,容易产生径向变形。

(2) 规定"轴承内(外) 圈各处局部实际内(外) 径的平均值公差"是保证轴承与轴颈、外壳孔配合的性质和精度。因为,轴承内圈或外圈是薄壁套类零件,它们分别与轴颈、外壳孔配合时,决定配合性质的是内(外) 圈的局部实际平均内(外) 径。

GB/T 307.1—2005 规定了滚动轴承内圈内径、外圈外径公差带。向心轴承内圈平均内径公差和外圈平均外径公差见表 2.20、表 2.21。

表 2.20　向心轴承内圈平均内径公差(摘自 GB/T 307.1—2005)　　μm

直径/mm	公差等级	平均内径的极限偏差		直径/mm	公差等级	平均内径的极限偏差	
		上极限偏差	下极限偏差			上极限偏差	下极限偏差
>2.5~18	0	0	−8	>30~50	0	0	−12
	6	0	−7		6	0	−10
	5	0	−5		5	0	−8
	4	0	−4		4	0	−6
	2	0	−2.5		2	0	−2.5
>18~30	0	0	−10	>50~80	0	0	−15
	6	0	−8		6	0	−12
	5	0	−6		5	0	−9
	4	0	−5		4	0	−7
	2	0	−2.5		2	0	−4

表 2.21　向心轴承外圈平均外径公差(摘自 GB/T 307.1—2005)　　μm

直径/mm	公差等级	平均外径的极限偏差		直径/mm	公差等级	平均外径的极限偏差	
		上极限偏差	下极限偏差			上极限偏差	下极限偏差
>30~50	0	0	−11	>80~120	0	0	−15
	6	0	−9		6	0	−13
	5	0	−7		5	0	−10
	4	0	−6		4	0	−8
	2	0	−4		2	0	−5
>50~80	0	0	−13	>120~150	0	0	−18
	6	0	−11		6	0	−15
	5	0	−9		5	0	−11
	4	0	−7		4	0	−9
	2	0	−4		2	0	−5

滚动轴承内圈内径、外圈外径公差带特点:

(1) 公差带的大小　在同一直径尺寸段中,公差等级愈高,公差值愈小。

(2) 公差带的位置　公差带均在零线下方,即上极限偏差为 0。

3. 滚动轴承与轴颈、外壳孔配合的基准制与配合性质

由于轴承为标准部件,因此,轴承内圈内径与轴颈的配合为基孔制,轴承外圈外径与外壳孔径的配合为基轴制。

由于轴承内圈内径公差带与基准孔(H)公差带的位置不同,因此,轴承与轴颈配合性质不同于光滑圆柱结合中基孔制配合。

例如，图 1.1 中，花键套筒上轴承ϕ25mm，公差等级 6 级，与轴颈ϕ25j6 配合。查表 2.20 可知：轴承内径公差为$\phi 25_{-0.008}^{\ 0}$，轴径公差为$\phi 25j6(_{-0.004}^{+0.009})$，它们构成过渡配合。将 6 级轴承与$\phi$25j6 配合与$\phi$25H6/j6 比较，虽然它们都是基孔制、过渡配合，但它们的最大间隙和最大过盈各不相等，因为基准孔的公差值不同。

同理，6 级轴承与孔ϕ52JS7 的配合性质和ϕ52JS7/h6 的配合性质也是不同的。

国家标准是根据滚动轴承配合的特殊要求，规定了轴承与轴颈、外壳孔配合的内径和外径公差带。

轴承内圈通常与轴一起旋转，为了防止内圈和轴颈之间产生相对滑动而磨损，影响轴承的工作性能，因此，要求配合面之间具有一定的过盈量，但过盈量不宜过大。因此，国家标准将轴承内圈平均内径公差带设置为上极限偏差为 0，即公差带在零线下方。这样，轴承内圈内径公差带位置比基准孔的公差带下移了，孔的尺寸小了，与轴配合就变紧了。

轴承外圈因安装在外壳孔中，通常不旋转。考虑到工作时温度升高会使轴热胀伸长而产生轴向移动，因此，两端轴承中有一端轴承应是游动支承，可使外圈与外壳孔的配合稍微松一些，使之补偿轴的热胀量，让轴可以伸长，防止轴被挤弯而影响轴承正常运转。为此，标准将轴承外圈平均外径公差带设置在零线下方。

滚动轴承内圈内径、外圈外径公差带位置见图 2.19。

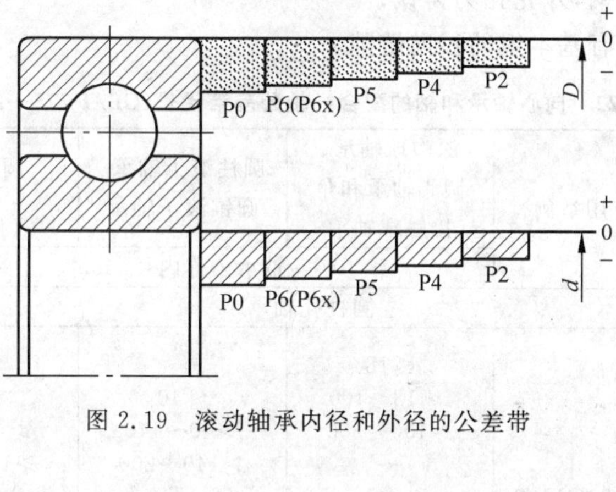

图 2.19　滚动轴承内径和外径的公差带

2.4.3　滚动轴承的配合件尺寸公差及其选择

滚动轴承的配合件尺寸公差指与轴承配合的轴颈、箱体孔径尺寸公差。确定与轴承的配合，必须根据轴承配合部位的工作性能要求，选择标准规定的轴颈或孔径尺寸公差带。

国家标准 GB/T 275—1993 规定的轴颈和外壳孔径公差带见图 2.20。正确地选择与轴承配合的轴颈和外壳孔径公差带，对于保证滚动轴承的正常运转及旋转精度，延长其使用寿命关系极大。

选择时，主要考虑以下因素：内、外圈的工作条件（承受负荷的类型、负荷的大小）、轴承的类型、轴承的公称尺寸大小、轴承的公差等级、轴承轴向位移的限度及其他情况等。

对于初学者来说，滚动轴承的配合尺寸公差选择方法多为类比法，即通过查表 2.22～

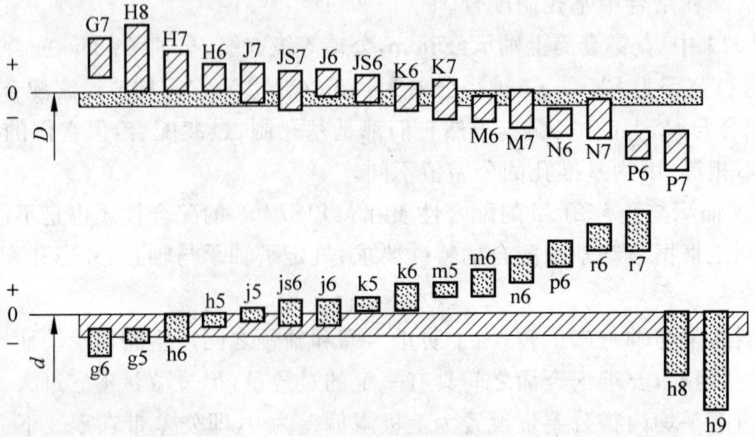

图 2.20　与轴承配合的轴颈和外壳孔径公差带

表 2.25 确定轴颈和外壳孔径的尺寸公差带、形位公差和表面粗糙度。

表 2.22～表 2.25 适用于以下情况：

(1) 轴承公差等级为 0 级、6 级；

(2) 轴为实体或厚壁空心件；

(3) 轴颈材料为钢，外壳孔为铸铁；

(4) 轴承应是具有基本组的径向游隙。

表 2.22　向心轴承和轴的配合　轴公差带代号(GB/T 275—1993)

内圈工作条件		应用举例	深沟球轴承、调心轴承和角接触球轴承	圆柱滚子轴承、圆锥滚子轴承	调心滚子轴承	轴公差带
负荷类型	负荷大小		轴承公称内径/mm			
圆柱孔轴承						
循环负荷(即内圈相对径向负荷旋转)或摆动负荷(即内圈相对径向负荷摆动)	轻负荷	一般通用机械、电动机、机床主轴、泵、内燃机、正齿轮传动装置、铁路机车车辆轴箱、破碎机等	≤18 ＞18～100 ＞100～200 —	— ≤40 ＞40～140 ＞140～200	— ≤40 ＞40～100 ＞100～200	h5 j6① k6① m6①
	正常负荷		≤18 ＞18～100 ＞100～140 ＞140～200 ＞200～280 — —	— ≤40 ＞40～100 ＞100～140 ＞140～200 ＞200～400 —	— ≤40 ＞40～65 ＞65～100 ＞100～140 ＞140～280 ＞280～500	j5、js5 k5② m5② m6 n6 p6 r6
	重负荷		— — —	＞50～140 ＞140～200 ＞200 —	＞50～100 ＞100～140 ＞140～200 ＞200	n6 p6③ r6 r7

续表

内圈工作条件		应用举例	深沟球轴承、调心轴承和角接触球轴承	圆柱滚子轴承、圆锥滚子轴承	调心滚子轴承	轴公差带
负荷类型	负荷大小		轴承公称内径/mm			
圆柱孔轴承						
局部负荷(内圈相对径向负荷静止)	所有负荷	静止轴上的各种轮子、张紧轮、绳轮、振动筛、惯性振动器	所有尺寸			f6 g6① h6 j6
		张紧滑轮、绳索内圈不需在轴向移动	所有尺寸			h6①
仅有轴向负荷			所有尺寸			j6,js6
圆锥孔轴承						
所有负荷		铁路机车车辆轴箱	装在退卸套上的所有尺寸			h8(IT5)⑤④
		一般机械传动	装在紧定套上的所有尺寸			h9(IT7)⑤④

注：① 凡对精度有较高要求的场合，应用 j5，k5…代替 j6，k6…。

② 圆锥滚子轴承、角接触球轴承配合对游隙影响不大，可用 k6，m6 代替 k5，m5。

③ 重负荷下轴承游隙应选大于 0 组。

④ 凡有较高精度或转速要求的场合，应选用 h7(IT5)代替 h8(IT6)等。

⑤ IT5，IT6，IT7 表示圆柱度公差数值(如：IT6 表示圆柱度公差等级为 6 级)。

表 2.23 向心轴承和外壳的配合 孔公差带代号(GB/T 275—1993)

外圈工作条件			应用举例	孔公差带①	
负荷类型	负荷大小	其他状况		球轴承	滚子轴承
局部负荷	轻、正常、重负荷	轴向易移动，可采用剖分式外壳	一般机械、铁路机车车辆轴箱、电动机、泵、曲轴主轴承	G7②，H7	
	冲击负荷	轴向能移动，可采用整体或剖分式外壳		J7，JS7	
摆动负荷	轻、正常负荷				
	正常、重负荷	轴向不移动，整体式外壳		K7	
	冲击负荷			M7	
循环负荷	轻负荷		张紧滑轮、轮毂轴承	J7	K7
	正常和重负荷			K7，M7	M7，N7
	重、冲击负荷			—	N7，P7

注：① 并列公差带随尺寸的增大从左至右选择；对旋转精度有较高要求时，可相应提高一个公差等级。

② 不适用于剖分式外壳。

表 2.24　推力轴承和轴的配合　轴公差带代号(GB/T 275—1993)

负荷类型	负荷状态	推力球轴承和推力滚子轴承	推力调心滚子轴承①	轴公差带
		轴承公称内径/mm		
仅有轴向负荷		所有尺寸		j6,js6
轴圈承受局部负荷	径向和轴向联合负荷	—	≤250	j6
		—	>250	js6
轴圈承受循环负荷或摆动负荷		—	≤200	k6②
		—	>200～400	m6
		—	>400	n6

注：① 也包括推力圆锥滚子轴承、推力角接触球轴承。

② 要求较小过盈时,可分别用 j6,k6,m6 代替 k6,m6,n6。

表 2.25　推力轴承和外壳的配合　孔公差带代号(GB/T 275—1993)

旋转状态	负荷状态	轴承类型	孔公差带	备　注
仅有轴向负荷		推力球轴承	H8	
		推力圆柱、圆锥滚子轴承	H7	
		推力调心滚子轴承	—	外壳孔与座圈之间间隙为 0.001D(D 为轴承公称外径)
外圈相对负荷静止	径向和轴向联合负荷	推力角接触球轴承	H7	
外圈相对负荷旋转或摆动		推力调心滚子轴承	K7	普遍使用条件
		推力圆锥滚子轴承	M7	有较大径向负荷时

选择轴颈和外壳孔公差带时应考虑的因素及选择的基本原则如下。

1) 负荷类型

负荷类型指轴承套圈(内圈或外圈)承受负荷的形式,分为局部负荷、循环负荷、摆动负荷。

① 局部负荷　当套圈与作用在套圈上的径向负荷相对静止,则套圈始终是局部承受负荷,这种负荷称为局部负荷。如图 2.21(a)所示静止的外圈和图 2.21(b)所示静止的内圈皆受到方向始终不变的径向力 F_r(如齿轮传动力、传动带作用力、车削时的径向切削力等)的作用,则图 2.21(a) 所示的外圈和图 2.21(b)所示的内圈相对径向负荷静止,故承受局部负荷。

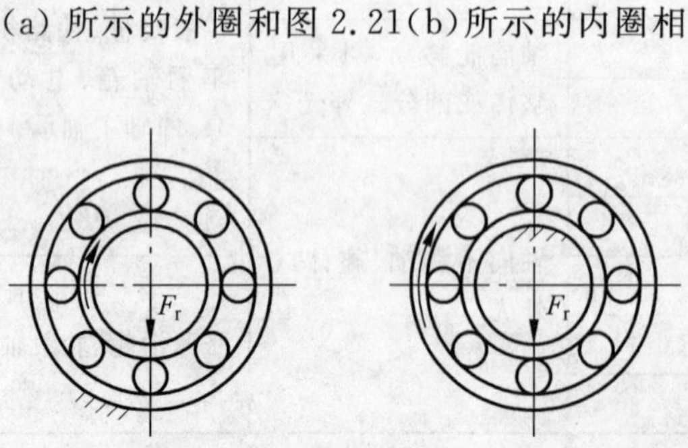

(a)　　(b)

图 2.21　轴承套圈与负荷的关系

另外,当轴承套圈承受与之同速、同方向旋转的径向负荷时,套圈承受"局部负荷"。

当套圈承受局部负荷时,应选择间隙配合。

② 循环负荷　当套圈与作用在套圈上的径向负荷相对转动,则套圈在 360°方向上依次承受负荷,称套圈承受循环负荷。如图 2.21(a)所示旋转的内圈和图 2.21(b)所示旋转的外圈皆受到方向始终不变的径向力 F_r 的作用,则它们的套圈相对负荷方向旋转,为循环负荷。

同理,当径向负荷旋转,而轴承套圈静止不动,则轴承套圈也是承受循环负荷。

当套圈承受循环负荷时,应选择过盈配合或过渡配合。

③ 摆动负荷　当套圈在小于 360°方向的范围内依次承受径向负荷时,则套圈承受摆动的径向负荷。当套圈静止,作用在套圈上的径向负荷在小于 360°的范围来回摆动;或者当作用在套圈上的径向负荷静止,套圈则在小于 360°的范围来回摆动。这两种情况表明,套圈承受摆动负荷。

当套圈承受摆动负荷时,应选择过盈配合或过渡配合。

2) 负荷大小

负荷大小有轻、正常和重负荷 3 种负荷类型。GB/T 275—1993 根据当量径向动负荷 P 与轴承产品样本中规定的动负荷 C 的比值大小进行分类,见表 2.26。

选择配合时,负荷愈大,配合应选择愈紧。因为在重负荷和冲击负荷作用下,要防止轴承产生变形和受力不均而引起配合松动。因此,随着负荷的增大,过盈量应选得越大,承受变化负荷应比承受平稳负荷的配合选得较紧一些。

表 2.26　负荷大小

负荷大小	P 值的大小
轻负荷	$P \leqslant 0.07C$
正常负荷	$0.07C < P \leqslant 0.15C$
重负荷	$P > 0.15C$

3) 径向游隙

轴承的径向游隙按 GB/T 4604—1993 规定,分为第 2 组、基本组、第 3~5 组,游隙的大小依次从小到大。

游隙大小必须合适,过大不仅使转轴发生较大的径向跳动和轴向窜动,还会使轴承产生较大的振动和噪声;过小又会使轴承滚动体与套圈产生较大的接触应力,使轴承摩擦发热而降低寿命,故游隙大小应适度。

在常温状态下工作的具有基本组径向游隙的轴承,按表 2.22~表 2.25 选择的轴颈和外壳孔公差带一般都能保证有适度的游隙。但如因重负荷的轴承内径与轴颈之间选取过盈量较大的配合时,则为了补偿变形引起的游隙过小,应选用大于基本组游隙的轴承。

4) 其他因素

(1) 温度　因轴承摩擦发热和其他热源的影响而使轴承套圈的温度高于相配件的温度时,内圈与轴颈配合将会变松,外圈与外壳孔配合将会变紧。当轴承工作温度高于 100℃时,应对所选用的配合作适当的修正(减小外圈与外壳孔的过盈,增加内圈与轴颈的过盈)。

(2) 转速　对于转速高又承受冲击动负荷作用的滚动轴承,轴承与轴颈、外壳孔的配合应选用过盈配合。

(3) 公差等级　选择轴和外壳孔的尺寸公差等级时应与轴承的公差等级协调。如

0级、6(6x)级轴承,与之配合的轴颈尺寸公差等级一般选IT6,外壳孔一般选IT7;对于旋转精度和运动平稳性有较高要求的应用场合,在提高轴承公差等级的同时,轴和外壳孔的公差等级也应提高(如在电动机、机床以及5级的轴承公差等级应用中,轴颈尺寸公差等级一般选IT5,外壳孔则选IT6)。

对于滚针轴承,外壳孔材料为钢或铸铁时,尺寸公差带可选用N5(或N6);为轻合金时,选用比N5(或N6)略松的公差带。

5)公差原则的选择

轴颈和外壳孔分别与轴承内圈、外圈配合,由于内、外圈是薄壁套类零件,其径向刚性较差,易受径向负荷作用而产生变形,最终影响轴承的旋转精度。因此,轴颈和外壳孔应采用包容要求。有关包容要求的内容见第4.3节。

6)几何公差与表面粗糙度的选择

选择轴颈和外壳孔的几何公差(形状公差、跳动公差)与表面粗糙度时可参照表2.27、表2.28。

表2.27　轴颈和外壳孔的几何公差(GB/T 275—1993)

公称尺寸/mm		圆柱度公差 t				端面圆跳动公差 t_1			
		轴颈		外壳孔		轴肩		外壳孔肩	
		轴承公差等级							
		0	6(6x)	0	6(6x)	0	6(6x)	0	6(6x)
超过	到	公差值/μm							
—	6	2.5	1.5	4	2.5	5	3	8	5
6	10	2.5	1.5	4	2.5	6	4	10	6
10	18	3	2	5	3	8	5	12	8
18	30	4	2.5	6	4	10	6	15	10
30	50	4	2.5	7	4	12	8	20	12
50	80	5	3	8	5	15	10	25	15
80	120	6	4	10	6	15	10	25	15
120	180	8	5	12	8	20	12	30	20
180	250	10	7	14	10	20	12	30	20
250	315	12	8	16	12	25	15	40	25
315	400	13	9	18	13	25	15	40	25
400	500	15	10	20	15	25	15	40	25

表2.28　轴颈和外壳孔的表面粗糙度(GB/T 275—1993)

与轴承配合的轴或外壳孔直径/mm		与轴承配合的轴或外壳孔配合表面直径尺寸公差等级					
		IT7		IT6		IT5	
		表面粗糙度值(第一系列数值)					
超过	到	$Ra/\mu m$		$Ra/\mu m$		$Ra/\mu m$	
		磨	车	磨	车	磨	车
—	80	1.6	3.2	0.8	1.6	0.4	0.8
80	500	1.6	3.2	1.6	3.2	0.8	1.6
端面		3.2	6.3	3.2	6.3	1.6	3.2

2.4.4　滚动轴承配合的精度设计实例

【例 2.5】 见图 1.1 台钻装配图。已知：花键套筒上安装了 6205/p6 深沟球轴承，轴承承受轻负荷。轴颈直径为 $d=25$mm，外壳孔径 $D=52$mm。试确定轴颈和外壳孔的公差带代号（明确直径尺寸的极限偏差）、几何公差值和表面粗糙度值，并将它们标注在装配图和花键套筒、主轴箱体的零件图上。

【解】

(1) 已知：台钻属于小型机床，轴承公差等级 6 级，负荷大小：轻负荷。

(2) 负荷类型：台钻花键套筒在主轴箱中主要承受皮带轮上皮带的拉力，两个轴承位上有径向的反作用力。因此，轴承承受定向、静止的径向负荷。内圈和花键套筒一起旋转；外圈安装在整体式箱体孔中，不旋转。轴承在花键套筒上轴向不能移动。因此，内圈相对径向负荷方向旋转，承受循环负荷。外圈静止，外圈相对负荷静止，承受局部负荷。

(3) 负荷大小：由已知条件可知，轴承承受轻负荷。

(4) 查表 2.22，根据工作条件：内圈承受循环负荷、轻负荷、深沟球轴承、直径 25mm，初选 ϕ25j6。轴承公差等级为 6 级，轴颈尺寸公差等级应为 IT6，即 ϕ25j6。

查表 2.23 根据工作条件：外圈承受局部负荷、轻负荷、轴承在轴向不能移动、整体式外壳，表中可供选择的公差带有：H7，JS7，K7。可见，选择 ϕ52JS7 较合理。由于轴承公差等级为 6 级，箱体孔尺寸公差等级一般选 IT7，则箱体孔的公差带为 ϕ52JS7。

(5) 按表 2.27 据轴承公差等级为 6 级，查得：轴颈圆柱度公差为 0.0025，箱体孔圆柱度公差 0.005；轴肩端面圆跳动公差为 0.006（公称尺寸按 ϕ30 查表）。

(6) 为了保证轴承与轴颈、外壳孔的配合性质，轴颈和外壳孔尺寸公差应用包容要求，即 $\phi 25^{+0.009}_{-0.004}$Ⓔ，$\phi 52\pm 0.015$Ⓔ。

(7) 按表 2.28 选取轴颈和外壳孔的表面粗糙度参数值：轴颈 $Ra \leqslant 0.8\mu$m，外壳孔 $Ra \leqslant 1.6\mu$m（终工序加工方法为磨削）。表中推荐：轴肩端面 $Ra \leqslant 3.2\mu$m（磨削），此处与轴承端面接触。注意，Ra 取值应按照标准规定的系列值选取，见第 5 章。

(8) 将上述选择的结果标注在局部图样上，见图 2.22。

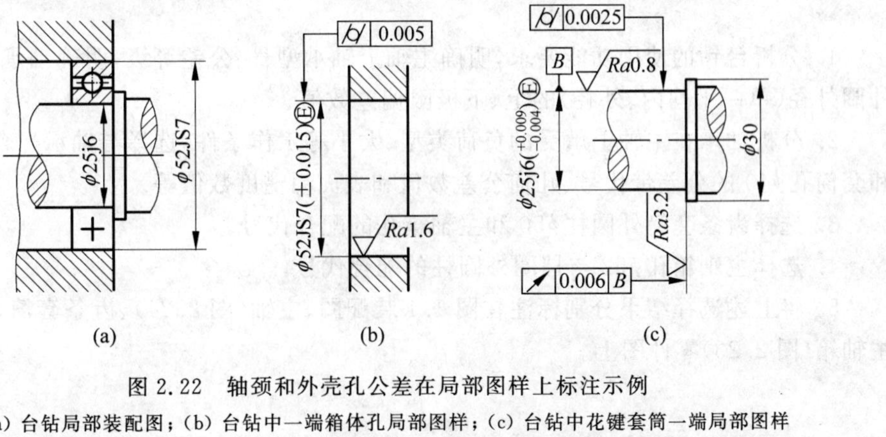

图 2.22　轴颈和外壳孔公差在局部图样上标注示例

(a) 台钻局部装配图；(b) 台钻中一端箱体孔局部图样；(c) 台钻中花键套筒一端局部图样

(9) 装配图、零件图的标注见图 1.1、图 2.17、图 2.23。

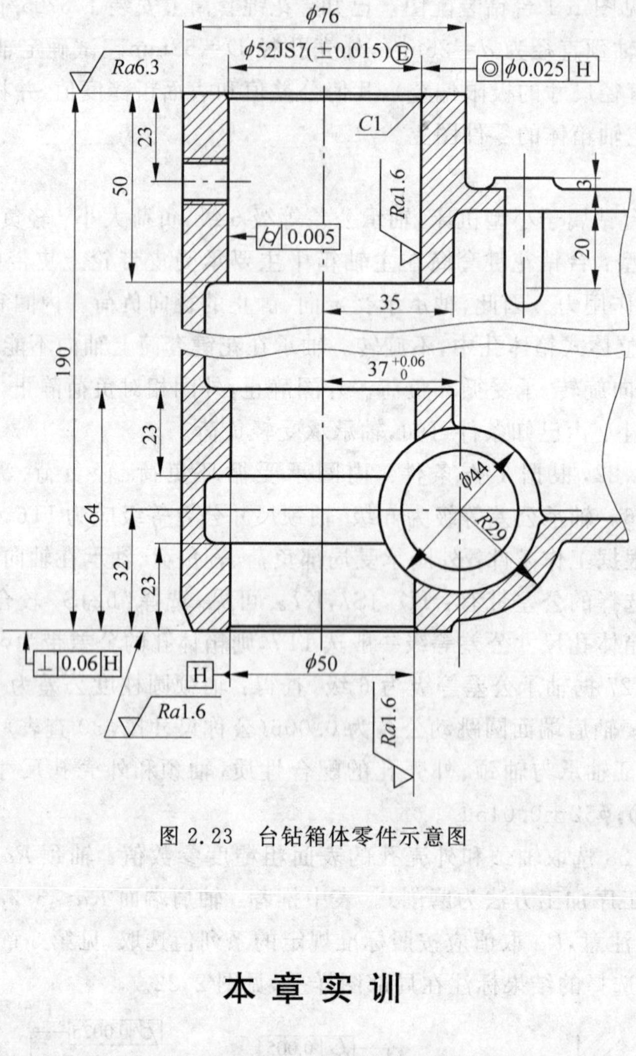

图 2.23　台钻箱体零件示意图

本章实训

1. 分析台钻的使用功能要求,明确主轴上轴承型号、公差等级,明确轴承内圈内径和外圈外径(单一平均内、外径)的上、下极限偏差数值。

2. 分析轴承在主轴上承受的负荷类型、大小等工作条件,选择与轴承配合的轴颈 $\phi17$ 和套筒孔 $\phi40$ 的公差带代号、几何公差数值和表面粗糙度数值等。

3. 选择齿条套筒外圆柱 $\phi50$ 和主轴箱孔的配合代号。

4. 选择主轴箱孔 $\phi52$ 与挡圈外圆柱的配合代号。

5. 将上述选择结果分别标注在图 1.1 装配图、主轴(图 2.24)、齿条套筒(图 2.25)和主轴箱(图 2.23)零件图上。

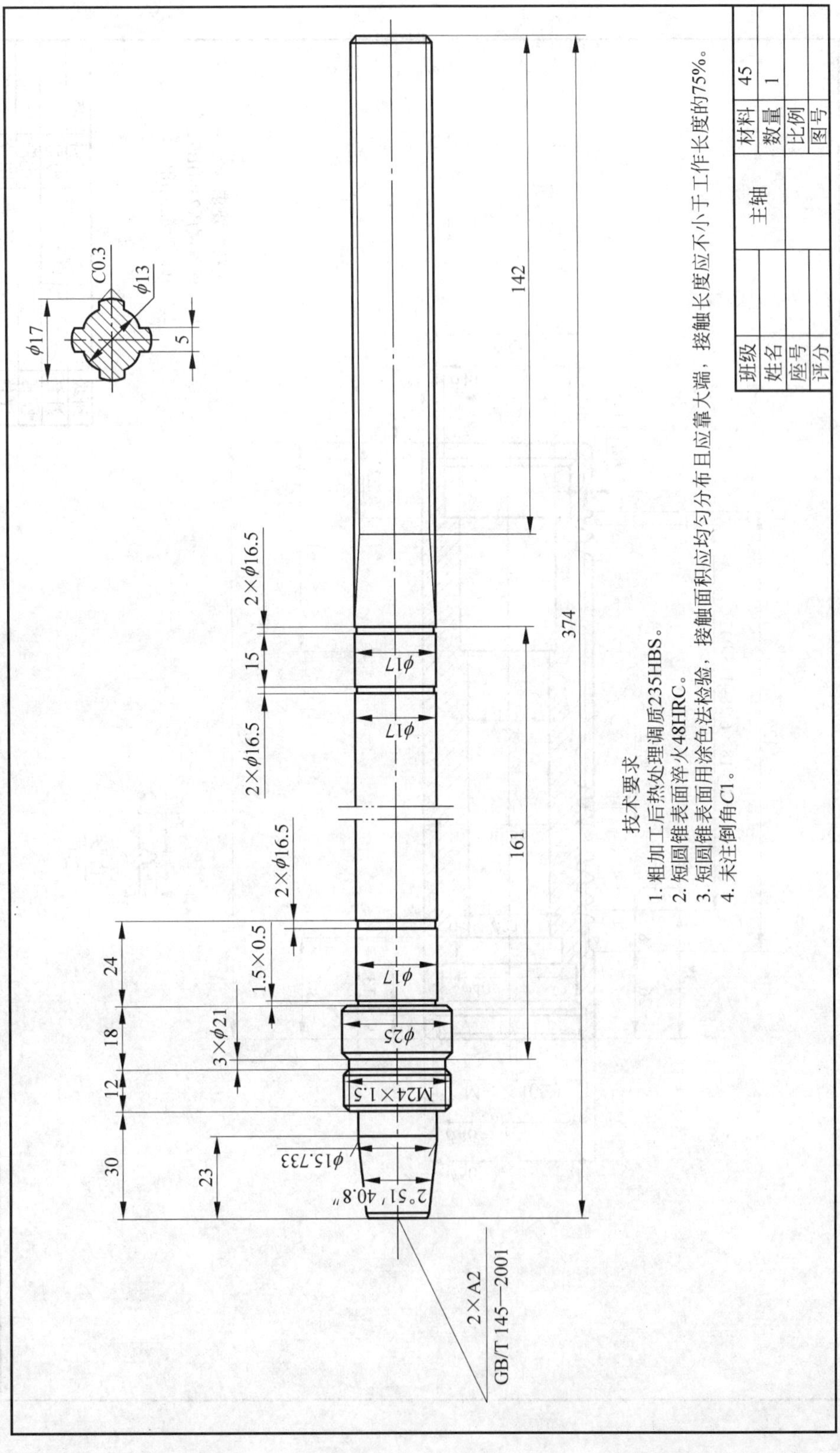

图 2.24　主轴零件示意图

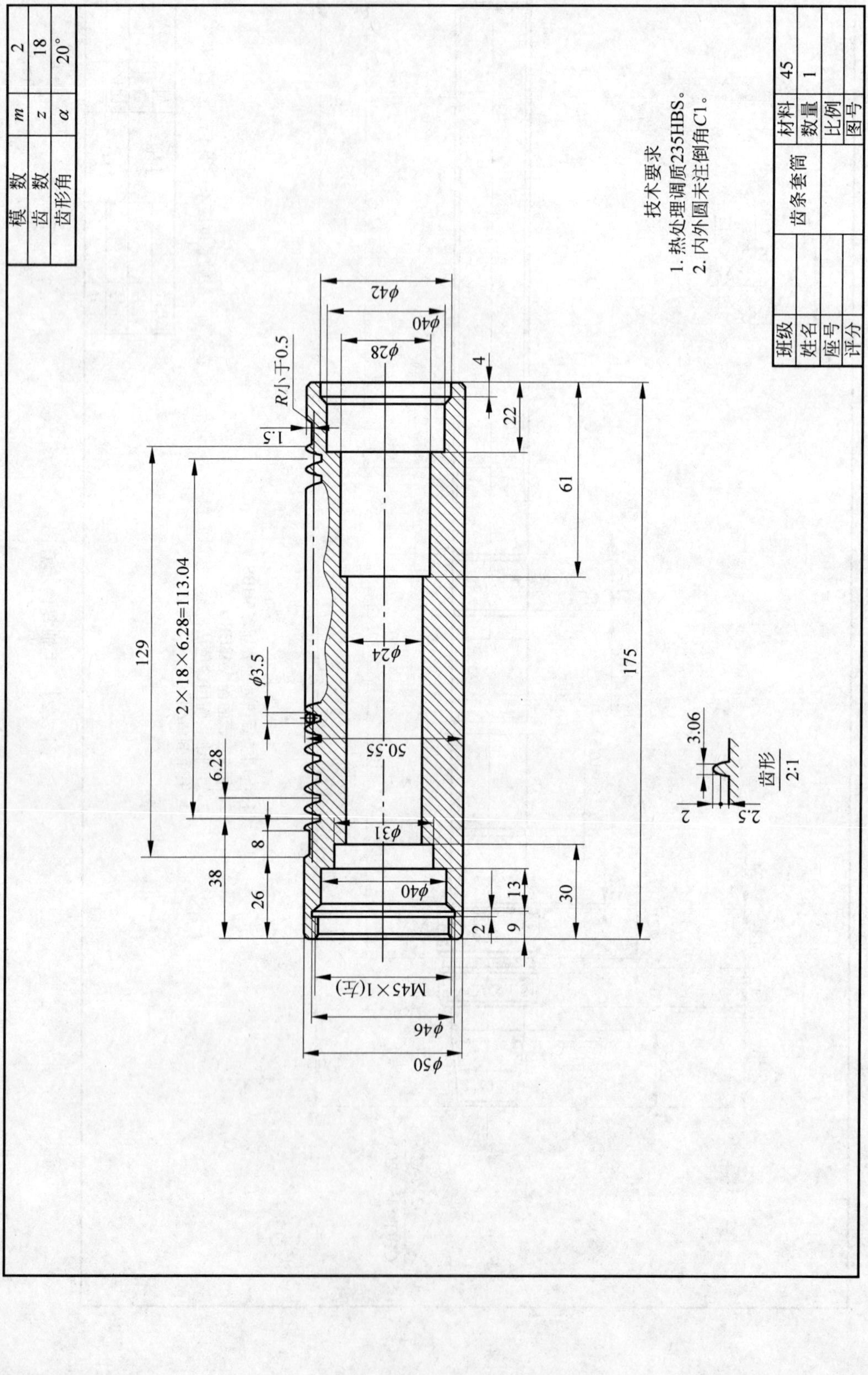

图 2.25　齿条套筒零件示意图

习　题

1. 填空题

(1) GB/T 1800.2—2009 规定，尺寸公差带的大小由________决定；位置由________决定；孔、轴公差等级皆分为________等级。

(2) 已知ϕ100m7 的上极限偏差为+0.048，下极限偏差为+0.013，ϕ100 的 6 级标准公差值为 0.022mm，那么，ϕ100m6 的下极限偏差为________，上极限偏差为________。

(3) 滚动轴承内圈的内径尺寸公差为 10μm，与之相配合的轴颈的直径公差为 13μm，若最大过盈为－0.019，则该轴颈的上极限偏差应为________μm，下极限偏差应为________μm。

(4) 基孔制是________的公差带与________的公差带形成各种配合性质的制度。

(5) 滚动轴承最常用的公差等级是________级；滚动轴承外圈与外壳孔 H7 组成的配合类别是________(间隙配合或过渡配合或过盈配合)。

(6) 某深沟球轴承的内圈与轴颈ϕ25k5、外圈与箱体孔ϕ52J6 组成的配合，在装配图上标注的配合代号分别为________、________。

(7) 滚动轴承内圈与轴颈组成的配合采用基________制，滚动轴承内圈内径公差带位于以公称内径为零线的________方，且上极限偏差为________。

(8) 滚动轴承外圈与外壳孔组成的配合采用基________制，滚动轴承外圈外径公差带位于以公称外径为零线的________方，且上极限偏差为________。

2. 单项选择题

(1) ϕ20f6，ϕ20f7 和ϕ20f8 三个公差带的(　　)。

A. 上极限偏差相同且下极限偏差相同　　B. 上极限偏差相同而下极限偏差不相同
C. 上极限偏差不相同而下极限偏差相同　　D. 上、下极限偏差各不相同

(2) 与ϕ40H7/k6 配合性质相同的配合是(　　)。

A. ϕ40H7/k7　　B. ϕ40K7/h7　　C. ϕ40K7/h6　　D. ϕ40H6/k6

(3) 比较孔或轴的加工难易程度的高低是根据(　　)。

A. 公差值大小　　B. 公差等级系数大小
C. 标准公差因子　　D. 公称尺寸大小

(4) 某深沟球轴承的内圈旋转，外圈固定，承受方向和大小皆固定的径向负荷作用，则内圈相对于负荷方向(　　)，而外圈相对于负荷方向(　　)。

A. 摆动　　B. 静止　　C. 旋转　　D. 摆动和旋转

(5) 深沟球轴承内圈承受大小和方向均不变的径向负荷，在设计图样上该内圈与轴颈的配合采用较紧的配合，它决定于该内圈相对于负荷的方向(　　)。

A. 静止　　B. 摆动　　C. 旋转　　D. 摆动和旋转

(6) 轿车前轮轮毂中的滚动轴承外圈相对于它所受负荷方向是(　　)。

A. 摆动的　　B. 静止的　　C. 旋转的　　D. 不可确定的

(7) $\phi40k6(^{+0.018}_{+0.002})$轴颈与深沟球轴承内圈配合的性质为(　　)。

A. 间隙配合 B. 过渡配合 C. 过盈配合 D. 过渡或过盈配合

(8) 按 GB/T 307.1—2005 的规定,向心轴承内圈内径和外圈外径尺寸公差分为( )。

A. 2,3,4,5,6(6x)五级 B. 2,4,5,6x,0 五级

C. 2,4,5,6,0 五级 D. 2,3,4,5,0 五级

(9) 比较ϕ30j6 轴颈与深沟球轴承内圈配合和ϕ30H7/j6 配合的松紧程度( )。

A. 前者较松 B. 前者较紧

C. 两者的松紧程度相同 D. 无法比较

(10) 在相配合的孔、轴中,某一实际孔与某一实际轴装配后均得到间隙,则此配合为( )。

A. 间隙配合 B. 过渡配合

C. 过盈配合 D. 可能是间隙配合,也可能是过渡配合

(11) 相配合的孔与轴,当它们之间有相对运动要求,则应采用( )配合;当它们之间无相对运动要求,且有对中性要求和不可拆卸,则应采用( )配合;当它们之间是静联结(无相对运动),且要求可拆卸时,则应采用( )配合。

A. 间隙配合 B. 间隙或过渡配合 C. 过渡配合 D. 过盈配合

(12) 在基孔制配合中,基本偏差代号为 a~h 的轴与基准孔组成( )配合。

A. 间隙配合 B 间隙或过渡配合 C. 过渡配合 D. 过盈配合

(13) 当孔、轴之间有相对运动且定心精度要求较高时,它们的配合应选择为( )。

A. H7/m6 B. H8/g8 C. H7/g6 D. H7/b6

(14) 孔、轴的最大间隙为+0.023mm,孔的下极限偏差为$-18\mu m$,轴的下极限偏差为$-16\mu m$,轴的公差为$16\mu m$,则配合公差为( )。

A. $32\mu m$ B. $39\mu m$ C. $34\mu m$ D. $41\mu m$

(15) 利用同一方法加工ϕ50H7 孔与ϕ100H6 孔应理解为( )。

1. 前者加工困难 B. 后者加工困难

C. 两者加工难易相当 D. 加工难易程度无法比较

(16) ϕ30E8/h8 与ϕ30E9/h9 的( )。

A. 最小间隙相同 B. 最大间隙相同

C. 平均间隙相同 D. 间隙变动范围相同

3. 计算题

(1) 已知某过盈配合的孔、轴公称尺寸为 45mm,孔的公差为 0.025mm,轴的上极限偏差为 0,最大过盈为−0.050mm,配合公差为 0.041mm。试求:①孔的上、下极限偏差;②轴的下极限偏差和公差;③最小过盈;④平均过盈;⑤画出尺寸公差带示意图;⑥写出配合代号。

(2) 已知基孔制配合$\phi 100H7(^{+0.035}_{0})/m6$ 的配合公差为$57\mu m$ 和$\phi 100m7(^{+0.048}_{+0.013})$。试按“同名配合的配合性质相同”计算基轴制配合中$\phi$100M7 孔的极限偏差,然后查表验证。

(3) 有一基孔制配合,孔、轴的公称尺寸为 50,最大间隙 $X_{max}=+0.049$,最大过盈 $Y_{max}=-0.015$,轴公差 $T_d=0.025$。试求:①计算孔和轴的极限尺寸、配合公差;②写出

孔和轴的尺寸标注形式；③查表并写出配合代号；④画出孔、轴公差带示意图和配合公差带示意图。

(4) 已知基孔制配合 ϕ40H7/r6，试采用计算法确定配合性质不变的基轴制配合 ϕ40R7/h6 中孔和轴的极限尺寸，然后用查表法校对。

4. 简答题

(1) 试述基轴制和非基准制应用的场合。

(2) 试述孔与轴配合的选择内容，步骤。在确定基准制、公差等级之后，配合的选择实质是选择什么？

第3章 测量技术基础

本章要点及学习指导

测量技术基础是本课程的重要组成部分之一。在本书各章中都会涉及测量技术问题。因此,从测量的角度来说,本章可以说是全书的基础。

(1) 测量过程四要素:被测对象、计量单位、测量方法和测量精度。

(2) 两个测量原则:阿贝比长原则和圆周封闭原则。

(3) 量块的"等"和"级"。

(4) 计量器具的主要度量指标。

(5) 产生测量误差的原因、处理方法及测量结果的表达式。

3.1 概　　述

本节介绍几何量测量技术方面的基础知识,包括测量与检验的概念,计量单位与长度基准,长度量值传递系统以及在生产实际中作为标准量具——量块及其应用。

3.1.1 测量与检验的概念

完工零件的几何精度是否满足设计时所规定的要求,需要经过测量或检验。

测量是指为确定被测量的量值而进行的实验过程,即将被测的量 L 与复现计量单位的标准量 E 进行比较,从而确定两者比值的过程。被测量的量值可表示为

$$L = qE \tag{3-1}$$

检验是指判断被测量是否合格的实验过程。

任何一个完整的测量过程必须有被测对象和所采用的计量单位,同时要采用与被测对象相适应的测量方法,并使测量结果达到所要求的测量精度。因此,测量过程应包括被测对象、计量单位、测量方法和测量精度四个要素。

(1) 被测对象　在几何量测量中,被测对象主要是指零件的尺寸、几何误差以及表面粗糙度等几何参数。由于被测对象种类繁多,复杂程度各异,因此熟悉和掌握被测对象的定义,分析和研究被测对象的特点十分重要。

(2) 计量单位　我国规定的法定计量单位中长度单位为米(m)。在机械制造业中,常用的长度单位为毫米(mm);精密测量时,多采用微米(μm);超精密测量时,多采用纳米(nm)。

(3) 测量方法　在进行测量时所采用的测量原理、计量器具以及测量条件的总和。

(4) 测量精度　测得值与其真值的一致程度。测量过程中不可避免地存在测量误差。测量误差小,测量精度高;测量误差大,测量精度低。只有测量误差足够小,才表明测量结果是可靠的。因此,不知道其测量精度的测量结果是没有意义的。通常用测量的

极限误差或测量的不确定度来表示测量精度。

3.1.2　计量单位与长度基准

1. 计量单位

为了保证计量的准确度，首先需要建立统一、可靠的计量单位。

1984 年国务院发布了《关于在我国统一实行法定计量单位的命令》，在采用国际单位制的基础上，规定我国计量单位一律采用《中华人民共和国法定计量单位》，其中规定“米”(m)为长度的基本单位。机械制造中常用的长度单位为毫米(mm)。

2. 长度基准

1983 年 10 月在第十七届国际计量大会上通过“米”的现行定义为：“米是光在真空中 1/299 792 458 秒的时间间隔内所经过的路程的长度”。这是米在理论上的定义，使用时，需要对米的定义进行复现才能获得各自国家的长度基准。

3.1.3　长度量值传递系统

在工程上，一般不能直接按照米的定义用光波来测量零件的几何参数，而是采用各种计量器具。为了保证量值的准确和统一，必须建立从长度基准一直到被测零件的量值传递系统。

我国长度量值传递的主要标准器是量块(端面量具)和线纹尺(刻线量具)，其传递系统如图 3.1 所示。

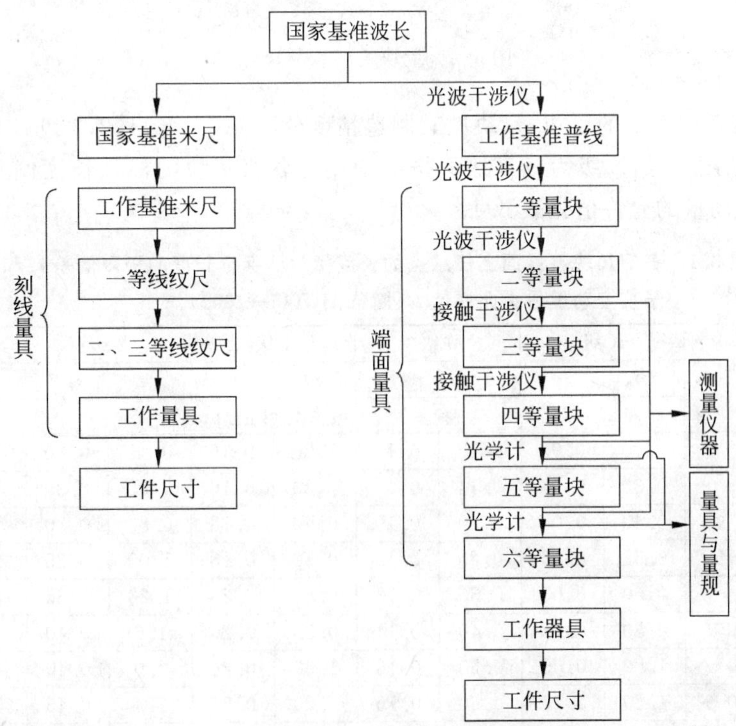

图 3.1　长度量值传递系统

3.1.4 量块及其应用

量块又称块规,它是平面平行端面量具,多用铬锰钢制成,具有尺寸稳定,不易变形和耐磨性好等特点。量块的用途广泛,除作为标准器具进行长度量值的传递外,还可用来调整仪器、机床和其他设备,也可以用来直接测量零件。

量块通常制成长方体,如图 3.2(a)所示。其中两个表面光洁($Rz \leqslant 0.08\mu m$)且是平面度误差很小的平行平面,称为测量面或工作面。量块的精度极高,但是两个工作面也不是绝对平行的。因此,量块的尺寸规定为:把量块的一个工作面研合在平晶的工作平面上,另一个工作面的中心到平晶平面的垂直距离称为量块尺寸,如图 3.2(b)所示。量块上标出的尺寸称为量块的标称尺寸。标称尺寸(即名义尺寸)小于 6mm 的量块,有数字的一面为上测量面;大于等于 6mm 的量块,有数字面的右侧面为上测量面。

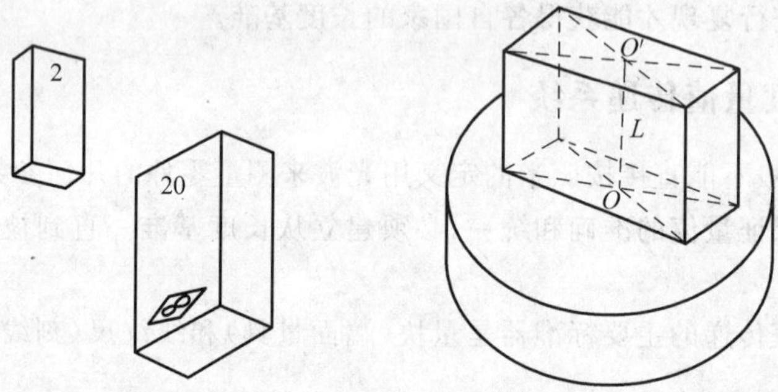

(a) (b)

图 3.2 量块的形状与尺寸

为了满足不同生产的要求,量块按其制造精度分为 00,0,K,1,2,3 级。其中 00 级精度最高,3 级精度最低,K 级为校准级。按级使用时各级量块的标称长度偏差(±极限偏差)和长度变动量的允许值见表 3.1。

表 3.1 各级量块测量面上任意点的长度相对于标称长度的极限偏差 t_e 和长度变动量最大允许值 t_v(摘自 JJG146—2003)

标称长度 l_n/mm	K 级		0 级		1 级		2 级		3 级	
	$\pm t_e$	t_v	$\pm t_e$	t_v	$\pm t_e$	t_v	$\pm t_e$	t_v	$\pm t_e$	t_v
	最大允许值/μm									
$l_n \leqslant 10$	0.20	0.05	0.12	0.10	0.20	0.16	0.45	0.30	1.0	0.50
$10 < l_n \leqslant 25$	0.30	0.05	0.14	0.10	0.30	0.16	0.60	0.30	1.2	0.50
$25 < l_n \leqslant 50$	0.40	0.06	0.20	0.10	0.40	0.18	0.80	0.30	1.6	0.55
$50 < l_n \leqslant 75$	0.50	0.06	0.25	0.12	0.50	0.18	1.00	0.35	2.0	0.55
$75 < l_n \leqslant 100$	0.60	0.07	0.30	0.12	0.60	0.20	1.20	0.35	2.5	0.60
$100 < l_n \leqslant 150$	0.80	0.08	0.40	0.14	0.80	0.20	1.6	0.40	3.0	0.65
$150 < l_n \leqslant 250$	1.00	0.09	0.50	0.16	1.00	0.25	2.0	0.40	4.0	0.70
$200 < l_n \leqslant 250$	1.20	0.10	0.60	0.16	1.20	0.25	2.4	0.45	5.0	0.75
$250 < l_n \leqslant 300$	1.40	0.10	0.70	0.18	1.40	0.25	2.8	0.50	6.0	0.80

续表

标称长度 l_n/mm	K 级		0 级		1 级		2 级		3 级	
	$\pm t_e$	t_v	$\pm t_e$	t_v	$\pm t_e$	t_v	$\pm t_e$	t_v	$\pm t_e$	t_v
	最大允许值/μm									
$300<l_n\leqslant400$	1.80	0.12	0.90	0.20	1.80	0.30	3.6	0.50	7.0	0.90
$400<l_n\leqslant500$	2.20	0.14	1.10	0.25	2.00	0.35	4.4	0.60	9.0	1.00
$500<l_n\leqslant600$	2.60	0.16	1.30	0.25	2.6	0.40	5.0	0.70	11.0	1.10
$600<l_n\leqslant700$	3.00	0.18	1.50	0.30	3.0	0.45	6.0	0.70	12.0	1.20
$700<l_n\leqslant800$	3.40	0.20	1.70	0.30	3.4	0.50	6.5	0.80	14.0	1.30
$800<l_n\leqslant900$	3.80	0.20	1.90	0.35	3.8	0.50	7.5	0.90	15.0	1.40
$900<l_n\leqslant1000$	4.20	0.25	2.00	0.40	4.2	0.60	8.0	1.00	17.0	1.50

注：距离测量面边缘 0.8mm 范围内不计。

量块按其检定精度分 1,2,3,4,5,6 等。其中 1 等精度最高,6 等精度最低。各量块长度测量的不确定度允许值和长度变动量的允许值见表 3.2。

表 3.2　各等量块长度测量不确定度和长度变动量最大允许值(摘自 JJG146—2003)

标称长度 l_n/mm	量块检定精度									
	1 等		2 等		3 等		4 等		5 等	
	①	②	①	②	①	②	①	②	①	②
	最大允许值/μm									
$l_n\leqslant10$	0.022	0.05	0.06	0.10	0.11	0.16	0.22	0.30	0.6	0.50
$10<l_n\leqslant25$	0.025	0.05	0.07	0.10	0.12	0.16	0.25	0.30	0.6	0.50
$25<l_n\leqslant50$	0.030	0.06	0.08	0.10	0.15	0.18	0.30	0.30	0.8	0.55
$50<l_n\leqslant75$	0.035	0.06	0.09	0.12	0.18	0.18	0.35	0.35	0.9	0.55
$75<l_n\leqslant100$	0.040	0.07	0.10	0.12	0.20	0.20	0.40	0.35	1.0	0.60
$100<l_n\leqslant150$	0.05	0.08	0.12	0.14	0.25	0.20	0.5	0.40	1.2	0.65
$150<l_n\leqslant200$	0.06	0.09	0.15	0.16	0.30	0.25	0.6	0.40	1.5	0.70
$200<l_n\leqslant250$	0.07	0.10	0.18	0.16	0.35	0.25	0.7	0.45	1.8	0.75
$250<l_n\leqslant300$	0.08	0.10	0.20	0.18	0.40	0.25	0.8	0.50	2.0	0.80
$300<l_n\leqslant400$	0.10	0.12	0.25	0.20	0.50	0.30	1.0	0.50	2.5	0.90
$400<l_n\leqslant500$	0.12	0.14	0.30	0.25	0.60	0.35	1.2	0.60	3.0	1.00
$500<l_n\leqslant600$	0.14	0.16	0.35	0.25	0.7	0.40	1.4	0.70	3.5	1.10
$600<l_n\leqslant700$	0.16	0.18	0.40	0.30	0.8	0.45	1.6	0.70	4.0	1.20
$700<l_n\leqslant800$	0.18	0.20	0.45	0.30	0.9	0.50	1.8	0.80	4.5	1.30
$800<l_n\leqslant900$	0.20	0.20	0.50	0.35	1.0	0.50	2.0	0.90	5.0	1.40
$900<l_n\leqslant1000$	0.22	0.25	0.55	0.40	1.1	0.60	2.2	1.00	5.5	1.50

注：1. ① 量块长度测量不确定度最大允许值；

2. ② 量块长度变动量最大允许值；

3. 距离测量面边缘 0.8mm 范围内不计；

4. 表内测量不确定度置信概率为 0.99。

量块按级使用时,应以量块的标称长度为工作尺寸,该尺寸包含了制造时的尺寸误差。量块按等使用时,应以经检定所得到的量块中心长度的实际尺寸为工作尺寸,该尺寸不受制造误差的影响,只包含检定时较小的测量误差。因此,量块按"等"使用比按"级"使用时的精度高。例如:按"级"使用量块时,使用1级,30mm的量块,标称长度极限偏差为(30±0.0004)mm;按"等"使用量块时,使用3等量块,该量块检定尺寸为30.0002mm,其中心长度的测量不确定度的极限偏差为(30.0002±0.00015)mm。

为了能用较少的块数组合成所需要的尺寸,量块按一定的尺寸系列成套生产。GB/T 6093—2001中规定的量块系列有91块、83块、46块、38块、10块等17套,见表3.3。

表3.3 成套量块的尺寸(摘自GB/T 6093—2001)

套别	总块数	级别	尺寸系列/mm	间隔/mm	块数
1	91	00,0,1	0.5	—	1
			1	—	1
			1.001,1.002,…,1.009	0.001	9
			1.01,1.02,…,1.49	0.01	49
			1.5,1.6,…,1.9	0.1	5
			2.0,2.5,…,9.5	0.5	16
			10,20,…,100	10	10
2	83	0,1,2	0.5	—	1
			1	—	1
			1.005	—	1
			1.01,1.02,…,1.49	0.01	49
			1.5,1.6,…,1.9	0.1	5
			2.0,2.5,…,9.5	0.5	16
			10,20,…,100	10	10
3	46	0,1,2	1	—	1
			1.001,1.002,…,1.009	0.001	9
			1.01,1.02,…,1.09	0.01	9
			1.1,1.2,…,1.9	0.1	9
			2,3,…,9	1	8
			10,20,…,100	10	10
4	38	0,1,2	1	—	1
			1.005	—	1
			1.01,1.02,…,1.09	0.01	9
			1.1,1.2,…,1.9	0.1	9
			2,3,…,9	1	8
			10,20,…,100	10	10
…	…	…	…	…	…
17	6	3	201.2,400,581.5,750,901.8,990	—	6

由于量块测量面的平面度误差和表面粗糙度数值均很小,所以当测量面上有一层极薄的油膜时,两个量块的测量面相互接触,在不大的压力下作切向相对滑动,就能使两个量块粘附在一起。于是,就可以用不同尺寸的量块在一定尺寸范围内组合成所需要的尺

寸。为了减少量块的组合误差,保证测量精度,应尽量减少量块的数目,一般不应超过 4 块,并使各量块的中心长度在同一直线上。实际组合时,应从消去所需尺寸的最小尾数开始,每选一块量块应至少减少所需尺寸的一位小数。

例如:用 83 块一套的量块,组成尺寸 28.785mm,其组合方法如下:

量块组的尺寸	28.785	
第一块量块的尺寸	—) 1.005	(尺寸 1.005)
剩余尺寸	27.78	
第二块量块的尺寸	—) 1.28	(间隔 0.01)
剩余尺寸	26.50	
第三块量块的尺寸	—) 6.5	(间隔 0.5)
剩余尺寸(即第四块量块的尺寸)	20	(间隔 10)

3.1.5　计量器具和测量方法的分类

1. 计量器具的分类

计量器具按其测量原理、结构特点和用途可分为以下几类。

1) 基准量具

基准量具是用来调整和校对一些计量器具或作为标准尺寸进行比较测量的器具。它又分为定值基准量具,如量块、角度块等;变值基准量具,如线纹尺等。

2) 极限量规

极限量规是一种没有刻度的用于检验零件的尺寸和几何误差的专用计量器具。它只能用来判断被测几何量是否合格,而不能得到被测几何量的具体数值。如光滑极限量规、位置和螺纹量规等。

3) 检验夹具

检验夹具也是一种专用计量器具,它与有关计量器具配合使用,可方便、快速地测得零件的多个几何参数。如检验滚动轴承的专用检验夹具可同时测得内、外圈尺寸和径向与端面圆跳动误差等。

4) 通用计量器具

通用计量器具是指能将被测几何量的量值转换成可直接观测的指示值或等效信息的器具。按其工作原理不同,又可分为:

(1) 游标量具,如游标卡尺、游标深度尺和游标量角器等;

(2) 微动螺旋量具,如外径千分尺和内径千分尺等;

(3) 机械比较仪,即用机械传动方法实现信息转换的量仪,齿轮杠杆比较仪、扭簧比较仪等;

(4) 光学量仪,即用光学方法实现信息转换的量仪,如光学比较仪,工具显微镜,投影仪和光波干涉仪等;

(5) 电动量仪,即将原始信息转换成电路参数的量仪,如电感测微仪,电容测微仪和轮廓仪等;

(6) 气动量仪,即通过气动系统的流量或压力的变化来实现原始信息转换的量仪,游标式气动量仪,薄膜式气动量仪和波纹管式气动量仪等。

5) 微机化量仪

微机化量仪是指在微机系统控制下,可实现数据的自动采集、自动处理、自动显示和打印测量结果的机电一体化量仪。如电脑圆度仪、电脑形位误差测量仪和电脑表面粗糙度测量仪等。

2. 计量器具的技术性能指标

(1) 刻度间距　刻度尺或刻度盘上相邻两刻线中心线间的距离。为便于目力估读一个分度值的小数部分。一般将刻度间距取为1～2.5mm。

(2) 分度值　又称刻度值,它是指刻度尺或刻度盘上每一刻度间距所代表的量值。几何量计量器具的常用分度值有0.1,0.05,0.02,0.01,0.002和0.001mm。

(3) 示值范围　由计量器具所显示或指示的最低值到最高值的范围。例如,某一机械比较仪的示值范围是±0.1mm。

(4) 测量范围　在允许误差限内计量器具所能测量的最小和最大被测量值的范围。例如,某一千分尺的测量范围是50～75mm。

(5) 灵敏度和放大比　计量器具对被测量变化的反映能力。对于一般长度计量器具,灵敏度又称放大比。对于具有等分刻度的刻度尺或刻度盘的量仪,放大比K等于刻度间距a与分度值i之比,即

$$K = \frac{a}{i} \tag{3-2}$$

(6) 灵敏限　引起计量器具示值可察觉变化的被测量的最小变化值。它表示量仪反映被测量微小变化的能力。

(7) 测量力　在测量过程中,计量器具与被测表面之间的接触力。在接触测量时,测量力可保证接触可靠,但过大的测量力会使量仪和被测零件变形和磨损,而测量力的变化会使示值不稳定,影响测量精度。

(8) 示值误差　测量仪器的示值与被测量真值之差。

(9) 示值变动　在测量条件不变的情况下,对同一被测量进行多次重复测量(一般5～10次)时,各测得值的最大差值。

(10) 回程误差　在相同条件下,对同一被测量进行往返两个方向测量时,测量示值的变化范围。

(11) 修正值　为了消除或减少系统误差,用代数法加到未修正测量结果上的数值。修正值等于示值误差的负值。例如,若示值误差为−0.003mm,则修正值为+0.003mm。

(12) 测量不确定度　由于测量误差的影响而使测量结果不能肯定的程度。不确定度用误差界限表示。

3. 测量方法的种类及其特点

测量方法是指测量原理、测量器具、测量条件的总和。但在实际工作中,往往从获得测量结果的方式来划分测量方法的种类。

(1) 按计量器具的示值是否是被测量的全值,可分为绝对测量和相对测量。

① 绝对测量　计量器具的示值就是被测量的全值。例如,用游标卡尺、千分尺测量轴、孔的直径就属于绝对测量。

② 相对测量 又称比较测量，指计量器具的示值只表示被测量相对于已知标准量的偏差值，而被测量为已知标准量与该偏差值的代数和。例如，用比较仪测量轴的直径尺寸，首先用与被测轴径的公称尺寸相同的量块将比较仪调零，然后换上被测轴，测得被测直径相对量块的偏差。该偏差值与量块尺寸的代数和就是被测轴直径的实际尺寸。

(2) 按实测量是否是被测量，可分为直接测量和间接测量。

① 直接测量 无须对被测的量与其他实测的量进行函数关系的辅助计算，而直接测得被测量值的测量方法。例如，用外径千分尺测量轴的直径就属于直接测量法。

② 间接测量 实测量与被测量之间有已知函数关系的其他量，经过计算求得被测量值的方法就是间接测量法。例如，采用“弓高弦长法”间接测量圆弧样板的半径 R，只要测得弓高 h 和弦长 L 的量值，然后按照有关公式进行计算，就可获得样板的半径 R 的量值。这种方法属于间接测量法。

(3) 按零件上是否同时测量多个被测量，分为单项测量和综合测量。

① 单项测量 对被测的量分别进行的测量。例如，在工具显微镜上分别测量中径、螺距和牙型半角的实际值。

② 综合测量 对零件上一些相关联的几何参数误差的综合结果进行测量。例如齿轮的综合偏差的测量。

(4) 按被测工件表面与计量器具的测头之间是否接触，可分为接触测量和非接触测量。

① 接触测量 计量器具的测头与被测表面相接触，并有机械作用的测量力的测量。例如，用比较仪测量轴径。

② 非接触测量 计量器具的测头与被测表面不接触，因而不存在机械作用的测量力的测量。例如，用光切显微镜测量表面粗糙度。

(5) 按测量结果对工艺过程所起的作用，可分为被动测量和主动测量。

① 被动测量 对完工零件进行的测量。测量结果仅限于发现并剔出不合格品。

② 主动测量 在零件加工过程中所进行的测量。此时测量结果可直接用来控制加工过程，以防止废品的产生。例如，在磨削滚动轴承内、外圈的外、内滚道过程中，测量头测量磨削直径尺寸。当达到尺寸合格范围时，则停止磨削。

(6) 按被测零件在测量中所处的状态，可分为静态测量和动态测量。

① 静态测量 在测量时，被测表面与测头相对静止的测量。例如，用千分尺测量零件的直径。

② 动态测量 在测量时，被测表面与测头之间有相对运动的测量。它能反映被测参数的变化过程。例如，电动轮廓仪测量表面粗糙度。

主动测量和动态测量是测量技术的主要发展方向，前者能将加工和测量紧密结合起来，从根本上改变测量技术的被动局面，后者能较大的提高测量效率和保证零件的质量。

3.2 测量误差及数据处理

本节介绍测量误差基本概念,测量误差产生的原因,测量误差的特性及分类,测量误差的数据处理方法及如何获得测量结果等内容。

3.2.1 概述

1. 测量误差的基本概念

测量误差是指测得值与被测量的真值之差。在实际中,任何测量不论使用的仪器多么精密,采用的测量方法多么可靠,工作多么细心,测量误差总是会有的。因此一般来说,真值是难以得到的。在实际测量中,常用相对真值或不存在系统误差情况下的算术平均值来代替真值。例如,用量块检定千分尺时,对千分尺的示值来说,量块的尺寸就可作为约定真值。

测量误差可用绝对误差和相对误差来表示。

1) 绝对误差

绝对误差 Δ 是指被测量的实际值 x 与其真值 μ_0 之差,即

$$\Delta = x - \mu_0 \tag{3-3}$$

绝对误差是代数值,即它可能是正值、负值或零。

例如,用外径千分尺测量某轴的直径,若测得的实际直径为 35.005mm,而用高精度量仪测得的结果为 35.012mm(可看作是约定真值),则用千分尺测得的实际直径值的绝对误差为

$$\Delta = 35.005 - 35.012 = -0.007\text{mm}$$

2) 相对误差

相对误差 ε 是指绝对误差的绝对值与被测量的真值(或用约定测得值 x_i 代替真值)之比,即

$$\varepsilon = \frac{|\Delta|}{\mu_0} \times 100\% \approx \frac{|\Delta|}{x_i} \times 100\% \tag{3-4}$$

上例中的相对误差为

$$\varepsilon = \frac{|-0.007|}{35.012} \times 100\% = 0.02\%$$

当被测量的大小相同时,可用绝对误差的大小来比较测量精度的高低。而当被测量的大小不同时,则用相对误差的大小比较测量精度的高低。例如,有(100±0.008)mm 和(80±0.007)mm 两个测量结果。倘若用绝对误差进行比较,则无法判断测量精度高低,这就需用相对误差比较。

$$\varepsilon_1 = \frac{0.008}{100} \times 100\% = 0.008\%$$

$$\varepsilon_2 = \frac{0.007}{80} \times 100\% = 0.00875\%$$

可见,前者的测量精度较后者高。

在长度测量中，相对误差应用较少，通常所说的测量误差，一般是指绝对误差。

2. 测量误差的来源

在测量过程中产生误差的原因很多，主要的误差来源如下。

1）计量器具的误差

计量器具误差是指计量器具本身所具有的误差。计量器具误差的来源十分复杂，它与计量器具的结构设计、制造和安装调试不良等许多因素有关，其主要来源有：

（1）基准件误差　任何计量器具都有供比较的基准，而作为基准的已知量也不可避免地存在误差，称为基准件误差。例如，刻线尺的划线误差、分度盘的分度误差、量块长度的极限偏差等。

显然，标准件的误差将直接反映到测量结果中，它是计量器具的主要误差来源。例如，在立式光较仪上用2级量块作基准测量$\phi 25$mm的零件时，由于量块制造误差$\pm 0.6\mu$m，测得值中就有可能带入$\pm 0.6\mu$m的测量误差。

（2）原理误差　在设计计量器具时，为了简化结构，有时采用近似设计，用近似机构代替理论上所要求的机构而产生原理误差。或者设计的器具在结构布置上，未能保证被测长度与标准长度安置在同一直线上，不符合阿贝原则而引起阿贝误差，这些都会产生测量误差。再如，用标准尺的等分刻度代替理论上应为不等分的刻度而引起的示值误差等。在这种情况下即使计量器具制造得绝对正确，仍然会有测量误差，故称为原理误差。当然，这种设计带来的固有原理误差通常是较小的，否则这种设计便不能采用。

在几何量计量中有两个重要的测量原则，即：长度测量中的阿贝比长原则和圆周分度测量中的封闭原则。

阿贝比长原则是指在长度测量中，使测量误差最小应将标准量安放在被测量的延长线上，也就是说，量具或仪器的标准量系统和被测尺寸应按串联的形式排列。

圆周封闭原则是指对于圆周分度器件（如刻度盘、圆柱齿轮等）的测量，利用“在同一圆周上所有夹角之和等于360°，亦即所有夹角误差之和等于零”的这一自然封闭特性。

（3）制造误差　计量器具在制造过程中必然产生误差。例如，传递系统零件制造不准确引起的放大比误差；刻线尺划线不准引起的误差；机构间隙引起的误差；千分尺的测微螺杆的螺距制造误差，使千分表刻度盘的刻度中心与指针回转中心不重合而引起的偏心误差。

（4）测量力引起的误差　在接触测量中，由于测量力的存在，使被测零件和量仪产生弹性变形（包括接触变形、结构变形、支承变形），这种变形量虽不大，但在精密测量中就需要加以考虑。由于测头形状、零件表面形状和材料的不同，因测量力而引起的压陷量也不同。

2）测量方法误差

测量方法误差是指采用近似测量方法或测量方法不当而引起的测量误差。

例如，用π尺测量大型零件的外径，是先测量圆周长S，然后按$d=\frac{S}{\pi}$计算出直径，按此式算得的是平均直径，当被测截面轮廓存在较大的椭圆形状误差时，可能出现最大和最小实际直径已超差但平均直径仍合格的情况，从而做出错误的判断。再如，测量圆柱表面的素线直线度误差代替测量轴线直线度误差，等等。

另外，同一参数可用不同的方法测量。不同的测量方法所得的测量结果往往不同，当采用不妥当的测量方法时，就存在测量方法误差。

3）环境条件误差

环境条件误差是指测量时的环境条件不符合标准条件而引起的测量误差。测量环境的温度、湿度、气压、振动和灰尘等都会引起测量误差。这些影响测量误差的诸因素中，温度的影响是主要的，而其余的各因素一般在精密测量时才予以考虑。

在长度测量中，特别是在测量大尺寸零件时，温度的影响尤为明显。当温度变化时，由于被测件、量仪和基准件的材料不同，其线膨胀系数也不同，测量时的温度偏离标准温度(20℃)所引起的测量误差 ΔL 可按式(3-5)计算：

$$\Delta L = L[\alpha_2(t_2-20)-\alpha_1(t_1-20)] \tag{3-5}$$

式中，L——被测长度尺寸，mm；

α_1,α_2——标准件、被测零件材料的线膨胀系数，10^{-6}/℃；

t_1,t_2——标准件、被测零件的实际温度，℃。

式(3-5)可改写成

$$\Delta L = L[(\alpha_2-\alpha_1)(t_2-20)+\alpha_1(t_2-t_1)] \tag{3-6}$$

由式(3-6)可知，当标准件与被测零件材料的线膨胀系数相同($\alpha_1=\alpha_2$)时，只要使两者在测量时的实际温度相等($t_1=t_2$)，即使偏离标准温度，也不存在温度引起的测量误差。

由温度变化和被测零件与测量器具的温差引起的未定系统误差，可按随机误差处理，由下式计算：

$$\Delta_{\lim} = L\sqrt{(\alpha_2-\alpha_1)^2\Delta t_2^2+\alpha_1^2(t_2-t_1)^2} \tag{3-7}$$

式中，L——被测长度尺寸，mm；

α_1,α_2——标准件、被测零件材料的线膨胀系数，10^{-6}/℃；

Δt_2——测量温度(环境温度)的最大变化量，℃；

t_2-t_1——被测零件与标准件的极限温度差，℃。

为了减少温度引起的测量误差，应尽量使测量时的实际温度接近标准温度，或进行等精度处理，也可按式(3-7)的计算结果，对测得值进行修正。

4）人为误差

人为引起的测量误差常指测量者的估计判断误差、眼睛分辨能力的误差、斜视误差等。

3.2.2 测量误差的种类及特性

为了提高测量精度就必须减少测量误差，而要减少测量误差，就必须了解和掌握测量误差的性质及其规律。根据误差的性质和出现的规律，可以将测量误差分为系统误差、随机误差和粗大误差。

1. 系统误差及其消除方法

系统误差是指在一定的测量条件下，对同一被测量进行多次重复测量时，误差的绝对值和符号保持不变或按一定规律变化的测量误差。前者称为定值(或已定)系统误差，后者称为变值(或未定)系统误差。例如:在光学比较仪上用相对测量法测量轴的直径时,按量块的标称尺寸调整光学比较仪的零点,由量块的制造误差所引起的测量误差就是定值系统误差。而千分表指针的回转中心与刻度盘上各条刻线的中心之间的偏心所引起的按正弦规律周期变化的示值误差则是变值系统误差。

对于定值系统误差,可用不等精度测量法来发现。

对于变值系统误差,可根据它对测得值的残差的影响,采用"残差观察法"来发现。即将各测得值的残差按测量顺序排列,若各残差大体上正、负相间,又无显著变化(图 3.3(a)),则可认为不存在变值系统误差;若各残差大体上按线性规律递增或递减(图 3.3(b)),可认定存在线性变值系统误差;若各残差的变化基本上呈周期性(图 3.3(c)),则可认为存在周期性变值系统误差。

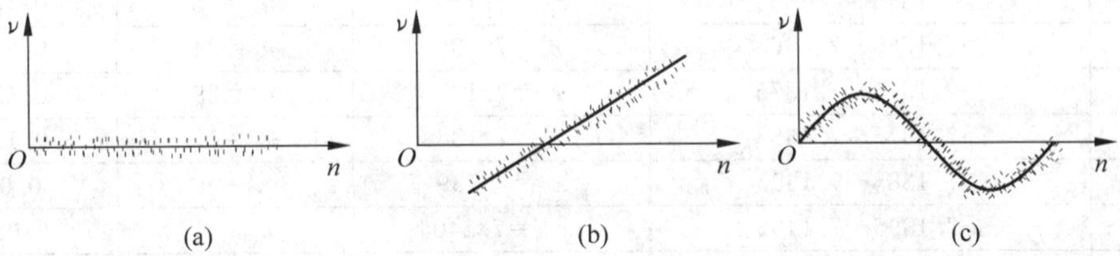

图 3.3　变值系统误差的发现

在测量过程中,应尽量消除或减小系统误差,以提高测量结果的正确度。消除系统误差有如下方法:

(1) 从产生误差根源上消除系统误差。要求测量人员对测量过程中可能产生系统误差的各个环节作仔细的分析,并在测量前就将系统误差从产生根源上加以消除。

(2) 用修正法消除系统误差。预先将计量器具的系统误差检定或计算出来,然后将测得值减去系统误差,即可得到不包含系统误差的测量结果。

(3) 用抵消法消除定值系统误差。在对称位置上分别测量一次,使这两次测量中读数出现的系统误差大小相等,符号相反,取两次平均值作为测量结果,即可消除定值系统误差。

(4) 用半周期法消除周期性系统误差。周期性系统误差可每相隔半个周期测量一次,以两次测量的平均值作为一个测得值,即可有效消除周期性系统误差。

2. 随机误差的特性与评定

随机误差是指在一定的测量条件下,对同一被测量连续多次测量时,绝对值和符号以不可预定方式变化的误差。对于随机误差,虽然每一单次测量所产生的误差的绝对值和符号不能预料,但是以足够多的次数重复测量,随机误差的总体服从一定的统计规律。

随机误差是由测量过程中未加控制又不起显著作用的多种随机因素引起的。这些随机因素包括温度的波动、测量力的变动、量仪中油膜的变化、传动件之间的摩擦力变化以及读数时的视差等。

随机误差是难以消除的,但可用概率论和数理统计的方法,估算随机误差对测量结果的影响程度,并通过对测量数据的适当处理减小其对测量结果的影响程度。

试进行以下实验,即在某一条件下,对某一个工件的同一部位用同一方法进行 150 次重复测量，得到 150 个测得值，这一系列测得值通常称为测量列。为了描述随机误差的分布规律，假设测得值中的系统误差已消除，同时也不存在粗大误差。然后将 150 个测得值按尺寸的大小分为 11 组，每组间隔 $\Delta x = 0.001$mm，统计出每组的频数(工件尺寸出现的次数) n_i，计算出每组的频率(频数 n_i 与测量次数 n 之比)n_i/n，列于表 3.4 中。

表 3.4　测量数据统计表

组号	测得值分组区间/mm	区间中心值/mm	频数 n_i	频率 n_i/n
1	7.1305～7.1315	$x_1 = 7.131$	$n_1 = 1$	0.007
2	>7.1315～7.1325	$x_2 = 7.132$	$n_2 = 3$	0.02
3	>7.1325～7.1335	$x_3 = 7.133$	$n_3 = 8$	0.053
4	>7.1335～7.1345	$x_4 = 7.134$	$n_4 = 18$	0.12
5	>7.1345～7.1355	$x_5 = 7.135$	$n_5 = 28$	0.187
6	>7.1355～7.1365	$x_6 = 7.136$	$n_6 = 34$	0.227
7	>7.1365～7.1375	$x_7 = 7.137$	$n_7 = 29$	0.193
8	>7.1375～7.1385	$x_8 = 7.138$	$n_8 = 17$	0.113
9	>7.1385～7.1395	$x_9 = 7.139$	$n_9 = 9$	0.06
10	>7.1395～7.1405	$x_{10} = 7.140$	$n_{10} = 2$	0.013
11	>7.1405～7.1415	$x_{11} = 7.141$	$n_{11} = 1$	0.007
	测得值的平均值：7.136		$n = \sum n_i = 150$	$\sum (n_i/n) = 1$

再以测得值 x 为横坐标，以频率 n_i/n 为纵坐标，画出频率直方图。连接每个直方图上部中点，得到一条折线，称为实际分布曲线，如图 3.4(a)所示。若将上述试验次数 n 无限增大，而分组间隔 Δx 区间趋于无限小，则该折线就变成一条光滑的曲线，称为理论分布曲线。

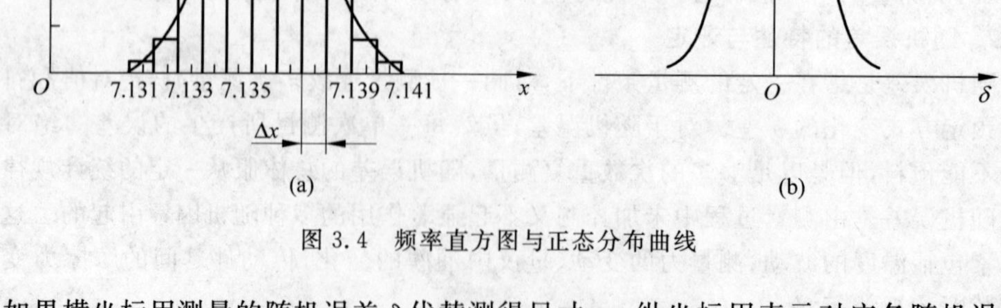

图 3.4　频率直方图与正态分布曲线

如果横坐标用测量的随机误差 δ 代替测得尺寸 x_i，纵坐标用表示对应各随机误差的概率密度 y 代替频率 n_i/n，那么就得到随机误差的正态分布密度曲线，如图 3.4(b)所示。

大量的观测实践表明，测量时的随机误差通常服从正态分布规律。正态分布的随机误差具有下列 4 个基本特性：

(1) 单峰性　绝对值越小的误差出现的概率越大,反之则出现的概率越小。

(2) 离散性(或分散性)　误差的绝对值有大有小,误差有正有负,误差呈离散型分布。

(3) 对称性(或相消性)　绝对值相等的正、负误差出现概率相等,即:$\sum_{i=1}^{\infty}\delta_i = 0$。

(4) 有界性　在一定的测量条件下,随机误差的绝对值不会超出一定的界限。

随机误差除了按正态分布之外,也可能按其他规律分布,如等概率分布、三角形分布等。本章讨论的随机误差为服从正态分布的随机误差。

评定随机误差的特性时,以服从正态分布曲线的标准偏差作为评定指标。根据概率论,正态分布曲线的数学表达式为

$$y = \frac{1}{\sigma\sqrt{2\pi}}e^{-\frac{\delta^2}{2\sigma^2}} \tag{3-8}$$

式中,y——概率密度;

e——自然对数的底;

σ——标准偏差;

δ——随机误差。

从式(3-8)可知,概率密度 y 与随机误差 δ 及标准偏差 σ 有关。当 $\delta=0$ 时,概率密度最大,且有 $y_{max}=\frac{1}{\sigma\sqrt{2\pi}}$。概率密度的最大值 y_{max} 与标准偏差 σ 成反比。在图 3.5 中有 3 条不同标准偏差的正态分布曲线,即 $\sigma_1<\sigma_2<\sigma_3$, $y_{1max}>y_{2max}>y_{3max}$。标准偏差 σ 表示随机误差的离散(或分散)程度。可见,σ 越小,y_{max} 越大,分布曲线越陡峭,测得值越集中,即测量精度越高;反之,σ 越大,y_{max} 越小,分布曲线越平坦,测得值越分散,测量精度越低。

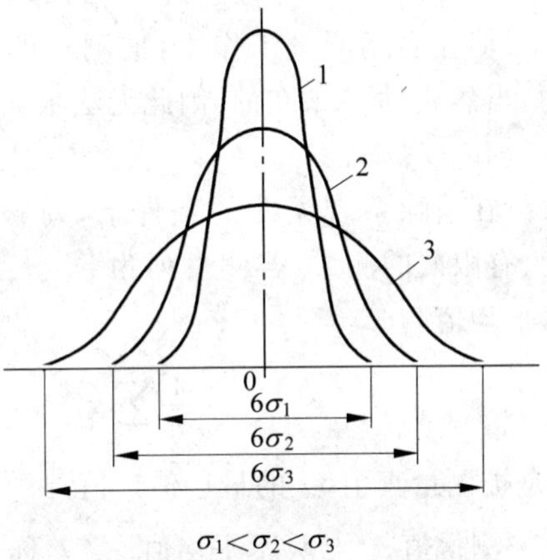

图 3.5　不同标准偏差的正态分布曲线

按照误差理论,随机误差的标准偏差 σ 计算公式为

$$\sigma = \sqrt{\frac{\sum_{i=1}^{n}\delta_i^2}{n}} \tag{3-9}$$

式中,δ_i——各测得值的随机误差,$i=1,2,\cdots,n$;

n——测量次数。

由概率论可知,全部随机误差的概率之和为 1,即

$$P = \int_{-\infty}^{+\infty} y\,d\delta = \frac{1}{\sigma\sqrt{2\pi}}\int_{-\infty}^{+\infty} e^{-\frac{\delta^2}{2\sigma^2}}\,d\delta = 1$$

随机误差出现在区间$(+\delta,-\delta)$内的概率为

$$P = \frac{1}{\sigma\sqrt{2\pi}}\int_{-\delta}^{+\delta} e^{-\frac{\delta^2}{2\sigma^2}} d\delta$$

若令 $t=\frac{\delta}{\sigma}$，则 $dt=\frac{d\delta}{\sigma}$，于是有

$$P = \frac{1}{\sqrt{2\pi}}\int_{-t}^{+t} e^{-\frac{t^2}{2}} dt = \frac{2}{\sqrt{2\pi}}\int_{0}^{t} e^{-\frac{t^2}{2}} dt = 2\varphi(t)$$

式中，$\varphi(t) = \frac{1}{\sqrt{2\pi}}\int_0^t e^{-\frac{t^2}{2}} dt$，函数 $\varphi(t)$ 称为拉普拉斯函数。

当已知 t 时，在拉普拉斯函数表中可查得函数 $\varphi(t)$ 之值。

例如：当 $t=1$ 时，即 $\delta=\pm\sigma$ 时，$2\varphi(t)=68.27\%$

当 $t=2$ 时，即 $\delta=\pm 2\sigma$ 时，$2\varphi(t)=95.44\%$

当 $t=3$ 时，即 $\delta=\pm 3\sigma$ 时，$2\varphi(t)=99.73\%$

由于超出 $\pm 3\sigma$ 范围的随机误差的概率仅为 0.27%，因此，可将随机误差的极限值取作 $\pm 3\sigma$，并记作：$\Delta_{\lim}=\pm 3\sigma$，如图 3.6 所示。

在式(3-9) 中，随机误差 δ_i 是指消除系统误差后的各测量值 x_i 减其真值 μ_0 之差，即

$$\delta_i = x_i - \mu_0 \quad (i = 1,2,\cdots,n) \tag{3-10}$$

但在实际测量工作中，被测量的真值 μ_0 是未知的，当然 δ_i 也是未知的，因此无法根据式(3-9)求得标准偏差 σ。

在消除系统误差的条件下，对被测量进行等精度、有限次的测量，若测量列为 $x_1, x_2, \cdots, x_n$，则其算术平均值

$$\bar{x} = \frac{1}{n}\sum_{i=1}^{n} x_i \tag{3-11}$$

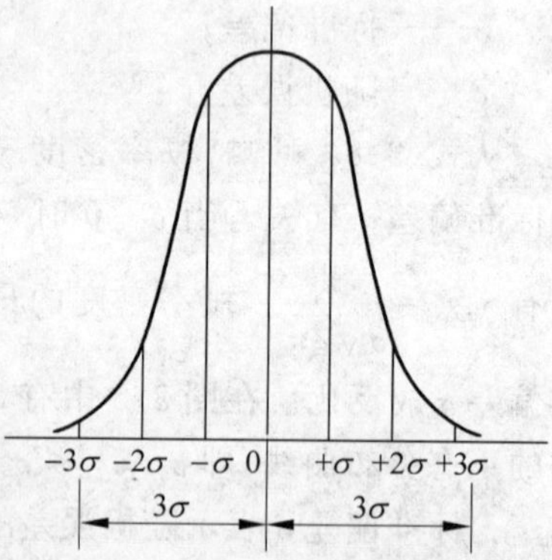

图 3.6　随机误差的极限误差

$\bar{x}$ 是被测量真值 μ_0 的最佳估计值。

测得值 x_i 与算术平均值 $\bar{x}$ 之差称为残余误差(简称残差)，并记作

$$\nu_i = x_i - \bar{x}, \quad i = 1,2,\cdots,n \tag{3-12}$$

由于随机误差 δ_i 是未知的，所以在实际应用中，采用贝塞尔(Bessel)公式计算标准偏差的估计值，即

$$\sigma = \sqrt{\frac{\sum_{i=1}^{n}\nu_i^2}{n-1}} \tag{3-13}$$

按式(3-13) 估计出 σ 值后，若只考虑随机误差的影响，则单次测量结果可表示为

$$X = x_i \pm 3\sigma \tag{3-14}$$

这表明，被测量真值 μ_0 在 $(x_i \pm 3\sigma)$ 之中的概率是 99.73%。

若在相同条件下，对同一被测量值重复进行若干组的"n 次测量"，虽然每组 n 次测量的算术平均值也不会完全相同，但这些算术平均值的分布范围要比单次测量值(一组 n 次

测量）的分布范围小得多。算术平均值$\bar{x}$的分散程度可用算术平均值的标准偏差$\sigma_{\bar{x}}$来表示，$\sigma_{\bar{x}}$与单次测量的标准偏差σ存在下列关系

$$\sigma_{\bar{x}}=\frac{\sigma}{\sqrt{n}} \tag{3-15}$$

在正态分布情况下，测量列算数平均值的极限偏差可取作

$$\Delta_{\bar{x}\,\mathrm{lim}}=\pm 3\sigma_{\bar{x}} \tag{3-16}$$

相应的置信概率为99.73%。

3. 粗大误差及其剔除方法

粗大误差(简称粗误差)又称过失误差，指超出规定条件下预计的误差。粗大误差是由某些不正常的原因造成的。例如，测量者的粗心大意所造成的读数错误或记录错误，被测零件或计量器具的突然振动等。粗大误差会对测量结果产生严重的歪曲，因此要从测量数据中剔除掉。

判断是否存在粗大误差，可以随机误差的分布范围为依据，凡超出规定范围的误差，就可视为粗大误差。例如，对于服从正态分布的等精度多次测量结果，测得值的残差绝对值超出$\pm3\sigma$的概率仅为0.27%，因此可按3σ准则剔除粗大误差。

3σ准则又称拉依达准则。对于服从正态分布的误差，应按公式(3-13)计算出标准偏差σ的估计值，然后用3σ作为准则来检查所有的残余误差ν_i。若某一个或若干个$|\nu_i|>3\sigma$，则该残差(或若干个残差)为粗大误差，相对应的测量值应从测量列中剔除。然后将剔除了粗大误差的测量列重新按式(3-11)～式(3-13)计算σ，再用新计算出的残余误差进行判断，直到无粗大误差为止。

3.2.3　测量数据的处理

1. 直接测量数据的处理

在测得值中，可能含有系统误差、随机误差和粗大误差，为了获得可靠的测量结果，应对这些测量数据进行处理。数据处理时应注意以下几方面：

(1) 对于粗大误差应剔除。

(2) 对于已定系统误差按代数和合成，即

$$\Delta_{总,系}=\sum_{i=1}^{n}\Delta_{i,系} \tag{3-17}$$

式中，$\Delta_{总,系}$，$\Delta_{i,系}$——测量结果总的系统误差，各误差来源的系统误差。

(3) 对于服从正态分布，彼此独立的随机误差和未定系统误差按方和根法合成，即

$$\Delta_{总,\mathrm{lim}}=\sqrt{\sum_{i=1}^{n}\Delta_{i,\mathrm{lim}}^{2}} \tag{3-18}$$

式中，$\Delta_{总,\mathrm{lim}}$，$\Delta_{i,\mathrm{lim}}$——测量结果总的极限误差，各误差来源的极限误差。

1) 单次测量数据的处理

【例 3.1】　用外径千分尺测量黄铜材料轴的直径。测得的实际直径为d_a=40.115mm，千分尺的极限误差为$\Delta_{\mathrm{lim}}=4\mu\mathrm{m}$，车间温度为(23±2.5)℃，测量时被测零件与千分尺的温差不超过1℃，千分尺未调零，有+0.005mm的误差，试求单次测量结果。

已知千分尺材料的线膨胀系数 $\alpha_1=11.5\times10^{-6}℃^{-1}$，被测工件黄铜的线膨胀系数 $\alpha_2=18\times10^{-6}/℃$。

【解】

(1) 确定各种误差。

已定系统误差(千分尺未调零而引起的误差)$\Delta_{1,系}=+0.005=+5\mu m$

温度引起的误差(偏离标准温度引起的误差) 按式(3-5)计算，即

$$\begin{aligned}\Delta_{2,系}&=L[\alpha_2(t_2-20)-\alpha_1(t_1-20℃)]\\&=40.115\times[18\times(23-20)-11.5\times(23-20)]\times10^{-6}\\&=+0.00078\approx+0.8\mu m\end{aligned}$$

随机误差(千分尺的极限误差)$\Delta_{1,\lim}=\pm4\mu m$

未定系统误差(车间温度变化、被测零件与千分尺的温度差引起的误差) 按式(3-7)计算，即

$$\begin{aligned}\Delta_{2,\lim}&=L\sqrt{(\alpha_2-\alpha_1)^2\Delta t_2^2+\alpha_1^2(t_2-t_1)^2}\\&=40.115\sqrt{(18-11.5)^2\times5^2+11.5^2\times1^2}\times10^{-6}\\&=0.0014=1.4\mu m\end{aligned}$$

(2) 将以上各项误差分别合成。

$$\Delta_{总,系}=\Delta_{1,系}+\Delta_{2,系}=+5+(+0.8)=+5.8\mu m$$

$$\Delta_{总,\lim}=\sqrt{\Delta_{1,\lim}^2+\Delta_{2,\lim}^2}=\sqrt{4^2+1.4^2}=4.2\mu m$$

(3) 计算单次测量结果。

$$d=(d_a-\Delta_{总,系})\pm\Delta_{总,\lim}=(40.115-0.0058)\pm0.0042\approx(40.109\pm0.004)mm$$

即真值在 40.105～40.113mm 的概率为 99.73%。

2) 多次测量数据的处理

【例 3.2】 对某一零件同一部位进行多次重复测量，测量顺序和相应的测得值见表 3.5 中的第 1 列和第 2 列内。试求测得结果。

表 3.5 测量数据及其处理计算表

测量顺序	x_i/mm	残差 $\nu_v/\mu m$	$\nu_i^2/\mu m^2$
1	29.955	−2	4
2	29.958	+1	1
3	29.957	0	0
4	29.958	+1	1
5	29.956	−1	1
6	29.957	0	0
7	29.958	+1	1
8	29.955	−2	4
9	29.957	0	0
10	29.959	+2	4
	$\bar{x}=\frac{1}{10}\sum_{i=1}^{10}x_i=29.957$	$\sum_{i=1}^{10}\nu_i=0$	$\sum_{i=1}^{10}\nu_i^2=16$

【解】

(1) 判断定值系统误差

根据发现系统误差的有关方法判断(假设已经过不等精度测量),测量列中不存在定值系统误差。

(2) 计算测量值的算术平均值

$$\bar{x}=\frac{1}{n}\sum_{i=1}^{n}x_i=\frac{1}{10}\sum_{i=1}^{10}x_i=\frac{299.57}{10}=29.957\text{mm}$$

(3) 计算残差

按式(3-12)计算各测量数据的残差为

$$\nu_i=x_i-\bar{x}=x_i-29.957$$

计算结果列于表 3.5 中的第 3 列。

(4) 判断变值系统误差

按残差观察法,本例题中各测量数据的残差符号大体上正、负相间,但不是周期变化,因此可以判断该测量列中不存在变值系统误差。

(5) 计算单次测量的标准偏差

按式(3-13)计算测量列单次测得值的标准偏差的估计值:

$$\sigma=\sqrt{\frac{\sum_{i=1}^{n}\nu_i^2}{n-1}}=\sqrt{\frac{16}{10-1}}\approx 1.3\mu\text{m}$$

(6) 判断粗大误差

根据拉依达准则,测量列中没有出现绝对值大于 3σ(3.9μm)的残差,因此判定测量列中不存在粗大误差。

(7) 计算测量列算术平均值的标准偏差

按式(3-15)计算得　$\sigma_{\bar{x}}=\frac{\sigma}{\sqrt{n}}=\frac{1.3}{\sqrt{10}}\approx 0.41\mu\text{m}$

(8) 计算测量列算术平均值的测量极限误差

按式(3-16) 计算得　$\Delta_{\bar{x}\,\text{lim}}=\pm 3\sigma_{\bar{x}}=\pm 3\times 0.41=\pm 1.23\mu\text{m}$

(9) 确定测量结果

$$X=\bar{x}_i\pm\Delta_{\bar{x},\text{lim}}=29.9570\pm 0.0012\text{mm}$$

即零件该处的真值在 29.9558~29.9582mm 之中的概率为 99.73%。

2. 间接测量数据的处理

间接测量是指测量与被测量有确定函数关系的其他量,并按照这种确定的函数关系通过计算求得被测量。

若令被测量 y 与实际测量的其他有关量 $x_1,x_2,\cdots,x_k$ 的函数表达式为,$y=f(x_1,x_2,\cdots,x_k)$

则被测量 y 的已定系统误差为

$$\Delta y=\sum_{i=1}^{k}C_i\Delta x_i \tag{3-19}$$

式中,Δx_i——各实测量的系统误差;

C_i——各实测量 x_i 对确定函数的偏导数,称为误差传递系数,即

$$C_i = \frac{\partial f}{\partial x_i} \tag{3-20}$$

若各实测量 x_i 的随机误差服从正态分布,则被测量 y 的极限误差为

$$\Delta_{y,\lim} = \sqrt{\sum_{i=1}^{k} C_i^2 \Delta_{i,\lim}^2} \tag{3-21}$$

式中,$\Delta_{i,\lim}$——各实测量的极限误差。

间接测量数据处理的步骤如下:

(1) 确定被测量与各实测量的函数关系及其表达式;

(2) 把各实际测量的测得值代入表达式,求出被测量量值;

(3) 按式(3-19)~式(3-21)分别计算被测量的系统误差 Δy、函数的偏导数 C_i 和测量极限误差 $\Delta_{y,\lim}$;

(4) 确定测量结果。

【例 3.3】 在万能工具显微镜上,用弓高弦长法间接测量某样板的圆弧半径。测得弓高 $h=6\text{mm}$,弦长 $L=36\text{mm}$,若 $\Delta_{h,\lim}=\pm 3\mu\text{m}$,$\Delta_{L,\lim}=\pm 4\mu\text{m}$,求圆弧半径 R 的测量结果。

【解】

(1) 确定圆弧半径 R 与弓高 h 和弦长 L 的几何关系:

$$R = \frac{L^2}{8h} + \frac{h}{2}$$

(2) 把实际测量 h,L 的测得值代入表达式,求出被测量 R 的量值,即

$$R = \frac{L^2}{8h} + \frac{h}{2} = \frac{36^2}{8 \times 6} + \frac{6}{2} = 30\text{mm}$$

(3) 按式(3-20)计算函数的偏导数

$$C_L = \frac{\partial R}{\partial L} = \frac{L}{4h} = \frac{36}{4 \times 6} = 1.5$$

$$C_h = \frac{\partial R}{\partial h} = -\frac{L^2}{8h^2} + \frac{1}{2} = -\frac{36^2}{8 \times 6^2} + \frac{1}{2} = -4$$

(4) 按式(3-21)计算被测量 R 极限误差 $\Delta_{R,\lim}$

$$\Delta_{R,\lim} = \sqrt{C_L^2 \Delta_{L,\lim}^2 + C_h^2 \Delta_{h,\lim}^2} = \sqrt{1.5^2 \times 4^2 + (-4)^2 \times 3^2} = 13.4\mu\text{m}$$

(5) 确定测量结果。

$$R = 30 \pm 0.0134 \approx (30 \pm 0.013)\text{mm}$$

本章实训

1. 用立式光学比较仪(分度值 $i=0.001\text{mm}$)或外径千分尺(分度值 $i=0.002\text{mm}$),测量花键套筒轴 $\phi 25\ \text{j}6(^{+0.009}_{-0.004})$(或自选某一轴类零件)的各局部实际直径尺寸(相对测量,用 25mm 量块调零),判断其尺寸合格性。

2. 在各环境条件(其中,环境温度为 20℃,按照要求控制其在允许的变化范围内)差别不大的情况下,分别用两台立式光学比较仪对花键套筒轴 $\phi25j6(^{+0.009}_{-0.004})$(或自选某一轴类零件)某处直径进行十次重复测量。试对测量结果进行数据处理,并判断哪台立式光学比较仪的随机误差小。试求单次测量和多次测量的测量结果。

习　　题

1. 简答题

(1) 什么是测量过程的四个要素?

(2) 现行"米"的定义是什么?

(3) 阿贝原则的含义是什么?

(4) 量块的"等"和"级"怎样划分?

(5) 测量误差产生的原因有哪些?

2. 计算题

(1) 在立式光学比较仪上,用工作尺寸 $L_0=30$mm 的四等量块做基准,测量公称尺寸为 30mm 的光滑极限量规通规上某处直径尺寸。测量时室温为(20±1)℃,测量前有等温过程。若所用的立式光学比较仪有+0.3μm 的零位误差,所用量块中心长度的实际偏差为−0.2μm,检定四等量块的测量不确定度允许值(极限偏差)为±0.3μm,重复 10 次测量的读数(单位 μm)依次为+4.5,+4.3,+4.4,+4.6,+4.2,+4.4,+4.3,+4.6,+4.2,+4.5。设 10 次测量列中不存在变值系统误差。试计算多次测量和第 5 次测量的测量结果。

(2) 仪器读数在 20mm 处的示值误差为+0.002mm,当用它测量工件时,读数正好是 20mm,试问工件的实际尺寸是多少?

(3) 三个量快的标称尺寸和极限误差分别为 20±0.0003、1.005±0.0003、1.48±0.0003,试计算这三个量块组合后的尺寸和极限误差。

(4) 用游标卡尺测量箱体的中心距 L(见习题图 3.1),有如下 3 种测量方案:

① 测量孔径 d_1,d_2 和孔边距 L_1;

② 测量孔径 d_1,d_2 和孔边距 L_2;

③ 测量孔边距 L_1 和 L_2。

若已知它们的测量极限误差 $\Delta_{d_1,\lim}=\Delta_{d_2,\lim}=\pm40\mu m$,$\Delta_{L_1,\lim}=\pm60\mu m$,$\Delta_{L_2,\lim}=\pm70\mu m$,试计算 3 种测量方案的测量极限误差。

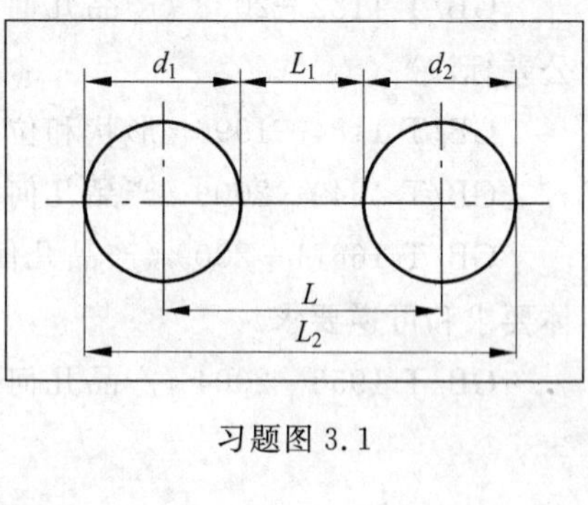

习题图 3.1

第 4 章 几何公差及检测

本章要点及学习指导

(1) 介绍在机械产品的几何量精度设计中，与零件的几何精度关系密切的国家最新颁布的有关“几何公差”标准的基本内容。

(2) 重点介绍应用国家标准的基本方法、步骤，使学习者初步掌握机械产品的零件几何公差的设计方法和具体要求。

(3) 介绍常见的几何误差的检测方法、数据处理的方法；学会获得正确的测量结果，并作出正确判断被测要素合格性的结论。

(4) 结合台钻精度设计实例，介绍如何根据台钻的使用功能要求，设计台钻中各零件几何公差的方法，学会在机械产品的零件图样上正确标注几何公差。

本章学习难点是公差原则部分。本书从应用角度介绍如何识别标注；从检测角度明确公差原则的各种标注对应的检测方法；从明确各种相关要求需遵守的边界条件，初步了解满足各种相关要求所应用的检验量规的大致结构和尺寸；从互换性角度明确各种标注的合格条件；从设计角度明确公差原则应用的场合。

涉及几何公差的国家标准主要有：

GB/T 18780.1—2002《产品几何量技术规范(GPS)　几何要素　第 1 部分：基本术语和定义》

GB/T 18780.2—2003《产品几何量技术规范(GPS)　几何要素　第 2 部分：圆柱面和圆锥面的提取中心线、平行平面的提取中心面、提取要素的局部尺寸》

GB/T 1182—2008《产品几何技术规范(GPS)　几何公差　形状、方向、位置和跳动公差标注》

GB/T 1184—1996《形状和位置公差　未注公差值》

GB/T 4249—2009《产品几何技术规范(GPS)　公差原则》

GB/T 16671—2009《产品几何技术规范(GPS)　几何公差　最大实体要求、最小实体要求和可逆要求》

GB/T 1958—2004《产品几何量技术规范(GPS)　形状和位置公差　检测规定》

4.1 概　　述

机械零件上几何要素的几何精度是一项重要的质量指标，它直接影响零件(机械产品)的使用功能和互换性，正确选择几何公差是机械产品几何量精度设计的重要内容。

几何公差的研究对象是构成零件几何特征的点、线、面，这些点、线、面统称为零件的几何要素。在选择几何公差、图样标注以及几何误差检测时，需要弄清几何要素及其分类。

4.1.1　几何要素及其分类

任何形状的零件都是由几何要素——点（圆心、球心、中心点、交点等）、线（素线、轴线、中心线、曲线等）、面（平面、中心平面、圆柱面、圆锥面、球面、曲面等）构成。

GB/T 18780—2003 以丰富的、基于计量学的数学方法描述工件的功能需求，将几何要素按照零件“设计、制造、检验、评定”各环节进行分类和定义，丰富延伸了要素的概念，给出了要素的定义和基本术语。

1. 尺寸要素

由一定大小的线性尺寸或角度尺寸确定的几何形状（GB/T 18780.1—2002）。

（1）尺寸要素　由一定大小的线性尺寸或角度尺寸确定的几何形状（GB/T 18780.1—2002）。

（2）提取组成要素　按规定方法由实际（组成）要素提取有限数目的点所形成的实际（组成）要素的近似替代。

（3）提取导出要素　由一个或几个提取组成要素得到的中心点、中心线或中心面。

（4）拟合组成要素　按规定的方法由提取组成要素形成的，并具有理想形状的组成要素。

（5）提取组成要素的局部尺寸　在实际要素的任意正截面上，两对应点之间测得的距离称为局部实际尺寸。提取圆柱面的局部尺寸/两平行提取表面的局部尺寸为要素上两对应点之间的距离。

2. 公称要素

公称要素指具有几何意义的要素。它包括公称组成要素和公称导出要素。

公称组成要素是由技术制图或其他方法确定的理论正确组成要素（如图 4.1(a)所示的圆柱外轮廓）。

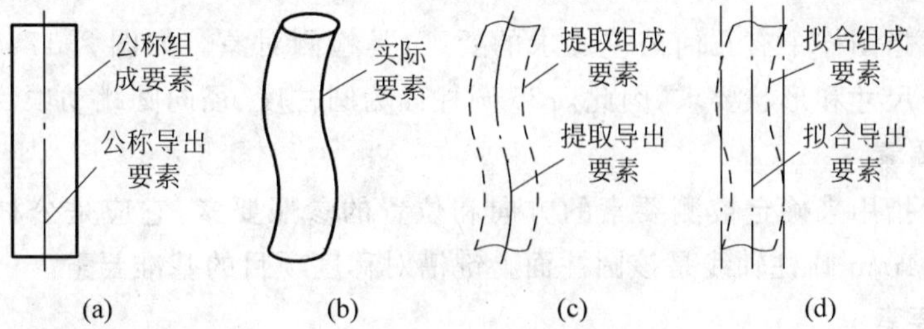

图 4.1　零件的几何要素

(a) 公称要素；(b) 实际要素；(c) 提取要素；(d) 拟合要素

公称导出要素是由一个或几个公称组成要素导出的中心点、轴线或中心面（如图 4.1(b)所示的圆柱轴线。

公称要素不存在任何误差,是绝对正确的几何要素。公称要素是作为评定实际要素误差的依据,即作为几何公差带的形状。如评定圆度误差,需要将具有几何意义的理想圆与实际有误差的圆轮廓进行比较,从而确定圆度误差值。

提取组成要素　按规定方法由实际(组成)要素提取有限数目的点所形成的实际(组成)要素的近似替代。

3. 实际要素

实际(组成)要素由接近实际(组成)要素所限定的工件实际表面的组成要素部分。测量时,由提取要素所代替。

4. 提取要素(包括提取组成要素和提取导出要素)

提取组成要素　按规定方法由实际(组成)要素提取有限数目的点所形成的实际(组成)要素的近似替代(如图 4.1(c)所示的提取轮廓)。

提取导出要素是由一个或几个提取组成要素得到的中心点、中心线或中心面(如图 4.1 (c)所示的提取轮廓轴线)。

5. 拟合要素(包括拟合组成要素和拟合导出要素)

拟合组成要素　按规定的方法由提取组成要素形成的,并具有理想形状的组成要素(如图 4.1(d)所示的拟合圆柱)。

拟合导出要素　按规定的方法由拟合组成要素得到的中心点、中心线或中心面(如图 4.1(d)所示的拟合圆柱轴线)。

6. 提取组成要素的局部尺寸

在实际要素的任意正截面上,两对应点之间测得的距离称为局部尺寸。提取圆柱面的局部尺寸/ 两平行提取表面的局部尺寸为要素上两对应点之间的距离。

由上述可知,组成要素指构成零件外形、能被人们直接感觉到(看得见、摸得着)的

点、线、面(在 GB/T 1182—1996 中称为轮廓要素)。导出要素指轮廓要素对称中心所表示的点、线、面,它们是人们假想的看不见、摸不着的几何要素(在 GB/T 1182—1996 中称为中心要素)。

7. 被测要素

被测要素指图样中有几何公差要求的要素,是检测对象。如图 2.17,轴承位 φ25 圆柱轮廓有直径尺寸和形状要求,因此,φ25 圆柱面为圆柱度、径向圆跳动项目的被测要素。

8. 基准要素

基准要素指用来确定被测要素的方向和位置的参照要素,它应是公称(理想)要素。如图 2.17,ϕ24mm 圆柱轴线是该圆柱面上键槽对称度项目的基准要素。

9. 单一要素

单一要素指仅对被测要素本身给出形状公差要求的要素。它是独立的,与基准要素无关。图 2.17 中ϕ25 圆柱度项目的圆柱轮廓为单一要素,它仅对圆柱面本身的形状提出要求。

10. 关联要素

关联要素指对几何要素有位置公差要求的要素,它相对基准要素有位置关系,即与基

准相关。如图 2.17 中，键槽对称中心面相对圆柱 ϕ24 轴线的对称度项目，ϕ24 轴线相对 ϕ17 轴线的径向圆跳动公差项目，它们之间有位置关系。所以，这些被测要素均是关联要素。

当几何要素不同时，几何公差要求、标注方法和检测方法也是不相同的。

4.1.2　几何误差对零件的使用功能的影响

由于存在加工误差，使零件的几何量不仅存在尺寸误差，而且存在形状和位置误差。在图 1.1 台钻中，花键套筒上两处轴承位 ϕ25*j*6 圆柱面是精度要求较高的表面。但对于实际零件——花键套筒，ϕ25*j*6 圆柱表面必然存在形状误差。若其产生椭圆或圆锥形误差，则轴承与 ϕ25*j*6 圆柱配合后安装在台钻主轴箱中，轴承运转精度就会受到影响，滚动体会因磨损不均匀而降低轴承使用寿命。又若花键孔轴线和 ϕ25*j*6 圆柱的轴线不同轴，则主轴尾部的花键轴在花键孔中移动就会受到影响等。

因此，为了提高机械产品质量和保证零件的互换性，不仅要控制零件的尺寸误差，而且还要控制零件的形状、方向和位置误差，将这些几何误差控制在一个经济、合理的范围内。允许形状、方向和位置误差变动的范围，称为几何公差。

4.1.3　几何公差项目及其符号

几何公差类型、几何特征、符号及有无基准见表 4.1。

表 4.1　几何公差类型、几何特征、符号及基准

公差类型	几何特征	符号	有无基准
形状公差	直线度	—	无
	平面度	▱	无
	圆度	○	无
	圆柱度	⌭	无
	线轮廓度	⌒	无
	面轮廓度	⌓	无
方向公差	平行度	//	有
	垂直度	⊥	有
	倾斜度	∠	有
	线轮廓度	⌒	有
	面轮廓度	⌓	有

续表

公差类型	几何特征	符号	有无基准
位置公差	位置度	⌖	有或无
	同心度(用于中心点)	◎	有
	同轴度(用于轴线)	◎	有
	对称度	⌯	有
	线轮廓度	⌒	有
	面轮廓度	⌓	有
跳动公差	圆跳动	↗	有
	全跳动	⌰	有

4.1.4　几何公差的标注方法

在零件图样上,应按照国家标准规定的要求,正确、规范地标注几何公差。

在技术图样中标注几何公差时,一般均应采用代号标注,见表 4.2。标注时,应绘制公差框格,注明几何公差特征符号、公差数值及有关符号。只有当图样上无法采用代号标注时,才允许在技术要求中采用文字说明,但应做到内容完整,不应产生不同的理解。几何公差标注应清晰、醒目、简捷和整齐,尤其是结构复杂的中、大型零件(如机床箱体零件等),应尽量防止框格的指引线和尺寸线等线条纵横交错。

表 4.2　几何公差的代号

几何公差	基准符号
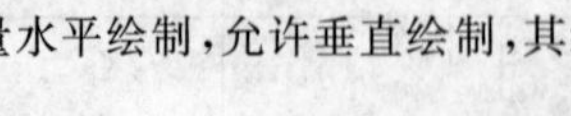 公差框格分成两格或多格,框格内从左到右填写以下内容: 第一格——几何公差项目符号; 第二格——几何公差数值和有关符号; 第三格和以后各格——基准字母和有关符号。 公差框格应尽量水平绘制,允许垂直绘制,其线型为细实线	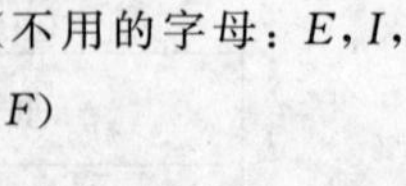 基准符号由基准字母、方框、连线和等边三角形组成。方框内字母都应水平书写,基准字母用大写的拉丁字母表示(不用的字母:E,I,J,M,O,P,L,R,F)

几何公差框格指引线的标注方法见表 4.3。基准符号的标注方法参见表 4.4。被测要素的标注方法见表 4.5。被测要素的简化注法参见表 4.6。基准要素的标注方法见表 4.7。公差数值和有关符号的标注方法参见表 4.8。

表 4.3　公差框格指引线的标注方法

标注方法		示　　例	说　　明
指引线与框格的连接	自框格的左端或右端引出	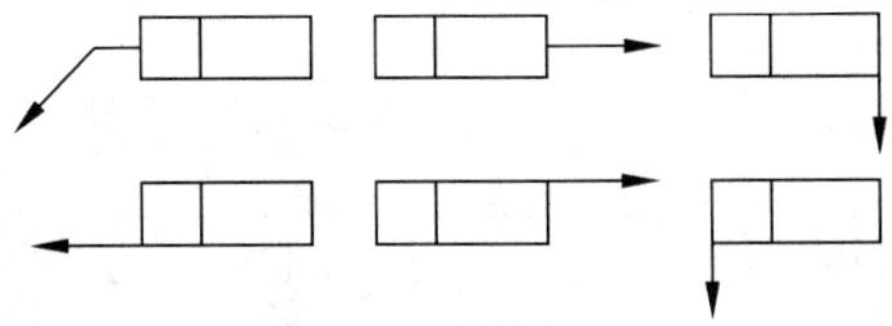	为简便起见,允许自框格的侧边直接引出
指示箭头所指的方向	指示箭头应指向公差带的宽度或直径方向	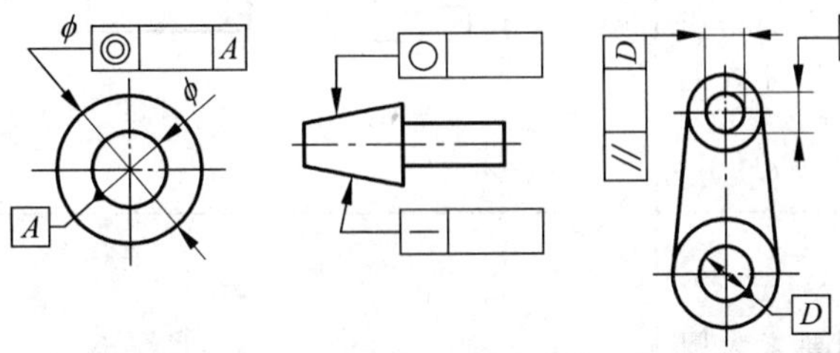	

表 4.4　基准符号的标注方法

标注方法		示　　例	说　　明
基准符号的标注	基准部位必须画出基准符号,并在公差框格中注出基准字母	 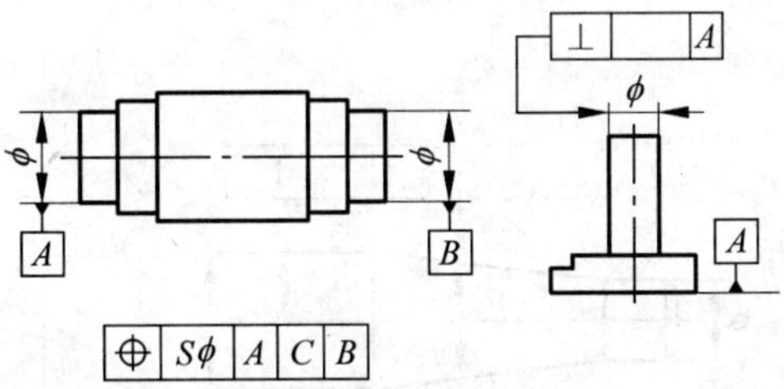	基准为导出要素(左图)、组成要素(右图)。错误标注: 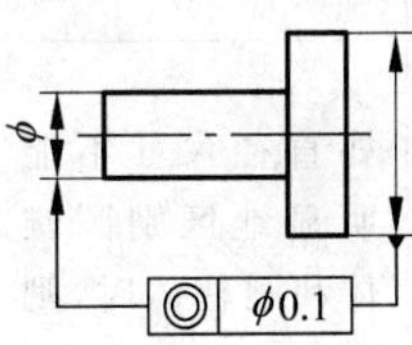 示例中,位置度公差框格里的 A,B,C 分别表示:第一、二、三基准

表 4.5　被测要素的标注方法

被测要素	标注方法	示　　例	说　　明
组成要素	当被测要素为轮廓线或表面时,指引线的箭头应指在该要素的轮廓线或其引出线上,并应明显地与尺寸线错开	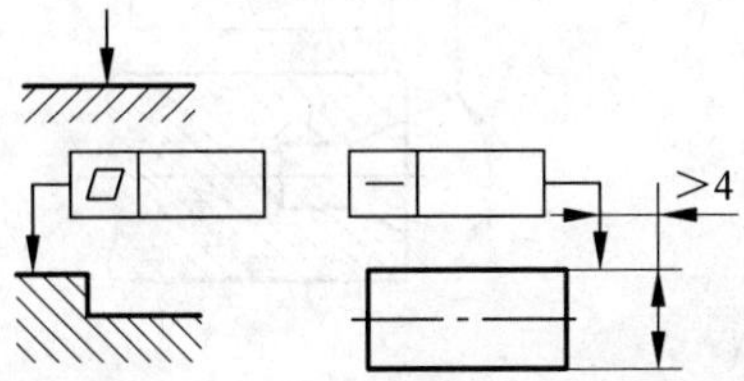	对于组成要素,该指引线的箭头不得与尺寸线对齐,应与尺寸线至少错开 4mm

续表

被测要素	标注方法	示例	说明
导出要素	当被测要素为轴线、球心或中心平面时,指引线的箭头应与该要素的尺寸线对齐。 即带箭头的指引线应与尺寸线的延长线重合	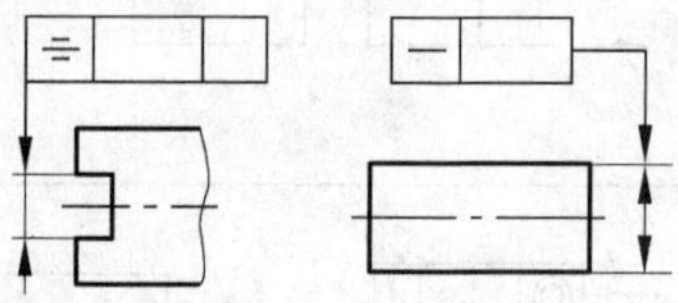	当箭头与尺寸线的箭头重叠时,可代替尺寸线的箭头。 若导出要素尺寸线于图样中其他处出现过,则指示箭头可与该要素的空白尺寸线对齐。 错误标注(1) 指引线的箭头不能直接指向轴线 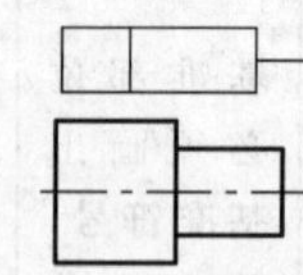
圆锥体轴线	当被测要素为圆锥体的轴线时,指引线的箭头应与圆锥体的直径尺寸线(大端或小端)对齐	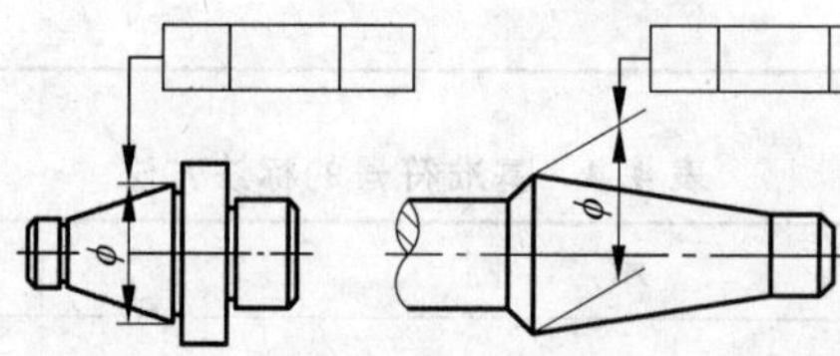	
	如直径尺寸不能明显地区别圆锥体和圆柱体时,则应在圆锥体内画出空白的尺寸线,并将指引线的箭头与该空白尺寸线对齐	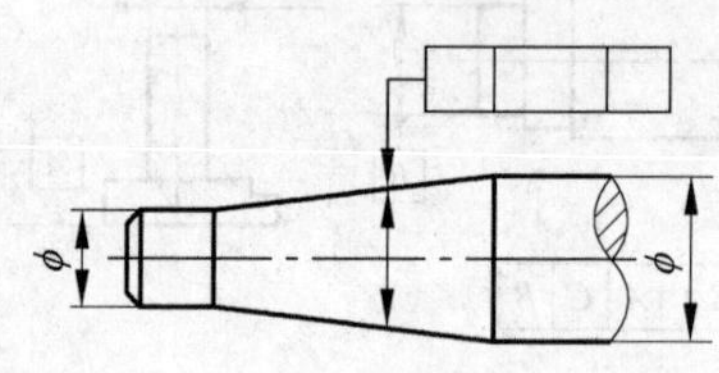	
	如圆锥体采用角度尺寸标注,则指引线的箭头应对着该角度尺寸线画出,且箭头后的指引线与被测轴线垂直	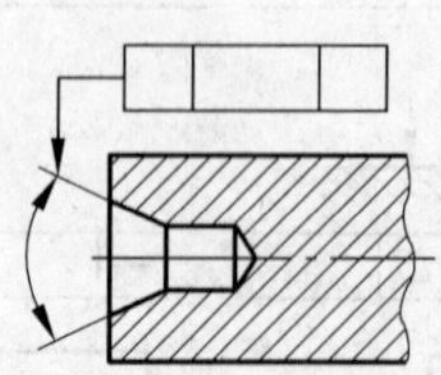	错误标注(2) 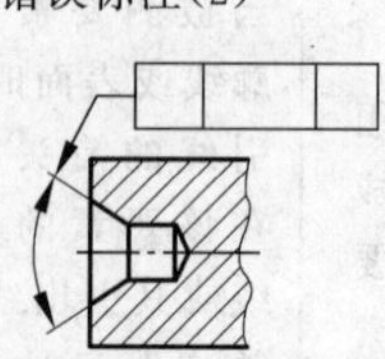

表 4.6　被测要素的简化注法

标注方法	示　例	说　明
一个公差框格用于具有相同的几何特征和公差值的若干个分离被测要素或不同的被测要素	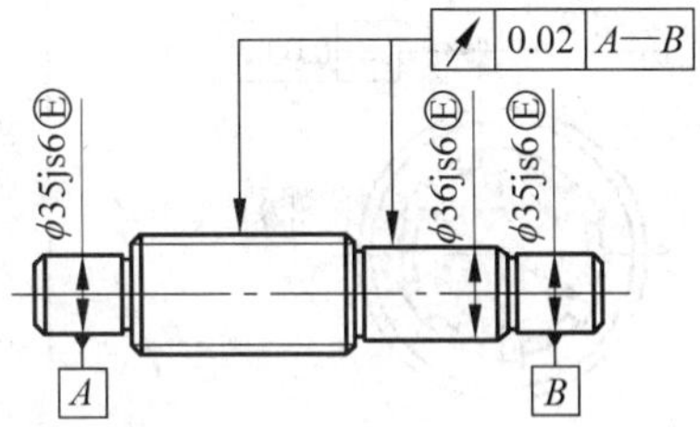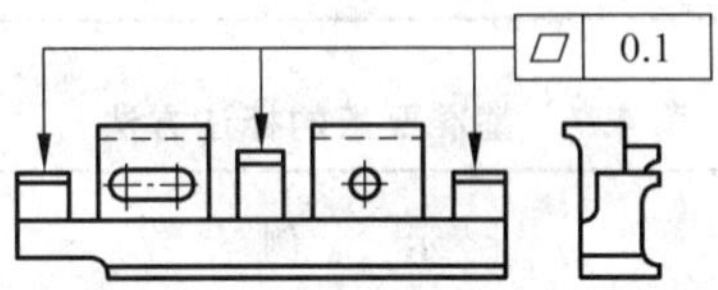	错误标注： (1) 指引线箭头不能自框格的两端同时引出；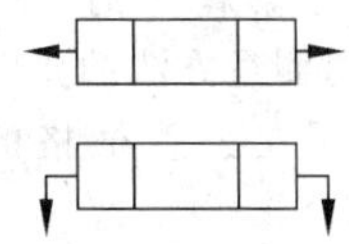 (2) 不能在一根引线上画出多个同方向的箭头，如下图：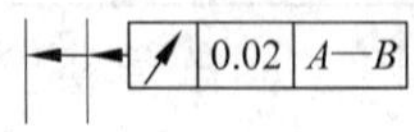
用同一公差带控制几个被测要素时，应在公差框格内公差数值的后面加注公共公差带符号 CZ	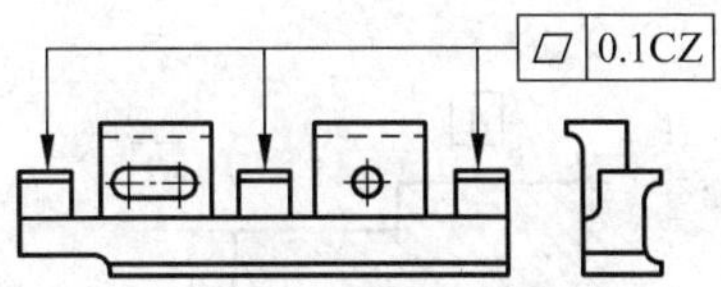	
当多个被测要素有相同的多项几何公差要求时，可以把多个框格联合在一起，自其一端引出多个指引线箭头	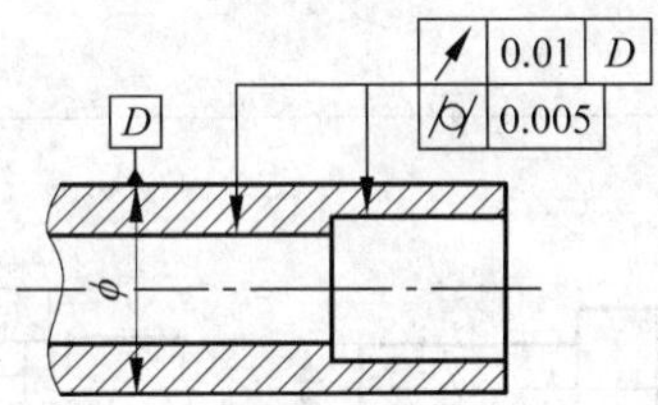	
附加文字说明： 为了说明公差框格中所标注的几何公差的其他附加要求，或为了简化标注方法，可以在公差框格的周围(一般是上方或下方)附加文字说明	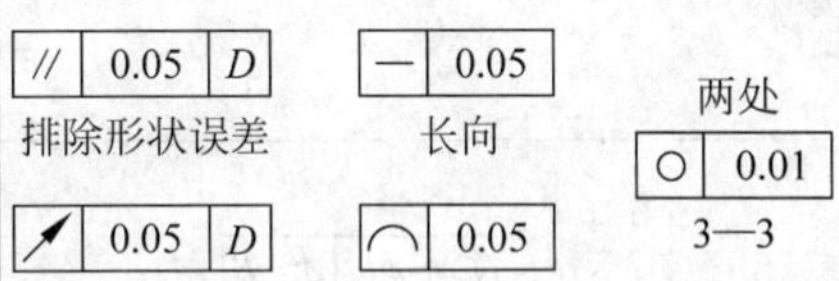	
附加符号说明： 如平面度要求，不允许凸起，在框格下加注 NC。 如是线要素，指线对基准体系的平行度公差，在框格下加注 LE	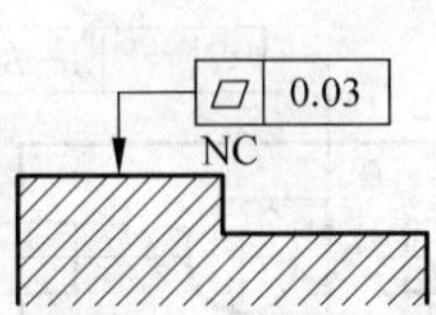	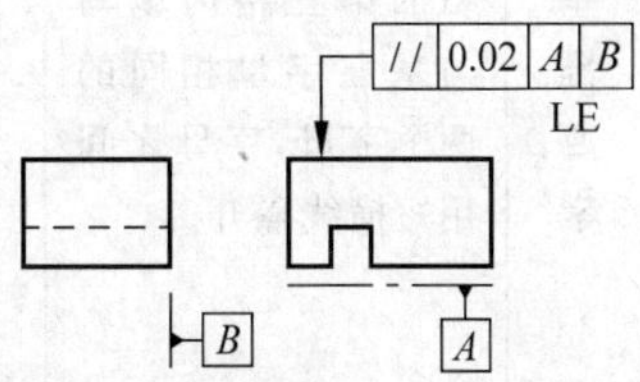

续表

标注方法	示　　例	说　　明
在用文字作附加说明时，属于被测要素数量的说明，应写在公差框格的上方；属于解释性的说明(包括对测量方法的要求等)应写在公差框格的下方	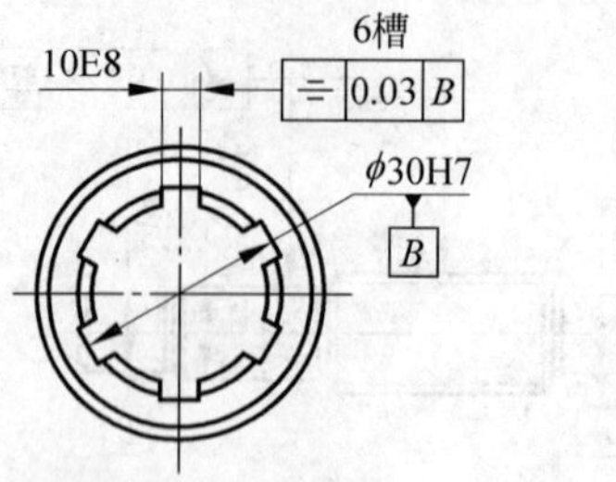	当一个以上要素作为被测要素时，如 6 个要素，应在框格上方标明“6×”或“6 槽”等

表 4.7　基准要素的标注方法

基准要素	标注方法	示　　例	说　　明
组成要素基准	当基准要素为轮廓线或表面时，基准符号应置于该要素轮廓线或其引出线标注，并应明显地与尺寸线错开	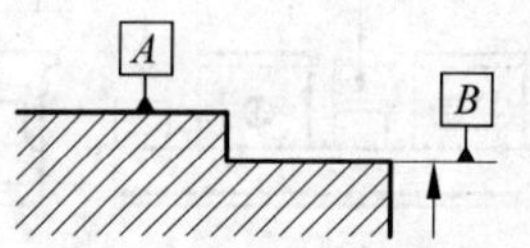	对于组成要素，基准应与尺寸线至少错开 4mm
导出要素基准	当基准要素是轴线或中心平面或由带尺寸要素确定的点时，基准符号的连线应与该要素的尺寸线对齐	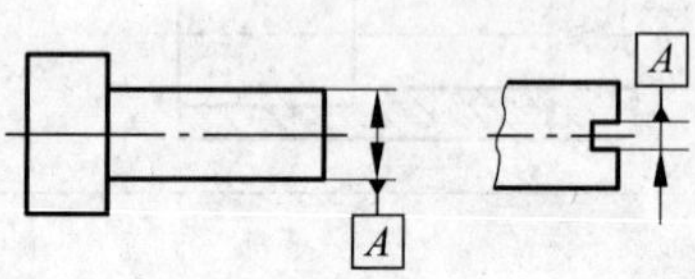	当基准符号与尺寸线的箭头重叠时，可代替尺寸线的箭头。 错误标注： 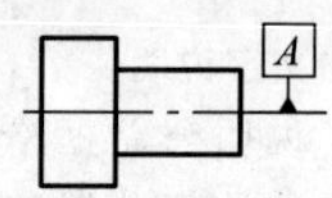
公共基准要素	由两个要素组成的公共基准，在公差框格的第三格内填写与基准字母相同的两个字母，字母之间用短横线隔开	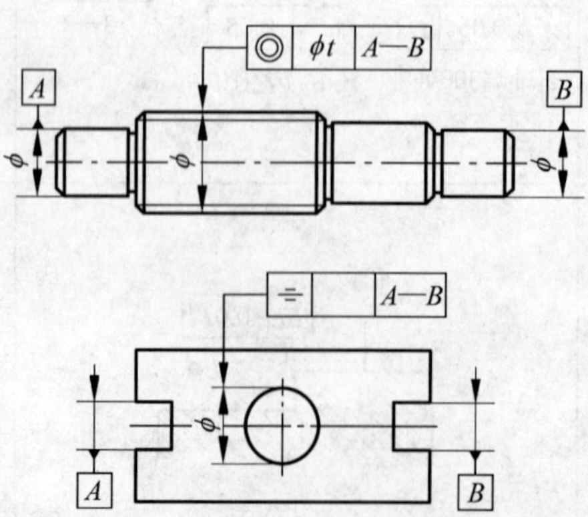	凡由两个或两个以上的要素构成一独立基准符号，都称为公共基准，例如公共轴线、公共平面、公共对称中心平面等。 公共基准无论由多少要素组合而成，都只能理解为一个基准

续表

基准要素	标注方法	示　　例	说　　明
中心孔基准	当基准要素为中心孔时，基准符号可标注在中心孔引出线的下方 当两端中心孔规格相同时，可采用上图的简化标注 当两端中心孔规格不同时，采用下图标注	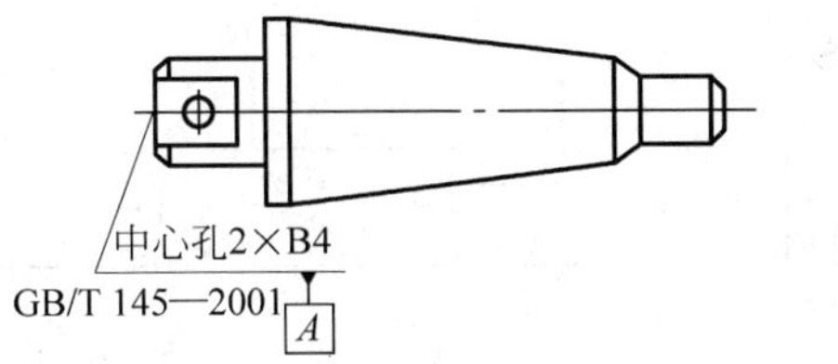 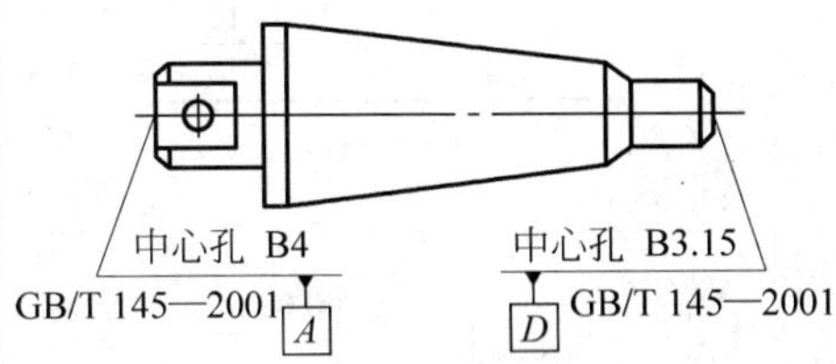	中心孔用代号标注时，则基准符号与中心孔代号一起标注
圆锥体轴线基准	当基准要素为圆锥体轴线时，基准符号的连线可与圆锥体的大端（或小端）直径尺寸线对齐	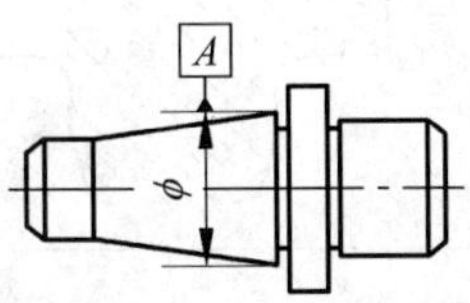	基准符号的连线必须与基准要素垂直
局部基准	如要求某要素的一部分作为基准，用粗点划线表示该局部基准，并加注尺寸	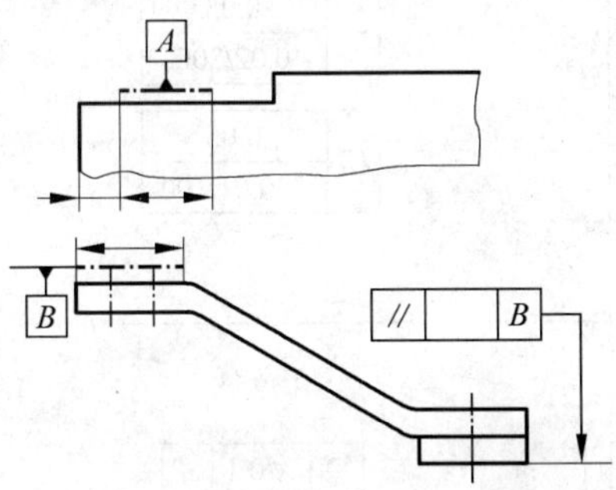	为了能确切反映基准实际情况，以要素的某一局部范围作基准

表 4.8　公差数值和有关符号的标注方法

标注方法		示　　例	说　　明
公差数值	如果图样上所标注的几何公差无附加说明，则被测范围是箭头所指的整个组成要素或导出要素	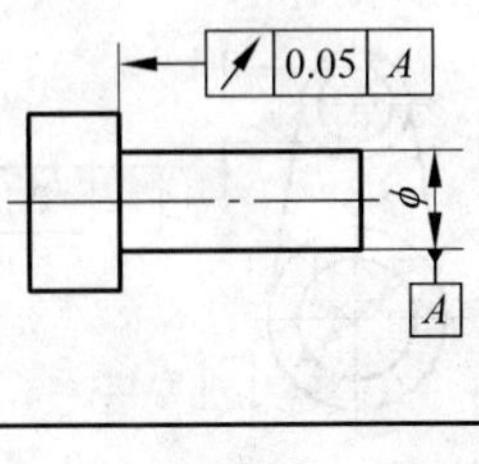	在公差框格内的公差值都是指公差带的宽度或直径，如果不加说明，是指被测表面的全部范围

续表

标注方法		示 例	说 明
公差数值	如公差框格仅控制被测要素的某给定位置时,可在框格下方附加文字说明	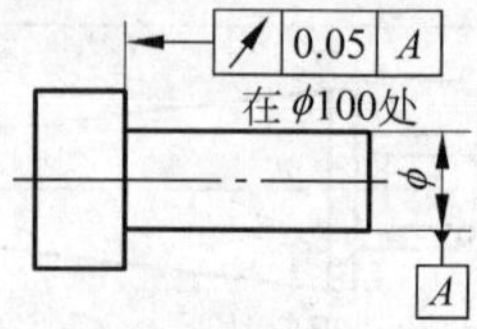	如果公差框格仅控制被测要素的某一部分或某一给定位置上的误差,则必须直接标注出其位置或用文字附加说明
	如需给出被测要素任一范围(面积)的公差值时,标注方法如示例所示	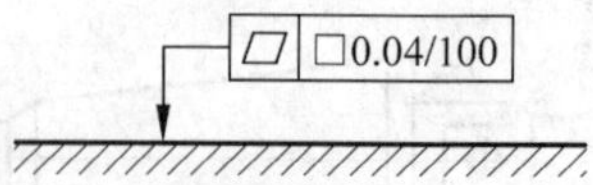	指定任意范围或任意长度:示例表示在整个表面内任意 100mm×100mm 的面积内,平面度误差不得大于 0.04mm
	如需给出被测要素任一范围(长度)的公差值时,标注方法如示例所示	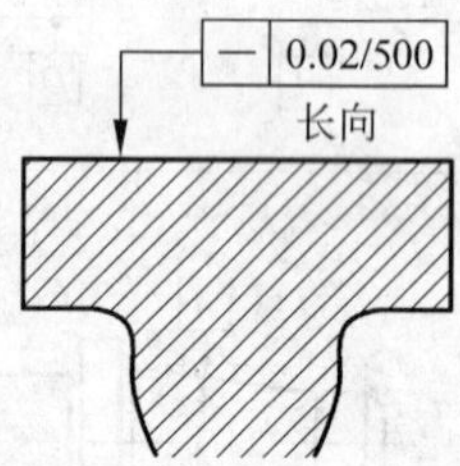	在整个被测表面长向上,任意 500mm 的长度内,直线度误差不得大于 0.02mm
	如对同一要素的公差值在全部被测要素内的任一部分有进一步的限制时,该限制部分(长度或面积)的公差值要求应放在公差值的后面,用斜线相隔	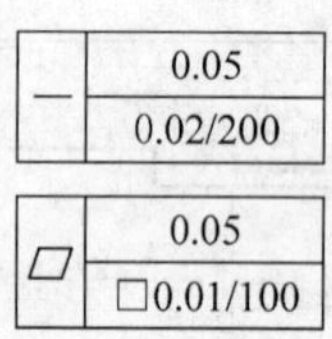	分子表示整个要素(或全长)的公差值,分母表示限制部分(长度或面积)的公差数值 这种限制要求可以直接放在表示全部被测要素公差要求的框格下面
公差带形状和附加要求的符号	当给定的公差带为圆或圆柱时,应在公差值前加注符号φ。 当给定的公差带为球时,应在公差值前加注符号 Sφ	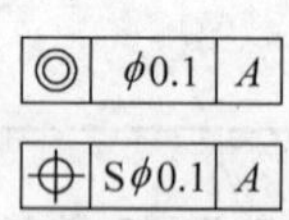	公差值仅表示公差带的宽度或直径,公差带的形状也是形位公差的重要内容
		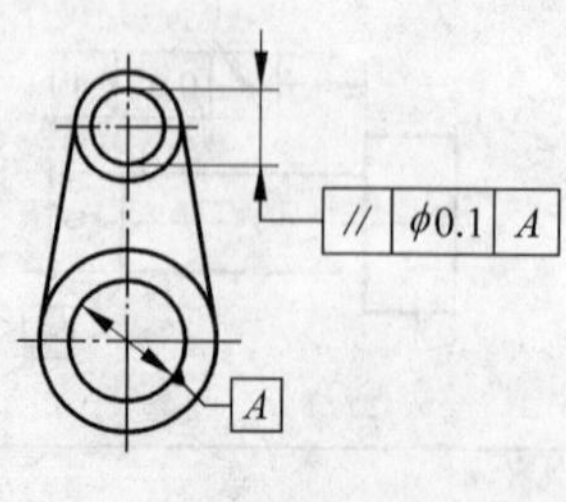	公差值前加 φ,其被测轴线必须位于直径为公差值 0.1mm,且平行于基准轴线 A 的圆柱面内

4.1.5　几何公差带的概念

1. 几何公差带

几何公差带指由一个或几个几何上理想的线或面所限定的,由线性公差值表示的区域。

2. 几何公差带的 4 要素

(1) 公差带的形状　由被测要素特征及设计要求确定,见表 4.9。公差带形状有 9 种,见图 4.2。

表 4.9　几何公差带的形状

<table>
<tr><th colspan="2">被测几何要素</th><th colspan="2">被测要素特征</th><th>设计的功能要求</th><th>几何公差带形状</th><th>图例
(图 4.2)</th></tr>
<tr><td colspan="2" rowspan="2">点</td><td colspan="2">给定平面上</td><td>位置要求</td><td>圆</td><td>图(a)</td></tr>
<tr><td colspan="2">空间上</td><td>位置要求</td><td>球</td><td>图(a)</td></tr>
<tr><td rowspan="5">线</td><td rowspan="3">直线</td><td colspan="2">给定平(截)面上</td><td>直线度要求</td><td>两平行直线</td><td>图(b)</td></tr>
<tr><td colspan="2" rowspan="2">空间上</td><td>一个方向上直线度要求</td><td>两平行平面</td><td>图(c)</td></tr>
<tr><td>任意方向上直线度要求</td><td>圆柱面</td><td>图(a)</td></tr>
<tr><td rowspan="2">曲线</td><td rowspan="2">给定平(截)面上</td><td>未封闭</td><td>线轮廓度要求</td><td>两等距曲线</td><td>图(b)</td></tr>
<tr><td>封闭</td><td>圆度要求</td><td>两同心圆</td><td>图(b)</td></tr>
<tr><td rowspan="3">面</td><td colspan="3">平　面</td><td>平面度要求</td><td>两平行平面</td><td>图(c)</td></tr>
<tr><td colspan="2" rowspan="2">曲　面</td><td>未封闭</td><td>面轮廓度要求</td><td>两等距曲面</td><td>图(c)</td></tr>
<tr><td>封闭</td><td>圆柱度要求</td><td>两同轴圆柱面</td><td>图(c)</td></tr>
</table>

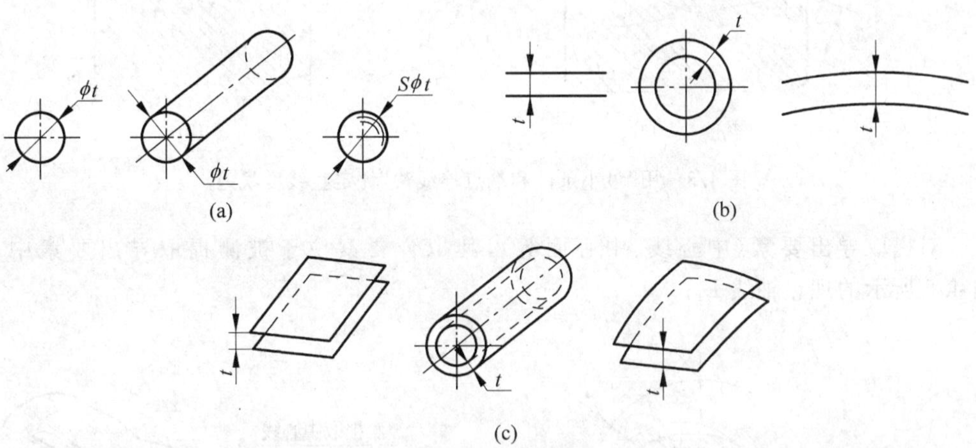

图 4.2　几何公差带的形状

(a) 圆及其衍生形状内的区域;(b) 平面内两等距线之间的区域;(c) 两等距面之间的空间区域

(2) 公差带的大小　公差带之间的间距、宽度或直径。它由所给定的几何公差值确定。

(3) 公差带的方向　公差带相对基准在方向上的要求,一般有公差带与基准平行、垂直和夹角为理论正确角度在 0°～90°(不包括 0° 和 90°)之间的要求。

(4) 公差带的位置　公差带相对基准在位置上的要求,它不仅有方向上的要求,而且有公差带的对称中心相对基准或理想位置的距离要求。

4.2　几何误差的评定与检测规定

为了实现零件的互换性要求,要求在零件加工之后,对零件的几何误差进行检测,所获得的几何误差值应小于或等于几何公差值。因此,涉及几何误差的评定与检测问题。

4.2.1　几何误差及其评定

几何误差包括形状误差、方向误差和位置误差。几何误差是指被测提取要素(包括提取组成要素和提取导出要素) 对其拟合要素的变动量。

1. 形状误差及其评定

1) 形状误差

形状误差是被测提取要素的形状对其拟合要素的变动量,而拟合要素的位置应符合 GB/T 1182 规定的最小条件。

对提取组成要素(线、面轮廓度除外),其拟合要素位于实体之外且与被测提取组成要素相接触,如图 4.3(a)所示的理想直线 $A_1—B_1$ 和图 4.4 所示的理想圆 c_1。

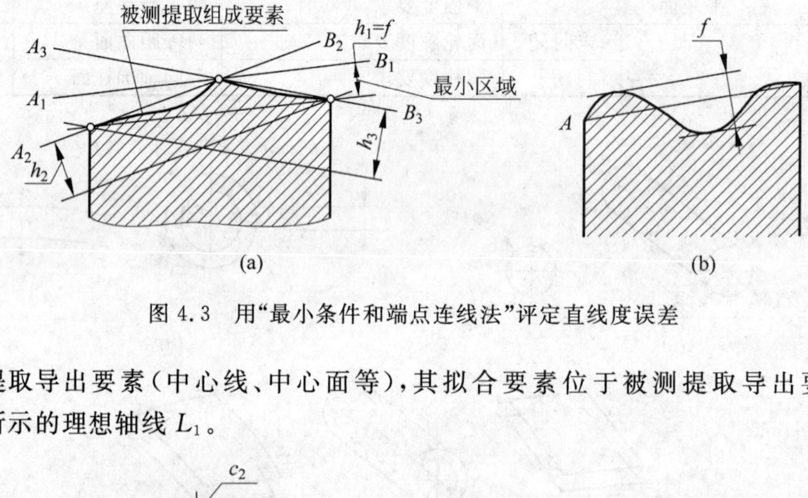

(a)　　(b)

图 4.3　用“最小条件和端点连线法”评定直线度误差

对提取导出要素(中心线、中心面等),其拟合要素位于被测提取导出要素中,如图 4.5 所示的理想轴线 L_1。

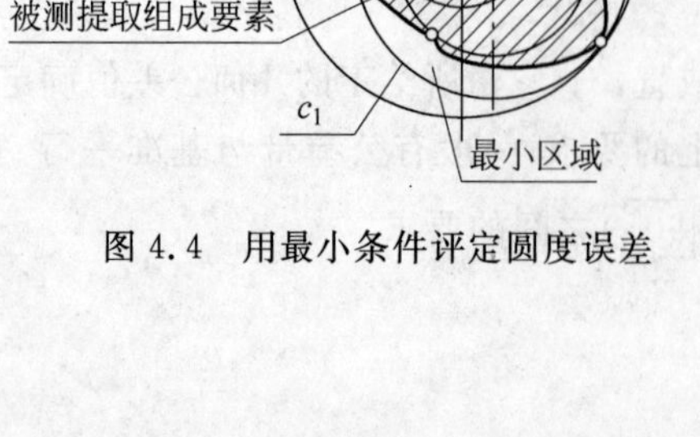

图 4.4　用最小条件评定圆度误差

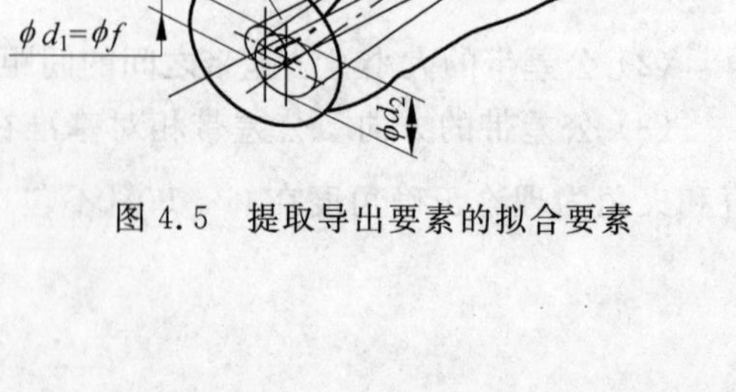

图 4.5　提取导出要素的拟合要素

2) 最小条件

所谓“最小条件”是指被测提取要素对其拟合要素的最大变动量为最小。

形状误差值用最小包容区域(简称最小区域)的宽度或直径表示。最小区域是指包容被测提取要素时，具有最小宽度 f 或直径 ϕf 的包容区域，如图 4.3～图 4.5 所示。

各形状误差项目最小区域的形状分别和各自的公差带形状一致，但宽度(或直径)由被测提取要素本身决定。

最小条件是评定形状误差的基本原则，与其他评定方法比较，按最小条件评定的形状误差最为理想。因为其数据是最小的，评定的结果是唯一的，符合国家标准规定的形状误差定义，且误差值最小，概念统一，对保证零件上被测要素的合格率有利。

但在很多情况下，寻找和判断符合最小条件的方位是很麻烦、很困难的。在实际应用中，在满足零件功能要求的前提下允许采用近似方法来评定形状误差。但在有争议的重要检测中，仍应用“最小条件”来进行仲裁性的形状误差评定。

如图 4.3(a)表示，在给定截面内评定直线度误差。可用若干组两条平行直线包容实际直线，其中包容区域最小的是 A_1B_1 和与之相平行的直线所包容的区域，它是最小包容区域。这个包容区域的间距 h_1' 为直线度误差为 f_{-}。也可采用端点连线法(如图 4.3(b)所示)或纵坐标度量法近似评定直线度误差。

图 4.4 表示为在一实际轴的某一正截面内，用若干组两同心圆包容被测实际圆，其中以 O_1 为圆心、半径差为 Δr_1 的两同心圆区域为最小，此半径差为按“最小条件”评定的圆度误差 f。

3) 形状误差最小区域判别法

(1) 直线度误差判别法

凡符合下列条件之一者，表示被测提取要素已被最小区域所包容。

① 在给定平面内，有两平行直线包容提取要素时，成高低相间三点接触，具有如图 4.6 中两种形式之一者。

② 在给定方向上，由两平行平面包容提取线时，沿主方向(长度方向)上成高、低相间三点接触(如图 4.7)(可按投影进行判别)。

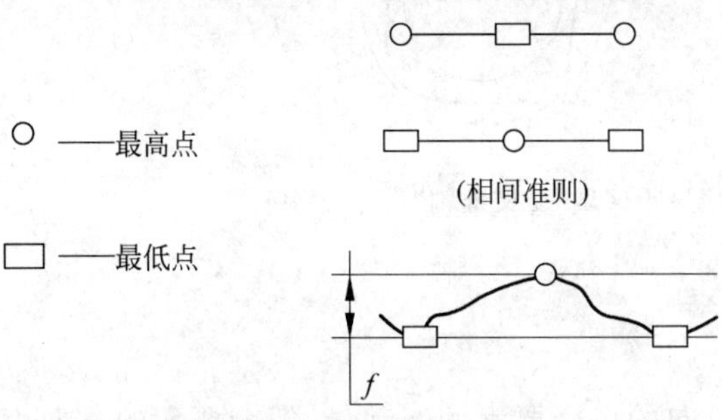

图 4.6　给定平面内直线度误差的最小区域

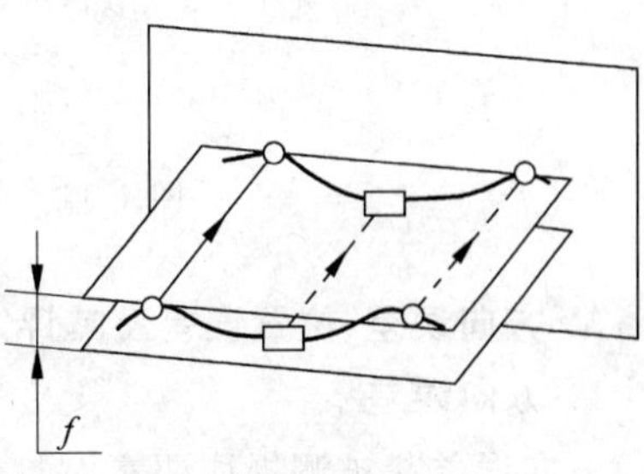

图 4.7　给定方向上直线度误差的最小区域

(2) 平面度误差判别法

由两平行平面包容提取表面时，至少有三点或四点与之接触，用下列形式之一判别平面度误差的最小区域：

① 三个高点与一个低点(或相反),如图 4.8 所示。

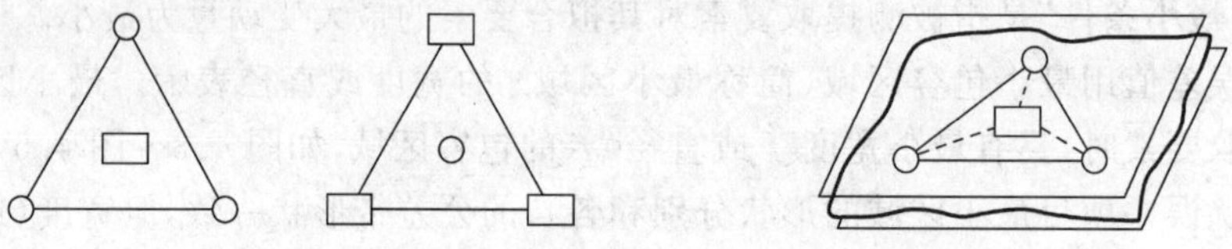

图 4.8 平面度误差的最小区域“三角形准则”

② 两个高点与两个低点,如图 4.9 所示。

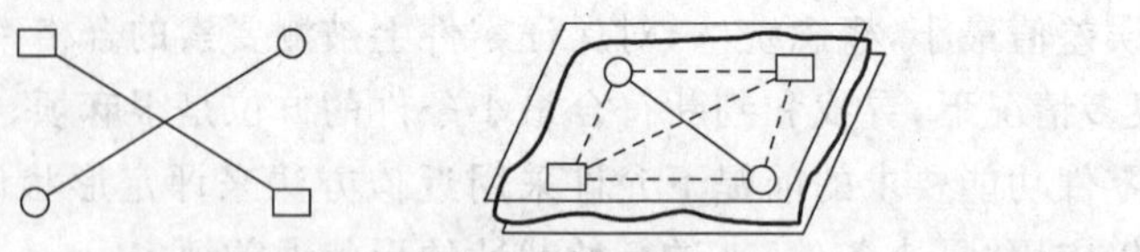

图 4.9 平面度误差的最小区域“交叉准则”

③ 两个高点与一个低点(或相反),如图 4.10 所示。

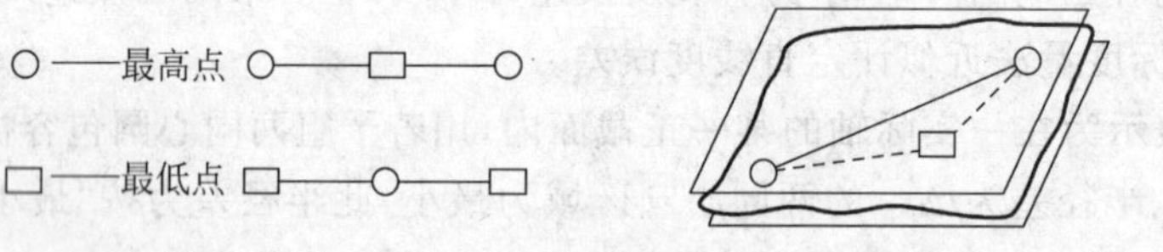

图 4.10 平面度误差的最小区域“直线准则”

(3) 圆度误差判别法

由两同心圆包容被测提取轮廓时,若至少有四个实测点内外相间的在两个圆周上,则判断为最小区域,如图 4.11 所示形式。

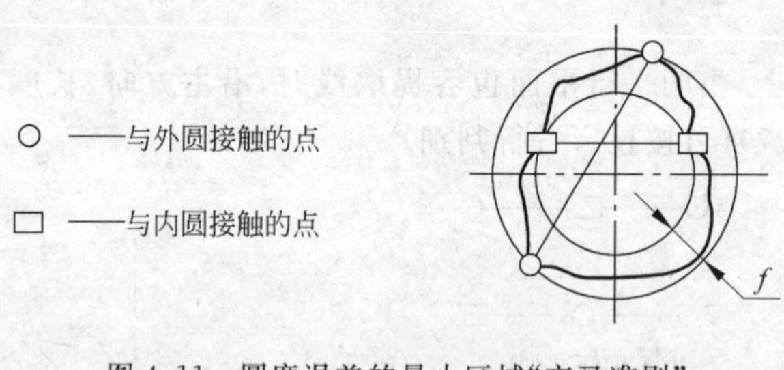

图 4.11 圆度误差的最小区域“交叉准则”

2. 方向误差、位置误差及其评定

1) 方向误差

方向误差是被测提取要素对具有确定方向的拟合要素的变动量,拟合要素的方向由基准确定。

方向误差用定向最小包容区域(简称定向最小区域)的宽度 f 或直径 ϕf 表示。

定向最小区域指按拟合要素的方向包容被测提取要素时,具有最小宽度 f 或直径 ϕf 的包容区域,如图 4.12 所示。

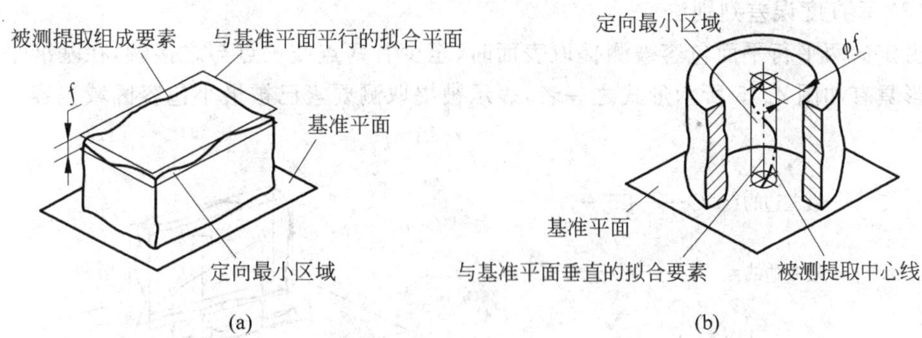

图 4.12　方向误差的定向最小区域

各方向误差项目定向最小区域的形状分别和各自的公差带形状一致，但宽度（或直径）由被测提取要素本身决定。

方向误差的最小包容区域判别法如下。

(1) 平行度误差判别法

凡符合下列条件之一者，表示被测提取要素已被最小区域所包容。

① 平面或直线对基准平面

由定向两平行平面包容被测提取要素时，至少有两个实测点与之接触：一个为最高点，一个为最低点，如图 4.13 所示形式。

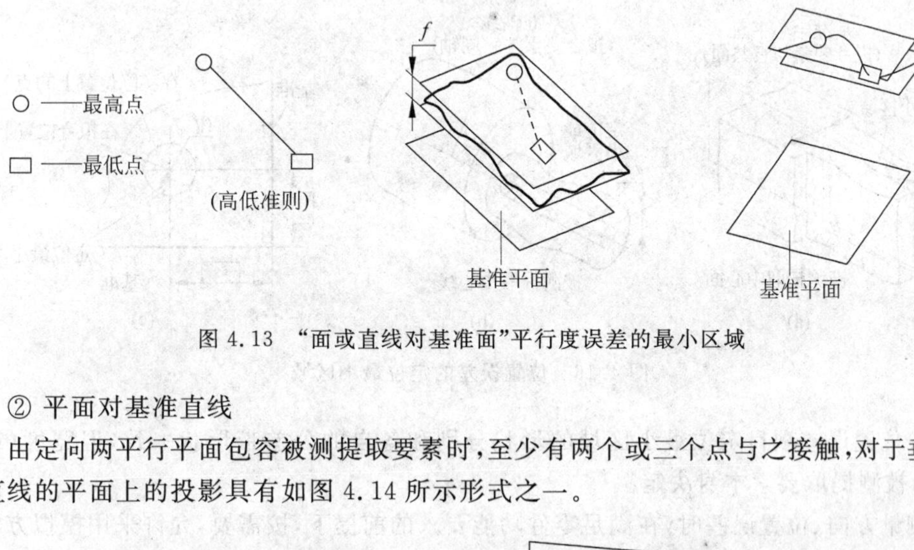

图 4.13　"面或直线对基准面"平行度误差的最小区域

② 平面对基准直线

由定向两平行平面包容被测提取要素时，至少有两个或三个点与之接触，对于垂直基准直线的平面上的投影具有如图 4.14 所示形式之一。

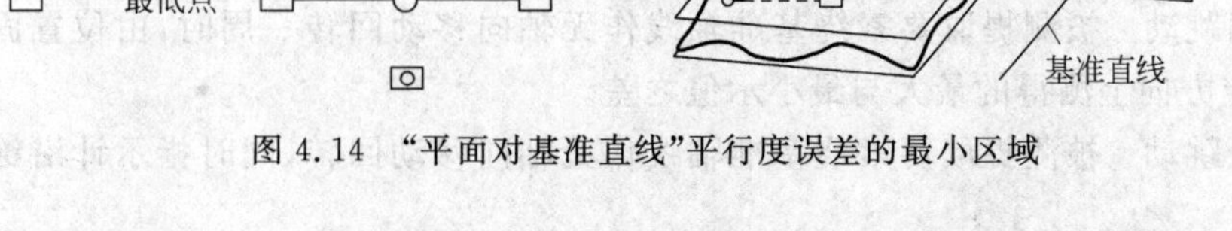

图 4.14　"平面对基准直线"平行度误差的最小区域

(2) 垂直度误差判别法

由定向两平行平面包容被测提取表面时，至少有两点或三点与之接触，在基准平面上的投影具有如图 4.15 所示形式之一者，表示被提取测要素已被最小包容区域包容。

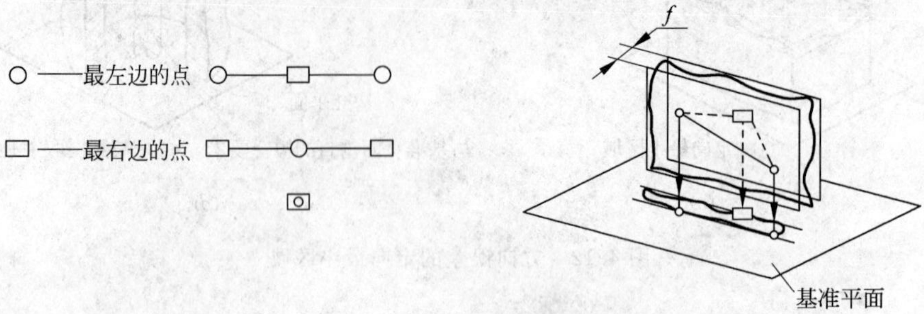

图 4.15　"平面对基准平面"垂直度误差的最小区域

2) 位置误差

位置误差是被测提取要素对一具有确定位置的拟合要素的变动量，拟合要素的位置由基准和理论正确尺寸确定。对于同轴度和对称度，理论正确尺寸为 0。

位置误差用定位最小包容区域(简称定位最小区域) 的宽度 f 或直径 ϕf 表示。

定位最小区域是指以拟合要素定位包容被测提取要素时，具有最小宽度 f 或直径 ϕf 的包容区域，如图 4.16 所示。

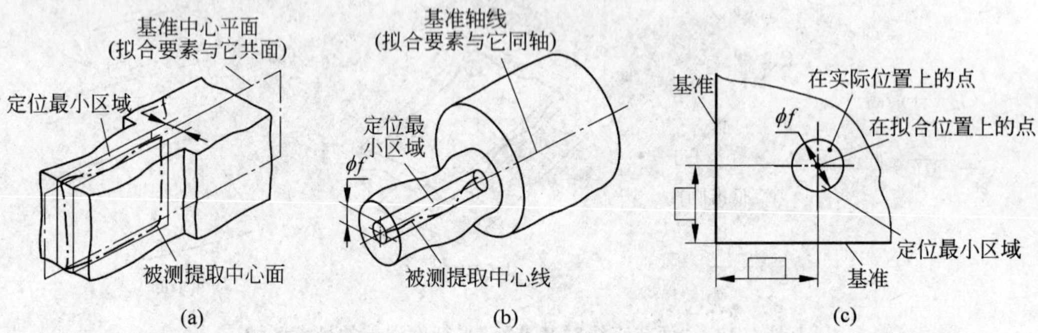

图 4.16　位置误差的定位最小区域

各位置误差项目定位最小区域的形状分别和各自的公差带形状一致，但宽度(或直径) 由被测提取要素本身决定。

测量方向、位置误差时，在满足零件功能要求的前提下，按需要，允许采用模拟方法体现被测提取要素，如图 4.17(a)，(b) 所示。当用模拟方法体现被测提取要素进行测量时，在实测范围内和所要求的范围内，两者之间的误差值可按正比关系折算。

3. 跳动

(1) 圆跳动　被测提取要素绕基准轴线作无轴向移动回转一周时，由位置固定的指示计在给定方向上测得的最大与最小示值之差。

(2) 全跳动　被测提取要素绕基准轴线作无轴向移动回转，同时指示计沿给定方向

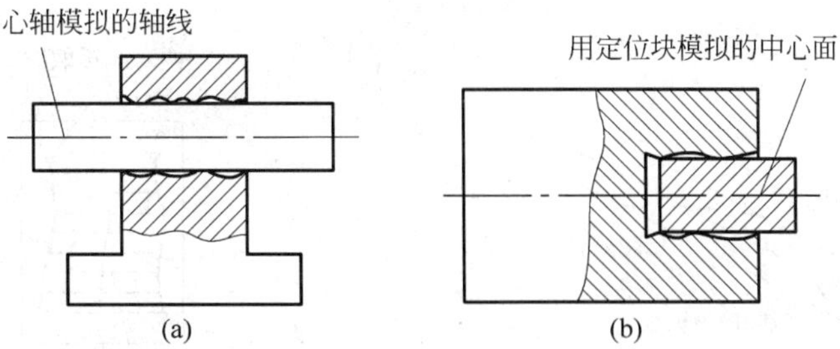

图 4.17　采用模拟方法体现提取要素

的理想直线连续移动(或被测提取要素每回转一周,指示计沿给定方向的理想直线作间断移动),由指示计在给定方向上测得的最大与最小示值之差。

4.2.2　基准的建立和体现

1. 基准的建立

由于基准实际要素本身也存在形状误差,故在按基准实际要素建立基准时,应以该基准实际要素的拟合要素为基准,而此拟合要素的位置应符合最小条件。

1) 基准点

由提取导出球心或提取导出圆心建立基准点时,该提取导出球心(圆心) 即为基准点。

提取导出球(圆) 心为该提取球(圆) 的拟合球面(圆) 的球(圆) 心,即提取导出球(圆) 心与其拟合球(圆) 心重合。

2) 基准直线

由提取线或其投影建立基准直线时,基准直线为该提取线的拟合直线,如图 4.18 所示。

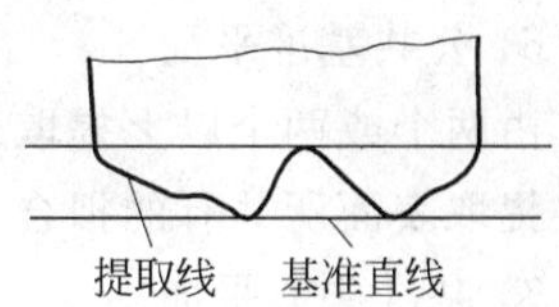

图 4.18　提取线和基准直线

3) 基准轴线、基准中心线

由提取导出中心线建立基准轴线(中心线)时,基准轴线(中心线)为该提取导出中心线的拟合轴线(中心线),如图 4.19(a)所示。

提取中心线为提取回转体各横截面提取轮廓中心的轨迹,各横截面垂直于由提取表面得到的拟合回转体的轴线,如图 4.19(c)所示。提取轮廓的中心指该轮廓的拟合圆的圆心。

提取导出中心线为在给定平面内从两对应提取线上测得的各对应点连线中点所连成的线,所有对应点连线均垂直于拟合中心线,拟合中心线是由两对应提取线得到的两拟合平行直线的中心线,见图 4.19(b)或两提取中心面的交线,见图 4.19(d)。

4) 公共基准轴线

由两条或两条以上提取中心线(组合基准要素) 建立公共基准轴线时,公共基准轴线为这些提取中心线所共有的拟合轴线,如图 4.20 所示。

5) 基准平面

由提取表面建立基准平面时,基准平面为该提取表面的拟合平面。

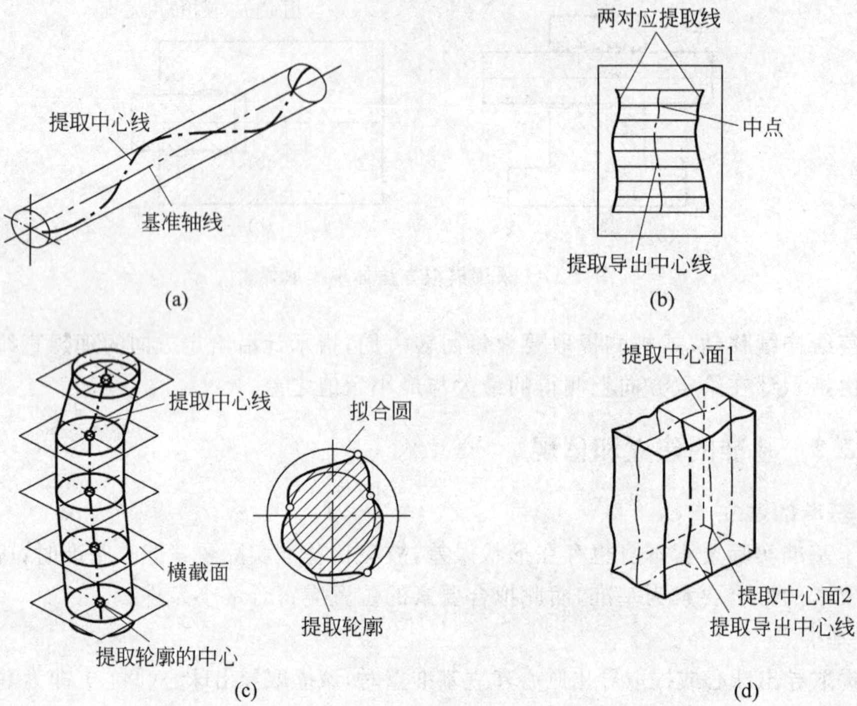

图 4.19　基准轴线、基准中心线

6）公共基准平面

由两个或两个以上提取表面(组合基准要素）建立公共基准平面时,公共基准平面为这些提取表面所共有的拟合平面。

7）基准中心平面

由提取中心面建立基准中心平面时,基准中心平面为该提取中心面的拟合平面,如图 4.21(a)所示。提取中心面为从两对应提取表面上测得的各对应点连线中点所构成的面,如图 4.21(b)所示。所有对应点的连线均垂直于拟合中心平面；拟合中心平面是由两对应提取表面得到的两拟合平行平面的中心平面。

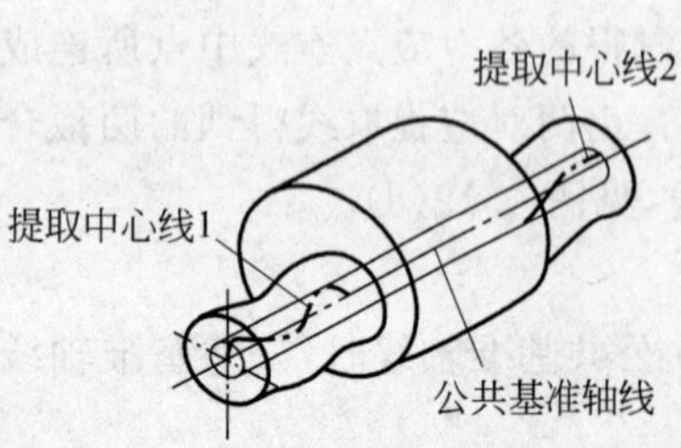

图 4.20　公共基准轴线

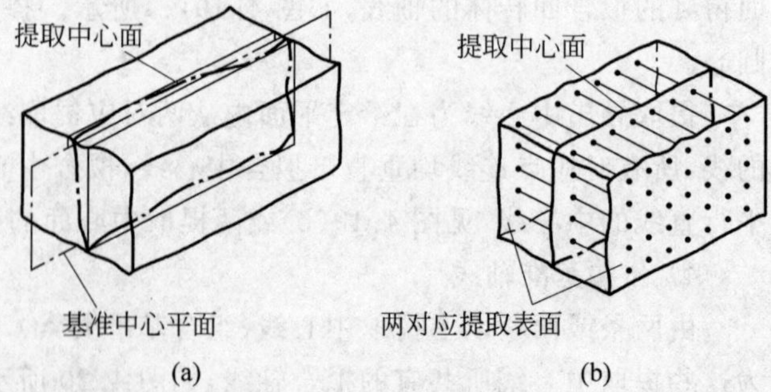

图 4.21　基准中心平面

8）公共基准中心平面

由两个或两个以上提取中心面（组合基准要素）建立公共基准中心平面时，公共基准中心平面为这些提取中心面所共有的拟合平面，如图 4.22 所示。

2. 三基面体系的建立

1）三基面体系

三基面体系是由三个互相垂直的平面组成。这三个平面按功能要求分别称为第一、第二、第三基准平面。可通过以下方式建立三基面体系。

（1）由提取表面建立基准体系（如图 4.23 所示）。第一基准平面由第一基准提取表面建立，为该提取表面的拟合平面。第二基准平面由第二基准提取表面建立，为该提取表面垂直于第一基准平面的拟合平面。第三基准平面由第三基准提取表面建立，为该提取表面垂直于第一和第二基准平面的拟合平面。

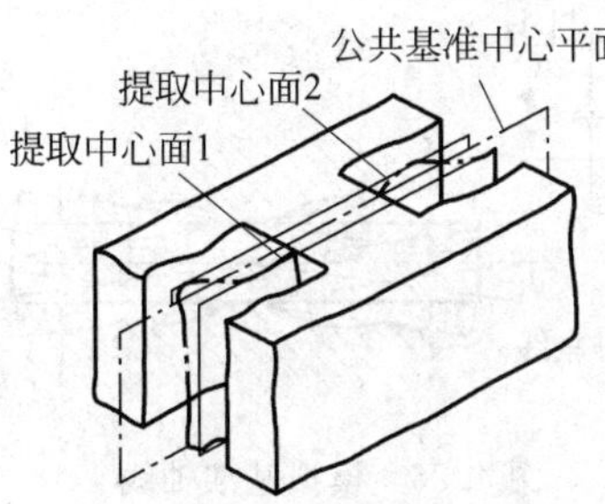

图 4.22　公共基准中心平面

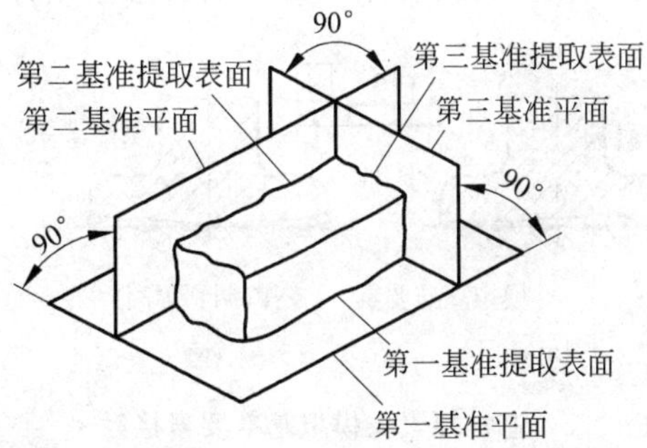

图 4.23　三基面体系

（2）由提取中心线建立基准体系。由提取中心线建立的基准轴线构成两基准平面的交线。当基准轴线为第一基准时，则该轴线构成第一和第二基准平面的交线，如图 4.24(a) 所示。当基准轴线为第二基准时，则该轴线垂直于第一基准平面构成第二和第三基准平面的交线，如图 4.24(b)所示。

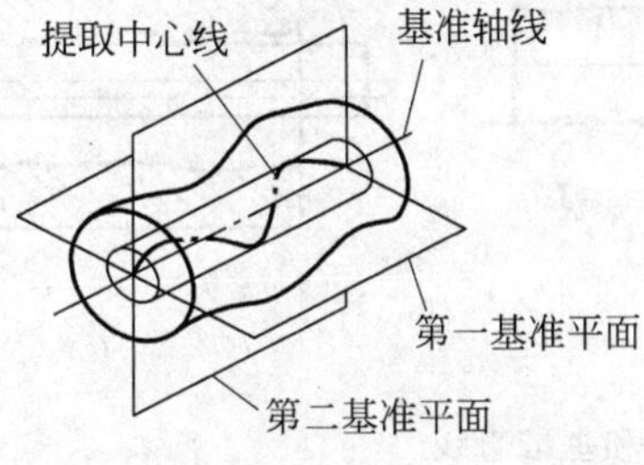

(a)

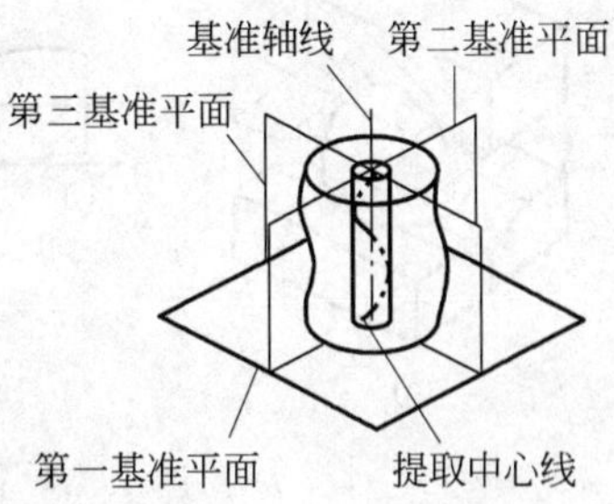

(b)

图 4.24　由提取中心线建立基准体系

（3）由提取中心面建立基准体系时，该提取中心面的拟合平面构成某一基准平面。

2）建立基准的基本原则

建立基准的基本原则为基准符合最小条件。测量时，基准和三基面体系也可采用近似方法来体现。

3）基准体现方法

(1) 模拟法

通常采用具有足够精确形状的表面来体现基准平面、基准轴线、基准点等。

基准要素与模拟基准要素接触时，可能形成“稳定接触”，也可能形成“非稳定接触”。

稳定接触：基准要素与模拟基准要素接触之间自然形成符合最小条件的相对位置关系，如图 4.25(a)所示。

非稳定接触：可能有多种位置状态。测量时应作调整，使基准要素与模拟基准要素之间尽可能达到符合最小条件的相对位置关系，如图 4.25(b) 和图 4.26 所示。当基准要素的形状误差对测量结果的影响可忽略不计时，可不考虑非稳定接触的影响。

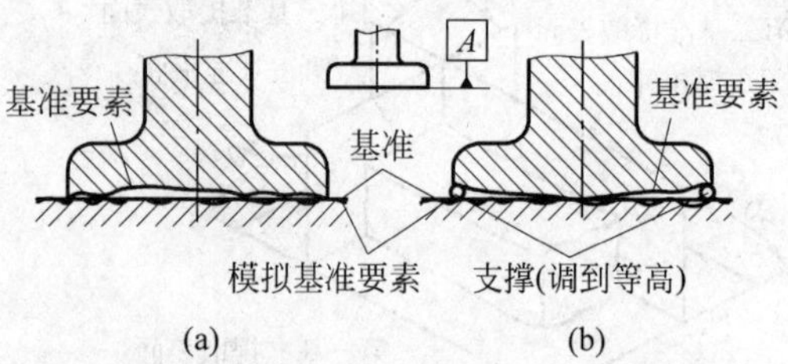

图 4.25 基准要素与模拟基准要素接触

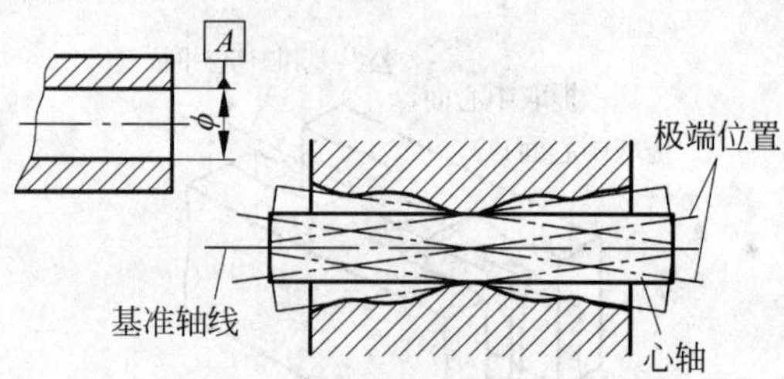

图 4.26 模拟基准轴线

用模拟法体现基准的部分示例。

模拟基准点：见图 4.27(a)，用两个 V 形块与提取球面形成四点接触时体现的中心。

模拟基准素线(圆柱面在轴向截面的素线)：见图 4.27(b)，与基准要素接触的平板或平台工作面；或与孔接触处圆柱形心轴的素线，见图 4.27(c)。

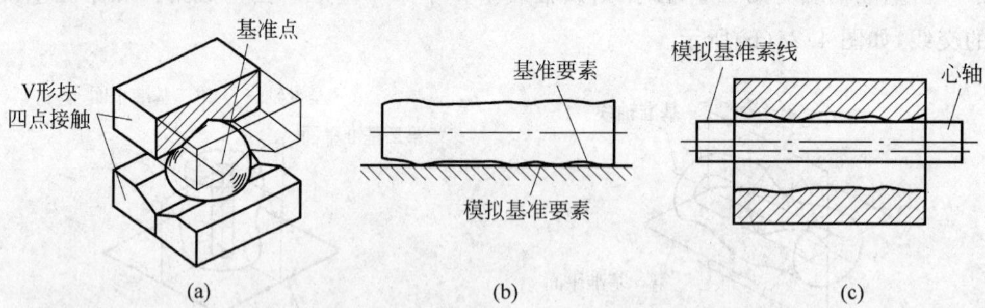

图 4.27 模拟基准点和基准直线

模拟基准轴线：可胀式或与孔成无间隙配合的圆柱形心轴的轴线，见图 4.28(a)。可胀式或与孔成无间隙配合的定位套筒的轴线，见图 4.28(b)。由 V 形块体现的轴线，见图 4.29(a)；由具有给定位置关系的 V 形架体现的轴线，见图 4.29(b)，(c)。

模拟公共基准轴线：由 V 形架体现的轴线，见图 4.30(a)；可胀式同轴定位套筒的轴线，见图 4.30(b)。

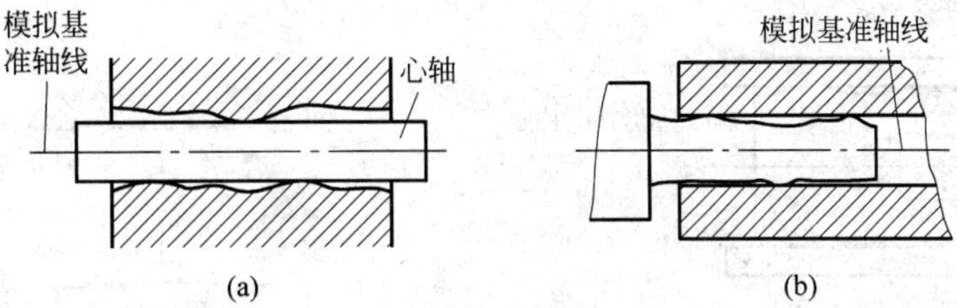

图 4.28　模拟基准轴线(一)

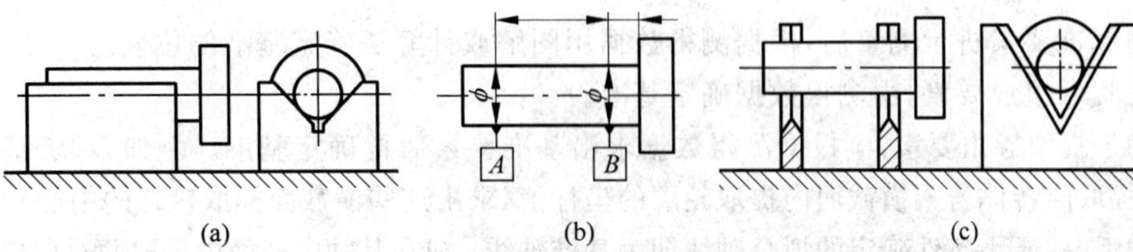

图 4.29　模拟基准轴线(二)

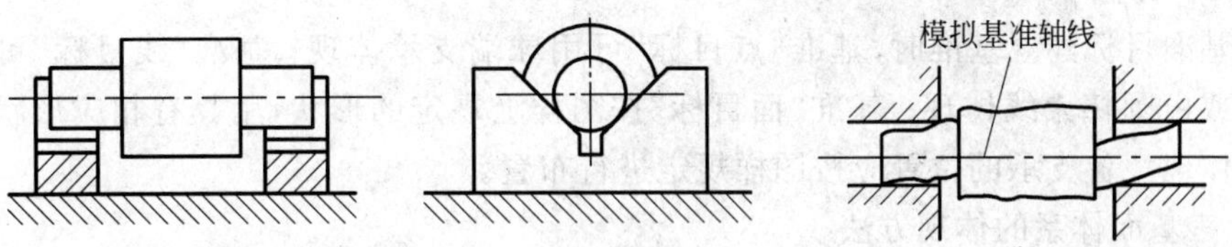

图 4.30　模拟公共基准轴线(一)

模拟给定位置的公共基准轴线：由同轴两顶尖体现的轴线，见图 4.31。

模拟基准平面：与基准提取表面接触的平板或平台工作面，见图 4.32。

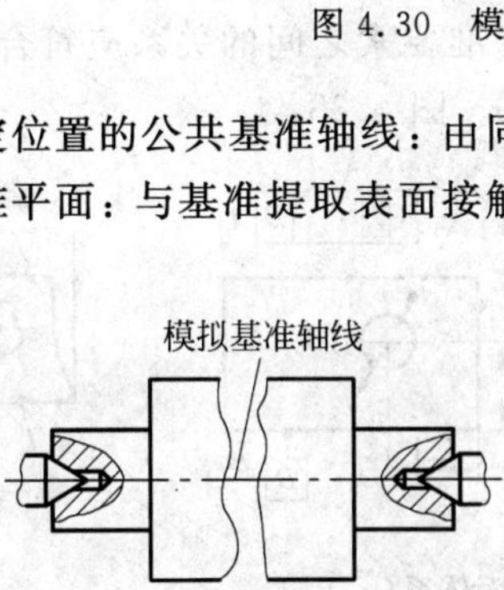

图 4.31　模拟公共基准轴线(二)

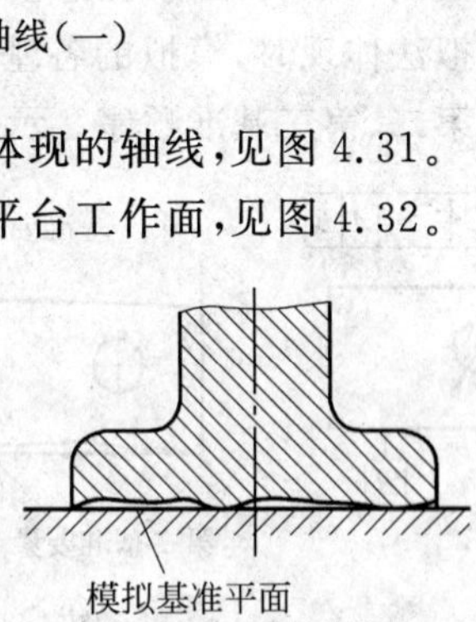

图 4.32　模拟基准平面

模拟基准中心平面：与提取轮廓成无间隙配合的平行平面定位块的中心平面，见图 4.33。与提取轮廓接触的两平行平板工作面体现的中心平面，见图 4.34。

(2) 直接法

当基准要素具有足够的形状精度时，可直接作为基准，如图 4.35 所示。

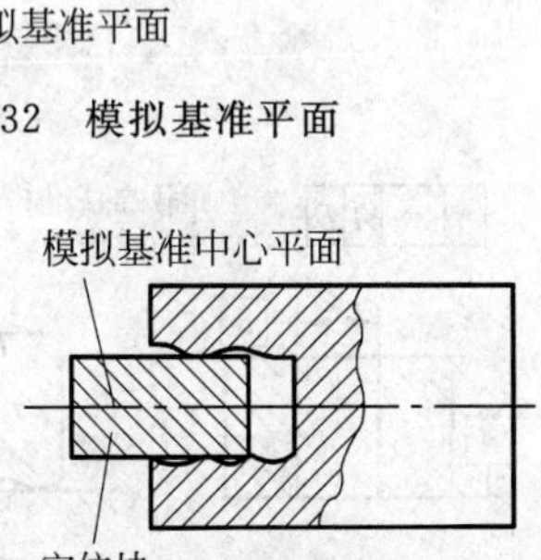

图 4.33　模拟基准中心平面(一)

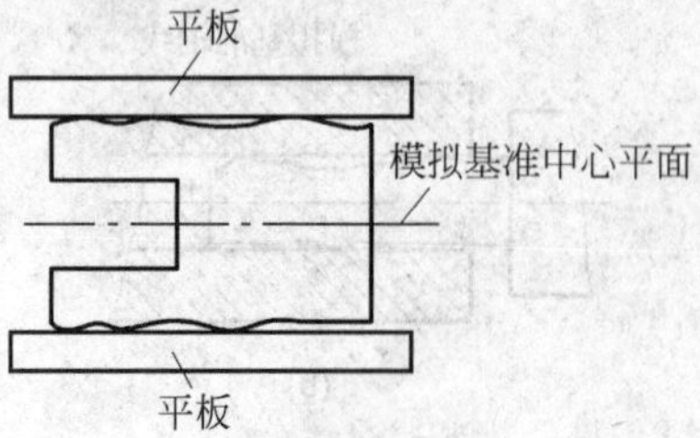

图 4.34 模拟基准中心平面(二)

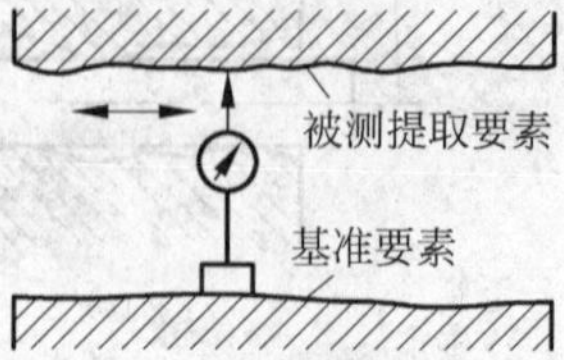

图 4.35 直接法体现基准要素

(3) 分析法

对基准要素进行测量后，根据测得数据用图解或计算法确定基准的位置。

对提取组成要素，由测得数据确定基准。

对于提取导出要素，应根据测得数据求出基准要素后再确定基准。例如，对于基准轴线，在提取回转体若干横截面内提取轮廓的坐标值，求出这些横截面提取轮廓的中心和提取中心线后，按最小条件确定的拟合轴线即为基准轴线；或在其轴向截面内提取两对应提取线的各对应坐标值的平均值，以求得提取中心线，再按最小条件确定的拟合轴线即为基准轴线。

(4) 目标法

由基准目标建立基准时，基准"点目标"可用球端支承体现；基准"线目标"可用刃口状支承或由圆棒素线体现；基准"面目标"按图样上规定的形状，用具有相应形状的平面支承来体现。各支承的位置应按图样规定进行布置。

4) 三基面体系的体现方法

体现三基面体系时，必须注意基准的顺序。

采用模拟法体现时，模拟的各基准平面与基准要素之间的关系应符合"保证功能要求"的第一、第二、第三基准顺序。示例见图 4.36～图 4.38。

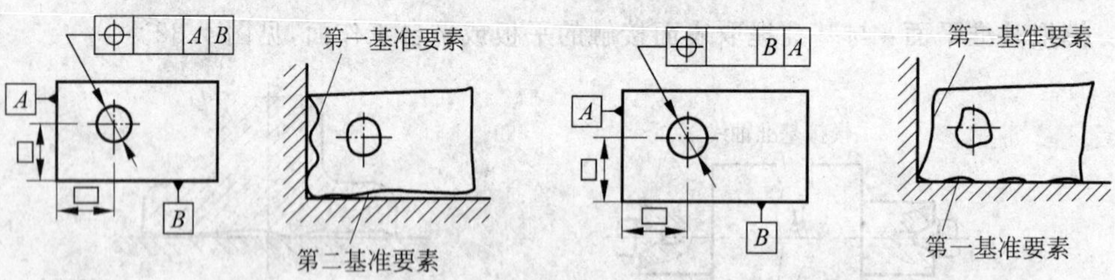

图 4.36 体现三基面体系(一)

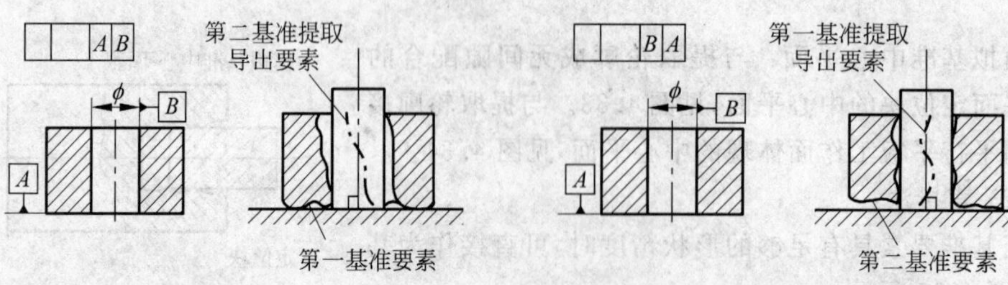

图 4.37 体现三基面体系(二)

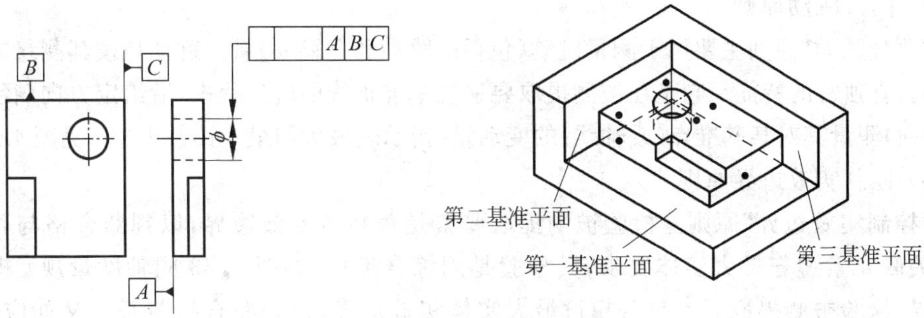

图 4.38　工件定位在三基面体系中

在满足零件功能要求的前提下，当第一、第二基准平面与基准要素间为非稳定接触时，允许其自然接触。

4.2.3　几何误差检测原则及检测方案

1. 几何误差检测原则

1）与拟合要素比较原则

与拟合要素比较原则是将被测提取要素与其拟合要素相比较，量值由直接法（见图 4.39）或间接法获得（见图 4.40）。

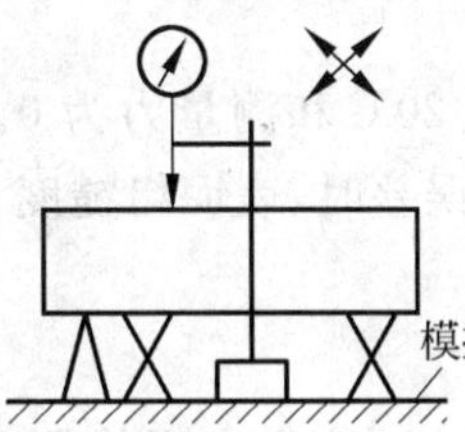

图 4.39　量值由直接法获得

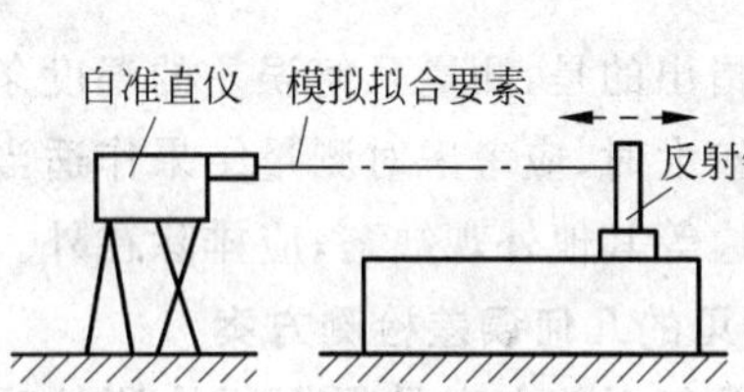

图 4.40　量值由间接法获得

拟合要素多用模拟法获得，如用刀口尺的刃口（见图 4.44(b)）或光束模拟拟合直线（见图 4.40），用精密平板模拟拟合平面，用精密回转轴系和偏心安置的测头模拟拟合圆等。这一原则在生产中应用极为广泛。

2）测量坐标值原则

"测量坐标值"原则是利用坐标测量仪器如工具显微镜、坐标测量机等，测量被测提取要素的坐标值（如直角坐标值、极坐标值、圆柱面坐标值），并经过数据处理获得几何误差值。如测量直角坐标值（见图 4.41）。

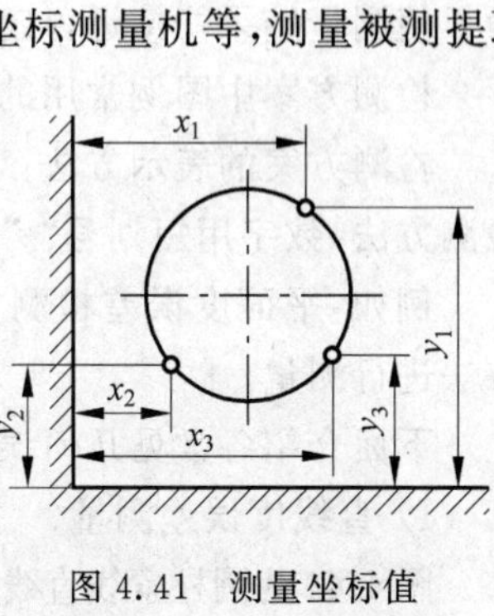

图 4.41　测量坐标值

3）测量特征参数原则

"测量特征参数"原则是测量被测提取要素上具有代表性的参数（即特征参数）来表示几何误差值。测量特征参数的典型例子是用两点法、三点法测量圆度误差（见图 4.42）。

4) 测量跳动原则

“测量跳动”原则主要用于测量跳动(包括圆跳动和全跳动)量。跳动是按其测量方式来定义的,有独特的特征。它是在被测提取要素绕基准轴线回转过程中,沿给定方向(径向、端面、斜向)测量其对某基准点(或轴线)的变动量(指示表最大与最小读数之差),见图4.62等。

5) 控制实效边界原则

“控制实效边界”原则是检验被测提取要素是否超越实效边界,以判断合格与否。如被测关联要素遵守最大实体要求,其检验是用综合量规(如图4.43同轴度量规)模拟实效边界,检验被测提取要素是否超过最大实体实效边界,以判断合格与否。又如应用“包容要求”,其被测提取轮廓要素的检验也是采用控制边界的检验方式,不同的是:所控制的边界是最大实体边界。

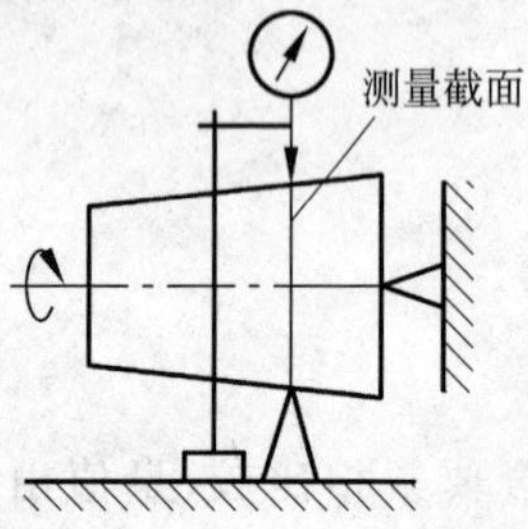

图4.42　测量特征参数

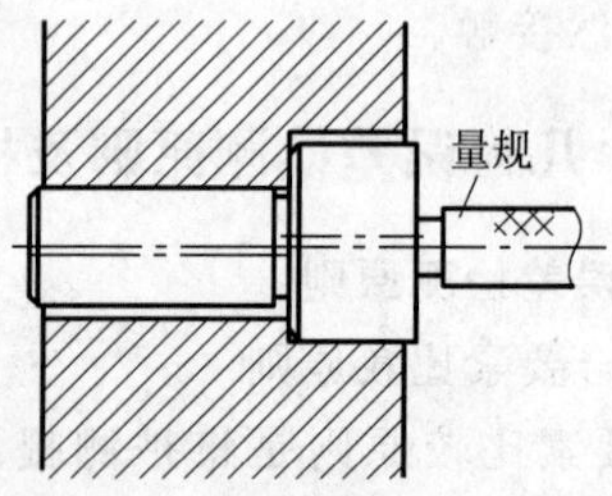

图4.43　同轴度量规控制实效边界

必须指出的是,测量几何误差的温度条件是标准温度为20℃和测量力为0。当环境条件偏离较大时,应考虑对测量结果作适当修正。测量几何误差时,表面粗糙度、划痕、擦伤以及塌边等其他外观缺陷,应排除在外。

2. 常见的几何误差检测方案

检测几何误差方案是根据所检测的项目及其公差带的特点,为实现检测目的而拟定的。

几何误差的检测方法是指应用有关测量设备,在一定条件下对于检测原则的实际运用。各种检测方法采用图例或附加一些必要的说明来表示。

在各检测方案的说明中,要求在检测前对有关要素“调直”、“调平”、“调同轴”等都是指“大致的定性”。对直线由最远两点调直,对平面由最远三点调平或对角线调平,目的是为了使测量结果能接近评定条件或者便于简化数据处理。

检测方案中图例常用的符号及其说明见表4.10。

检测方案的表示方法:用代号表示,由两个数字组成,前者表示检测原则,后者表示检测方法,数字用短划号“-”隔开。每一检测方案都对应一固定的代号,不可随意更改。

例如,平面度误差检测方案1-4,表示平面度误差是按第一种检测原则、第四种检测方法进行测量。

下面介绍各常见几何误差项目检测方案。

1) 直线度误差测量

图4.44为圆柱素线直线度误差测量,使用的计量器具:平尺(或刀口尺)、厚薄规(塞尺)。

表 4.10　检测方案中常用符号及其说明

序号	符　号	说　明	序号	符　号	说　明
1		平板、平台（或测量平面）	7		连续转动（不超过 1 周）
2		固定支承	8		间断转动（不超过 1 周）
3	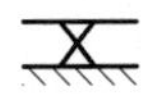	可调支承	9		旋转
4		连续直线移动	10		指示计
5		间断直线移动	11	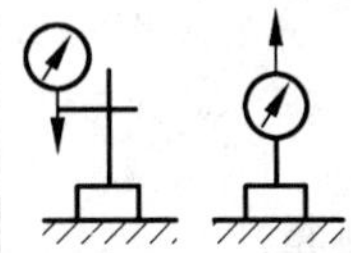	带有指示计的测量架（可根据测量设备的用途，将测量架的符号画成其他式样）
6		沿几个方向直线移动			

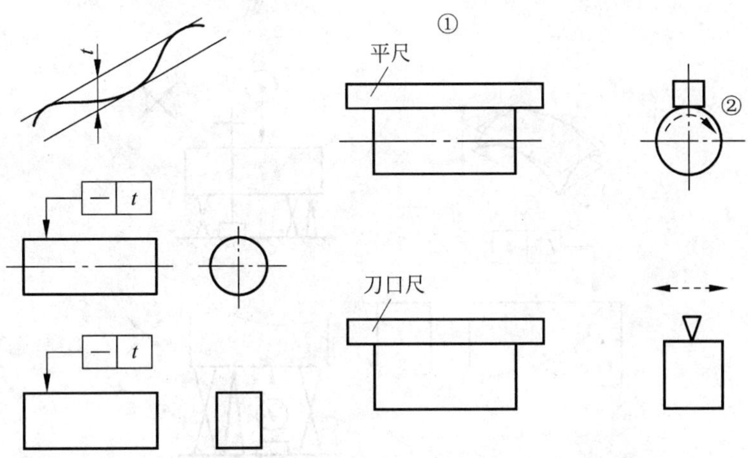

(a)　　(b)

图 4.44　圆柱素线直线度误差测量

(a) 公差带与应用示例；(b) 检测方案(代号 1-1)

① 将平尺(或刀口尺) 与被测素线直接接触，并使两者之间的最大间隙为最小，此时的最大间隙即为该条被测素线的直线度误差，误差大小应根据光隙测定。当光隙较小时，可按标准光隙来估读；当光隙较大时，则可用厚薄规(塞尺) 测量。

② 按上述方法测量若干条素线，取其中最大的误差值作为该被测零件的直线度误差。

图 4.45 为圆柱轴线的直线度误差测量，使用的计量器具：平板、顶尖、带指示表的测量架，将被测零件安装在平行于平板的两顶尖之间。

① 沿铅垂轴截面的两条素线测量，同时分别记录两指示计在各自测点的读数 M_a，M_b，取各读数差之半(即$(M_a-M_b)/2$)中的最大差值作为该截面轴线的直线度误差。

② 按上述方法测量若干个截面，取其中最大的误差值作为该被测零件轴线的直线度误差。

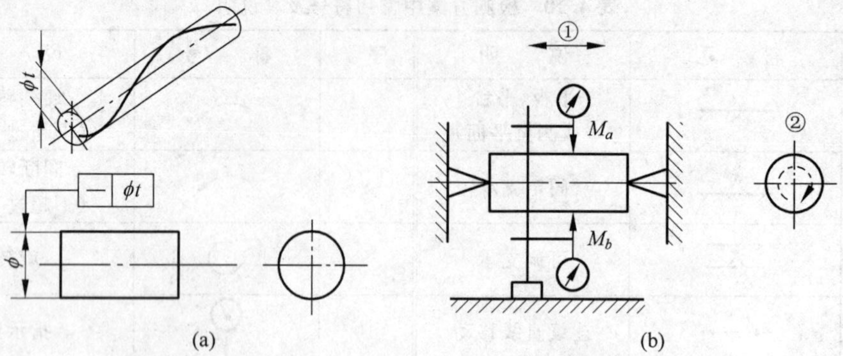

图 4.45　圆柱轴线直线度误差测量
(a) 公差带与应用示例；(b) 检测方案(代号 3-2)

2) 平面度误差测量

平面度误差测量见图 4.46,使用的计量器具：平板、带指示计的测量架、固定和可调支承。

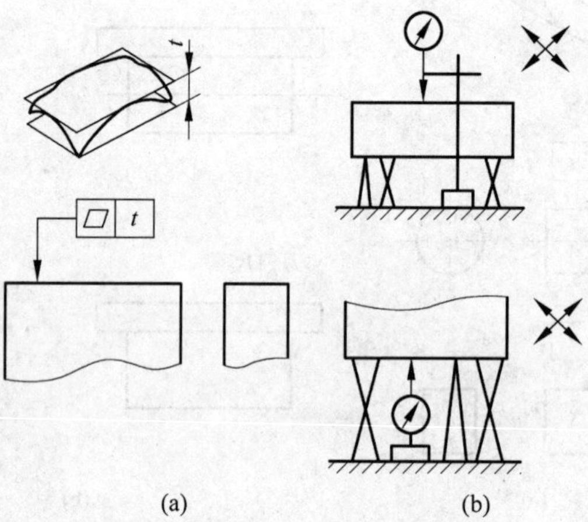

图 4.46　用指示表测量平面度误差
(a) 公差带与应用示例；(b) 检测方案(代号 1-1)

① 将被测零件支承在平板上,调整被测表面最远三点,使其与平板等高。

② 按一定的布点测量被测表面,同时记录示值。

一般可用指示计最大与最小示值的差值近似地作为平面度误差。必要时,可根据记录的示值用计算法(或图解法)按最小条件计算平面度误差。

图 4.47 为用水平仪测量平面度误差,使用的计量器具：平板、水平仪、桥板、固定和可调支承。

① 将被测表面调水平。用水平仪按一定的布点和方向逐点地测量被测表面,同时记录示值,并换算成线值。

② 根据各线值用计算法(或图解法) 按最小条件(也可按对角线法) 计算平面度误差。

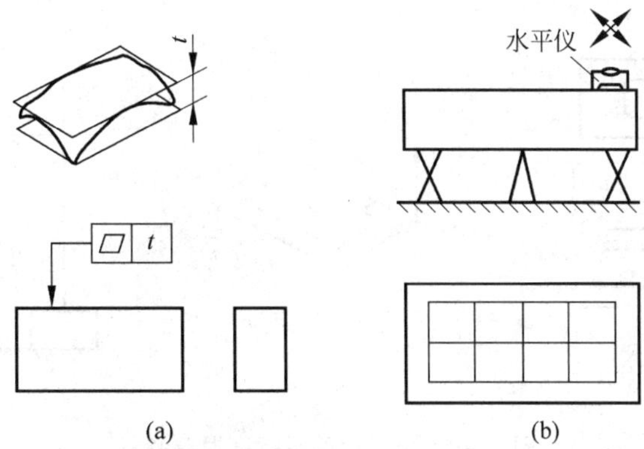

图 4.47　用水平仪测量平面度误差

(a) 公差带与应用示例；(b) 检测方案(代号 1-5)

3) 圆度误差测量

图 4.48 为圆度误差测量，使用的计量器具：指示计、鞍式 V 形座(图中 α 为 V 形座定位面夹角)。

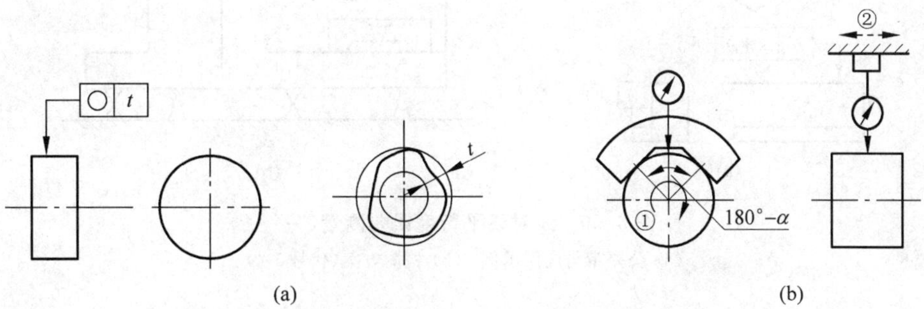

图 4.48　圆度误差测量

(a) 公差带与应用示例；(b) 检测方案(代号 3-2)

将被测零件放在鞍式 V 形座中，使其轴线垂直于测量截面，同时固定轴向位置。

① 在被测零件回转一周过程中，指示计示值的最大差值与反映系数 K 之商作为单个截面的圆度误差。

② 按上述方法测量若干个截面，取其中最大的误差值作为该零件的圆度误差。

此方法适用于测量内外表面的奇数棱形状误差。使用时，可转动被测零件或转动量具。

4) 平行度误差检测

图 4.49 为面对面的平行度误差测量，使用的计量器具：平板、带指示计的测量架。

将被测零件放在平板上，在整个被测表面上按规定测量线进行测量。

① 按照图 a)所示公差要求，该零件的平行度误差为指示计的最大与最小示值之差。

② 按照图 b)所示公差要求，该零件的平行度误差为各条测量线上任意给定 l 长度内指示计的最大与最小示值之差。它适用于测量大、长形表面的平行度误差。

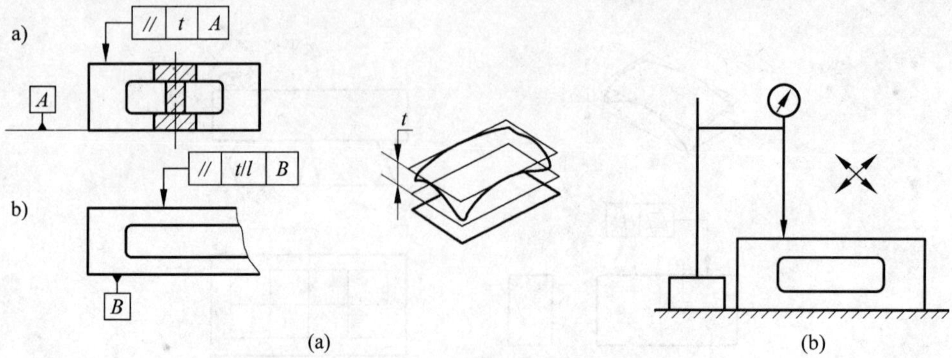

图 4.49　面对面的平行度误差测量

(a) 公差带与应用示例；(b) 检测方案(代号 1-1)

图 4.50 为线对线的平行度误差测量,使用的计量器具：水平仪、固定和可调支承、平板。

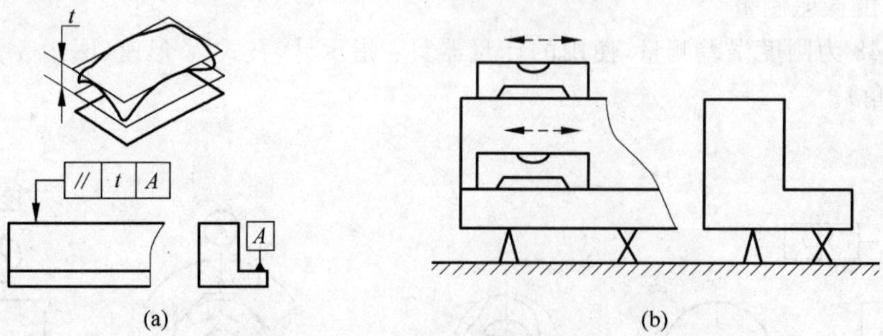

图 4.50　线对线平行度误差测量(一)

(a) 公差带与应用示例；(b) 检测方案(代号 1-4)

将被测零件调整至水平,分别在基准表面和被测表面上沿长向分段测量。

将读取的水平仪示值记录在图表上,先由图解法(或计算法) 确定基准的方位,然后求出被测表面相对基准的最大距离 L_{max} 和最小距离 L_{min}。

平行度误差：

$$f=L_{max}-L_{min}$$

计算或图解时,要注意将角度值换算成线值。

此方法是近似地按照线对线的平行度处理,故适用于测量窄长表面。

图 4.51 为线对线的平行度误差测量,使用的计量器具：平板、等高支承、心轴、带指示计的测量架。

基准轴线和被测轴线均由心轴模拟。将被测零件放在等高支承上,在测量距离为 L_2 的两个位置上测得的数值分别为 M_1 和 M_2。

平行度误差：

$$f=\frac{L_1}{L_2}\mid M_1-M_2\mid$$

式中,L_1 为被测轴线的长度。

当被测零件在互相垂直的两个方向上给定公差要求时,则可按上述方法在两个方向上分别测量。测量时应选用可胀式(或与孔成无间隙配合的) 心轴。

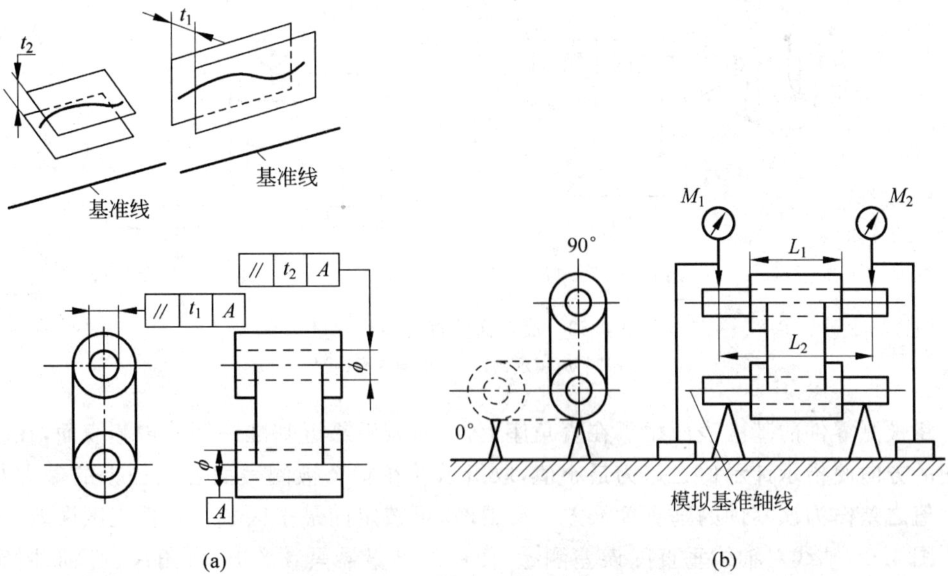

图 4.51　线对线平行度误差测量(二)

(a) 公差带与应用示例；(b) 检测方案(代号 1-8)

图 4.52(a)标注为被测轴线对基准轴线的平行度公差要求，且遵守最大实体要求。

用平行度综合量规检验。将被测零件套在量规的固定销上，然后插入塞规，塞规应能同时自由地通过被测孔和活动支座的上孔和下孔。固定销的直径等于基准孔的最大实体尺寸，塞规的直径体现被测孔的最大实体实效边界。要求活动支座孔的轴线应与固定销轴线平行，见图 4.52(b)。

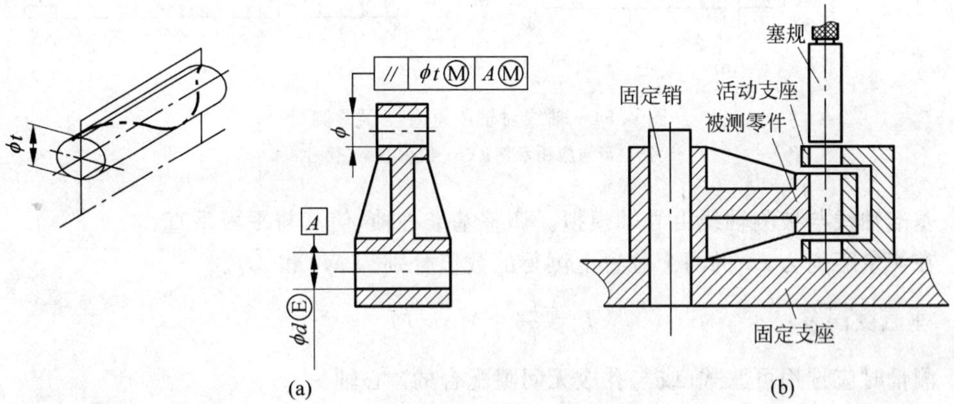

图 4.52　线对线平行度误差检验

(a) 公差带与应用示例；(b) 检测方案(代号 5-1)

5）垂直度误差测量

图 4.53 所示为面对面垂直度误差测量，使用的计量器具：平板、直角座、带指示计的测量架。

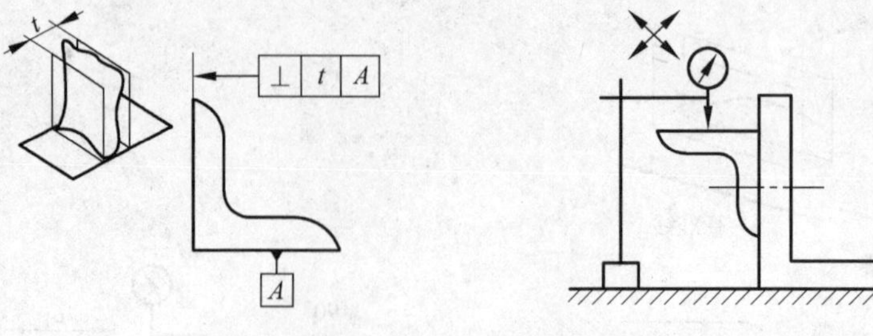

图 4.53　面对面垂直度误差测量

(a) 公差带与应用示例；(b) 检测方案(代号 1-1)

将被测零件的基准表面贴靠在直角座上，同时调整靠近基准一侧的被测表面，在垂直示图的方向使指示计示值之差为最小值，取指示计在整个被测表面各点测得的最大与最小示值之差作为该零件的垂直度误差。必要时，可按定向最小区域评定垂直度误差。

图 4.54 轴线对轴线垂直度误差测量，使用的计量器具：平板、直角尺、心轴、固定和可调支承、带指示计的测量架。

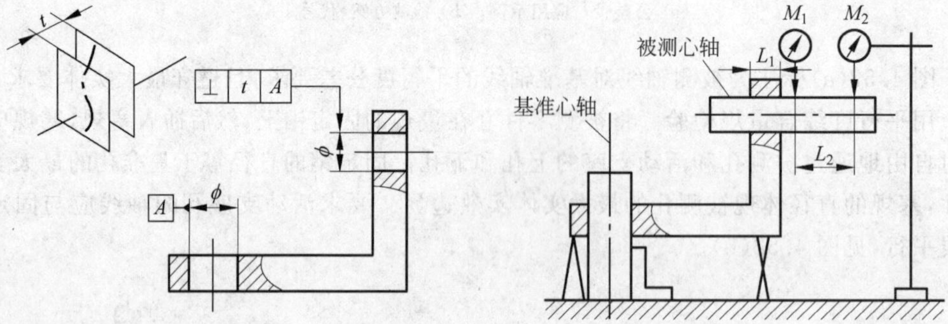

图 4.54　轴线对轴线垂直度误差测量

(a) 公差带与应用示例；(b) 检测方案(代号 1-6)

基准轴线与被测轴线由心轴模拟。调整基准心轴，使其与平板垂直。

在测量距离为 L_2 的两个位置上测得的数值分别为 M_1 和 M_2。

垂直度误差：
$$f = \frac{L_1}{L_2} \mid M_1 - M_2 \mid$$

测量时应选用可胀式(或与孔成无间隙配合的) 心轴。

6) 倾斜度误差测量

图 4.55 为线对面倾斜度误差测量，使用的计量器具：平板、直角座、定角垫块(也可用正弦尺或精密转台代替)、固定支承、心轴和带指示计的测量架。

被测轴线由心轴模拟，调整被测零件，使指示计示值 M_1 为最大(距离最小)。

在测量距离为 L_2 的两个位置上测得示值分别为 M_1 和 M_2。

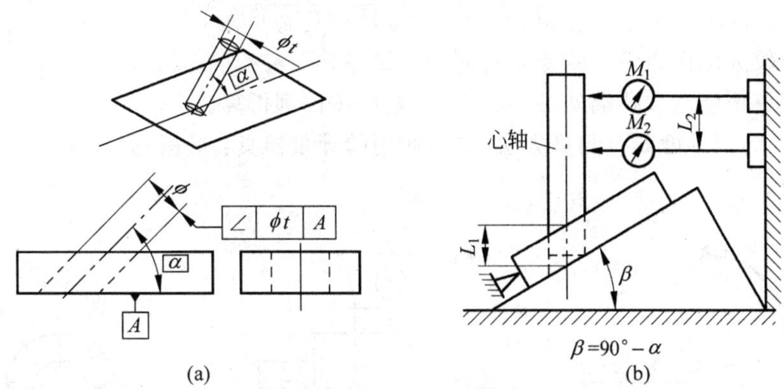

图 4.55　倾斜度误差测量

(a) 公差带与应用示例；(b) 检测方案(代号 1-2)

倾斜度误差：
$$f=\frac{L_1}{L_2}\mid M_1-M_2\mid$$

测量时应选用可胀式(或与孔成无间隙配合的)心轴。若选用 L_2 等于 L_1，则示值差值即为该零件的倾斜度误差。

7) 同轴度误差检测

图 4.56 为同轴度误差测量方法(一)，使用的计量器具：平板、心轴、固定和可调支承、带指示计的测量架。

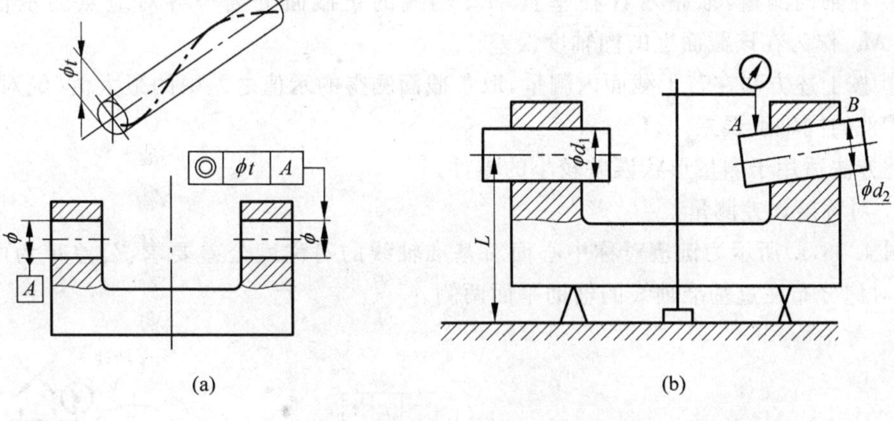

图 4.56　同轴度误差测量(一)

(a) 公差带与应用示例；(b) 检测方案(代号 3-1)

将心轴与孔成无间隙配合地插入孔内，并调整被测零件使其基准轴线与平板平行。

在靠近被测孔端 A、B 两点测量，并求出该两点分别与高度 $\left(L+\frac{d_2}{2}\right)$ 的差值 f_{Ax} 和 f_{Bx}。然后把被测零件翻转 90°，按上述方法测取 f_{Ay} 和 f_{By}。则

A 点处的同轴度误差：
$$f_A=2\sqrt{(f_{Ax})^2+(f_{Ay})^2}$$

B点处的同轴度误差：　$f_B = 2\sqrt{(f_{Bx})^2 + (f_{By})^2}$

取其中较大值作为该被测要素的同轴度误差。

如果测点不能取在孔端处,则同轴度误差可按比例折算。

图4.57为同轴度误差测量方法(二),使用的计量器具：平板、刃口状V形架、带指示计的测量架。

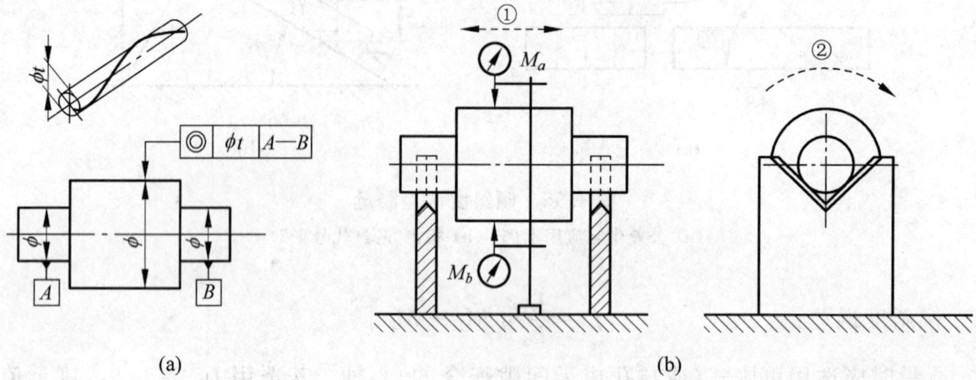

图4.57　同轴度误差测量(二)

(a) 公差带与应用示例；(b) 检测方案(代号3-2)

公共基准轴线由V形架体现。将被测零件基准要素的中截面放置在两个等高的刃口状V形架上。将两指示计分别在铅垂轴截面内相对于基准轴线对称地分别调零。

① 在轴向测量,取指示计在垂直基准轴线的正截面上测得各对应点的示值差值$|M_a - M_b|$作为在该截面上的同轴度误差。

② 按上述方法在若干截面内测量,取各截面测得的示值之差中的最大值(绝对值)作为该零件的同轴度误差。

此方法适用于测量形状误差较小的零件。

8) 对称度误差测量

图4.58(a)所示为键槽对称中心面对基准轴线的对称度公差要求,公差带为两平行平面,对称分布在过基准轴线的辅助平面两侧。

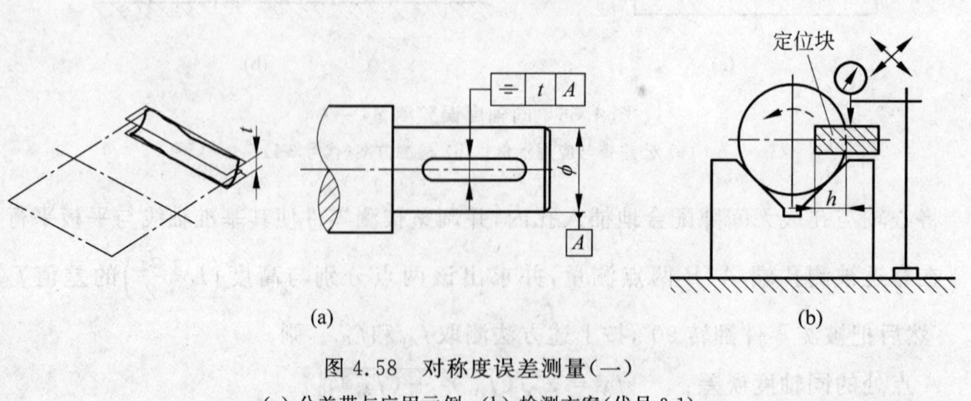

图4.58　对称度误差测量(一)

(a) 公差带与应用示例；(b) 检测方案(代号3-1)

图 4.58(b)所示，基准轴线由 V 形块模拟，被测中心平面由定位块模拟，调整被测零件使定位块沿径向与平板平行。在键槽长度两端的径向截面内测量定位块至平板的距离。再将被测零件旋转 180°后重复上述测量，得到两径向测量截面内的距离差之半 Δ_1 和 Δ_2，对称度误差按下式计算：

$$f=\frac{2\Delta_2 h+d(\Delta_1-\Delta_2)}{d-h}$$

式中，d——轴的直径；

h——键槽深度。

以绝对值较大者为 Δ_1，较小者为 Δ_2。

由图 4.59(a)所示为孔的轴线对两槽公共中心面的对称度公差要求，公差带为两平行平面，对称分布在公共基准中心平面两侧。

图 4.59(b)中，单一基准中心平面由两个基准定位块分别模拟。测量定位块的位置和尺寸，同时调整被测零件，使公共基准中心平面与平板相平行(公共基准中心平面由键槽深 1/2 处的槽宽中心确定)。

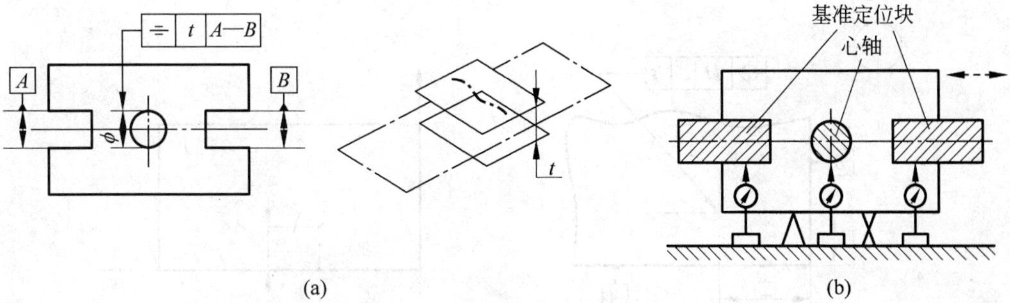

图 4.59 对称度误差测量(二)

(a) 公差带与应用示例；(b) 检测方案(代号 3-3)

测量和计算被测轴线对公共基准中心平面的变动量，取最大变动量的两倍作为该零件的对称度误差。

测量时应选用可胀式(或与孔成无间隙配合的) 心轴；定位块与两边槽成无间隙配合。当心轴的长度大于被测要素的长度时，误差值应按比例折算。

9) 位置度误差测量

在图 4.60(a)中，被测球面的球心公差带为 ϕt 球，其球心位于基准 A 的轴线上，距离基准 B 面的理论正确尺寸为□。

图 4.60(b)表示被测件由回转定心夹头定位，选择适当直径的测量钢球，放置在被测零件的球面内，以钢球球心模拟被测球面的中心。

在被测零件回转一周过程中，径向指示计最大示值差之半为相对基准轴线 A 的径向误差 f_x，垂直方向指示计直接读取相对于基准 B 的轴向误差 f_y。该指示计应先按标准零件调零。被测点位置度误差：

$$f=2\sqrt{{f_x}^2+{f_y}^2}$$

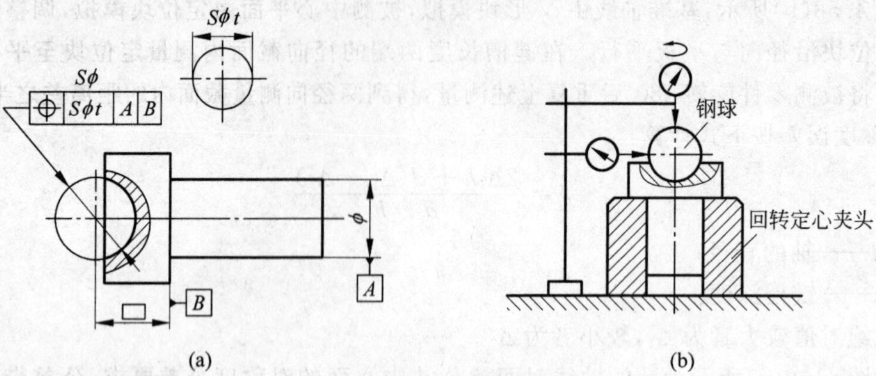

(a)　　(b)

图 4.60　位置度误差测量(一)

(a) 公差带与应用示例；(b) 检测方案(代号 1-1)

图 4.61(a)表示给定平面上点的位置度要求，图 4.61(b)为点的位置度误差测量示意图。

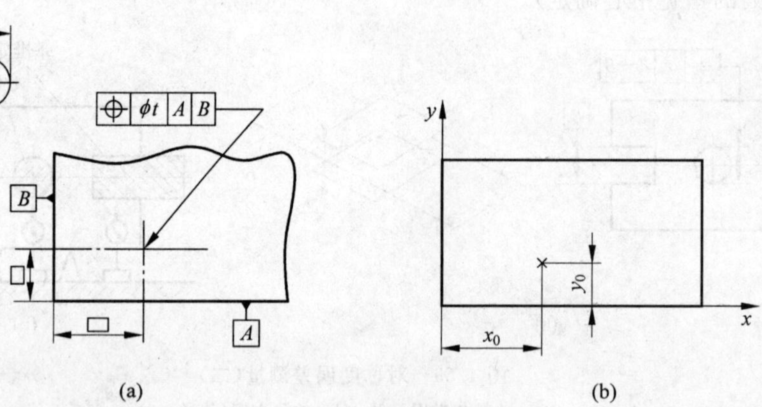

(a)　　(b)

图 4.61　位置度误差测量(二)

(a) 公差带与应用示例；(b) 检测方案(代号 2-1)

用坐标测量仪器测量位置度误差。按基准调整被测零件，使其与测量仪器的坐标方向一致。将测出的被测点坐标值 x_0，y_0 分别与相应的理论正确尺寸比较，得出差值 f_x 和 f_y。位置度误差：

$$f = 2\sqrt{{f_x}^2 + {f_y}^2}$$

10) 径向圆跳动和全跳动测量

图 4.62(a)表示中间圆柱面对两端圆柱的公共轴线的径向圆跳动公差为 t。

图 4.62(b)表示基准轴线由两个成对使用的 V 形架模拟，被测零件支承在 V 形架上，并在轴向定位。

① 在被测零件回转一周过程中，指示计示值最大差值为单个测量平面上的径向跳动。

② 按上述方法测量若干个截面，取各截面上测得的跳动量中最大值，作为该零件的径向跳动。

该测量方法受 V 形架角度和基准要素形状误差的综合影响。

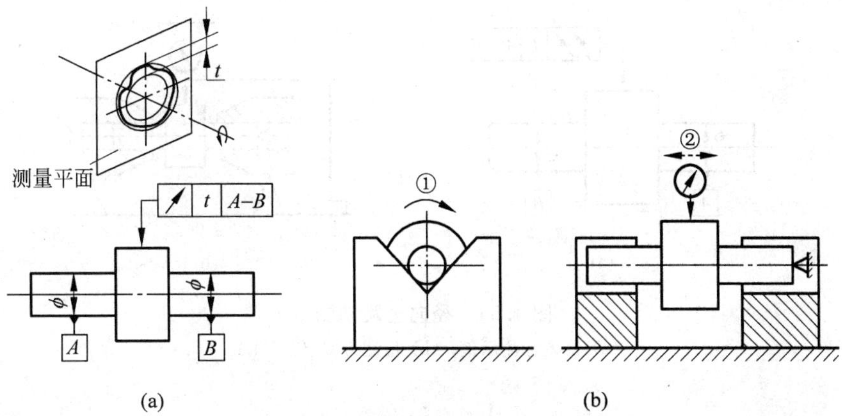

图 4.62　径向圆跳动测量(一)

(a) 公差带与应用示例；(b) 检测方案(代号 4-2)

图 4.63(a)表示外圆柱面对孔轴线的径向圆跳动公差为 t。

图 4.63(b)表示将被测零件固定在导向心轴上，同时安装在两顶尖(或 V 形架)之间。

测量方法和径向跳动量的获取与图 4.62 的示例相同。导向心轴应与基准孔无间隙配合或采用可胀式心轴。

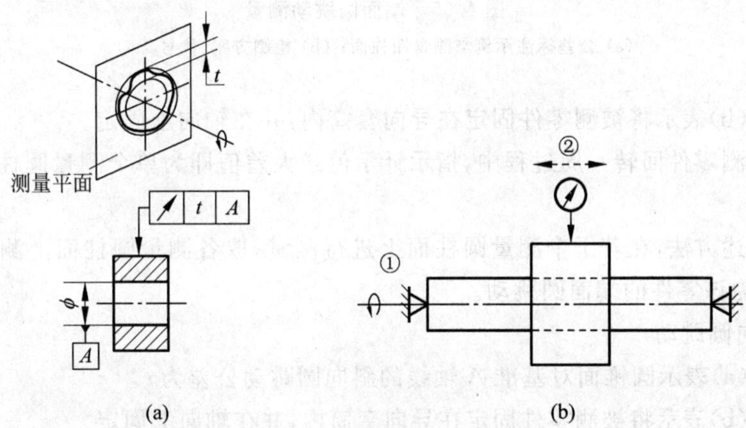

图 4.63　径向圆跳动测量(二)

(a) 公差标注示例；(b) 检测方案(代号 4-5)

图 4.64(a)表示中间圆柱面对两端公共轴线的径向全跳动公差为 t。

图 4.64(b)表示将被测零件固定在两同轴导向套筒内，同时在轴向上固定并调整该对套筒，使其同轴，而且与平板平行。

在被测零件连续回转过程中，同时让指示计沿基准轴线的方向作直线运动。在整个测量过程中，指示计示值最大差值即为该零件的径向全跳动。基准轴线也可以用一对等高 V 形块或一对顶尖的简单方法来体现。

11) 端面圆跳动

图 4.65(a)表示右端面对直径 ϕ 的轴线的端面圆跳动公差为 t。

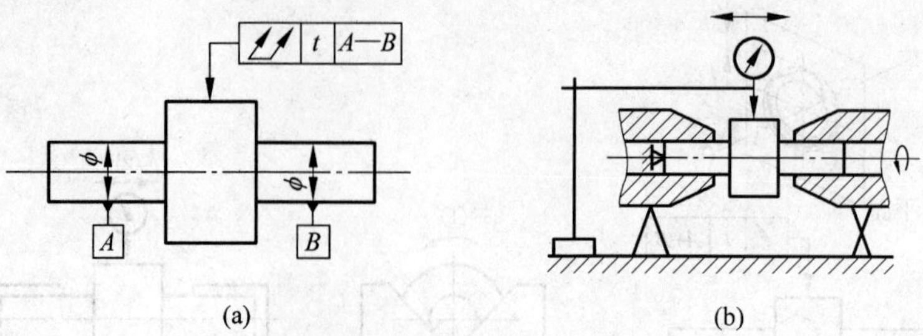

图 4.64　径向全跳动测量

(a) 公差标注示例；(b) 检测方案(代号 4-1)

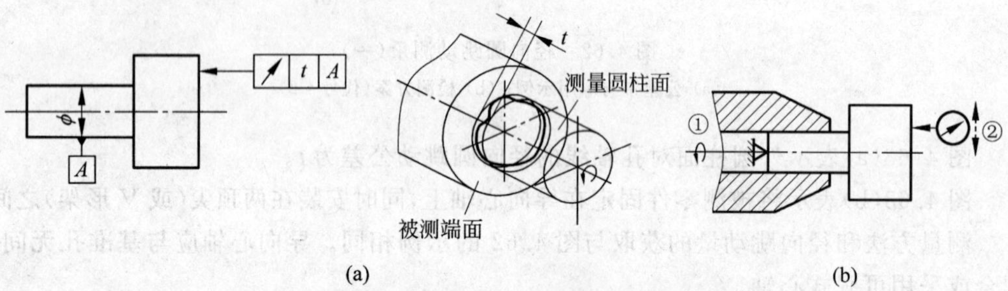

图 4.65　端面圆跳动测量

(a) 公差标注示例与测量图柱面；(b) 检测方案(代号 4-6)

图 4.65(b)表示将被测零件固定在导向套筒内，并在轴向上固定。

① 在被测零件回转一周过程中，指示计示值最大差值即为单个测量圆柱面上的端面跳动。

② 按上述方法，在若干个测量圆柱面上进行测量，取各测量圆柱面上测得的跳动量中最大值作为该零件的端面圆跳动。

12) 斜向圆跳动

图 4.66(a)表示圆锥面对基准 A 轴线的斜向圆跳动公差为 t。

图 4.66(b)表示将被测零件固定在导向套筒内，并在轴向上固定。

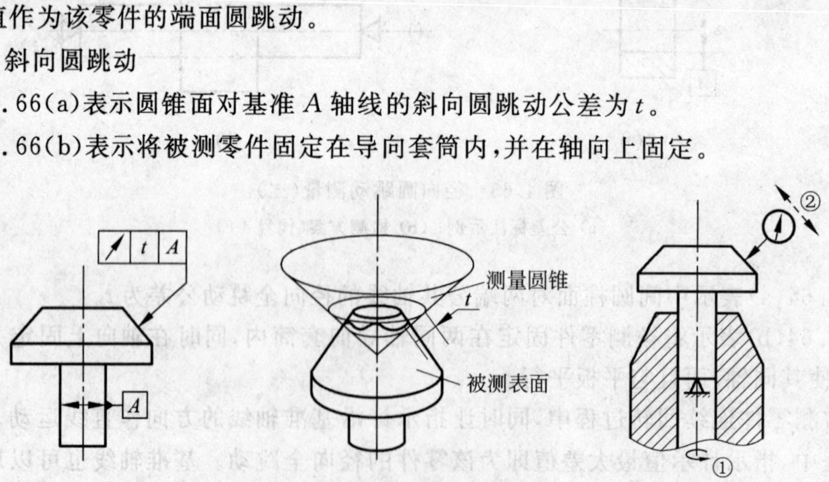

图 4.66　斜向圆跳动测量

(a) 公差标注示例与测量圆锥；(b) 检测方案(代号 4-9)

① 在被测零件回转一周过程中，指示计在圆锥面上法向测量的示值最大差值即为单个测量圆锥面上的斜向跳动。

② 按上述方法，在若干测量圆锥面上测量，取各测量圆锥面上测得的跳动量中最大值作为该零件的斜向跳动。

当在机床或转动装置上直接进行测量时，具有一定直径的导向套筒（最小外接圆柱面）不易获得，可用可调圆柱套代替导向套筒（弹簧夹头），但测量结果受夹头误差的影响。

4.3　公差原则

在机械零件精度设计中，一些几何要素不仅有尺寸公差要求，而且还有几何公差要求。为了满足某些配合性质、装配性质以及最低强度等要求，对于这些要素提出了尺寸公差与几何公差之间的关系问题。公差原则就是处理尺寸公差与几何公差之间关系的一项原则。

4.3.1　概述

国家标准 GB/T 4249—2009《产品几何技术规范(GPS)　公差原则》规定了几何公差与尺寸公差之间的关系。

1. 公差原则分类

公差原则按几何公差是否与尺寸公差发生关系分为独立原则和相关要求。几何公差与尺寸公差之间无关系的为独立原则，有关系的为相关要求。

相关要求则按应用的要素和使用要求的不同又分为包容要求、最大实体要求、最小实体要求和可逆要求。

2. 有关术语定义和符号

公差原则涉及有关术语定义、符号及其实体极限等概念。这里从应用标准的角度表述国家标准 GB/T 16671—2009《产品几何技术规范(GPS)几何公差　最大实体要求、最小实体要求和可逆要求》中的有关内容。

(1) 实体状态及实体尺寸。

实体状态(MC)分为最大实体状态(MMC)和最小实体状态(LMC)。

最大实体状态是假定提取组成要素的局部尺寸处处位于极限尺寸，且使其具有实体最大时的状态，也就是允许材料拥有量最多时的状态。

最小实体状态是假定提取组成要素的局部尺寸处处位于极限尺寸，且使其具有实体最小时的状态，也就是允许材料拥有量最少时的状态。

实体尺寸(MS)分为最大实体尺寸(MMS)和最小实体尺寸(LMS)。

最大实体尺寸是实际要素在最大实体状态下的极限尺寸。对于外尺寸要素(轴)，最大实体尺寸就是轴的上极限尺寸；对于内尺寸要素(孔)，最大实体尺寸就是孔的下极限尺寸。

最小实体尺寸是实际要素在最小实体状态下的极限尺寸。对于外尺寸要素(轴),最小实体尺寸就是轴的下极限尺寸;对于内尺寸要素(孔),最小实体尺寸就是孔的上极限尺寸。

例如,在图 2.17 中,花键套筒上轴颈$\phi 25^{+0.009}_{-0.004}$,当实际轴的尺寸处处等于 25.009mm 时,该轴所拥有的材料量为最多,该轴处于最大实体状态。因此,尺寸 25.009mm 为最大实体尺寸,它是该轴的上极限尺寸。当实际轴的尺寸处处等于 24.996mm 时,该轴处于最小实体状态,则尺寸 24.996mm 为最小实体尺寸,它是该轴的下极限尺寸。

又如,在图 2.23 中,台钻箱体孔$\phi 52\pm 0.015$ 的最大实体状态是实际孔尺寸处处等于 51.985mm的状态,尺寸 51.985mm 为该孔的最大实体尺寸,也是孔的下极限尺寸;而 52.015mm 为该孔的最小实体尺寸(孔的上极限尺寸)。

(2) 最大实体边界和最小实体边界。

最大实体边界(MMB):最大实体状态的理想形状的极限包容面。

对于外尺寸(轴),其最大实体边界是尺寸为最大实体尺寸,形状为理想的内圆柱面;对于内尺寸(孔),其最大实体边界是尺寸为最大实体尺寸,形状为理想的外圆柱面。例如,图 2.17 中,轴$\phi 25^{+0.009}_{-0.004}$的最大实体边界是尺寸为$\phi 25.009$mm,形状为理想的内圆柱面。图 2.23 中,箱体孔$\phi 52\pm 0.015$ 的最大实体边界是尺寸为$\phi 51.985$mm,形状为理想的外圆柱面。

最小实体边界(LMB):最小实体状态的理想形状的极限包容面。

对于外尺寸(轴),其最小实体边界是尺寸为最小实体尺寸,形状为理想的内圆柱面;对于内尺寸(孔),其最小实体边界是尺寸为最小实体尺寸,形状为理想的外圆柱面。例如图 2.17 中,轴$\phi 25^{+0.009}_{-0.004}$的最小实体边界是尺寸为$\phi 24.996$mm,形状为理想的内圆柱面。图 2.23 中,箱体孔$\phi 52$JS7(± 0.015)的最小实体边界是尺寸为$\phi 52.015$mm,形状为理想的外圆柱面。

(3) 实体实效状态和实体实效尺寸。

实体实效状态(MVC)分为最大实体实效状态(MMVC) 和最小实体实效状态(LMVC)。

最大实体实效状态是尺寸要素的最大实体尺寸与其导出要素的几何公差(形状、方向或位置)共同作用产生的尺寸。

最小实体实效状态是尺寸要素的最小实体尺寸与其导出要素的几何公差(形状、方向或位置)共同作用产生的尺寸。

实体实效尺寸(MVS)分为最大实体实效尺寸(MMVS) 和最小实体实效尺寸(LMVS)。

最大实体实效尺寸:对于外尺寸要素(即轴),MMVS=MMS+几何公差

对于内尺寸要素(即孔),MMVS=MMS-几何公差

最小实体实效尺寸:对于外尺寸要素(即轴),LMVS=LMS-几何公差

对于内尺寸要素(即孔),LMVS＝LMS＋几何公差

(4) 最大实体实效边界和最小实体实效边界。

最大实体实效状态对应的极限包容面称为最大实体实效边界(MMVB)。最小实体实效状态对应的极限包容面称为最小实体实效边界(LMVB)。

《公差原则》中的相关术语较多,理解上有一定难度。下面在介绍独立原则和相关要求过程中,将结合示例,从图样标注、被测要素合格条件、遵守的边界、应用场合、检测方法以及检测所用的计量器具等几方面逐一介绍。

4.3.2　独立原则

独立原则(IP)是指图样上给定的每个尺寸和几何(形状、方向或位置)要求是独立的,应分别满足要求。它是线性尺寸公差和几何公差之间相互关系所遵循的一项基本原则。

线性尺寸公差仅控制提取组成要素的局部尺寸,不控制提取圆柱面的奇数棱圆度误差,以及由于提取导出要素形状误差引起的提取组成要素的形状误差。

1. 图样标注

当注有公差的被测要素的尺寸公差和几何公差采用独立原则时,图样上不做任何附加标记,即无Ⓔ、Ⓜ、Ⓛ和Ⓡ符号,如图 4.67、图 4.68 所示。

(1) 独立原则应用于单一要素。图 4.67 标注表示：直径尺寸$\phi 30_{-0.021}^{\ 0}$ mm 为注出尺寸公差的尺寸；该轴的轴线直线度公差为ϕ0.012mm,为注出形状公差；长度 50mm 为未注尺寸公差的尺寸；未注出几何公差有两端面的平面度公差、轴的圆柱度公差和圆度公差、在轴向截面上圆柱的素线直线度公差、端面相对轴线的垂直度公差等。

(2) 独立原则应用于关联要素,见图 4.68。

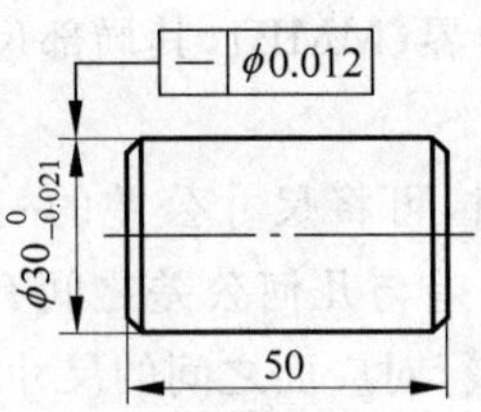

图 4.67　独立原则应用于单一要素的标注示例

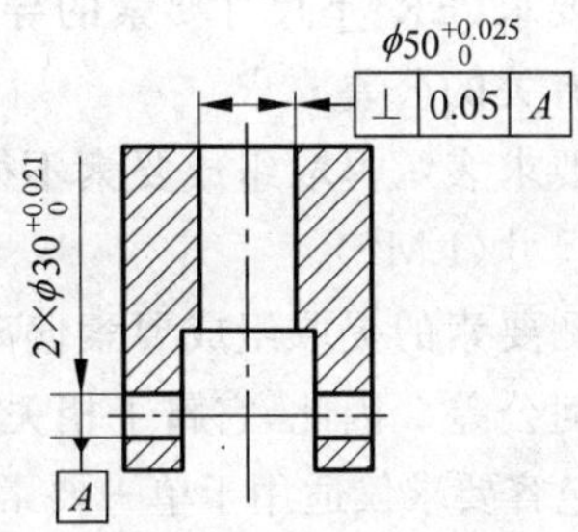

图 4.68　独立原则应用于关联要素的标注示例

2. 被测要素的合格条件

1) 独立原则应用单一要素的合格条件

当被测要素应用独立原则时,该要素的合格条件是：提取要素的局部尺寸应在其两个极限尺寸之间；提取要素均应位于给定的几何公差带内,并且其几何误差允许达到最大值。即

(1) 尺寸公差要求

对于轴：$d_{max} \geqslant d_a \geqslant d_{min}$；

对于孔：$D_{max} \geqslant D_a \geqslant D_{min}$。

(2) 几何公差要求

$$几何误差\ f_{几何} \leqslant 几何公差\ t_{几何}$$

如图 4.67 的例子，被测轴的合格条件是：轴径ϕ30 提取要素的局部尺寸应在 29.979～30.000mm 之间；轴的轴线直线度误差小于或等于ϕ0.012mm；轴长尺寸 50mm 的误差不超过未注公差范围；轴的两端面平面度误差不超过未注平面度公差及其他未注公差项目的误差都不得超过其未注公差值。

2) 独立原则应用关联要素的合格条件

如图 4.68 所示，被测孔的合格条件是：ϕ50 孔径提取要素的局部尺寸应在 50.000～50.025mm 之间；该孔的轴线应垂直于 2×ϕ30 公共轴线，其误差值不大于 0.05mm。

3. 被测要素的检测方法和计量器具

当被测要素应用独立原则时，采用的检测方法是用通用计量器具测量被测要素的提取要素局部尺寸和几何误差。

以独立原则应用于单一要素为例，可用立式光学比较仪测量轴各部位直径的提取要素局部尺寸，再用计量器具测量该轴的轴线直线度误差。

4. 应用场合

独立原则主要应用的场合：一是一般用于非配合的零件；二是应用于零件的几何公差要求较高，而对尺寸公差要求相对较低的场合。例如，台钻工作台面的平面度公差、相对底面的平行度要求较高，而工作台面到底面的尺寸精度要求不高。

4.3.3 包容要求

包容要求(ER)是尺寸要素的导出要素的形状公差与其相应的组成要素的尺寸公差之间相互有关的公差要求。

包容要求表示提取组成要素不得超越其最大实体边界(MMB)，其局部尺寸不得超出最小实体尺寸(LMS)。

当被测要素的提取组成要素偏离了最大实体状态时，可将尺寸公差的一部分或全部补偿给几何公差。因此，它属于相关要求，这表明尺寸公差与几何公差之间有关系。值得注意的是包容要求仅适用于单一要素，如圆柱表面或两平行对应面之间的尺寸与形状要素。

1. 图样标注

在被测要素的尺寸公差或公差带代号后加注符号Ⓔ，如图 4.69 所示，图中(a)、(b)为轴应用包容要求的例子，图(c)为孔应用包容要求的例子。

2. 被测实际轮廓遵守的理想边界

包容要求遵守的理想边界是最大实体边界。最大实体边界是由最大实体尺寸(MMS) 构成的，具有理想形状的边界。如被测要素是轴或孔(圆柱面)，则其最大实体边界是直径为最大实体尺寸，而且形状是理想的内(或外) 圆柱面。

如图 4.69(a)所示，被测要素是轴，它的最大实体边界是直径为 25.009mm(最大实体

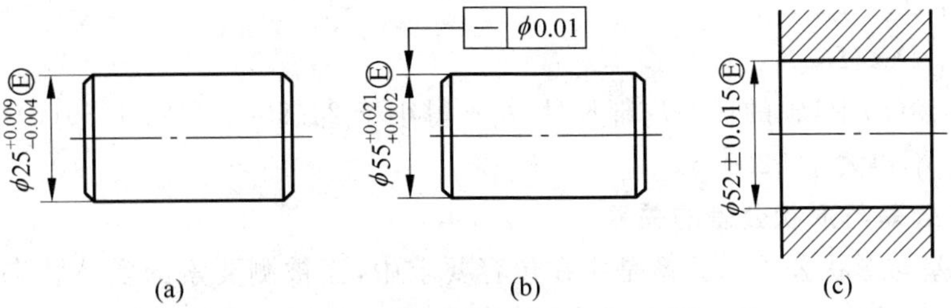

图 4.69　包容要求的标注示例

尺寸),形状是理想的内圆柱面。图 4.69(c)为被测要素是孔,它的最大实体边界是直径为 51.985mm(最大实体尺寸),而且形状是理想的外圆柱面。

3. 合格条件

被测要素应用包容要求的合格条件是被测实际轮廓应处处不得超越其最大实体边界,其提取要素的局部尺寸不得超出最小实体尺寸。

合格条件中"被测实际轮廓"是由被测要素的实际尺寸和实际形状综合构成的,为实际真实存在的轮廓。合格条件中的"处处不得超越最大实体边界"是指当被测要素为轴时,被测实际轮廓不得从最大实体边界内向外超越。如图 4.70(a)所示,即实际轴若穿越其最大实体边界而不发生干涉,表明实际轮廓未超越最大实体边界。当被测要素为孔时,被测实际轮廓不得从最大实体边界外向内超越,如图 4.70(b)所示,将边界穿越实际孔,若不发生干涉,则表明孔的实际轮廓未超越其最大实体边界。这样,可保证被测要素所拥有的材料实体量不会多于最大实体尺寸所体现的最大实体量,即被测要素实际实体状态不会超出最大实体状态。

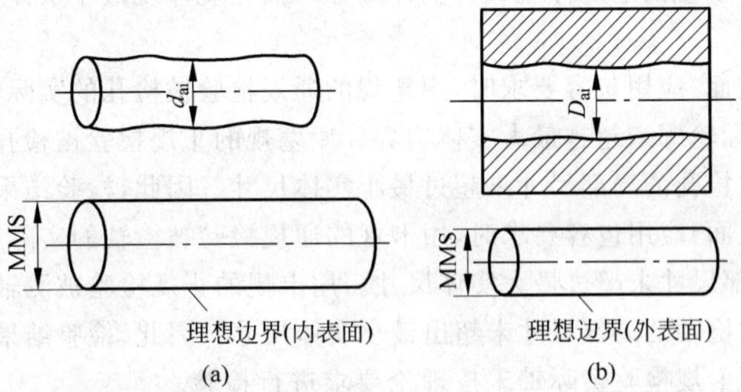

图 4.70　轴、孔的实际轮廓和最大实体边界

(a) 实际轴和最大实体边界;(b) 实际孔和最大实体边界

对于如图 4.69(a)、(b)标注,被测实际轴的轮廓不得超越其最大实体边界;对于如图 4.69(c)标注,实际孔的轮廓不得超越其最大实体边界。

合格条件中"提取要素的局部尺寸不得超出最小实体尺寸",其中"不得超出"含义是:对于轴,其局部尺寸不得小于轴的下极限尺寸(轴的最小实体尺寸);对于孔,其局部尺寸不得大于孔的上极限尺寸(孔的最小实体尺寸),即对于轴：$d_a \geqslant d_{min}$；

对于孔：$D_a \leqslant D_{max}$。

在图 4.69(a)中，轴的任一局部尺寸 d_{ai}不得小于 24.996；在图 4.69(c)中，孔的任一局部尺寸 D_{ai}不得大于 52.015。

4. 尺寸公差与形状公差的关系

尺寸公差与形状公差的关系是指在包容要求中，当被测要素的实体状态偏离了最大实体状态时，尺寸公差中的一部分或全部可以补偿给几何公差的一种关系。

被测要素遵守最大实体边界，可以理解为：当被测要素的实际尺寸处处为最大实体尺寸时，其形状应是理想的形状，即形状公差为零，被测要素的形状不得有误差。这种情况实际是不存在的。也就是说：被测要素的实际尺寸不得加工到最大实体尺寸(轴是上极限尺寸，孔为下极限尺寸)，因为实际要素肯定存在着形状误差。当被测要素的实际拥有的实体材料量少于最大实体量时，则允许被测要素存在形状误差，只要不超越最大实体边界即可。说明当被测要素的实体状态偏离了最大实体状态时，形状公差可不为零，即形状(几何) 公差得到一个补偿量。此补偿量为大于零到尺寸公差值之间的某一值。这就是尺寸公差与形状(几何) 公差的关系所在。

5. 计量器具和检测方法

根据被测要素应用包容要求的合格条件，设计和选用计量器具以及检测方法。

1) 计量器具

用光滑极限量规检验被测要素。光滑极限量规见第 6.2 节内容。

光滑极限量规是一种无刻度的定值量具，它有塞规和卡规。塞规检验孔(内圆柱面)，卡规检验轴(外圆柱面)。光滑极限量规用于检验的工作量规有通规和止规。通规体现最大实体边界(其中卡规的通规体现最大实体尺寸)，而止规体现最小实体尺寸。

2) 检测方法

当孔(内圆柱面)应用包容要求时，用塞规的通规检验被检孔的实际轮廓。通规通过，表明被检孔的实际轮廓未超越最大实体边界。用塞规的止规检验被检孔的实际尺寸。止规不通过，表明被检孔的局部尺寸未超过最小实体尺寸。因此，检验结果为被检孔合格。

当轴(外圆柱面)应用包容要求时，用卡规的通规检验被检轴的实际尺寸。通规通过，表明被检轴的局部尺寸未超过最大实体尺寸。用卡规的止规检验被测轴的实际尺寸。止规不通过，表明被检轴的局部尺寸未超出最小实体尺寸。因此，检验结果为被检轴合格。

由此可见，用卡规检验实际轴未按理论要求进行检验。卡规的通规仅体现最大实体尺寸，而未体现最大实体边界。若按理论要求检验轴，应该采用环规检验轴的实际轮廓。环规的工作面是内圆柱面(见图 4.71)，它体现最大实体边界。若轴的实际轮廓通过环规的内圆柱面，则表明实际轮廓未超越最大实体边界。例如，检验图 4.69(a)的实际轴，对应的环规工作面的直径尺寸按 MMS＝25.009mm 设计，而且其形状有较严的圆柱度公差要求。

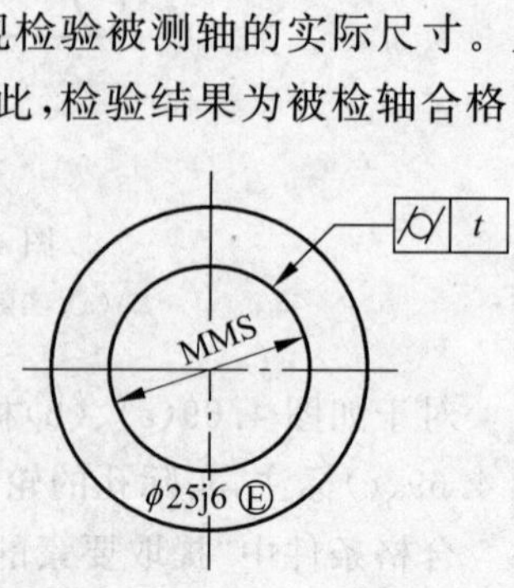

图 4.71　轴用环规示意图

6. 应用场合

包容要求用于机械零件中配合性质要求较高的配合部位,需要保证配合性质。如回转轴颈和滚动轴承内圈内径、主轴箱体孔与轴承外圈外径等配合部位(见图 1.1 综合实例)。

当相互配合的轴、孔应用包容要求时,合格的轴与合格的孔一一结合,其产生的实际间隙或过盈满足配合性质的要求。即实际间隙或过盈均在两个极限间隙或极限过盈之间。

以间隙配合为例,说明“当满足包容要求的合格条件时,能保证配合性质——既不过紧,也不过松”的原理。

如:$\phi 24\text{H}8(^{+0.033}_{0})/\text{h}7(^{0}_{-0.021})$。该间隙配合的最大间隙为 +0.054mm,最小间隙为 0。

当被测实际轮廓未超越最大实体边界时,则配合不会过紧。

假设某皮带轮孔 1 的实际尺寸处处等于 24.000mm,且形状是理想圆柱面。对于某轴 1,若该轴实际尺寸处处等于 24.000mm,则轴的形状误差为 0;当孔 1 与轴 1 结合,间隙为 0。若此实际轴弯曲,则该轴与孔 1 配合就会出现过盈,即此配合的性质被改变。对于某轴 2,若该轴 2 实际尺寸处处等于 23.990mm,则允许轴线产生弯曲等形状误差。设该轴 2 仅存在轴线弯曲变形,当形状误差小于或等于 0.010mm,该轴实际轮廓不会超越最大实体边界。那么,孔 1 和轴 2 结合,各处的实际间隙大于或等于零,即孔和轴的结合不会过紧。

当被测实际尺寸不超出 LMS(孔 $D_a \leqslant D_{max}$,轴 $d_a \geqslant d_{min}$)时,因为

$$X_{max} = D_{max} - d_{min}$$

$$X_a = D_a - d_a$$

所以

$$X_a \leqslant X_{max}$$

说明当孔和轴的任一实际尺寸均不超出其 LMS 时,实际孔和实际轴的结合不会过松。

4.3.4　最大实体要求

最大实体要求(MMR)是控制被测要素的实际轮廓处于其最大实体实效边界之内的一种公差要求。当被测要素的实际状态偏离了最大实体状态时,可将被测要素的尺寸公差的一部分或全部补偿给几何公差。

1. 图样标注

在被测要素的几何公差框格中的公差数值后加注符号Ⓜ,有以下几种标注形式。

(1) 单一要素应用最大实体要求,如图 4.72(a)所示。

(2) 关联要素应用最大实体要求,如图 4.72(b)所示。

(3) 最大实体要求的零形位公差,如图 4.73 所示。

(4) 几何公差受限的最大实体要求,如图 4.74 所示。

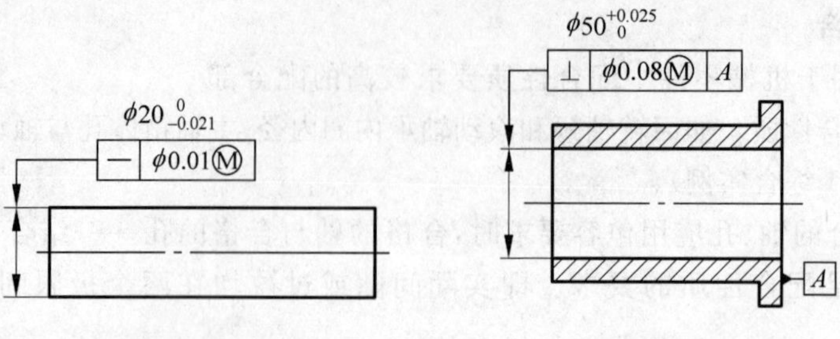

(a)　　　　　　　　　　　　　　(b)

图 4.72　最大实体要求的标注示例

(a) 单一要素应用最大实体要求；(b) 关联要素应用最大实体要求

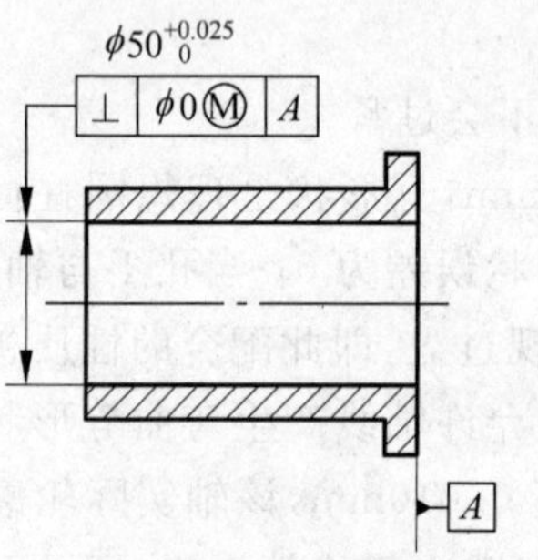

图 4.73　最大实体要求的零形位公差标注示例

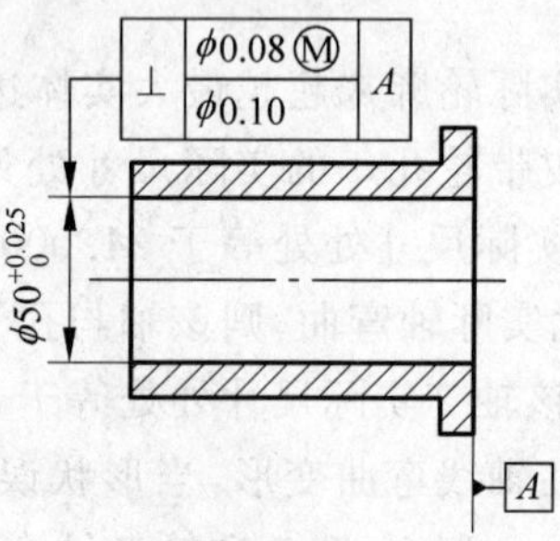

图 4.74　几何公差受限的最大实体要求的标注示例

(5) 被测要素和基准要素均应用最大实体要求，且基准要素本身应用包容要求(图 4.75)。

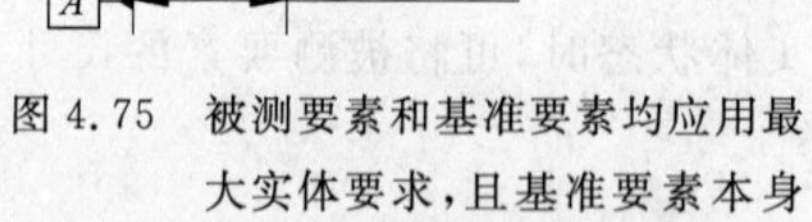

图 4.75　被测要素和基准要素均应用最大实体要求，且基准要素本身应用包容要求的标注示例

2. 被测实际轮廓遵守的理想边界

最大实体要求遵守的理想边界是最大实体实效边界。最大实体实效边界指尺寸为最大实体实效尺寸，形状为理想的边界。

最大实体实效尺寸(MMVS)为

$$\mathrm{MMVS} = \mathrm{MMS} \pm t$$

式中，MMS——被测要素的最大实体尺寸；

t——几何公差值(在最大实体状态下给定的公差值)；

±——轴"＋"，孔"－"。

图 4.72(a)，被测要素是轴，它应遵守的最大实体实效边界是：直径为 20＋0.01＝20.01mm(最大实体实效尺寸 MMVS)，形状是理想的内圆柱面。

图 4.72(b)，被测要素是孔，它应遵守的最大实体实效边界是：直径为 50－0.08＝49.92mm(最大实体实效尺寸)，形状是理想的外圆柱面，该圆柱面的轴线与右端面垂直。

图 4.73 的标注表明：垂直度公差值ϕ0 是在被测要素为最大实体状态下给定的，即被测要素处于最大实体状态下，孔的轴线与右端面的垂直度误差应为零。该零件的孔遵

守最大实体实效边界，最大实体实效尺寸为 MMS$\pm t$=MMS。因为垂直度公差 $t=0$，所以，它就是最大实体边界。

图 4.74 的标注表明：被测孔遵守的边界与图 4.72(b)相同，同样当被测实际轮廓偏离最大实体状态时，垂直度公差可以得到补偿。但是，补偿后的垂直度公差值不能超过 ϕ0.1mm，即垂直度公差受限。例如，当被测孔 1 的尺寸都等于 50.02mm，偏离最大实体尺寸 50.00mm 的量为 0.02mm，则垂直度公差为 ϕ(0.08+0.02)=ϕ0.1mm；当被测孔 2 的尺寸都等于 50.025mm(最小实体尺寸)，偏离最大实体尺寸 50.00mm 的量为 0.025mm。若按补偿关系，垂直度公差为：ϕ(0.08+0.025)=ϕ0.105mm，但它超过了 ϕ0.1mm。因此，被测孔 2 的尺寸公差补偿给垂直度公差的最大量仅为 ϕ0.02mm。

3. 合格条件

应用最大实体要求的合格条件是被测实际轮廓应处处不得超越最大实体实效边界，其局部尺寸不得超出上、下极限尺寸，即

对于轴：$d_{max} \geqslant d_a \geqslant d_{min}$；

对于孔：$D_{min} \leqslant D_a \leqslant D_{max}$。

4. 计量器具和检测方法

根据被测要素应用最大实体要求的合格条件，明确计量器具以及检测方法。

1) 计量器具

当应用最大实体要求时，一是用综合量规(或位置量规) 检验被测要素是否超越最大实体实效边界；二是用通用计量器具测量被测要素实际尺寸。

以图 4.75 标注为例，用同轴度量规分别体现最大实体实效边界和最大实体边界。如图 4.76 所示。该同轴度量规的尺寸和几何公差要求：与被测要素 $\phi 40^{+0.1}_{0}$ mm 孔相对应的量规部分(测量部位) 为最大实体实效边界(尺寸=$MMS_{被测}-t$=40−0.1=ϕ39.9mm，形状是外圆柱面)；与基准要素 $\phi 20^{+0.033}_{0}$ mm 相对应的量规部分(定位部位) 为最大实体边界(尺寸=$MMS_{基准}$=ϕ20.0mm，形状是外圆柱面)；这两个边界应保持同轴的位置关系。

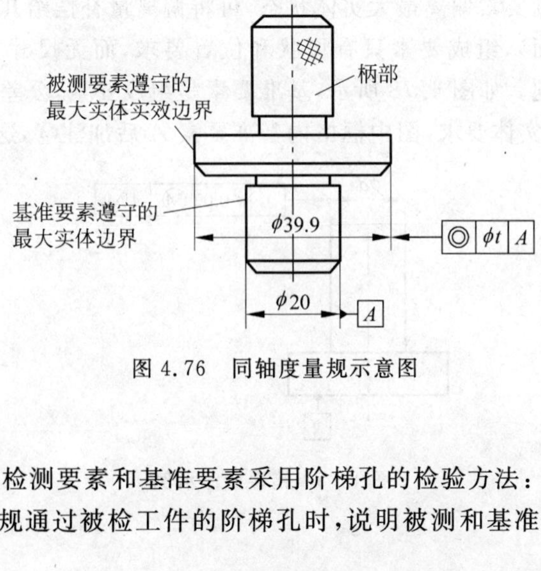

图 4.76　同轴度量规示意图

2) 检测方法

在图 4.75 中，被检测要素和基准要素采用阶梯孔的检验方法：

(1) 当同轴度量规通过被检工件的阶梯孔时，说明被测和基准要素均未超越各自遵

守的边界(被测要素未超越其最大实体实效边界,基准要素未超越其最大实体边界)。

(2) 用通用计量器具测量被测孔在若干处直径的局部尺寸,然后将各处的局部尺寸与对应该孔的两个极限尺寸比较,判断是否满足“$40.00 \leqslant D_{a被测} \leqslant 40.1$”条件。

(3) 用光滑极限量规的止规检验基准($\phi 20^{+0.033}_{0}$ mm)的局部尺寸是否超过基准要素的最小实体尺寸,要求“止规不通过”。

若被测阶梯孔满足上述 3 个条件,被检项目合格。

5. 应用场合

最大实体要求通常用于对机械零件配合性质要求不高,但要求顺利装配,即保证零件可装配性的场合。如某减速器输出轴的轴端端盖的螺栓孔部位,这些孔轴线的位置度公差可应用最大实体要求(见图 4.77),这样能保证 4 个螺栓顺利装配。

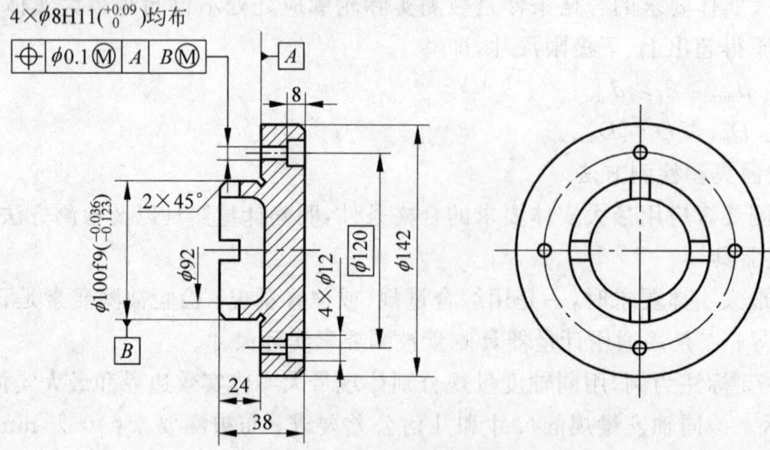

图 4.77　端盖零件示意图

需要说明的是最大实体要求适用于导出要素,不能应用于组成要素。因为,当应用最大实体要求时,若被测要素偏离最大实体状态,可将偏离量补偿给几何公差。对于被测要素是组成要素(如平面),组成要素只有形状和位置要求,而无尺寸要求,也就无偏离量。所以,不存在补偿问题。如图 4.78 所示,基准要素是组成要素,公差框格表示被测要素和基准要素均采用最大实体要求,图中框格内基准要素 A 后加注Ⓜ,这为错误标注。

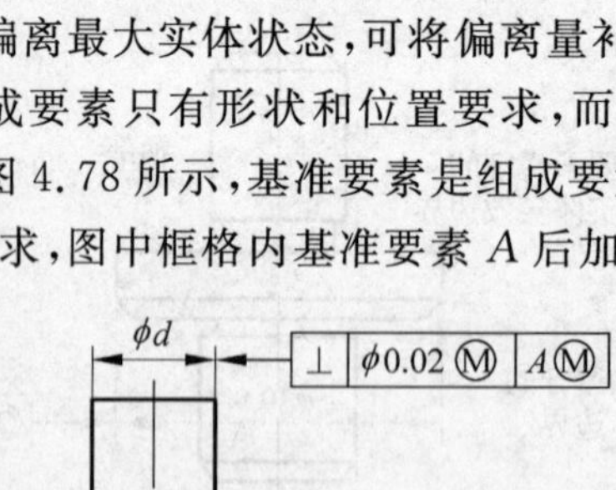

图 4.78　错误标注示例

4.3.5 最小实体要求

最小实体要求(LMR)是控制注有公差的要素的提取要素不得违反其最小实体实效状态。当要素的提取要素实际状态偏离了最小实体状态时,可将要素的尺寸公差一部分或全部补偿给几何公差。

1. 图样标注

在被测要素的几何公差框格中的公差数值后加注符号Ⓛ,以下列出两种标注形式:

(1) 关联要素应用最小实体要求,如图 4.79 所示。

(2) 被测、基准要素均应用最小实体要求,如图 4.80 所示。

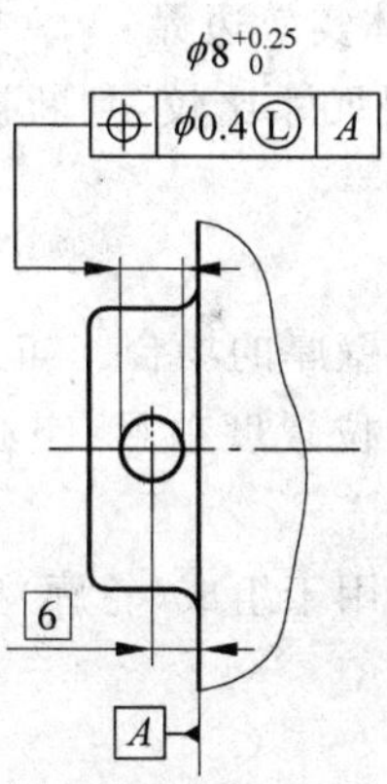

图 4.79　关联要素应用最小实体要求

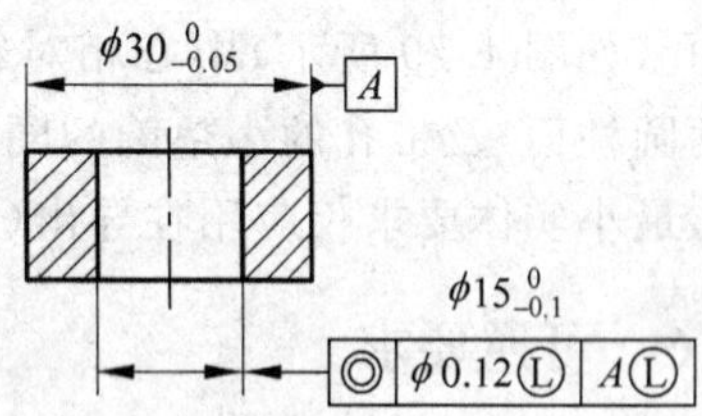

图 4.80　被测、基准要素均应用最小实体要求

2. 被测要素的提取要素遵守的理想边界

最小实体要求遵守的理想边界是最小实体实效边界。最小实体实效边界的尺寸是最小实体实效尺寸,形状为理想的边界,对于关联要素则边界的方位按图样标注的位置关系。

最小实体实效尺寸为

$$\mathrm{LMVS} = \mathrm{LMS} \mp t$$

式中,LMS——最小实体尺寸;

t——几何公差值(在最小实体状态下给定的公差值);

∓——轴"−",孔"+"。

图 4.79 所示图例,被测要素 $\phi 8^{+0.25}_{0}$ mm 孔的提取组成要素应遵守最小实体实效边界,其边界尺寸为 LMVS=LMS+t=8.25+0.4=8.65mm,形状为理想圆柱面,其轴线与基准 A(侧面)距离为理论正确尺寸 6mm。当被测要素偏离最小实体状态时,可将被测孔部分或全部的尺寸公差补偿给位置度公差。

图 4.80 所示图例,被测要素 $\phi 15^{0}_{-0.1}$ mm 孔的提取组成要素应遵守最小实体实效边界,其边界尺寸为 LMVS=LMS+t=15.0+0.12=15.12mm,形状为理想圆柱面,其轴线与基准 A($\phi 30^{0}_{-0.05}$ mm 轴线)同轴。当被测的提取要素偏离最小实体状态时,可将被测孔部分或全部的尺寸公差补偿给同轴度公差。当基准的提取要素偏离其最小实体状态

时,同样可将基准要素部分或全部的尺寸公差补偿给同轴度公差。

3. 合格条件

应用最小实体要求的合格条件是被测实际轮廓应处处不得超越最小实体实效边界(即被测实际要素所拥有的实体量不得少于最小实体量),其局部实际尺寸不得超出上、下极限尺寸。

4. 计量器具和检测方法

根据被测要素应用最小实体要求的合格条件,设计和选用计量器具和检测方法。

由于控制实际轮廓的最小实体边界是与被测实际轮廓在体内相切,无法使用专用量规检验。因此,可用三坐标测量机测量被测要素的提取要素(按规定提取),将其拟合要素与其最小实体实效边界相比较,从而判断是否超越最小实体实效边界。

用通用量仪测量被测要素的实际尺寸,与其上、下极限尺寸比较,判断被测实际尺寸是否超过两个极限尺寸。

5. 应用场合

最小实体要求常用于保证机械零件必要的强度和最小壁厚的场合。如大型减速器箱体的吊耳孔(如图 4.79 所示)中心相对箱体外(或内)壁的位置度项目、空心的圆柱凸台(同轴的两圆柱面)及带孔的小垫圈的同轴度项目等。

同理,最小实体要求仅应用在导出(中心)要素,不能应用于组成(轮廓)要素。

4.3.6 可逆要求

可逆要求(RR)是既允许尺寸公差补偿给几何公差,反过来也允许几何公差补偿给尺寸公差的一种要求。可逆要求通常与最大实体要求或最小实体要求一起应用,不能单独应用。

1. 图样标注

在被测要素的几何公差框格中的公差数值后加注Ⓜ、Ⓛ和Ⓡ符号,以下列出两种标注形式:

(1) 被测要素同时应用最大实体要求和可逆要求,如图 4.81(a)所示。

(2) 被测要素同时应用最小实体要求和可逆要求,如图 4.81(b)所示。

2. 被测实际轮廓遵守的理想边界

当被测要素同时应用最大实体要求和可逆要求时,被测要素遵守的边界仍是最大实体实效边界,与被测要素只应用最大实体要求时所遵守的边界相同。

同理,当被测要素同时应用最小实体要求和可逆要求时,被测要素遵守的理想边界是最小实体实效边界。

3. 尺寸公差与形状公差的关系

最大(小)实体要求应用于被测要素,其尺寸公差与几何公差的关系反映了:当被测要素的实体状态偏离了最大(小)实体状态时,可将尺寸公差的一部分或全部补偿给几何公差的关系。

可逆要求与最大(小)实体要求同时应用时,不仅具有上述的尺寸公差补偿给几何公差的关系,还具有当被测轴线或中心面的几何误差值小于给出的几何公差值时,允许相应

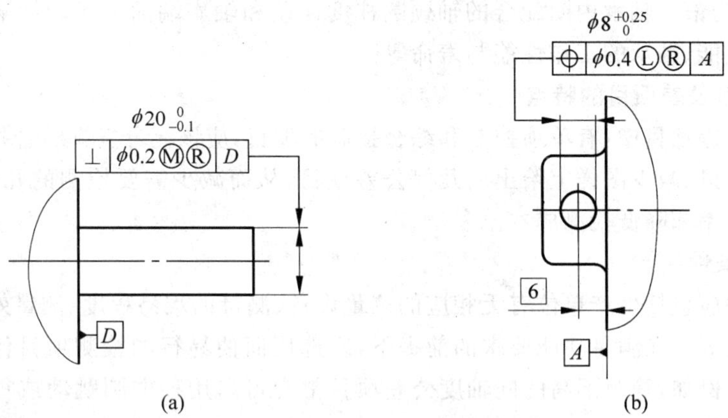

图 4.81　可逆要求的标注示例

(a) 应用最大实体要求和可逆要求；(b) 应用最小实体要求和可逆要求

的尺寸公差增大的关系。

如图 4.81(a)所示，它是同时应用最大实体要求和可逆要求的例子。设：被测要素——轴$\phi 20_{-0.1}^{\ 0}$mm 相对基准 D(端面)的垂直度误差为ϕ0.1mm。而垂直度公差值为ϕ0.2mm，那么，垂直度公差剩余的 0.1mm 可以补偿给尺寸公差，即被测轴的实际直径尺寸允许大于最大实体尺寸 20.0mm，但被测实际轮廓不得超越其最大实体实效边界。

综上所述，公差原则是解决生产第一线中尺寸公差与几何公差之间关系的常用规则。

4.4　零件几何精度设计

零件几何误差对机械产品、机械设备正常工作有很大影响，因此，正确合理地设计零件几何精度，对保证机械产品、机械设备的功能要求、提高经济效益有着十分重要的意义。

零件的几何精度设计的主要内容包括：根据零件的结构特征、功能关系、检测条件以及有关标准件的要求，选择几何公差项目；根据几何公差的相关原则选择几何公差基准；根据零件的功能和精度要求、结构特点和制造成本等，选择公差原则和确定几何公差值；并按国家标准规定进行图样标注。

4.4.1　几何公差项目的选择

在选择几何公差项目时，可以从以下几方面考虑。

1. 零件的结构特征

分析加工后零件可能存在的各种几何误差。例如，圆柱形零件会有圆柱度误差；圆锥形零件会有圆度和素线直线度误差；阶梯轴、孔类零件会有同轴度误差；零件上的孔、槽会有位置度或对称度误差等。

2. 零件的功能要求

分析影响零件功能要求的主要误差项目。例如，影响车床主轴旋转精度的主要误差是前、后轴颈的圆柱度误差和同轴度误差；车床导轨的直线度误差影响溜板的运动精度；

传动机械中，与滚动轴承内圈配合的轴颈圆柱度误差和轴肩端面圆跳动影响轴颈与轴承内圈的配合性能、轴承的工作性能与寿命等。

3. 各几何公差项目的特点

在几何公差项目中，有单项控制和综合控制的项目，应该充分发挥综合控制公差项目的功能，这样可以减少图样上给出的几何公差项目，从而减少需要检测的几何误差项目，可提高检测效率和降低检测成本。

4. 检测条件

检测条件应包括生产单位有无相应的测量设备、测量的难易程度、测量效率是否与生产批量相适应等。在满足功能要求的前提下，应选用简便易行的检测项目代替测量难度较大的项目。例如，等级不高的同轴度公差项目常常可以用径向圆跳动或径向全跳动公差项目近似代替；端面对轴线的垂直度公差项目可以用端面圆跳动或端面全跳动公差项目近似代替或代替。这样，可使测量方便。但必须注意，径向全跳动误差是同轴度误差与圆柱度误差的综合结果，故用径向全跳动量代替同轴度误差时，给出的径向全跳动公差值应略大于同轴度公差值，否则就会要求过严。用端面圆跳动量代替端面对轴线的垂直度误差值并不可靠，如采用车削加工的端面可能呈现圆锥形误差，而非平面，则该端面圆跳动量小于端面垂直度误差。这种情况，不能用端面圆跳动公差控制垂直度误差。但是，端面全跳动量和端面对轴线的垂直度误差值相同，故可以等价替代。

4.4.2 几何公差基准的选择

选择几何公差项目的基准时，主要根据零件的功能和设计要求，并兼顾基准统一原则和零件结构特征等几方面来考虑。

(1) 遵守基准统一原则，即设计基准、定位基准和装配基准是同一要素。这样，既可减少因基准不重合而产生的误差，又可简化工夹量具的设计、制造和检测过程。例如，对于阶梯轴的几何误差测量，应以加工该轴时定位安装该轴的两轴颈的公共轴线(或轴的两端中心孔的公共轴线) 作为测量基准和设计基准。

(2) 选用三基面体系时，应选择对被测要素的功能要求影响最大或定位最稳的平面(可以定位三点) 作为第一基准；影响次之或窄而长的表面(可以定位二点) 作为第二基准；影响小或短小的表面(可以定位一点) 作为第三基准。

4.4.3 公差原则的选择

选择公差原则时，应根据被测要素的功能要求，并考虑采用该种公差原则的可行性与经济性。表 4.11 列出独立原则和相关要求的应用示例，以供选择时参考。

4.4.4 几何公差等级的选择

在几何公差的国家标准中，将几何公差分为注出公差和未注公差两种。一般对几何精度要求较高时，需在图样上注出公差项目和公差值。而对几何精度要求不高，用一般机床加工能够保证精度的，则不必将几何公差在图样上注出，而由未注几何公差来控制。这样，既可以简化制图，又突出了注出公差的要求。

表 4.11　独立原则和相关要求的应用示例

公差原则	功能要求	应用示例
独立原则	尺寸精度与几何精度需要分别满足要求	减速器、齿轮传动箱体各孔的尺寸精度与各孔轴线的平行度；连杆、活塞销孔的尺寸精度与圆柱度
	尺寸精度与几何精度要求差别较大	台钻的工作台工作面到底面的尺寸精度要求低，工作台的工作面的平面度及其对底面的平行度精度要求较高； 滚筒类零件尺寸精度要求很低，形状精度要求较高； 平板形状精度要求高，而尺寸精度无要求； 冲模架的下模座尺寸精度无要求，平行度要求较高； 通油孔的尺寸精度有一定要求，形状精度无要求
	尺寸精度与几何精度无联系	滚子链条的套筒或滚子内、外圆柱轴线的同轴度与尺寸精度；传动箱体孔的尺寸精度与孔轴线间的位置精度；发动机连杆上的孔的尺寸精度与孔之间的位置精度
	保证运动精度	机床导轨的形状精度有严格的要求，尺寸精度为次要的要求
	保证密封性	汽缸套的形状精度有严格的要求，尺寸精度为次要的要求
	未注尺寸公差、未注几何公差	退刀槽、倒角、圆角等非功能要素
包容要求	保证孔、轴的配合性质	轴承与轴颈、座孔的配合；齿轮孔与传动轴颈配合等
最大实体要求	保证关联要素的孔和轴配合性质	采用零几何公差的最大实体要求
	保证被测中心要素的可装配性	轴承端盖、法兰盘上用于穿越螺栓（钉）的通孔轴线位置度项目
最小实体要求	最低强度	减速器箱盖上的吊耳孔轴线相对箱盖内壁面的位置度项目
	保证最小壁厚	滑动轴承的轴套内、外轴线的同轴度项目
可逆要求	保证零件的实际轮廓不超越最大实体实效边界，且允许超越尺寸公差的范围	

1. 几何公差等级和公差值

按国家标准 GB/T 1184—1996《形状和位置公差　未注公差值》中的规定，在几何公差各项目中，除了线轮廓度和面轮廓度两个项目未规定公差值以外，其余项目都规定了公差值。其中，除位置度一项外，其余项目还划分了 12 个公差等级（1～12 级）；圆度和圆柱度公差划分为 13 个等级，即 0 级、1 级、…、12 级，等级依次降低。各几何公差等级的公差值见表 4.12～表 4.15。位置度公差值只规定了公差数系，见表 4.16。

表 4.12　直线度、平面度公差值(GB/T 1184—1996)　　μm

主参数 L 图例

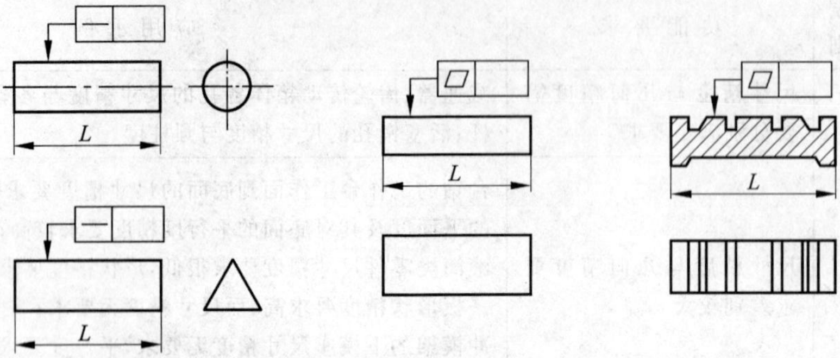

主参数 L /mm	公差等级											
	1	2	3	4	5	6	7	8	9	10	11	12
≤10	0.2	0.4	0.8	1.2	2	3	5	8	12	20	30	60
>10～16	0.25	0.5	1	1.5	2.5	4	6	10	15	25	40	80
>16～25	0.3	0.6	1.2	2	3	5	8	12	20	30	50	100
>25～40	0.4	0.8	1.5	2.5	4	6	10	15	25	40	60	120
>40～63	0.5	1	2	3	5	8	12	20	30	50	80	150
>63～100	0.6	1.2	2.5	4	6	10	15	25	40	60	100	200
>100～160	0.8	1.5	3	5	8	12	20	30	50	80	120	250
>160～250	1	2	4	6	10	15	25	40	60	100	150	300
>250～400	1.2	2.5	5	8	12	20	30	50	80	120	200	400
>400～630	1.5	3	6	10	15	25	40	60	100	150	250	500

表 4.13　圆度、圆柱度公差值(GB/T 1184—1996)　　μm

主参数 $d(D)$ 图例

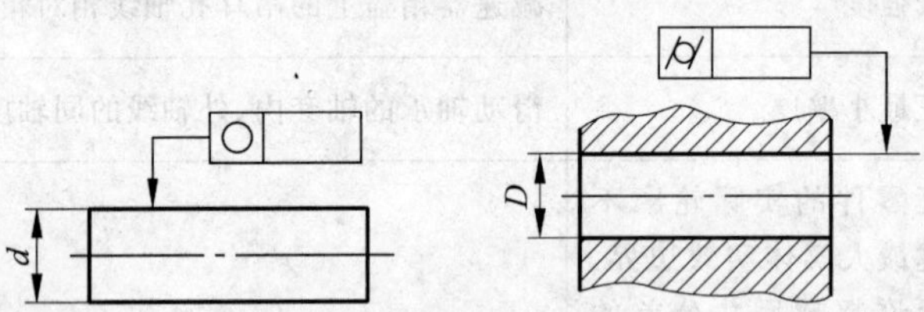

主参数 $d(D)$ /mm	公差等级												
	0	1	2	3	4	5	6	7	8	9	10	11	12
≤3	0.1	0.2	0.3	0.5	0.8	1.2	2	3	4	6	10	14	25
>3～6	0.1	0.2	0.4	0.6	1	1.5	2.5	4	5	8	12	18	30
>6～10	0.12	0.25	0.4	0.6	1	1.5	2.5	4	6	9	15	22	36
>10～18	0.15	0.25	0.5	0.8	1.2	2	3	5	8	11	18	27	43
>18～30	0.2	0.3	0.6	1	1.5	2.5	4	6	9	13	21	33	52

续表

主参数 d(D) /mm	公差等级												
	0	1	2	3	4	5	6	7	8	9	10	11	12
>30～50	0.25	0.4	0.6	1	1.5	2.5	4	7	11	16	25	39	62
>50～80	0.3	0.5	0.8	1.2	2	3	5	8	13	19	30	46	74
>80～120	0.4	0.6	1	1.5	2.5	4	6	10	15	22	35	54	87
>120～180	0.6	1	1.2	2	3.5	5	8	12	18	25	40	63	100
>180～250	0.8	1.2	2	3	4.5	7	10	14	20	29	46	72	115
>250～315	1.0	1.6	2.5	4	6	8	12	16	23	32	52	81	130
>315～400	1.2	2	3	5	7	9	13	18	25	36	57	89	140
>400～500	1.5	2.5	4	6	8	10	15	20	27	40	63	97	155

表 4.14　平行度、垂直度、倾斜度公差值(GB/T 1184—1996)　μm

主参数 $d(D)$,L 图例

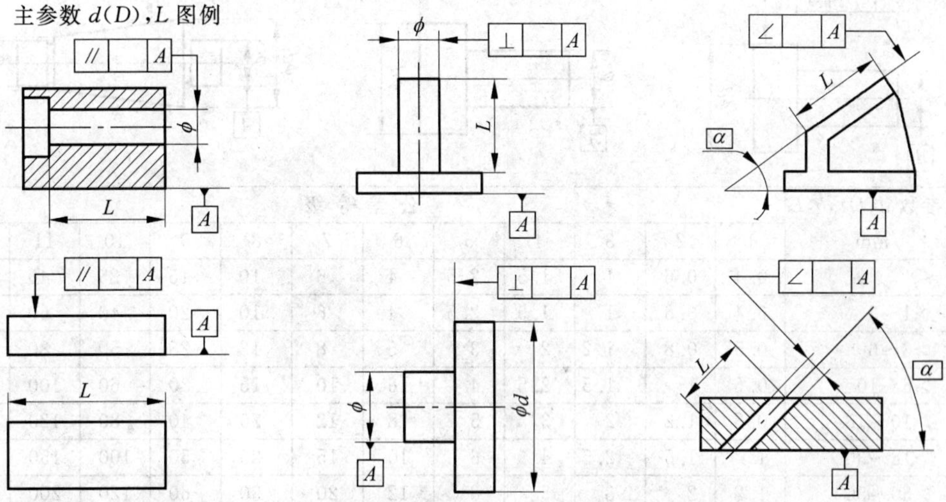

主参数 $d(D)$,L /mm	公差等级											
	1	2	3	4	5	6	7	8	9	10	11	12
≤10	0.4	0.8	1.5	3	5	8	12	20	30	50	80	120
>10～16	0.5	1	2	4	6	10	15	25	40	60	100	150
>16～25	0.6	1.2	2.5	5	8	12	20	30	50	80	120	200
>25～40	0.8	1.5	3	6	10	15	25	40	60	100	150	250
>40～63	1	2	4	8	12	20	30	50	80	120	200	300
>63～100	1.2	2.5	5	10	15	25	40	60	100	150	250	400
>100～160	1.5	3	6	12	20	30	50	80	120	200	300	500
>160～250	2	4	8	15	25	40	60	100	150	250	400	600
>250～400	2.5	5	10	20	30	50	80	120	200	300	500	800
>400～630	3	6	12	25	40	60	100	150	250	400	600	1000

表 4.15 同轴度、对称度、圆跳动和全跳动公差值(GB/T 1184—1996) μm

主参数 $d(D)$,B,L 图例

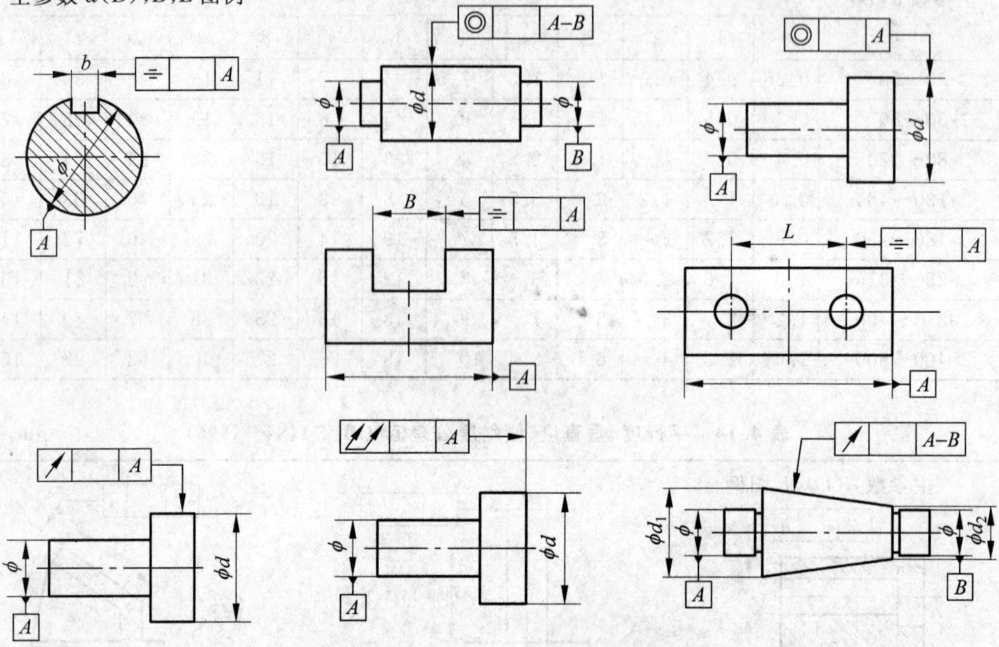

主参数 $d(D)$,b,L /mm	公差等级											
	1	2	3	4	5	6	7	8	9	10	11	12
≤1	0.4	0.6	1	1.5	2.5	4	6	10	15	25	40	60
>1~3	0.4	0.6	1	1.5	2.5	4	6	10	20	40	60	120
>3~6	0.5	0.8	1.2	2	3	5	8	12	25	50	80	150
>6~10	0.6	1	1.5	2.5	4	6	10	15	30	60	100	200
>10~18	0.8	1.2	2	3	5	8	12	20	40	80	120	250
>18~30	1	1.5	2.5	4	6	10	15	25	50	100	150	300
>30~50	1.2	2	3	5	8	12	20	30	60	120	200	400
>50~120	1.5	2.5	4	6	10	15	25	40	80	150	250	500
>120~250	2	3	5	8	12	20	30	50	100	200	300	600
>250~500	2.5	4	6	10	15	25	40	60	120	250	400	800

注:1. 当被测要素为圆锥面时,取 $d=(d_1+d_2)/2$。

2. 使用同轴度公差值时,应在表中查得的数值前加注ϕ。

表 4.16 位置度公差值数系(GB/T 1184—1996) μm

1	1.2	1.5	2	2.5	3	4	5	6	8
1×10^n	1.2×10^n	1.5×10^n	2×10^n	2.5×10^n	3×10^n	4×10^n	5×10^n	6×10^n	8×10^n

注:1. n 为正整数。

2. 表中第 1 行为系数,第 2 行是 t 值。

2. 几何公差等级(或公差值)的选择方法

几何公差等级的选择是在满足零件功能要求的前提下,尽量选取较低的公差等级。

确定几何公差值的方法有计算法和类比法。在有些情况下，可利用尺寸链来计算位置公差值，如平行度、垂直度、倾斜度、位置度、同轴度、对称度公差值等。类比法是根据零件的结构特点和功能要求，参考现有资料和经过实际生产验证的同类产品中类似零件的几何公差要求，经过分析后确定较为合理的公差值的方法。使用类比法确定几何公差值时，应注意以下几点。

(1) 形状、方向、位置、尺寸公差间的关系应相互协调，其一般原则是形状公差小于方向公差小于位置公差小于尺寸公差。但应注意特殊情况：细长轴轴线的直线度公差远大于尺寸公差；位置度和对称度公差往往与尺寸公差相当；当形状或方向或位置公差与尺寸公差相等时，对同一要素按包容要求处理。

(2) 位置公差大于方向公差。一般情况下，位置公差包含方向公差的要求，反之不然。

(3) 综合公差大于单项公差。如圆柱度公差大于圆度公差、素线和轴线直线度公差。

(4) 形状公差与表面粗糙度之间的关系也应协调。通常，中等尺寸和中等精度的零件，表面粗糙度参数 Ra 值可占形状公差的 20%～25%。

表 4.17～表 4.20 列出了一些几何公差等级的应用场合，供选择几何公差等级时参考。

表 4.17　直线度、平面度公差等级应用场合

公差等级	应用场合
1,2	用于精密量具、测量仪器以及精度要求较高的精密机械零件。如 0 级样板和平尺以及宽平尺、工具显微镜等精密测量仪器的导轨面，喷油嘴针阀体端面平面度，液压泵柱塞套端面的平面度等
3	用于 0 级及 1 级宽平尺工作面，1 级样板平尺的工作面，测量仪器圆弧导轨的直线度，测量仪器的测杆等
4	用于量具、测量仪器和机床导轨。如 1 级宽平尺、0 级平板，测量仪器的 V 形导轨，高精度平面磨床的 V 形导轨和滚动导轨，轴承磨床及平面磨床床身直线度等
5	用于 1 级平板，2 级宽平尺，平面磨床纵导轨、垂直导轨、立柱导轨和平面磨床的工作台，液压龙门刨床导轨面，转塔车床床身导轨面，柴油机进气门导杆等
6	用于 1 级平板，卧式车床床身导轨面，龙门刨床导轨面，滚齿机立柱导轨、床身导轨及工作台、自动车床床身导轨、平面磨床垂直导轨、卧式镗床和铣床工作台以及机床主轴箱导轨等工作面，柴油机进气门导杆直线度，柴油机机体上部结合面等
7	用于 2 级平板，分度值为 0.02 游标卡尺尺身的直线度，机床主轴箱体、柴油机气门导杆、滚齿机床身导轨的直线度，镗床工作台、摇臂钻底座工作台面，液压泵盖的平面度、压力机导轨及滑块工作面
8	用于 2 级平板，车床溜板箱体、机床主轴箱体、机床传动箱体、自动车床底座的直线度，汽缸盖结合面、汽缸座、内燃机连杆分离面的平面度，减速机壳体的结合面
9	用于 3 级平板，机床溜板箱、立钻工作台、螺纹磨床的挂轮架、金相显微镜的载物台、柴油机汽缸体连杆的分离面，缸盖的结合面，阀片的平面度，空气压缩机汽缸体，柴油机缸孔环面的平面度以及辅助机构及手动机械的支承面
10	用于 3 级平板，自动车床床身底面的平面度，车床挂轮架的平面度，柴油机汽缸体，摩托车的曲轴箱体，汽车变速箱的壳体与汽车发动机缸盖结合面，阀片的平面度以及液压，管件和法兰的连接面等
11,12	用于易变形的薄片零件，如离合器的摩擦片、汽车发动机缸盖的结合面等

表 4.18　圆度、圆柱度公差等级应用场合

公差等级	应用场合
1	高精度量仪主轴、高精度机床主轴、滚动轴承滚珠和滚柱面等
2	精密量仪主轴、外套、阀套,高压油泵柱塞及套,纺锭轴承,高速柴油机进、排气门,精密机床主轴轴颈,针阀圆柱表面,喷油泵柱塞及柱塞套
3	工具显微镜套管外圆,高精度外圆磨床轴承,磨床砂轮主轴套筒,喷油嘴针、阀体,高精度微型轴承内外圈
4	较精密机床主轴,精密机床主轴箱孔,高压阀门活塞、活塞销、阀体孔,工具显微镜顶针,高压液压泵柱塞,较高精度滚动轴承配合轴,铣削动力头箱体孔等
5	一般量仪主轴,测杆外圆,陀螺仪轴颈,一般机床主轴,较精密机床主轴及主轴箱孔,柴油机、汽油机活塞及活塞销孔,铣削动力头轴承箱座孔,高压空气压缩机十字头销、活塞,较低精度滚动轴承配合轴等
6	仪表端盖外圆,一般机床主轴及箱体孔,中等压力下液压装置工作面(包括泵、压缩机的活塞和汽缸),汽车发动机凸轮轴,纺机锭子,通用减速器轴颈,高速船用发动机曲轴,拖拉机曲轴主轴颈
7	大功率低速柴油机曲轴、活塞、活塞销、连杆、汽缸,高速柴油机箱体孔,千斤顶或压力液压缸活塞,液压传动系统的分配机构,机车传动轴,水泵及一般减速器轴颈
8	低速发动机、减速器、大功率曲柄轴轴颈,气压机连杆盖、体,拖拉机汽缸体、活塞,炼胶机冷铸轴辊,印刷机传墨辊,内燃机曲轴,柴油机机体孔、凸轮轴,拖拉机、小型船用柴油机汽缸套
9	空气压缩机缸体,液压传动筒,通用机械杠杆与拉杆用套筒销子,拖拉机活塞环、套筒孔
10	印染机导布辊、绞车、吊车、起重机滑动轴承轴颈等

表 4.19　平行度、垂直度公差等级应用场合

公差等级	面对面平行度应用举例	面对线、线对线平行度应用举例	垂直度应用举例
1	高精度机床,高精度测量仪器以及量具等主要基准面和工作面		高精度机床,高精度测量仪器以及量具等主要基准面和工作面
2,3	精密机床,精密测量仪器、量具以及夹具的基准面和工作面	精密机床上重要箱体主轴孔对基准面及对其他孔的要求	精密机床导轨,普通机床重要导轨,机床主轴轴向定位面,精密机床主轴肩端面,滚动轴承座孔端面,齿轮测量仪的心轴,光学分度头心轴端面,精密刀具、量具工作面和基准面
4,5	卧式车床,测量仪器、量具的基准面和工作面,高精度轴承座孔,端盖,挡圈的端面	机床主轴孔对基准面要求,重要轴承孔对基准面要求,床头箱体重要孔间要求,齿轮泵的端面等	普通机床导轨,精密机床重要零件,机床重要支承面,普通机床主轴偏摆,测量仪器、刀、量具,液压传动轴瓦端面,刀量具工作面和基准面

续表

公差等级	面对面平行度应用举例	面对线、线对线平行度应用举例	垂直度应用举例
6,7,8	一般机床零件的工作面和基准面,一般刀、量、夹具	机床一般轴承孔对基准面要求,主轴箱一般孔间要求,主轴花键对定心直径要求,刀、量、模具	普通精度机床主要基准面和工作面,回转工作台端面,一般导轨,主轴箱体孔、刀架、砂轮架及工作台回转中心,一般轴肩对其轴线
9,10	低精度零件,重型机械滚动轴承端盖	柴油机和煤气发动机的曲轴孔、轴颈等	花键轴轴肩端面,传动带运输机法兰盘等端面、轴线,手动卷扬机及传动装置中轴承端面,减速器壳体平面等
11,12	零件的非工作面,绞车、运输机上用的减速器壳体平面		农业机械齿轮端面等

注:1. 在满足设计要求的前提下,考虑到零件加工的经济性,对于线对线和线对面的平行度和垂直度公差等级,应选用低于面对面的平行度和垂直度公差等级。

2. 使用本表选择面对面平行度和垂直度时,宽度应不太于1/2长度;若大于1/2,则降低一级公差等级选用。

表 4.20 同轴度、对称度、径向圆跳动公差等级应用场合

公差等级	应用场合
5,6,7	这是应用范围较广的公差等级。用于几何精度要求较高、尺寸公差等级为IT8及高于IT8的零件。5级常用于机床轴颈,计量仪器的测量杆,汽轮机主轴,柱塞液压泵转子,高精度滚动轴承外圈,一般精度滚动轴承内圈,回转工作台端面跳动。7级用于内燃机曲轴、凸轮轴、齿轮轴、水泵轴、汽车后轮输出轴,电动机转子、印刷机传墨辊的轴颈,键槽
8,9	常用于几何精度要求一般,尺寸公差等级IT9至IT11的零件。8级用于拖拉机发动机分配轴轴颈,与9级精度以下齿轮相配的轴,水泵叶轮,离心泵体,棉花精梳机前后滚子,键槽等。9级用于内燃机汽缸套配合面,自行车中轴

位置度公差的确定方法:对于用螺栓或螺钉连接的两个或两个以上的零件,被连接零件的位置度公差值按(GB/T 13319—2003)给出的计算方法确定,它适用于呈任何分布形式的内、外相配要素,并保证装配互换。

用螺栓联结时,被联结零件上的孔均为通孔,其孔径大于螺栓的直径,位置度公差的计算公式为

$$t \leqslant K \times X_{\min}$$

式中,t——位置度公差;

$X_{\min}$——光孔与螺栓间的最小间隙;

K——间隙利用系数,K 的推荐值:不需调整的连接 $K=1$,需要调整的连接 $K=0.8$ 或 $K=0.6$。

用螺钉联结时,被联结零件中有一个零件上的孔是螺孔,而其余零件上的孔均为光孔,其孔径大于螺钉直径,位置度公差的计算公式为

$$t \leqslant 0.5\ K \times X_{\min}$$

按以上公式计算确定的位置度公差值,经圆整后按表 4.16 选择位置度公差值数系。

3. 未注形位公差的规定

图样上没有具体注明几何公差值的要素,其几何精度由未注几何公差控制。国家标准 GB/T 1184—1996 将未注几何公差分为 H,K,L 3 个公差等级,精度依次降低。直线度、平面度、垂直度、对称度和圆跳动的未注公差值分别见表 4.21～表 4.24。

表 4.21　直线度、平面度的未注公差值(GB/T 1184—1996)　　mm

公差等级	基本长度范围					
	～10	>10～30	>30～100	>100～300	>300～1000	>1000～3000
H	0.02	0.05	0.1	0.2	0.3	0.4
K	0.05	0.1	0.2	0.4	0.6	0.8
L	0.1	0.2	0.4	0.8	1.2	1.6

表 4.22　垂直度的未注公差值(GB/T 1184—1996)　　mm

公差等级	基本长度范围			
	≤100	>100～300	>300～1000	>1000～3000
H	0.2	0.3	0.4	0.5
K	0.4	0.6	0.8	1
L	0.6	1	1.5	2

表 4.23　对称度的未注公差值(GB/T 1184—1996)　　mm

<table>
<tr><th rowspan="2">公差等级</th><th colspan="4">基本长度范围</th></tr>
<tr><th>≤100</th><th>>100～300</th><th>>300～1000</th><th>>1000～3000</th></tr>
<tr><td>H</td><td colspan="4">0.5</td></tr>
<tr><td>K</td><td colspan="2">0.6</td><td>0.8</td><td>1</td></tr>
<tr><td>L</td><td>0.6</td><td>1</td><td>1.5</td><td>2</td></tr>
</table>

表 4.24　圆跳动的未注公差值(GB/T 1184—1996)　　mm

公差等级	圆跳动公差值
H	0.1
K	0.2
L	0.5

圆度的未注公差值等于工件直径公差值,但不能大于表 4.24 中的径向圆跳动的未注公差值。

圆柱度的未注公差值不作规定,原因是圆柱度误差是由圆度、直线度和相对素线的平行度误差综合形成的,而这 3 项误差均分别由它们的注出公差或未注公差控制。如果对圆柱度有较高的要求,则可以采用包容要求或注出圆柱度公差值。

平行度的未注公差值等于给出的尺寸公差值或是直线度和平面度未注公差值中的较

大者。应取两要素中较长者作为基准，若两要素长度相等则可任选其一为基准。

标准对同轴度的未注公差值未作规定，可用径向圆跳动的未注公差值加以控制。

同样，标准对线轮廓度、面轮廓度、倾斜度、位置度和全跳动的未注公差值均不作规定，它们均由各要素的注出公差或未注线性尺寸公差或角度公差控制。

未注公差值的图样表示法为在标题栏附近或在技术要求、技术文件(如企业标准)中注出“标准号及公差等级代号”。如选用 H 级，则标注为 GB/T 1184—H。

4.4.5　几何精度设计应用实例

【例 4.1】 选择图 2.17 台钻中花键套筒零件的几何公差以及公差原则项目，并进行正确标注。

【解】

1. 分析花键套筒零件在台钻工作中的工作要求

由于花键套筒在传递运动和转矩的过程中，要求具有一定的旋转精度，因此对花键套筒上各主要轴颈的相对位置提出一定的要求：

(1) 两处轴承位——ϕ25j6 轴颈是花键套筒上比较重要表面，不仅有形状要求，而且还有位置要求。

为了保证此处与轴承内圈的配合性质，对于尺寸公差与形状公差之间关系要求应用“公差原则”中的包容要求，而且，还要提出对轴颈的圆柱度公差要求(见第 2.4 节)。

(2) 轴颈ϕ25j6(与轴承内圈内径配合) 和轴颈ϕ24k7(和皮带塔轮相配合)应保持一定精度的同轴的位置关系。

(3) 为使主轴上的花键轴部分在花键套筒内能顺畅左右滑动(见图 1.1)，要求轴颈ϕ25j6 与花键孔大径(大径定心) 的轴线应保持同轴的位置关系。

(4) 轴肩ϕ30 两端面应分别与ϕ25j6 和ϕ24k7 的轴线垂直，以保证在轴承和皮带塔轮安装时端面接触良好。

2. 几何公差的选择

1) 基准的选择

花键套筒上的各轴线在径向上保证相对位置。该零件属套类零件，基准选择分析如下。

(1) 以轴承位ϕ25j6 轴线为基准。为了保证位置精度，一般选择尺寸、形状精度较高的几何要素作为基准。按照花键套筒工作的功能要求，轴承位ϕ25 精度要求较高，应以该轴线为基准。但是，以轴承位ϕ25j6 轴线为基准，测量花键孔相对其位置误差，难度较大。

(2) 以花键孔大径(定心直径) 轴线作为基准。测量时，用花键心轴与花键孔配合，花键心轴两端上有中心孔，用顶尖定位花键孔心轴。这样，很方便地测量ϕ25j6 和ϕ24k7 相对基准的位置误差。但是，花键心轴形状复杂，设计、制造难度大，成本高。所以，以花键孔的定心直径的轴线为基准，适用台钻批量较大的场合。

(3) 花键套筒上ϕ30 轴肩左、右端面的垂直度要求的基准选取。按照该处的功能要求，轴肩左端面应以其左侧ϕ25j6 的轴线为基准，而轴肩右端面应以ϕ24k7 轴线为基准。测量时，分别定位，测量效率较低。若选择花键孔大径(定心直径)轴线为基准，则可在被测工件一次定位、装夹之后，测量多项径向、端面圆跳动量，效率高。但是，某些项目的位置精度是间接保证的。如图2.17所示,轴肩左端面对ϕ25j6轴线的垂直度要求是间接保证的,测量精度受到一定的影响。

分析比较后,采用花键孔大径(定心直径)轴线为基准,见图2.17。

2) 公差项目的选择

根据花键套筒上各轴颈的相互位置要求,应选择同轴度公差项目。但从测量的难易程度考虑,测量同轴度误差难度大。在中、小企业中,多采用径向圆跳动公差项目代替同轴度公差项目。由第4.2节可知,测量径向圆跳动量简便易行,使用常规、价廉的计量器具——偏摆检查仪,测量费用低。

同理,花键套筒轴肩ϕ30左端面、右端面相对花键孔大径(定心直径)轴线的垂直要求也可采用端面圆跳动项目来保证。

3) 几何公差等级的选择

根据几何公差等级选择原则,在满足零件功能要求的前提下,尽量选取较低的公差等级。

花键套筒上轴承位相对基准的位置精度对钻头旋转精度影响比主轴小些,加之花键孔的加工难度大。综合考虑各种因素,慎重选择几何公差等级。

轴承位的ϕ25j6轴线相对基准的径向圆跳动公差等级选择7级,主参数$d=\phi 25$mm,查表4.15,径向圆跳动公差值为0.015mm。

考虑到塔轮旋转精度要求不高(皮带为柔性材料),ϕ24k7轴线相对基准的径向圆跳动公差等级选择8级。主参数$d=\phi 24$mm,查表4.15,径向圆跳动公差值为0.025mm。

轴肩ϕ30右端面的圆跳动公差等级取9级,主参数$d=\phi 30$mm,查表4.15,端面圆跳动公差值为0.05mm。轴肩ϕ30左端面的圆跳动公差已在第2.4节中介绍。

3. 几何公差标注

几何公差标注见图2.17花键套筒零件示意图。

【例4.2】 选择图2.23台钻主轴箱零件局部几何要素的几何公差以及公差原则项目,并进行正确标注。

【解】

1. 分析

由图1.1可知,主轴箱是台钻中重要零件,它将花键套筒、齿条套筒、主轴联系在一起,其位置、运动精度靠它们之间的几何量公差加以保证。

根据台钻的工作要求,主轴箱上几处几何要素有如下要求:

(1) ϕ50孔的轴线与ϕ52JS7孔的轴线同轴。

(2) 主轴箱ϕ50孔的右端面(见图1.1)相对ϕ50孔的轴线应垂直,便于主轴箱“一面两销”定位、加工。因此,选择ϕ50孔轴线、右端面作为基准。

2. 几何公差的选择

(1) ϕ52JS7孔的轴线对ϕ50孔的轴线相互位置公差选取同轴度公差项目,公差等级选择7级,主参数在>50~120,由表4.15可得,公差数值为0.025mm。

(2) 主轴箱右端面相对ϕ50孔的轴线垂直度公差等级取8级,主参数(约70mm左右)在>63~100,由表4.14可得,公差数值0.06mm。

3. 图样标注

将上述选择结果标注在图 2.23 主轴箱零件示意图上。

本章实训

在"第 2 章实训内容——选择和确定公差与配合"的基础上，对图 1.1 中主轴、齿条套筒上各几何要素进行几何精度设计，选择基准、几何特征和公差等级，确定尺寸公差与几何公差之间的关系——公差原则应用，并在零件图（见图 2.24 和图 2.25）上进行正确地标注。

习　　题

1. 填空题

(1) 轴的最大实体尺寸为________尺寸，孔的最大实体尺寸为________尺寸。

(2) 形状误差应按________评定，这时用________的宽度或直径表示形状误差值。

(3) 独立原则是指图样上被测要素给出的尺寸公差与________各自独立，彼此无关，应分别满足要求的公差原则。这时，尺寸公差只控制________尺寸，不控制要素本身的________。

(4) 最大实体要求应用于被测要素时，其实际轮廓不得超越________边界，其实际尺寸不得超出________尺寸。

(5) 公差原则中，________要求通常用于保证孔、轴配合性质的场合；________要求通常用于只要求装配互换的几何要素。

(6) 在直线度公差中，给定平面内的公差带形状为________；给定方向上的公差带形状为________；任意方向上的公差带形状为________。

(7) 端面全跳动公差控制端面对基准轴线的________误差，也控制端面的________误差。

(8) GB/T 4249—2009 规定，《公差原则》中的相关要求包括：________、________、________及可逆要求。

(9)《公差原则》中的包容要求规定：孔、轴的提取组成要素不得超越其________，且孔、轴的局部尺寸不得超出________。

(10) 写出在课程实验中，测量下列误差或偏差的计量器具名称：

① 直线度误差测量：________________；

② 三项圆跳动量测量：________________；

③ 光滑极限量规外径尺寸的测量：________________；

④ 较高精度的孔径尺寸测量：________________；

⑤ 线对面的平行度误差的测量：________________；

⑥ 连杆大、小头孔轴线平行度误差的测量：________________。

2. 选择题

(1) 几何公差中的方向公差带可以综合控制被测要素的(　　)。

A. 形状和位置误差　　B. 形状和方向误差

C. 方向和位置误差　　D. 形状误差和跳动

(2) 为保证使用要求,应规定轴的键槽两侧面的中心平面对基准轴线的(　　)。

A. 平行度公差　B. 垂直度公差　C. 倾斜度公差　D. 对称度公差

(3) 可以根据具体情况规定不同形状的公差带的几何公差特征项目是(　　)。

A. 直线度　B. 平面度　C. 圆度　D. 同轴度

(4) 某被测平面的平面度误差为0.04mm,则它对基准平面的平行度误差一定(　　)。

A. 不小于0.04mm　　B. 不大于0.04mm

C. 大于0.04mm　　D. 小于0.04mm

(5) 用立式光学比较仪测量光滑极限量规外径尺寸的测量方法是(　　)、(　　);用内径百分表测量孔径的测量方法是(　　)、(　　)。

A. 直接测量法　B. 间接测量法　C. 绝对测量法　D. 相对测量法

(6) 被测轴线的直线度公差与它对基准轴线的同轴度公差的关系应是(　　)。

A. 前者一定等于后者　　B. 前者一定大于后者

C. 前者不得大于后者　　D. 前者小于后者

(7) 位置公差带可以综合控制被测要素的(　　)。

A. 形状误差和位置误差　　B. 形状误差、方向误差和位置误差

C. 方向误差和位置误差　　D. 形状误差、方向误差和距离尺寸偏差

(8) 若某轴一横截面内实际轮廓由直径分别为ϕ20.05 mm与ϕ20.03mm的两同心圆包容而形成最小包容区域,则该轮廓的圆度误差值为(　　)。

A. 0.02mm　B. 0.01mm　C. 0.015mm　D. 0.005mm

(9) 在坐标测量仪上测得某孔圆心的实际坐标值(x,y),将该坐标值分别减去确定该孔圆心的理想位置的理论正确尺寸L_x、L_y,得到实际坐标值对理想位置坐标值的偏差$\Delta_x=x-L_x=+3\mu m$,$\Delta_y=y-L_y=-4\mu m$,于是被测圆心的位置度误差为ϕ(　　)。

A. 2.5μm　B. 5μm　C. 10μm　D. 25μm

(10) 在图样上标注被测要素的几何公差,若几何公差值前面加“ϕ”,则几何公差带的形状为(　　)。

A. 两同心圆　　B. 两同轴圆柱

C. 圆形或圆柱形或球　　D. 圆形、圆柱形

(11) 孔的轴线在任意方向上的位置度公差带的形状是(　　),圆度公差带的形状是(　　)。

A. 两同心圆　　B. 圆柱

C. 两平行平面　　D. 相互垂直的两组平行平面

(12) 评定垂直度误差应采用(　　)。

A. 最小包容区域法　　B. 定向最小包容区域法

C. 三点法　　D. 定位最小包容区域法

(13) 测得实际被测轴线至基准轴线的最大偏移量为 5μm，最小偏移量为 3μm，则该实际被测轴线相对于该基准轴线的同轴度误差为φ(　　)。当某一被测实际直线至基准直线的最大距离为 9.006mm，最小距离为 9.001mm，则被测轴线对基准轴线的平行度误差为(　　)。

A. 5μm　　B. 6μm　　C. 10μm　　D. 12μm

(14) 若某圆柱轮廓相对两端中心孔的公共轴线径向圆跳动量为 0.08mm，则圆柱该截面上的圆心对基准轴线的同心度误差一定(　　) 0.08mm，该截面上的圆度误差一定(　　)0.08mm。

A. 不大于　　B. 等于　　C. 小于　　D. 大于　　E. 不小于

3. 标注题

(1) 试将下列各项几何公差要求标注在习题图 4.1 上：

① φ100h8 圆柱面对φ40H7 孔轴线的径向圆跳动公差为 0.018mm；

② φ40H7 孔遵守包容要求，圆柱度公差为 0.007mm；

③ 左、右两凸台端面对φ40H7 孔轴线的圆跳动公差均为 0.012mm；

④ 轮毂键槽对称中心面对φ40H7 孔轴线的对称度公差为 0.02mm。

(2) 试将下列各项几何公差要求标注在习题图 4.2 上：

① 2×φ*d* 轴线对其公共轴线的同轴度公差均为φ0.02mm；

② φ*D* 轴线对 2×φ*d* 公共轴线的垂直度公差为 0.01/100mm；

③ φ*D* 轴线对 2×φ*d* 公共轴线的对称度公差为 0.02mm。

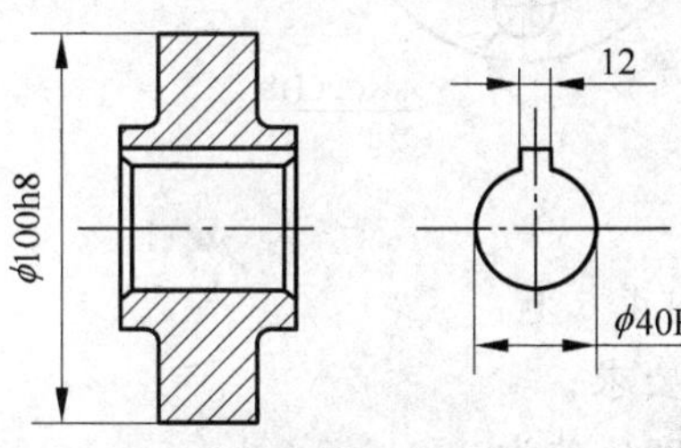

习题图 4.1

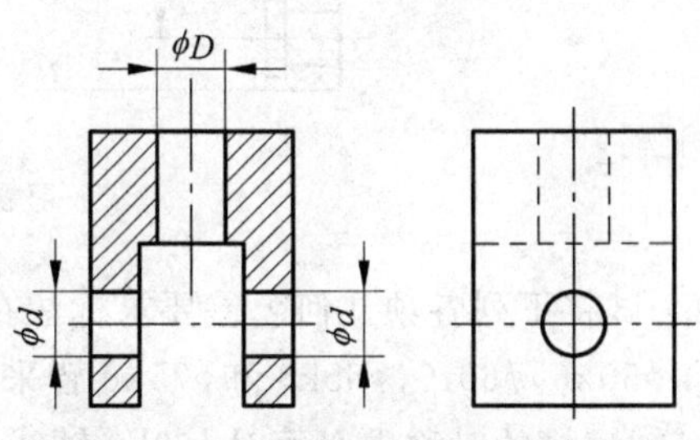

习题图 4.2

(3) 试将下列各项几何公差要求标注在习题图 4.3 上：

① 圆锥面 *A* 的圆度公差为 0.006mm、圆锥素线的直线度公差为 0.005mm，圆锥面 *A* 轴线对φ*d* 轴线的同轴度公差为φ0.01mm；

② φ*d* 圆柱面的圆柱度公差为 0.009mm，φ*d* 轴线的直线度公差为φ0.012mm；

③ 右端面 *B* 对φ*d* 轴线的圆跳动公差为 0.01mm。

(4) 试将下列各项几何公差要求标注在习题图 4.4 上：

① φ32 圆柱面对两处φ20 轴颈的公共轴线的径向圆跳动公差为 0.015mm；

② 两个φ20 轴颈的圆柱度公差 0.01mm；

③ φ32 左、右端面对两处φ20 轴颈的公共轴线的端面圆跳动公差为 0.02mm；

④ 键槽(宽 10) 的中心平面对φ32 轴线的对称度误差不大于 0.015mm。

(5) 试将下列各项几何公差要求标注在习题图 4.5 上：

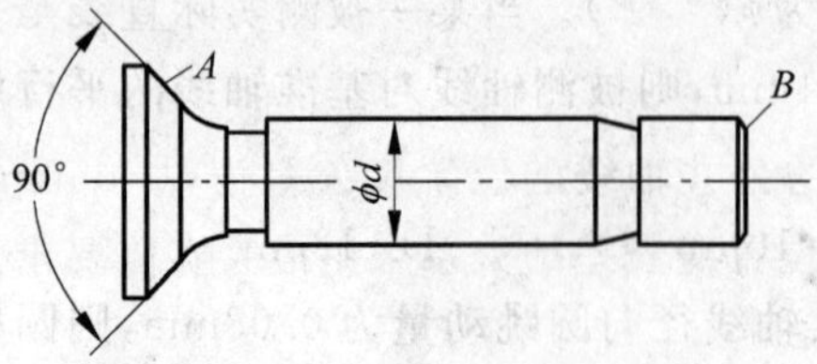

习题图 4.3

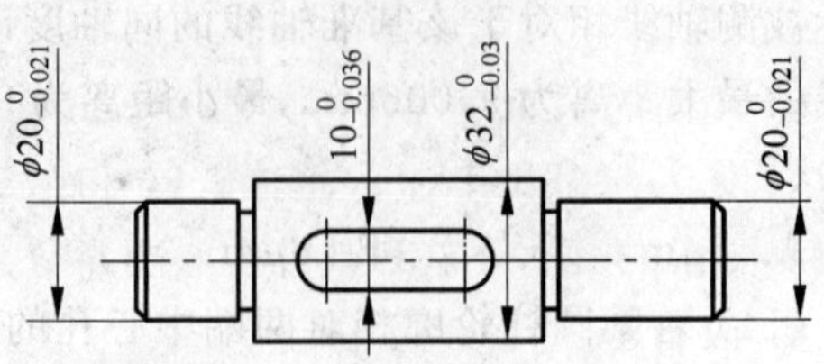

习题图 4.4

① 左端面的平面度公差为 0.01mm；

② 右端面对左端面的平行度误差不大于 0.04mm；

③ ϕ70 孔按 H7 遵守包容要求，ϕ210mm 外圆柱按 h7 遵守独立原则；

④ ϕ70 孔轴线对左端面的垂直度公差为ϕ0.02mm；

⑤ ϕ210 外圆柱的轴线对ϕ70 孔轴线的同轴度公差为ϕ0.03mm；

⑥ 4×ϕ20H8 孔轴线对左端面与ϕ70 孔轴线的位置度公差为ϕ0.15mm(要求均匀分布)，被测轴线的位置度公差与ϕ20H8，ϕ70H7 尺寸公差的关系应用最大实体要求。

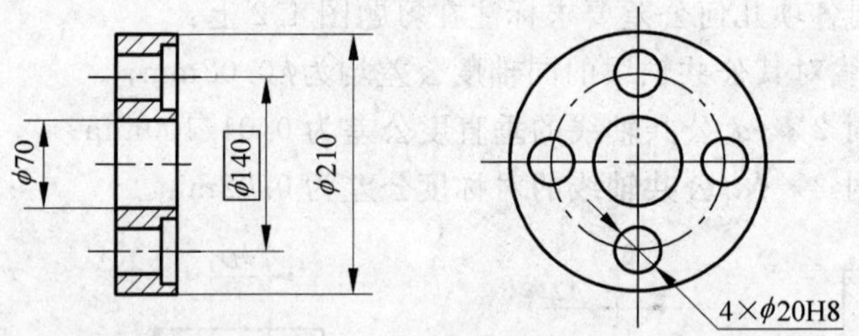

习题图 4.5

(6) 试将下列各项几何公差要求标注在习题图 4.6 上：

① ϕ50k6，ϕ60r6，ϕ65k6 和ϕ75k6 皆采用包容要求；

② 轴键槽的对称中心面对ϕ50k6 轴线的对称度公差为 0.04mm；

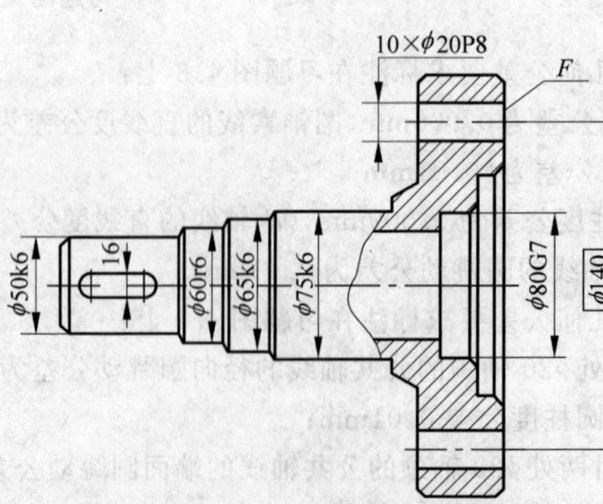

习题图 4.6

③ ϕ60r6 圆柱面和ϕ80G7 孔对ϕ65k6 和ϕ75k6 的公共轴线的径向圆跳动公差为 0.025mm；

④ F 面的平面度误差不大于 0.02mm；

⑤ 10×ϕ20P8 孔对 F 面、ϕ65k6 和ϕ75k6 的公共轴线的位置度公差为ϕ0.05mm，而且被测要素的尺寸公差和基准中心要素分别与位置度公差的关系采用最大实体要求。

4. 改错题

分别改正习题图 4.7 所示几何公差标注的错误（几何公差项目不允许变更或删除）。

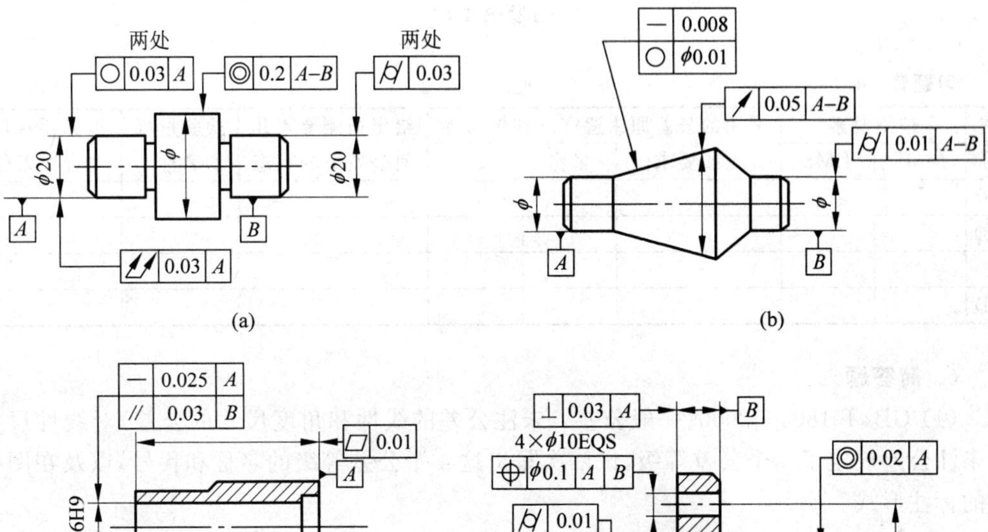

习题图 4.7

5. 填表题

试根据习题图 4.8 所示 4 个图样标注，填写习题表 4.1 中各项内容。

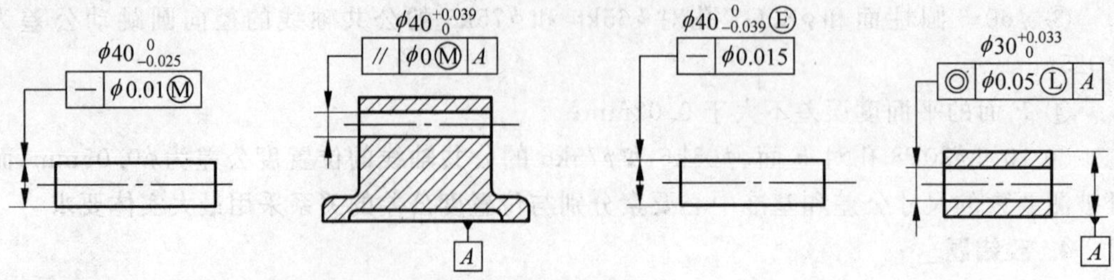

习题图 4.8

习题表　4.1　　mm

图号	被测要素		采用的公差原则或要求	遵守的理想边界		给出被测要素几何公差值的状态	检验量规名称	被测要素尺寸合格条件
	MMS	LMS		名称	尺寸			
(a)								
(b)								
(c)								
(d)								

6. 简答题

(1) GB/T 1804—2000《一般公差　未注公差的线性和角度尺寸的公差》对线性尺寸的未注公差规定了 4 个公差等级，试依次写出这 4 个公差等级的名称和代号，以及在图样上的标注形式。

(2) 在被测要素定位公差已给定的情况下，如何给出定向和形状公差？为什么？

7. 计算题

(1) 用分度值为 0.001mm 千分表测量长度为 2m 的平尺(见习图题 4.9)，读数值(单位：μm) 为：0，+2，+2，0，−0.5，−0.5，+2，+1，+3。试按最小条件和两端点连线法分别评定该平尺的直线度误差值。

(2) 用分度值为 0.02mm/m 的水平仪测量一零件的平面度误差。按网络布线，共测 9 点，如习题图 4.10(a) 所示。在 X 方向和 Y 方向测量所用桥板的跨距皆为 200mm，各测点的读数(单位：格) 见习题图 4.10(b)。试按最小条件评定该被测表面的平面度误差值。

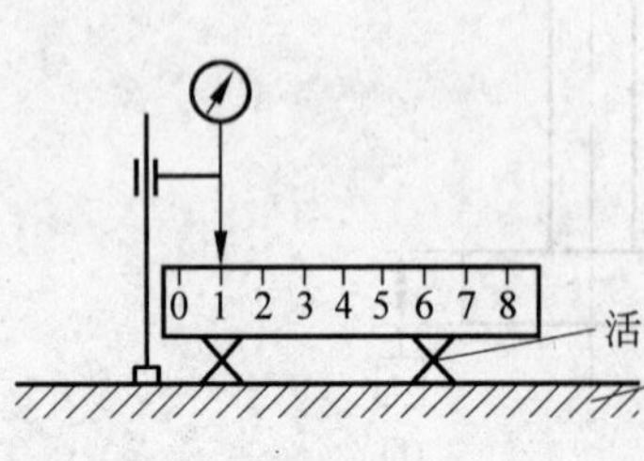

习题图 4.9

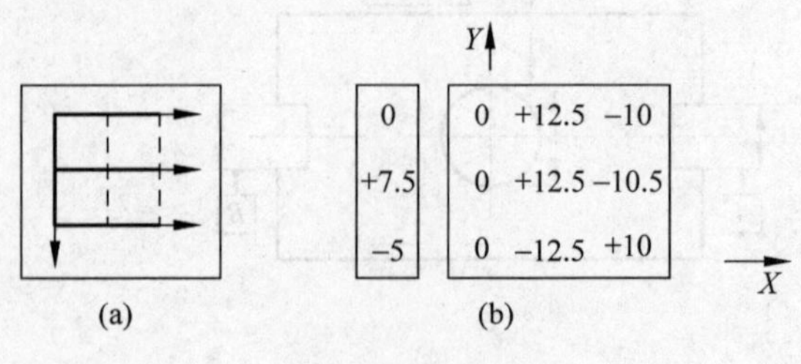

习题图 4.10

(3) 见习题图 4.11，用分度值为 0.02mm/m 的水平仪测量工件平行度误差，所用桥板的跨距为 200mm。分别测量基准要素 D 与被测要素 B，测得的各测点读数(单位：格) 见习题表 4.2。试用图解法求解被测要素的平行度误差值。

习题表 4.2

测点序号	0	1	2	3	4	5	6	7	8
基准要素 D 读数/格	+1	−1.5	+1	−3	+2	−1.5	+0.5	0	−0.5
被测要素 B 读数/格	0	+2	−3	+5	−2	+0.5	−2	+1	0

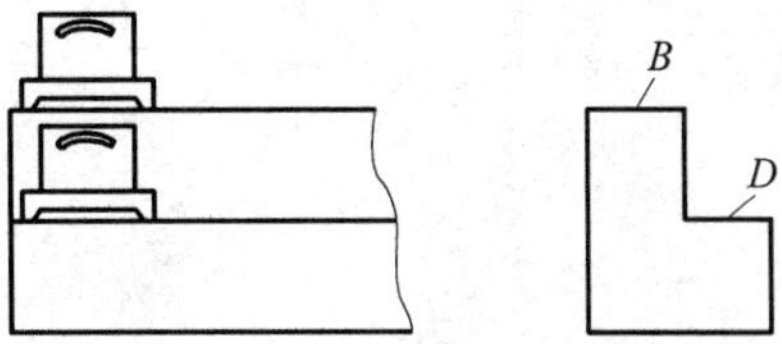

习题图 4.11

(4) 用工具显微镜或投影仪按直角坐标法测量习题图 4.12(a) 所示零件(薄钢板) 的位置度误差。习题图 4.12(b) 所示为某实际零件测得各孔圆心的实际坐标尺寸,如习题表 4.3 所列。试确定该零件上各孔圆心的位置度误差值,并判断各孔及该零件合格与否。(将计算值填入习题表 4.3 中)

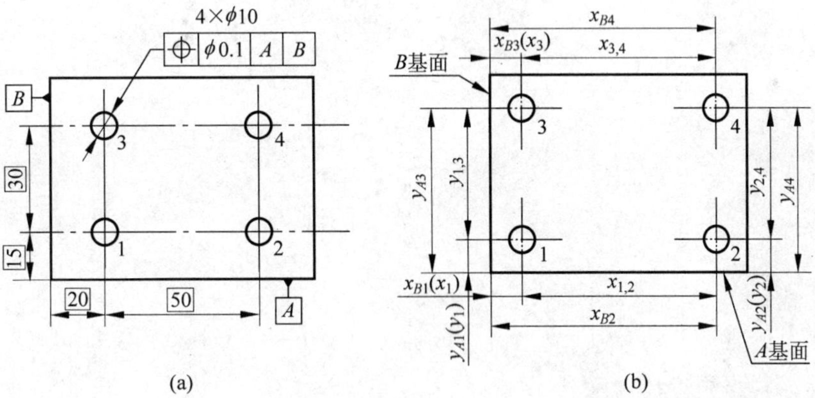

习题图 4.12

(a) 零件图样标注；(b) 某一实际零件

习题表 4.3　　mm

各孔序号	测点代号	测量读数	以 A 或 B 为基面测量的坐标代号	坐标值	各孔位置度误差值	各孔的合格性
1	x_{B1}	20.05	x_{B1}			
	y_{A1}	15.05	y_{A1}			
2	$x_{1,2}$	49.95	x_{B2}			
	y_{A2}	15.05	y_{A2}			
3	x_{B3}	19.97	x_{B3}			
	$y_{1,3}$	29.99	y_{A3}			
4	$x_{3,4}$	50.05	x_{B4}			
	$y_{2,4}$	29.97	y_{A4}			
结论			该零件合格性			

(5) 根据习题图 4.13(a) 中标注,测量实际零件(见习题图 4.13(b))的对称度误差,测得 Δ=0.03mm。试求:对称度误差值,是否超差?指出图(b)中基准要素和被测要素。

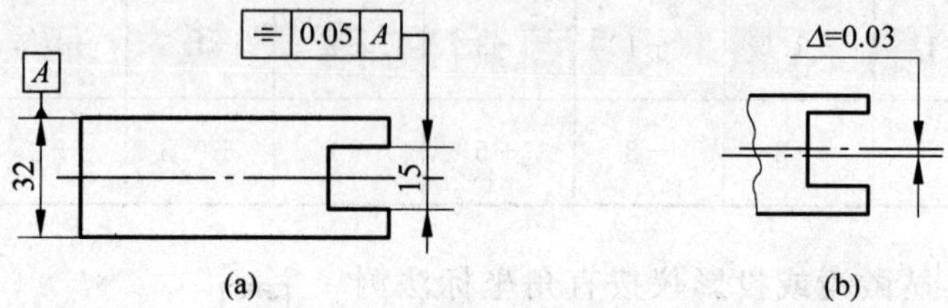

习题图 4.13

第 5 章　表面粗糙度及其检测

本章要点及学习指导

(1) 表面粗糙度的含义及其对机器零件使用性能的影响。

(2) 表面粗糙度的评定参数及其数值的选用。

(3) 表面粗糙度的测量。

(4) 表面粗糙度要求在图纸上的标注。

5.1 概　述

5.1.1 表面粗糙度的概念

表面粗糙度反映的是零件表面微观几何形状误差。表面粗糙度是评定机械零件和产品质量的一个重要指标。

在机械加工过程中，由于刀痕、切削过程中切屑分离时的塑性变形、工艺系统中的高频振动、刀具和被加工面的摩擦等原因，会使被加工零件的表面产生微小的峰谷。这些微小峰谷的高低程度和间距状况称为表面粗糙度(也称为微观不平度)。

被加工零件表面的形状是复杂的，要对表面粗糙度轮廓进行界定。平面与实际表面相交所得的轮廓线，称为表面轮廓，如图 5.1 所示。

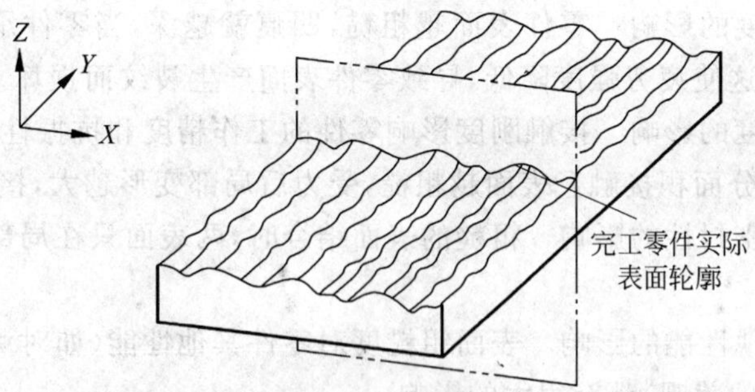

图 5.1　表面轮廓

表面轮廓一般包括表面粗糙度、表面波纹度和形状误差，可以按波距(波形起伏间距) λ 来划分：波距 $\lambda<1$mm 属于表面粗糙度(微观几何形状误差)，波距 λ 在 1～10mm 属于表面波纹度(中间几何形状误差)，波距 $\lambda>10$mm 属于形状误差(宏观几何形状误差)。如图 5.2 所示，将某工件表面的一段实际轮廓按波距 λ 的大小分解为 3 部分。

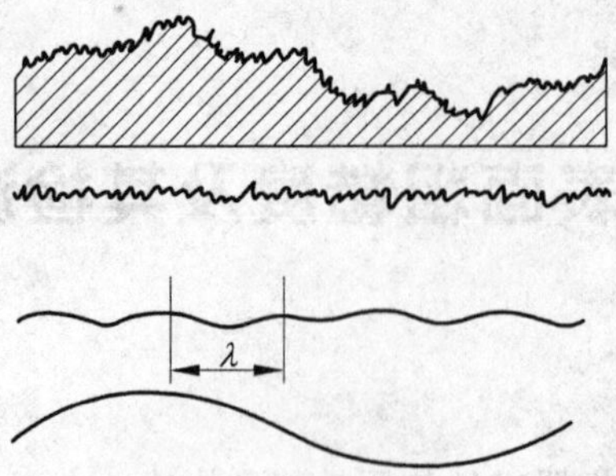

图 5.2　零件表面实际表面轮廓及其组成

5.1.2　表面粗糙度对零件使用性能的影响

表面粗糙度对机械零件使用性能和寿命都有很大的影响，尤其是对在高温、高压和高速条件下工作的机械零件影响更大，其影响主要表现在以下几个方面。

(1) 对摩擦和磨损的影响　一般来说，零件表面越粗糙，则摩擦阻力越大，零件的磨损也越快。但是需要指出，并不是零件表面越光滑，其摩擦阻力(或磨损量)就一定越小。因为摩擦阻力(或磨损量)除受表面粗糙度影响外，还与磨损下来的金属微粒的刻划作用、润滑油被挤出以及分子间的吸附作用等因素有关。所以，特别光滑表面的摩擦阻力增大，或磨损有时反而加剧。

(2) 对配合性能的影响　对于间隙配合，相对运动的表面因其粗糙不平而迅速磨损，致使间隙增大；对于过盈配合，表面轮廓峰顶在装配时容易被挤平，使实际有效过盈量减小，致使联结强度降低。因此，表面粗糙度影响配合性质的稳定性。

(3) 对抗腐蚀性的影响　粗糙的表面，易使腐蚀性物质存积在表面的微观凹谷处，并渗入到金属内部，致使腐蚀加剧。因此，要增强零件表面抗腐蚀的能力，必须要提高表面质量。

(4) 对疲劳强度的影响　零件表面越粗糙，凹痕就越深，当零件承受交变载荷时，对应力集中很敏感。这使疲劳强度降低，导致零件表面产生裂纹而损坏。

(5) 对接触刚度的影响　接触刚度影响零件的工作精度和抗振性。由于表面粗糙度使表面间只有一部分面积接触。表面越粗糙，受力后局部变形越大，接触刚度也越低。

(6) 对结合面密封性的影响　粗糙的表面结合时，两表面只在局部点上接触，中间有缝隙，影响密封性。

(7) 对零件其他性能的影响　表面粗糙度对零件其他性能(如对测量精度、流体流动的阻力及零件外形的美观)都有很大的影响。

因此，为了保证机械零件的使用性能及寿命，在对零件进行精度设计时，必须合理地提出表面粗糙度的要求。

5.2　表面粗糙度的评定

经加工获得的零件表面的粗糙度是否满足使用要求，需要进行测量和评定。本节将介绍表面粗糙度的术语、定义和表面粗糙度的评定参数。

5.2.1　基本术语和定义

为了客观统一地评定表面粗糙度，首先要明确表面粗糙度的相关术语及定义。

1. 轮廓滤波器

轮廓滤波器是指把轮廓分成长波和短波成分的滤波器。根据滤波器的功能，将滤波器分为如下 3 种(见图 5.3)。它们的传输特性相同，截止波长不同。

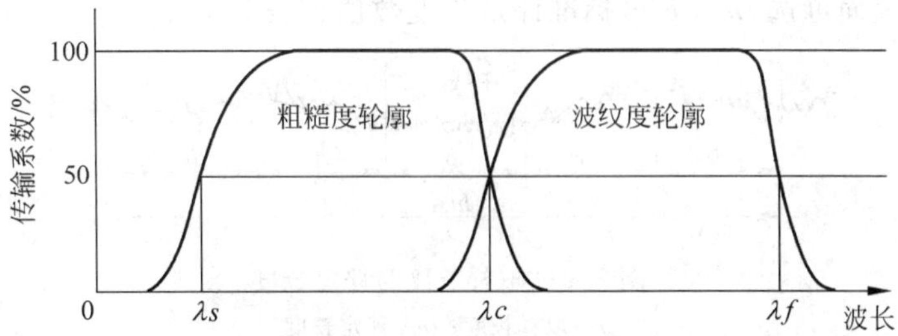

图 5.3　粗糙度和波纹度轮廓的传输特性

(1) λs 滤波器　确定存在于表面上的表面粗糙度与比它更短的波的成分之间相交界限的滤波器。

(2) λc 滤波器　确定表面粗糙度与波纹度成分之间相交界限的滤波器。

(3) λf 滤波器　确定存在于表面上的波纹度与比它更长的波的成分之间相交界限的滤波器。

2. 轮廓传输带

轮廓传输带是指当两个不同截止波长的相位修正滤波器应用到轮廓上时，幅值传输超过 50%以上的正弦轮廓波长的范围。即传输带是两个定义的滤波器之间的波长范围，例如可表示为：0.00025～0.8mm。短截止波长的轮廓滤波器保留长波轮廓成分，长截止波长的轮廓滤波器保留短波轮廓成分。短波轮廓滤波器的截止波长 λs，长波轮廓滤波器的截止波长 $\lambda c = lr$。截止波长 λs 和 λc 的标准化值由表 5.1 查取。

3. 原始轮廓

原始轮廓是指通过短波长滤波器 λs 之后的总的轮廓。它是评定原始轮廓参数的基础。

4. 粗糙度轮廓

粗糙度轮廓是指对原始轮廓采用 λc 滤波器抑制长波成分后形成的轮廓。这是经修正的轮廓。粗糙度轮廓的传输带是由 λs 和 λc 轮廓滤波器来限定的。粗糙度轮廓是评定粗糙度轮廓参数的基础。

5. 取样长度 lr

取样长度是用于判别被评定轮廓的不规则特征的 X 轴方向上的长度，即测量或评定表面粗糙度时所规定的一段基准线长度，它至少包含 5 个以上轮廓峰和谷，如图 5.4 所示。取样长度 lr 在数值上与 λc 滤波器的标志波长相等，X 轴的方向与轮廓走向一致。规定取样长度，是为了抑制和减弱表面波纹度对表面粗糙测量结果的影响(标准取样长度的数值见表 5.1)。

6. 评定长度 *ln*

评定长度是用于判别被评定轮廓的 X 轴方向上的长度。由于零件表面粗糙度不均匀,为了合理地反映其特征,在测量和评定时所规定的一段最小长度称为评定长度(ln),如图 5.4 所示。一般情况,取 $ln = 5lr$,称为“标准长度”,并以 5 个取样长度内的粗糙度数值的平均值作为评定长度内的粗糙度值。均匀性较差的轮廓表面可选 $ln > 5lr$;均匀性较好的轮廓表面可选 $ln < 5lr$(标准评定长度数值见表 5.1)。

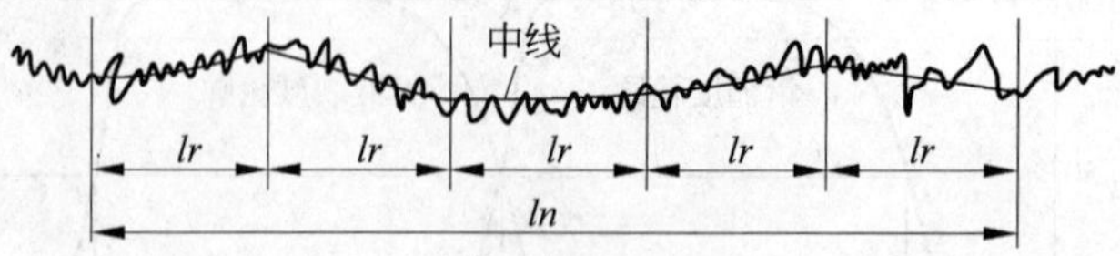

图 5.4 取样长度与评定长度

lr—取样长度;ln—评定长度

在一般情况下,按表 5.1 选用对应的取样长度及评定长度值,在图样上可省略标注取样长度值,当有特殊要求不能选用表 5.1 中的数值时,应在图样上标注出取样长度值。

表 5.1 lr,ln 和 λs,λc 的标准数值

Ra/μm	Rz/μm	RSm/mm	λs/mm	$lr=\lambda c$/mm	标准评定长度 $ln = 5lr$/mm
≥0.008~0.02	≥0.025~0.10	≥0.013~0.04	0.0025	0.08	0.4
>0.02~0.10	>0.10~0.50	>0.04~0.13	0.0025	0.25	1.25
>0.10~2.0	>0.50~10.0	>0.13~0.40	0.0025	0.8	4.0
>2.0~10.0	>10.0~50.0	>0.40~1.30	0.008	2.5	12.5
>10.0~80.0	>50.0~320	>1.30~4.00	0.025	8.0	40.0

7. 表面粗糙度轮廓的中线

为了定量地评定表面粗糙度轮廓,首先应确定一条中线。轮廓中线是具有几何轮廓形状并划分轮廓的基准线,是用轮廓滤波器 λc 抑制了长波轮廓成分相对应的中线。以此线为基础来计算各种评定参数的数值。确定轮廓中线的方法有两种。

(1) 轮廓的最小二乘中线 轮廓的最小二乘中线是根据实际轮廓,用最小二乘法确定的划分轮廓的基准线,即在取样长度内,使被测轮廓上各点至一条假想线的距离的平方和为最小,即 $\int_0^{lr} z^2 \mathrm{d}x = \min$,这条假想线就是最小二乘中线,如图 5.5(a) 所示。

(2) 轮廓的算术平均中线 在取样长度内,由一条假想线将实际轮廓分成上下两个部分,且使上部分面积之和等于下部分面积之和,即 $\sum_{i=1}^{n} F_i = \sum_{i=1}^{n} F'_i$,这条假想线就是轮廓的算术平均中线,如图 5.5(b) 所示。

5.2.2 表面粗糙度的评定参数

为了满足对零件表面不同的功能要求,国标 GB/T 3505—2009 规定的评定参数有幅

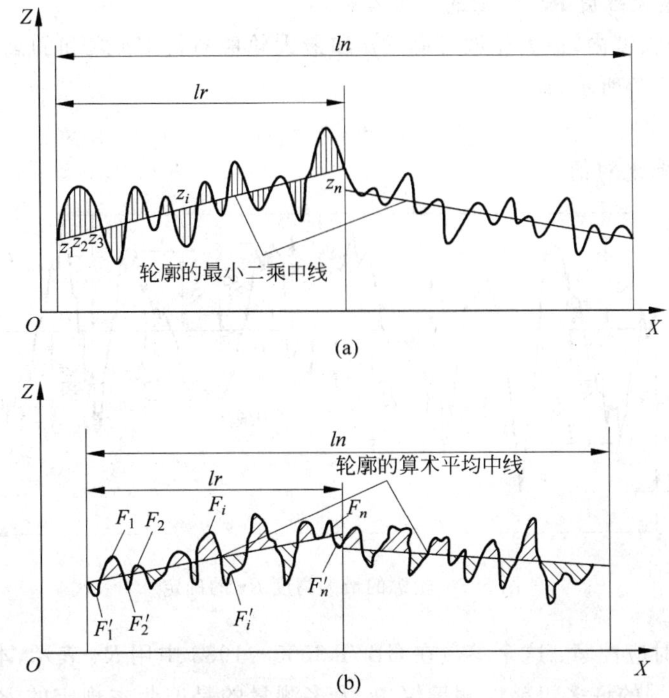

图 5.5　轮廓中线

(a) 轮廓的最小二乘中线；(b) 轮廓的算术平均中线

度参数、间距参数、混合参数、曲线和相关参数。下面介绍几种主要评定参数。

1. 轮廓的算术平均偏差 *Ra*(轮廓的幅度参数)

在一个取样长度内,纵坐标值 $Z(x)$ 绝对值的算术平均值,称为轮廓的算术平均偏差。如图 5.6 所示,即

$$Ra = \frac{1}{lr}\int_0^{lr} |Z(x)| \mathrm{d}x \tag{5-1}$$

或近似为

$$Ra = \frac{1}{n}\sum_{i=1}^{n} |Z_i| \tag{5-2}$$

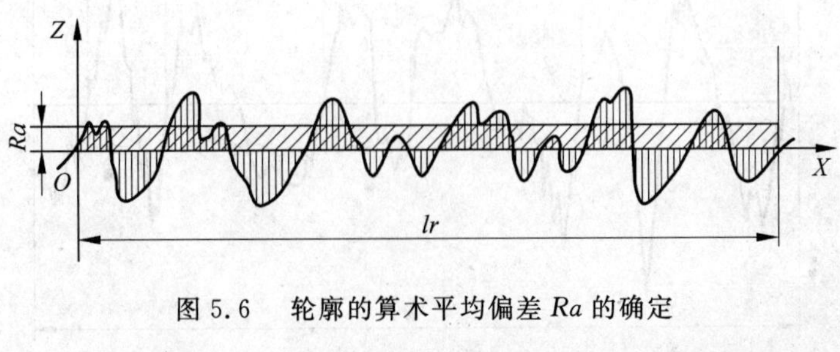

图 5.6　轮廓的算术平均偏差 Ra 的确定

测得的 Ra 值越大,则表面越粗糙。Ra 值能客观地反映表面微观几何形状误差,但因受到计量器具功能限制,不宜用作过于粗糙或太光滑表面的评定参数。

2. 轮廓的最大高度 *Rz*(轮廓的幅度参数)

在一个取样长度内，最大轮廓峰高 Zp 和最大轮廓谷深 Zv 之和的高度，称为轮廓的最大高度，如图5.7所示，即

$$Rz = Zp + Zv \tag{5-3}$$

式中，Zp，Zv 都取绝对值。

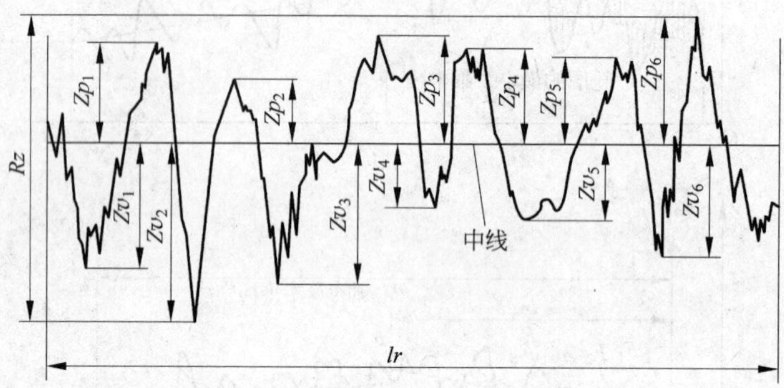

图5.7　轮廓的最大高度 Rz 的确定

在使用 Rz 时应注意：这个参数在GB/T 3505—1983中用 Ry 表示，本次修改将其改为 Rz，但目前使用的许多粗糙度测量仪中，大多测量的是旧版本规定的 Rz 参数(微观不平度的10点高度)。因此，在使用中一定要注意仪器使用说明书中该参数的定义，用不同类型的仪器按不同的定义计算所得到的结果，其差别并不都是非常微小而可忽略。当使用现行的技术文件和图样时也必须注意这一点，务必不要用错。

幅度参数(Ra，Rz)是标准规定必须标注的参数，故又称为基本参数。

3. 轮廓单元的平均宽度 *RSm*(间距参数)

在一个取样长度内轮廓单元宽度 Xs 的平均值，称为轮廓单元的平均宽度(这个参数在GB/T 3505—1983中被称为轮廓微观不平度的平均间距 Sm)，如图5.8所示，即

$$RSm = \frac{1}{m}\sum_{i=1}^{m} Xs_i \tag{5-4}$$

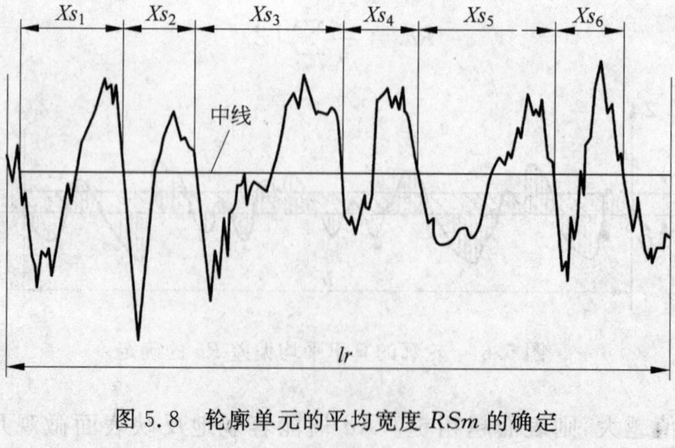

图5.8　轮廓单元的平均宽度 RSm 的确定

4. 轮廓的支承长度率 $Rmr(c)$（曲线及其相关参数）

在给定水平截面高度 c 上轮廓的实体材料长度 $Ml(c)$ 与评定长度的比率，称为轮廓的支承长度率，如图 5.9(a)所示，即

$$Rmr(c) = \frac{Ml(c)}{ln} \tag{5-5}$$

$$Ml(c) = Ml_1 + Ml_2 + \cdots + Ml_n \tag{5-6}$$

由图 5.9(a)可以看出，支承长度率是随着水平截面高度 c 的大小而变化的，因此，在选用 $Rmr(c)$ 时，必须同时给出轮廓水平截距 c 的数值。c 值多用 Rz 的百分数表示。

轮廓的支承长度率是评定零件表面耐磨性能比较合理的指标。图 5.9(b)、(c)和(d)是具有相同轮廓单元宽度和相同轮廓高度的轮廓图形，而它们的形状特性却极不相同，显然，表面耐磨性也不相同。支承长度越长，表面接触刚度越大，耐磨性也越好。图 5.9(d)的耐磨性最好。

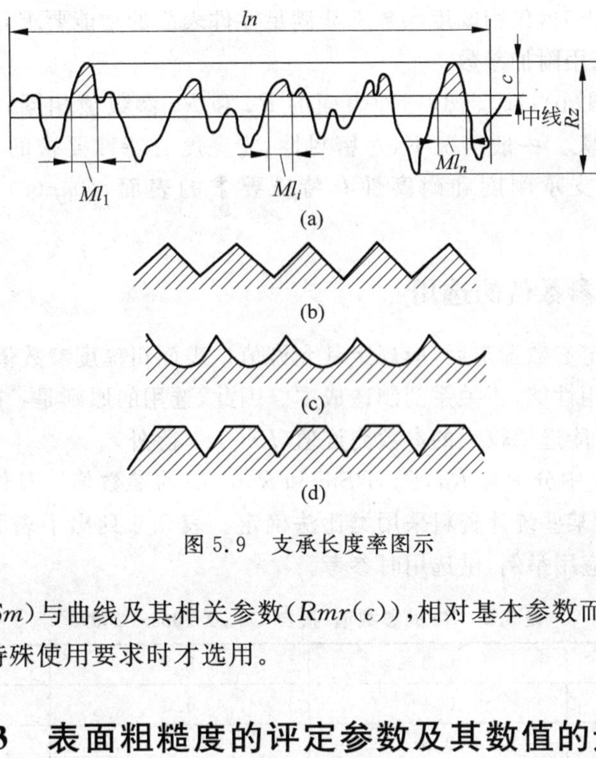

图 5.9　支承长度率图示

间距参数(RSm)与曲线及其相关参数($Rmr(c)$)，相对基本参数而言，称为附加参数，只有零件表面有特殊使用要求时才选用。

5.3　表面粗糙度的评定参数及其数值的选用

正确地选择零件表面的粗糙度参数及其数值，对改善机器和仪表的工作性能及提高使用寿命有着重要的意义。

5.3.1　评定参数的选用

表面粗糙度评定参数的选用原则应根据零件的工作条件和使用性能，又要考虑表面粗糙度检测仪器（或测量方法）的测量范围和工艺的经济性。

设计人员一般可根据选用原则，选定一个或几个表面粗糙度的评定参数，以表达设计

要求。在图样上标注表面粗糙度时,一般只给出幅度参数,只有少数零件的重要表面有特殊使用要求时,才附加给出附加参数。表面粗糙度的参数值已经标准化,设计时应按国家标准规定的参数值系列选取。

1. 幅度参数的选用

幅度参数是标准规定的基本参数(如 Ra 和 Rz),可以独立选用。对于有粗糙度要求的表面必须选用一个幅度参数。一般采用 Ra 作为评定参数。对于极光滑和粗糙的表面,不能用 Ra 仪器测量,而采用 Rz 作为评定参数。

对于幅度方向的粗糙度参数值在 0.025~6.3μm 的零件表面,标准推荐优先选用 Ra。这是因为 Ra 能较充分合理地反映被测零件表面的粗糙度特征。对于幅度方向的粗糙度参数值<0.025μm 或>6.3μm 的零件表面可以选用 Rz。

2. 附加参数的选用

附加评定参数一般情况下不作为独立的参数选用(如 RSm 和 $Rmr(c)$),只有零件的表面有特殊使用要求时,仅用幅度参数不能满足零件表面的功能要求,才在选用了幅度参数的基础上,附加选用附加参数。

如图 5.9 中,图(b)、(c)、(d)三种表面的 Ra 和 Rz 参数值相同,而密封性、光亮度和耐磨性却相差很大。一般情况下,对密封性、光亮度有特殊要求的表面,RSm 可作为附加参数选用;对支承刚度和耐磨性有特殊要求的表面,$Rmr(c)$ 可作为附加参数选用。

5.3.2 评定参数值的选用

表面粗糙度评定参数选定后,应规定其允许值。表面粗糙度参数值选用得适当与否,不仅影响零件的使用性能,还关系到制造成本。因此,选用的原则是:在满足使用性能要求的前提下,应尽可能选用较大的参数允许值($Rmr(c)$ 除外)。

表 5.2~表 5.5 中分别是 Ra,Rz,RSm 和 $Rmr(c)$ 的参数值。具体选择表面粗糙度参数值时,通常根据某些统计资料采用类比法确定。表 5.6 列出了表面粗糙度的表面特征、经济加工方法、应用举例,供选用时参考。

表 5.2 *Ra* 的参数值(摘自 GB /T 1031—2009) μm

0.012	0.2	3.2	50
0.025	0.4	6.3	100
0.05	0.8	12.5	
0.1	1.6	25	

表 5.3 *Rz* 的参数值(摘自 GB /T 1031—2009) μm

0.025	0.4	6.3	100	1600
0.05	0.8	12.5	200	
0.1	1.6	25	400	
0.2	3.2	50	800	

表 5.4　*RSm* 的参数值(摘自 GB /T 1031—2009)　mm

0.006	0.1	1.6
0.0125	0.2	3.2
0.025	0.4	6.3
0.05	0.8	12.5

表 5.5　*Rmr*(*c*)的参数值(摘自 GB /T 1031—2009)　%

10	15	20	25	30	40	50	60	70	80	90

表 5.6　表面粗糙度的表面特征、经济加工方法及应用举例

表面微观特征		$Ra/\mu m$	$Rz/\mu m$	加工方法	应用举例
粗糙表面	微见刀痕	≤20	≤80	粗车、粗刨、粗铣、钻、毛锉、锯断	半成品粗加工过的表面,非配合的加工表面,如轴端面、倒角、钻孔、齿轮皮带轮侧面、键槽底面、垫圈接触面
半光表面	微见加工痕迹	≤10	≤40	车、刨、铣、镗、钻、粗铰	轴上不安装轴承、齿轮处的非配合表面,紧固件的自由装配表面,轴和孔的退刀槽
	微见加工痕迹	≤5	≤20	车、刨、铣、镗、磨、拉、粗刮、滚压	半精加工表面,箱体、支架、盖面、套筒等和其他零件结合而无配合要求的表面,需要发蓝的表面等
	看不清加工痕迹	≤2.5	≤10	车、刨、铣、镗、磨、拉、刮、滚压、铣齿	接近于精加工表面,箱体上安装轴承的镗孔表面,齿轮的工作面
光表面	可辨加工痕迹方向	≤1.25	≤6.3	车、镗、磨、拉、刮、精铰、磨齿、滚压	圆柱销、圆锥销,与滚动轴承配合的表面,普通车床导轨面,内、外花键定心表面
	微辨加工痕迹方向	≤0.63	≤3.2	精铰、精镗、磨、刮、滚压	要求配合性质稳定的配合表面,工作时受交变应力的重要零件,较高精度车床的导轨面
	不可辨加工痕迹方向	≤0.32	≤1.6	精磨、珩磨、研磨、超精加工	精密机床主轴锥孔,顶尖圆锥面,发动机曲轴,凸轮轴工作表面,高精度齿轮齿面
极光表面	暗光泽面	≤0.16	≤0.8	精磨、研磨、普通抛光	精密机床主轴轴颈表面,一般量规工作表面,汽缸套内表面,活塞销表面
	亮光泽面	≤0.08	≤0.4	超精磨、精抛光、镜面磨削	精密机床主轴轴颈表面,滚动轴承的滚珠、高压油泵中柱塞孔和柱塞配合的表面
	镜状光泽面	≤0.04	≤0.2		
	镜面	≤0.01	≤0.05	镜面磨削、超精研	高精度量仪、量块的工作表面,光学仪器中的金属镜面

根据类比法初步确定表面粗糙度后,再对比工作条件作适当调整。调整时应遵循下述一些原则:

(1) 在满足功能要求的前提下,尽量选用较大的表面粗糙度参数值,以降低加工成本。

(2) 同一零件上,工作表面的粗糙度参数值应小于非工作表面的粗糙度参数值。

(3) 摩擦表面比非摩擦表面的粗糙度参数值要小,滚动摩擦表面比滑动摩擦表面的粗糙度参数值要小。

(4) 运动速度高、单位面积压力大的表面,受交变应力作用的重要零件上的圆角、沟槽的表面粗糙度参数值都应小些。

(5) 配合零件的表面粗糙度应与尺寸及形状公差相协调,一般尺寸与形状公差要求越严,粗糙度值也就越小。

(6) 配合精度要求高的配合表面(如小间隙配合的配合表面),受重载荷作用的过盈配合表面的粗糙度参数值也应小些。

(7) 同一公差等级的零件,小尺寸比大尺寸、轴比孔的粗糙度参数值要小。

5.4 表面粗糙度的符号、代号及其标注

表面粗糙度的评定参数及其数值确定后,要在图样上进行标注,图样上所标注的表面粗糙度符号、代号是该表面完工后的要求。

5.4.1 表面粗糙度的符号、代号

1. 表面粗糙度的符号

图样上表示零件表面粗糙度的符号见表5.7。

表5.7 表面粗糙度的符号(摘自GB/T 131—2006)

符 号	意义及说明
	表面结构的基本图形符号,表示表面可用任何方法获得。仅适用于简化代号标注,没有补充说明(例如,表面处理、局部热处理状况等)时不能单独使用
	要求去除材料的图形符号(基本符号加一短划线),表示表面是用去除材料的方法获得。例如,车、铣、钻、磨、剪切、抛光、腐蚀、电火花加工、气割等
	不允许去除材料的图形符号(基本符号加一小圆),表示表面是用不去除材料的方法获得。例如,铸、锻、冲压变形、热轧、冷轧、粉末冶金等或者是用于保持原供应状况的表面(包括保持上道工序的状况)
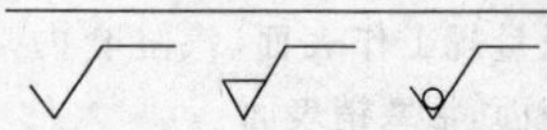	完整图形符号(在上述3个符号的长边上均可加一横线),用于标注有关参数和说明
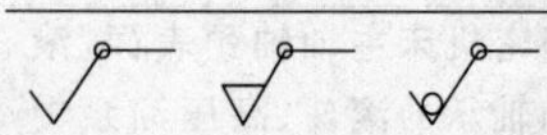	在上述3个符号上均可加一小圆,表示视图上构成封闭轮廓的各表面具有相同的表面粗糙度要求

2. 表面粗糙度的代号

在表面粗糙度符号的基础上,注出表面粗糙度数值及其有关的规定项目后就形成了

表面粗糙度的代号。表面粗糙度数值及其有关的规定在符号中注写的位置见图 5.10。

图 5.10 中各注写位置代表的意义如下：

位置 a：幅度参数代号及其数值等。

位置 b：附加参数符号及其数值。

位置 c：加工方法。

位置 d：加工纹理方向符号。

位置 e：加工余量(单位 mm)。

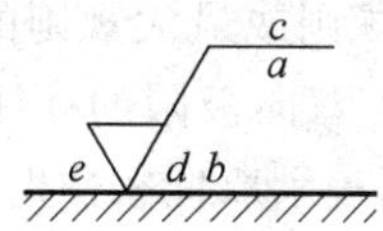

图 5.10　表面粗糙度数值及其有关的规定在符号中注写的位置

3. 极限判断规则及标注

表面结构中给定极限值的判断规则有两种。

1) 16%规则

16%规则是指允许在表面粗糙度参数的所有实测值中超过规定值的个数少于总数的 16%。

16%规则是表面粗糙度轮廓技术要求中的默认规则。若采用，则图样上不需注出，如图 5.11 所示。

2) 最大规则

最大规则是指在表面粗糙度参数的所有实测值中不得超过规定值。

若采用“最大规则”，在参数代号(如 Ra 或 Rz)的后面标注一个“max”或“min”的标记，如图 5.12 所示。

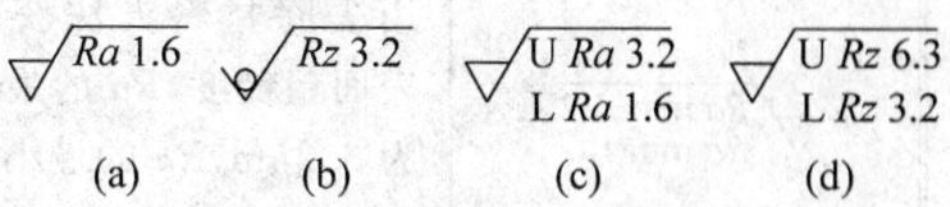

图 5.11　“16%规则”的标注示例

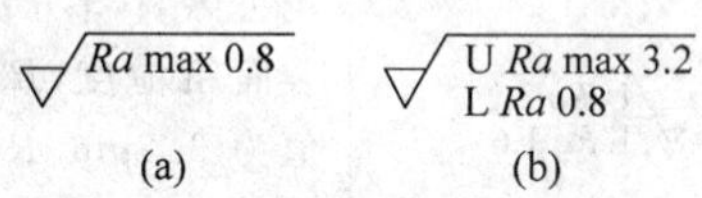

图 5.12　“最大规则”标注示例

4. 传输带和取样长度、评定长度的标注

当表面结构要求采用默认的传输带时，不需注出。否则需要指定传输带，即短波滤波器或取样长度(长波滤波器)，传输带标注包括滤波器截止波长(mm)，短波滤波器在前，长波滤波器在后，并用连字号“－”隔开。如果只标注一个滤波器，应保留连字号“－”区分是短波滤波器还是长波滤波器。传输带标注在幅度参数符号的前面，并用斜线“/”隔开(见图 5.13)。

若不是默认评定长度时，需要指定评定长度，要在幅度参数代号的后面注写取样长度的个数(见图 5.14)。

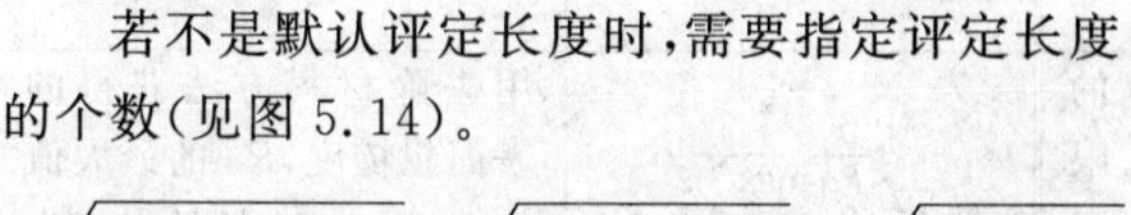

图 5.13　传输带和取样长度的标注示例

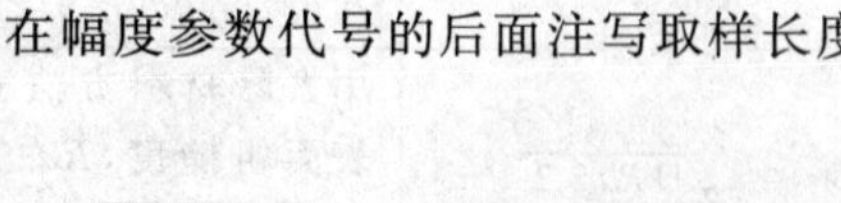

图 5.14　指定评定长度的标注示例

5. 单向极限或双向极限的标注

1) 单向极限的标注

当只标注参数代号、参数值和传输带时，默认为参数的上限值(16%规则或最大规则的极限值)，如图 5.11(a)、(b)所示；当参数代号、参数值和传输带作为参数的单向下限值(16%规则或最大规则的极限值)标注时，参数代号前应加 L。示例：L *Ra* 0.32。

2）双向极限的标注

当表示双向极限时，应标注极限代号，上限值在上方用 U 表示，下极限在下方用 L 表示(上下极限值为 16%规则或最大规则的极限值)，如图 5.11(c)、(d)所示；如果同一参数具有双向极限要求，在不引起歧义的情况下，可以不加 U，L。

6. 表面粗糙度幅度参数的各种标注方法及其意义(见表 5.8)

表 5.8　表面粗糙度幅度参数的标注

代　号	意　义	代　号	意　义
√*Ra* 3.2	用任何方法获得的表面粗糙度，*Ra* 的上限值为 3.2μm	√*Ra* max 3.2	用任何方法获得的表面粗糙度，*Ra* 的最大值为 3.2μm
√*Ra* 3.2	用去除材料方法获得的表面粗糙度，*Ra* 的上限值为 3.2μm	√*Ra* max 3.2	用去除材料方法获得的表面粗糙度，*Ra* 的最大值为 3.2μm
√*Ra* 3.2	用不去除材料方法获得的表面粗糙度，*Ra* 的上限值为 3.2μm	√*Ra* max 3.2	用不去除材料方法获得的表面粗糙度，*Ra* 的最大值为 3.2μm
√U *Ra* 3.2 L *Ra* 1.6	用去除材料方法获得的表面粗糙度，*Ra* 的上限值为 3.2μm，*Ra* 的下限值为 1.6μm	√*Ra* max 3.2 *Ra* min 1.6	用去除材料方法获得的表面粗糙度，*Ra* 的最大值为 3.2μm，*Ra* 的最小值为 1.6μm
√*Rz* 3.2	用任何方法获得的表面粗糙度，*Rz* 的上限值为 3.2μm	√*Rz* max 3.2	用任何方法获得的表面粗糙度，*Rz* 的最大值为 3.2μm
√U *Rz* 3.2 L *Rz* 1.6 √*Rz* 3.2 *Rz* 1.6	用去除材料方法获得的表面粗糙度，*Rz* 的上限值为 3.2μm，*Rz* 的下限值为 1.6μm(在不引起误会的情况下，也可省略标注 U，L)	√*Rz* max 3.2 *Rz* min 1.6	用去除材料方法获得的表面粗糙度，*Rz* 的最大值为 3.2μm，*Rz* 的最小值为 1.6μm
√U *Ra* 3.2 U *Rz* 1.6	用去除材料方法获得的表面粗糙度，*Ra* 的上限值为 1.6μm，*Rz* 的上限值为 6.3μm	√*Ra* max 3.2 *Rz* max 6.3	用去除材料方法获得的表面粗糙度，*Ra* 的最大值为 3.2μm，*Rz* 的最大值为 6.3μm
√0.008–0.8/*Ra* 3.2	用去除材料方法获得的表面粗糙度，*Ra* 的上限值为 3.2μm，传输带 0.008—0.8mm	√–0.8/*Ra* 3 3.2	用去除材料方法获得的表面粗糙度，*Ra* 的上限值为 3.2μm，取样长度 0.8mm，评定包含 3 个取样长度

7. 加工方法、加工余量和表面纹理的标注

若某表面的粗糙度要求由指定的加工方法(如车、磨)获得时,其标注如图 5.15 所示。若需要标注加工余量(设加工余量为 0.4mm)时,其标注如图 5.15(a)所示。若需要控制表面加工纹理方向时,其标注如图 5.15(b)所示。

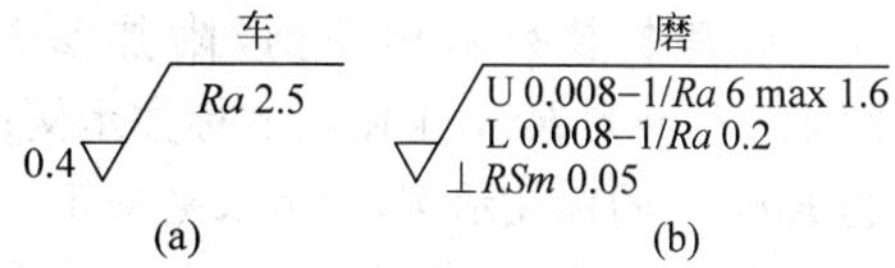

图 5.15　加工方法、加工余量和表面纹理的标注示例

标准规定了加工纹理方向符号,如表 5.9 所示。

表 5.9　加工纹理方向符号(摘自 GB /T131—2006)

符号	示意图及说明	符号	示意图及说明
=	纹理方向平行于注有符号的视图投影面 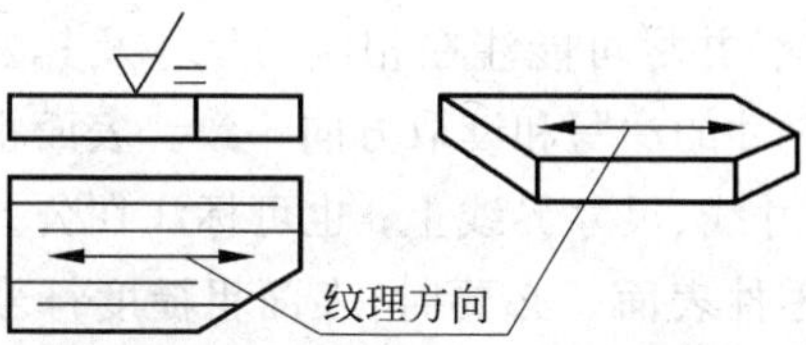	C	纹理对于注有符号表面的中心来说是近似同心圆 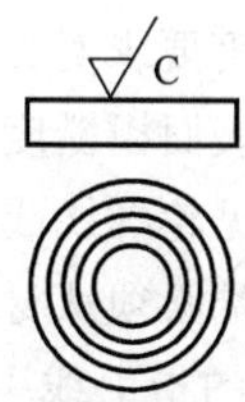
⊥	纹理方向垂直于注有符号的视图投影面 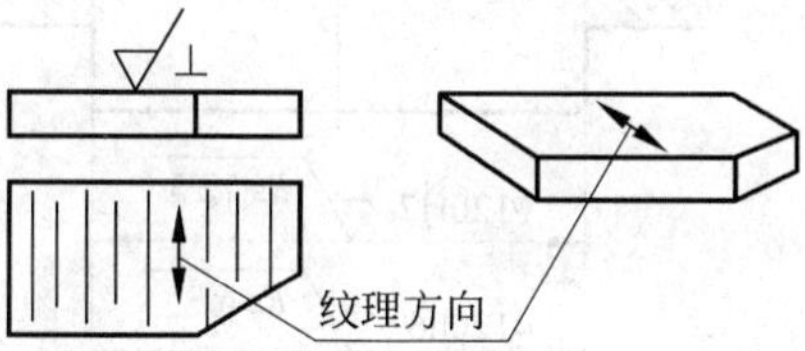	R	纹理对于注有符号表面的中心来说是近似放射形 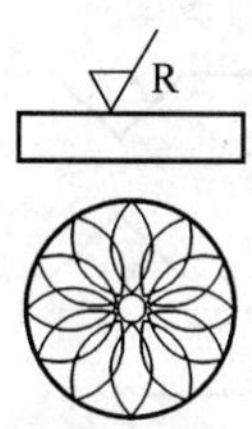
×	纹理对注有符号的视图投影面是两个相交的方向 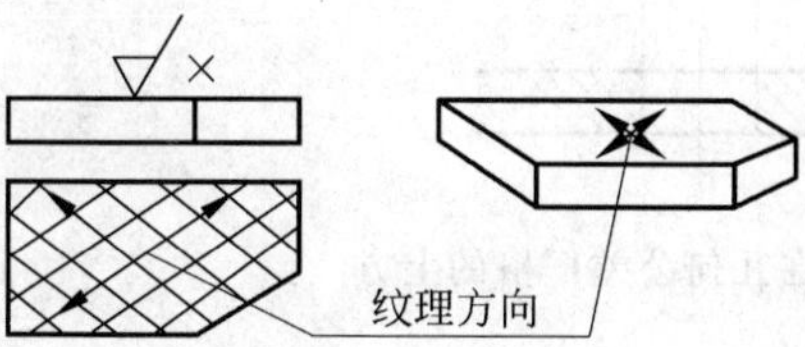	P	纹理无方向或呈凸起的细粒状 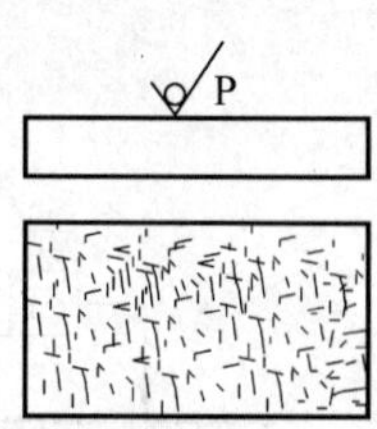
		M	纹理呈多方向 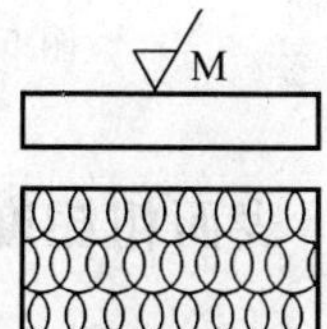

注:若表中所列符号不能清楚表明所要求的纹理方向,应在图样上用文字说明。

8. 表面粗糙度附加参数的标注

在基本参数未标注前，附加参数不能单独标注，如图 5.15(b)、图 5.16 所示。图 5.16(a)为 *RSm* 上限值的标注示例；图 5.16(b)为 *RSm* 最大值的标注示例；图 5.16(c)为 *Rmr*(*c*)的标注示例，表示水平截距 *c* 在 *Rz* 的 50%位置上，*Rmr*(*c*)为 70%，此时 *Rmr*(*c*)为下限值；图 5.16(d)为 *Rmr*(*c*)最小值的标注示例。

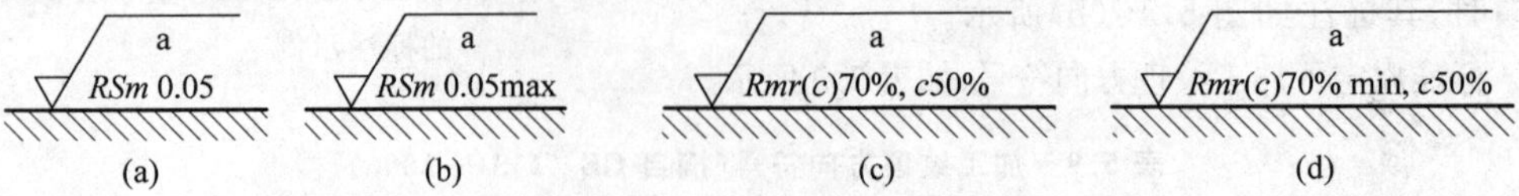

图 5.16　表面粗糙度附加参数标注示例

5.4.2　表面粗糙度要求的图样标注

表面粗糙度要求对每一表面一般只标注一次，并尽可能注在相应的尺寸及其公差的同一视图上。使表面粗糙度的注写和读取方向与尺寸的注写和读取方向一致。表面粗糙度要求一般注在可见轮廓线或其延长线和指引线、尺寸线、尺寸界线上；也可标注在公差框格上方。符号的尖端必须从材料外指向并接触被测零件表面。必要时，表面粗糙度符号也可用带箭头或黑点的指引线引出标注。表面粗糙度要求的图样标注见图 5.17～图 5.22。

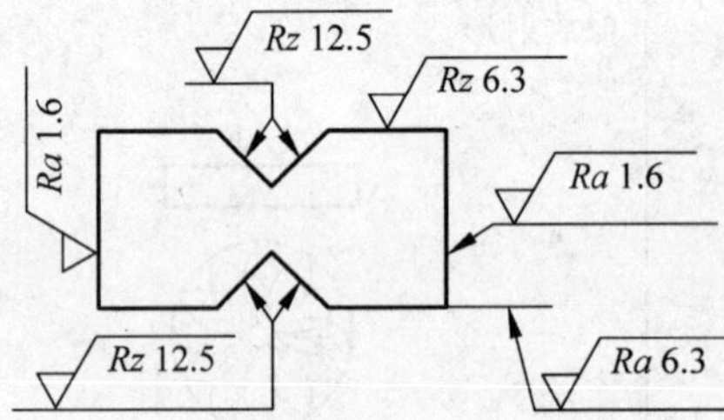

图 5.17　表面粗糙度在轮廓线上的标注

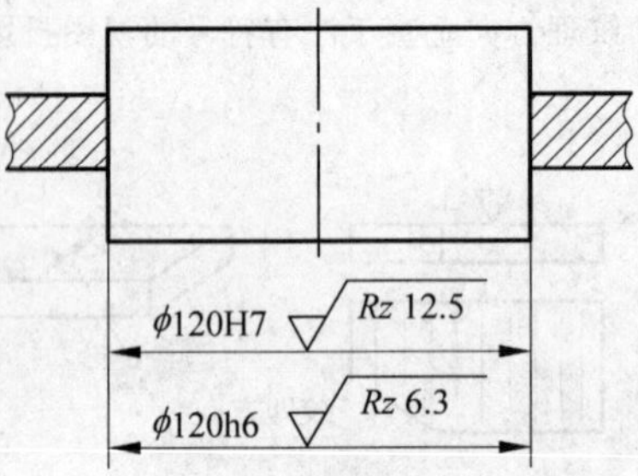

图 5.18　表面粗糙度标注在尺寸线上

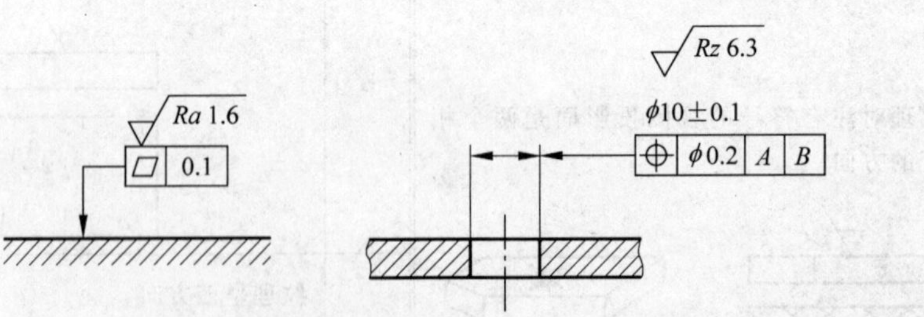

图 5.19　表面粗糙度标注在几何公差框格的上方

5.4.3　表面粗糙度要求的简化注法

如果在工件的多数(包括全部)表面有相同的表面粗糙度要求，则其表面粗糙度要求可统一标注在图样的标题栏附近。此时(除全部表面有相同要求的情况外)，表面粗糙度

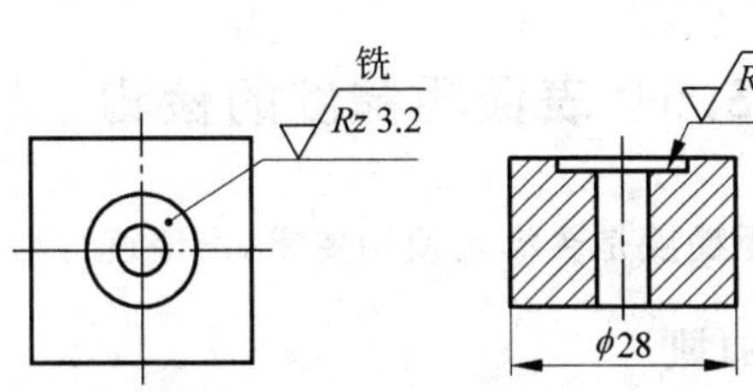

图 5.20　用指引线引出标注表面粗糙度

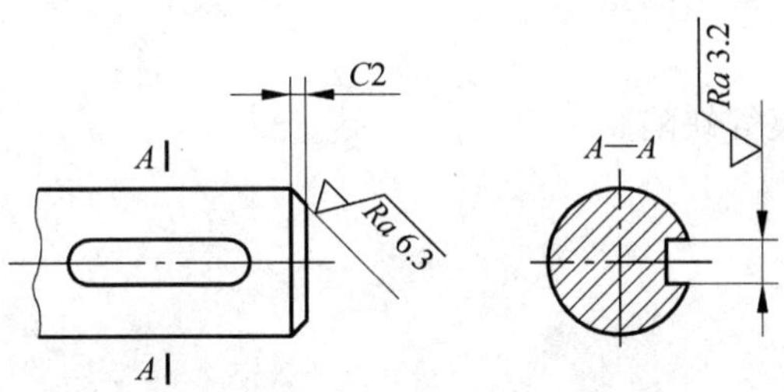

图 5.21　键槽的表面粗糙度注法

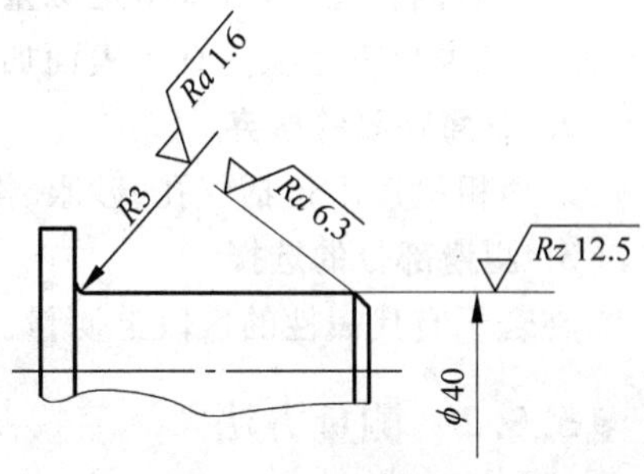

图 5.22　圆角和倒角的表面粗糙度注法

要求的符号后面应注出圆括号，并在括号内给出无任何其他标注的基本符号或不同的表面粗糙度要求。

当多个表面具有相同的表面结构要求或图纸空间有限时，可采用简化注法，以等式的形式给出，见图 5.23 和图 5.24。

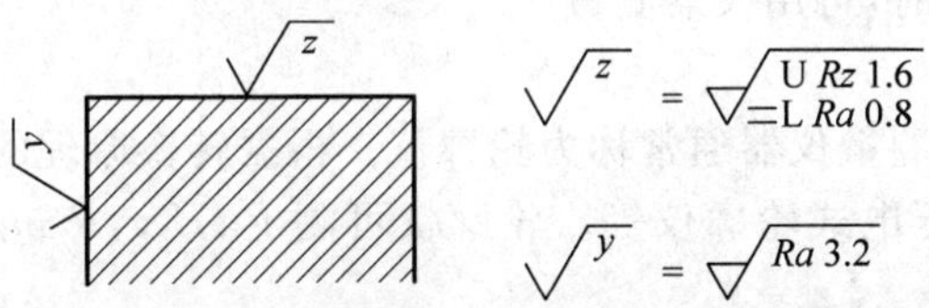

图 5.23　图纸空间有限时的简化注法

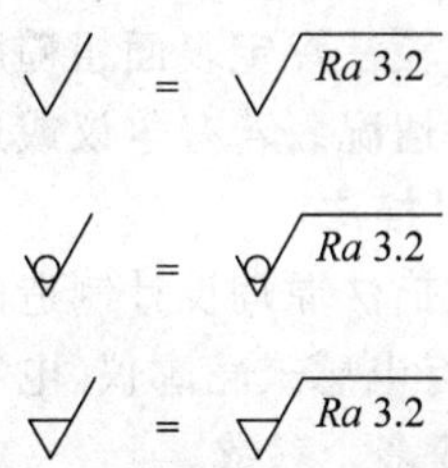

图 5.24　只用符号的简化注法

图 5.25 表示除 Rz 值为 1.6μm 和 6.3μm 的表面外，其余所有表面粗糙度均为 Ra 值 3.2μm，图(a)、(b)两种注法意义相同。

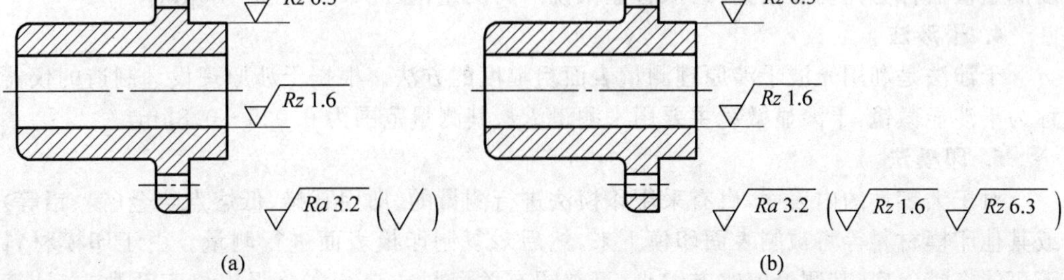

图 5.25　简化标注

5.5　表面粗糙度的检测

零件完工后,其表面的粗糙度是否满足使用要求,需要进行检测。

5.5.1　检测的基本原则

1. 测量方向的选择

对于表面粗糙度,如未指定测量截面的方向时,则应在幅度参数最大值的方向进行测量,一般来说也就是在垂直于表面加工纹理方向上测量。

2. 表面缺陷的摒弃

表面粗糙度不包括气孔、砂眼、擦伤、划痕等缺陷。

3. 测量部位的选择

在若干有代表性的区段上测量。

5.5.2　测量方法

1. 比较法

比较法是将被测表面与已知其评定参数值的粗糙度样板相比较,如被测表面精度较高时,可借助于放大镜、比较显微镜进行比较,以提高检测精度。比较样板的选择应使其材料、形状和加工方法与被测工件尽量相同。

比较法简单实用,适合于车间条件下判断较粗糙的表面。比较法的判断准确程度与检验人员的技术熟练程度有关。

用比较法评定表面粗糙度比较经济、方便,但是测量误差较大,仅用于表面粗糙度要求不高的情况。若有争议或进行工艺分析时,可用仪器测量。

2. 针描法

按针描法原理设计制造的表面粗糙度测量仪器通常称为轮廓仪。根据转换原理的不同,可以有电感式轮廓仪、电容式轮廓仪、压电式轮廓仪等。轮廓仪可测 Ra,Rz,RSm 及 $Rmr(c)$等多个参数。

除上述轮廓仪外,还有光学触针轮廓仪,它适用于非接触测量,以防止划伤零件表面,这种仪器通常直接显示 Ra 值,其测量范围为 0.02～5μm。

3. 光切法

光切法是利用"光切原理"测量表面粗糙度的方法。按光切原理设计制造的表面粗糙度测量仪器称为光切显微镜(或双管显微镜),其测量范围 Rz 为 0.8～80μm。

4. 干涉法

干涉法是利用光波干涉原理测量表面粗糙度的方法。根据干涉原理设计制造的仪器称为干涉显微镜,干涉显微镜主要用来测量 Rz,其测量范围为 0.025～0.8μm。

5. 印模法

对于大零件的内表面,也有采用印模法进行测量的,即用石蜡、低熔点合金(锡、铅等)或其他印模材料等将被测表面印模下来,然后对复制印模表面进行测量。由于印模材料不可能充满谷底,其测量值略有缩小,可查阅有关资料或自行实验得出修正系数,在计算中加以修正。

6. 激光反射法

激光反射法的基本原理是用激光束以一定的角度照射到被测表面，根据反射光与散射光的强度及其分布来评定被照射表面的微观不平度状况。

7. 三维几何表面测量

用三维评定参数能真实地反映被测表面的实际特征。为此国内外都在致力于研究开发三维几何表面测量技术，现已将光纤法、微波法和电子显微镜等测量方法成功地应用于三维几何表面的测量。

测量表面粗糙度所用仪器的结构和操作方法读者可参阅所做实验项目的实验指导书。

本 章 实 训

1. 分析台钻上各零部件的使用功能，选择台钻上主轴、齿条套筒、主轴箱各表面的粗糙度评定参数及其数值。

2. 将上述选择结果分别标注在主轴(图 2.24)、齿条套筒(图 2.25)和主轴箱(图 2.23 ϕ50 孔)零件图上。

习　　题

1. 简答题

(1) 表面粗糙度评定参数 Ra 和 Rz 的含义是什么？

(2) 轮廓中线的含义和作用是什么？为什么规定了取样长度还要规定评定长度？两者之间有什么关系？

(3) 表面粗糙度的图样标注中，什么情况注出评定参数的上限值、下限值？什么情况要注出最大值、最小值？上限值和下限值与最大值和最小值如何标注？

(4) ϕ60H7/f6 和ϕ60H7/h6 相比，哪个应选用较小的表面粗糙度 Ra 和 Rz 值？为什么？

(5) 常用的表面粗糙度测量方法有哪几种？电动轮廓仪、光切显微镜、干涉显微镜各适用于测量哪些参数？

2. 解释习题图 5.1 中标注的各表面粗糙度要求的含义。

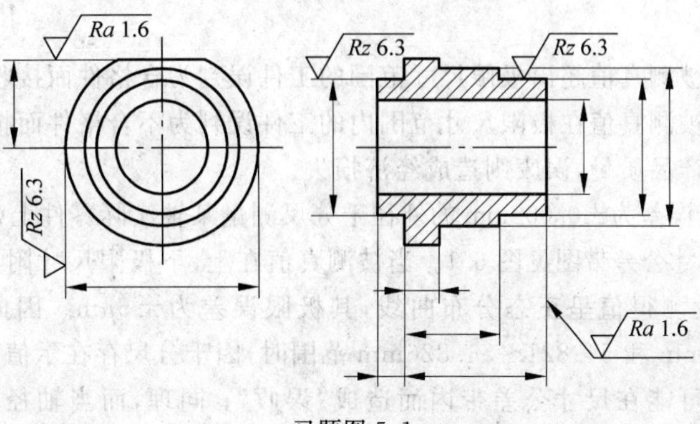

习题图 5.1

第6章　光滑工件尺寸检测和量规设计

本章要点及学习指导

(1) 根据被测工件尺寸精度要求，选择满足测量精度要求且测量方便易行、成本经济的计量器具。

(2) 光滑工件检验时的验收原则，作出错误判断——"误收"和"误废"的原因，标准规定的安全裕度和验收极限。

(3) 对于光滑工件尺寸的检测，选择通用计量器具的方法和步骤。

(4) 光滑极限量规的类型、设计原理及其工作部位尺寸公差带的设置以及几何公差、表面粗糙度的选择。

通过本章学习，使学习者掌握从满足测量精度要求、经济方便的角度出发，正确合理地选择通用计量器具。掌握光滑极限量规的设计方法，学会绘制光滑极限量规工作图，并会正确地标注。

6.1　光滑工件尺寸检测

由于计量器具存在测量误差、轴或孔的形状误差、测量条件偏离标准规定范围等原因，使测量结果偏离被测真值。当测量误差较大时，可能作出错误判断。为了保证足够的测量精度，实现零件具有互换性，必须正确地、合理地选择计量器具，按 GB/T 3177—2009《光滑工件尺寸的检验》规定的验收原则及要求验收工件。

6.1.1　光滑工件尺寸的验收原则、安全裕度和验收极限

1. 验收原则

由第2章可知，轴、孔的提取要素的局部尺寸在尺寸公差带内，该尺寸合格。但是，当工件被测真值在极限尺寸附近时，由于存在测量误差，则容易作出错误判断——"误收"或"误废"。

"误收"指把被测真值超出极限尺寸范围的工件误判为合格件而接收。

"误废"指把被测真值在极限尺寸范围内的工件误判为不合格件而报废。

误收会影响产品质量，误废则造成经济损失。

例如，用示值误差为±0.005mm 的外径千分尺测量某轴实际零件上ϕ55d9 轴颈的实际尺寸，被测轴颈尺寸公差带图见图6.1。当被测真值在上、下极限尺寸附近时，由于千分尺存在测量误差，设测得值呈正态分布曲线，其极限误差为±5μm。因此，当轴径真值在54.900～54.905mm 和 54.821～54.826mm 范围时，因千分尺存在示值误差，使千分尺测得的实际尺寸有可能在尺寸公差带内而造成"误收"；同理，而当轴径真值在 54.900～

54.895mm 和 54.826～54.831mm 范围时，则可能产生“误废”。

国家标准规定的工件验收原则是：所用验收方法原则上是应只接收位于规定的尺寸极限以内的工件，即只允许误废而不允许误收。由图 6.1 所示的例子可知，若要防止由于计量器具误差造成的误收，则可将尺寸公差带上、下极限偏差线各内缩 5μm 作为合格尺寸的验收范围。

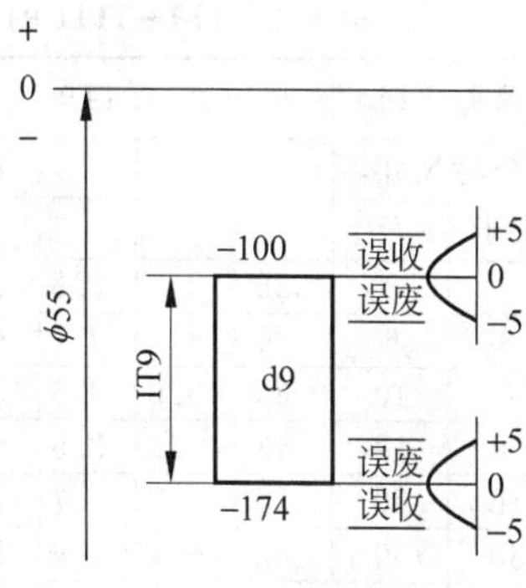

图 6.1　测量误差对检验结果的影响

由第 3 章可知，由于存在计量器具的内在误差（如随机误差、未定系统误差）和测量条件（如温度、压陷效应）及该工件形状误差等综合影响，使测量结果对其真值偏离，其偏离程度由测量不确定度评定。显然，测量不确定度 u' 由计量器具不确定度 u_1' 和温度、压陷效应及工件形状误差等因素影响所引起的不确定度 u_2' 两部分组成。

2. 安全裕度和验收极限

国家标准通过安全裕度来防止因测量不确定度的影响而使工件“误收”和“误废”，即设置验收极限，以执行标准规定的“验收原则”。验收原则是指所用验收方法应只接收位于规定的尺寸极限之内的工件。

安全裕度(A)即测量不确定度的允许值。它由被测工件的尺寸公差值确定，一般取工件尺寸公差值的 10%左右，A 的数值可查表 6.1 和表 6.2。

表 6.1　IT6～IT8 的尺寸公差、安全裕度和计量器具的测量不确定度允许值 u_1　　μm

公差等级		IT6					IT7					IT8				
公称尺寸		T	A	u_1			T	A	u_1			T	A	u_1		
大于	至			Ⅰ	Ⅱ	Ⅲ			Ⅰ	Ⅱ	Ⅲ			Ⅰ	Ⅱ	Ⅲ
—	3	6	0.6	0.54	0.9	1.4	10	1	0.9	1.5	2.3	14	1.4	1.3	2.1	3.2
3	6	8	0.8	0.72	1.2	1.8	12	1.2	1.1	1.8	2.7	18	1.8	1.6	2.7	4.1
6	10	9	0.9	0.81	1.4	2	15	1.5	1.4	2.3	3.4	22	2.2	2	3.3	5
10	18	11	1.1	1	1.7	2.5	18	1.8	1.7	2.7	4.1	27	2.7	2.4	4.1	6.1
18	30	13	1.3	1.2	2	2.9	21	2.1	1.9	3.2	4.7	33	3.3	3	5	7.4
30	50	16	1.6	1.4	2.4	3.6	25	2.5	2.3	3.8	5.6	39	3.9	3.5	5.9	8.8
50	80	19	1.9	1.7	2.9	4.3	30	3	2.7	4.5	6.8	46	4.6	4.1	6.9	10
80	120	22	2.2	2	3.3	5	35	3.5	3.2	5.3	7.9	54	5.4	4.9	8.1	12
120	180	25	2.5	2.3	3.8	5.6	40	4	3.6	6	9	63	6.3	5.7	9.5	14
180	250	29	2.9	2.6	4.4	6.5	46	4.6	4.1	6.9	10	72	7.2	6.5	11	16
250	315	32	3.2	2.9	4.8	7.2	52	5.2	4.7	7.8	12	81	8.1	7.3	12	18
315	400	36	3.6	3.2	5.4	8.1	57	5.7	5.1	8.4	13	89	8.9	8	13	20
400	500	40	4.0	3.6	6.0	9.0	63	6.3	5.7	9.5	14	97	9.7	8.7	15	22

表 6.2　IT9～IT11 的尺寸公差、安全裕度和计量器具的测量不确定度允许值 u_1　　μm

公差等级		IT9					IT10					IT11				
公称尺寸		T	A	u_1			T	A	u_1			T	A	u_1		
大于	至			Ⅰ	Ⅱ	Ⅲ			Ⅰ	Ⅱ	Ⅲ			Ⅰ	Ⅱ	Ⅲ
—	3	25	2.5	2.3	3.8	5.6	40	4	3.6	6	9	60	6	5.4	9	14
3	6	30	3	2.7	4.5	6.8	48	4.8	4.3	7.2	11	75	7.5	6.8	11	17
6	10	36	3.6	3.3	5.4	8.1	58	5.8	5.2	8.7	13	90	9	8.1	14	20
10	18	43	4.3	3.9	6.5	9.7	70	7	6.3	11	16	110	11	10	17	25
18	30	52	5.2	4.7	7.8	12	84	8.4	7.6	13	19	130	13	12	20	29
30	50	62	6.2	5.6	9.3	14	100	10	9	15	23	160	16	14	24	36
50	80	74	7.4	6.7	11	17	120	12	11	18	27	190	19	17	29	43
80	120	87	8.7	7.8	13	20	140	14	13	21	32	220	22	20	33	50
120	180	100	10	9	15	23	160	16	15	24	36	250	25	23	38	56
180	250	115	12	10	17	26	185	18	17	28	42	290	29	26	44	65
250	315	130	13	12	19	29	210	21	19	32	47	320	32	29	48	72
315	400	140	14	13	21	32	230	23	21	35	52	360	36	32	54	81
400	500	155	16	14	23	35	250	25	23	38	56	400	40	36	60	90

验收极限是判断所检验工件尺寸合格与否的尺寸界限。

国家标准《光滑工件尺寸的检验》(GB/T 3177—2009)规定了确定验收极限的两种方式。

(1) 验收极限是从规定的最大实体尺寸(MMS)和最小实体尺寸(LMS)分别向工件公差带内移动一个安全裕度(A)来确定，如图 6.2 所示。A 值按工件公差(T)的 1/10 确定，其数值见表 6.1。

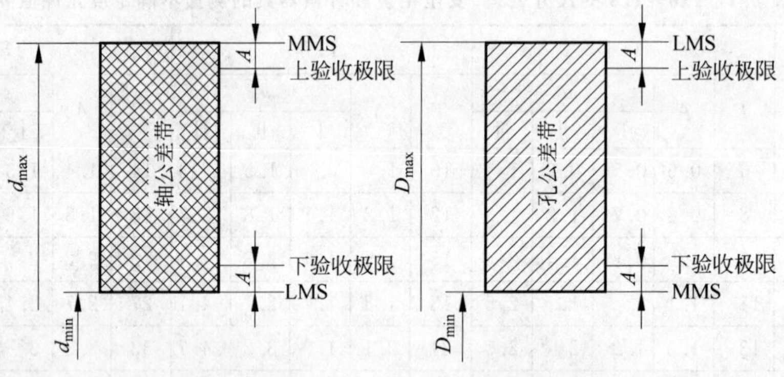

图 6.2　量规尺寸公差带分布

轴尺寸的验收极限：上验收极限 = 最大实体尺寸(MMS) − 安全裕度(A)

下验收极限 = 最小实体尺寸(LMS) + 安全裕度(A)

孔尺寸的验收极限：上验收极限 = 最小实体尺寸(LMS) − 安全裕度(A)

下验收极限 = 最大实体尺寸(MMS) + 安全裕度(A)

(2) 验收极限等于规定的最大实体尺寸(MMS)和最小实体尺寸(LMS)，即 A 值等于零。

上述方式(1)适用的场合如下：

① 验收遵守包容要求的尺寸和公差等级高的尺寸。这是因为内缩一个安全裕度，不

但可以防止因测量误差而造成的误收，而且可以防止由于工件的形状误差而引起的误收；

② 验收呈偏态分布的尺寸。对“局部尺寸偏向的一边”的验收极限采用内缩一个 A 作为验收极限；

③ 验收遵守包容要求且过程能力指数 $C_P \geqslant 1$ 的尺寸。其最大实体极限一边的验收极限内缩一个安全裕度。其中，当工件尺寸遵循正态分布时，过程能力指数 $C_P = T/(6\sigma)$，T 为工件尺寸公差值，σ 为标准偏差。

上述方式(2)适用的场合如下：

① 验收过程能力指数 $C_P \geqslant 1$ 的尺寸；

② 验收非配合和一般公差的尺寸。

6.1.2　计量器具的选择

1. 计量器具的测量不确定度允许值 u_1 选择

根据被测零件被测部位的尺寸公差等级，可查表(见表 6.1 和 6.2)获得测量不确定度允许值 u_1。一般情况下，优先选用测量不确定度允许值 u_1 中Ⅰ档，其次选用Ⅱ档、Ⅲ档。当对测量结果有争议，可以采用更精确的计量器具或按事先双方商定的方法解决。

2. 计算器具的选择原则

用通用计量器具测量工件尺寸，应参照国家标准《光滑工件尺寸的检验》选择计量器具。该标准适用于使用通用计量器具，如游标卡尺、千分尺及车间使用的比较仪、投影仪等量具量仪，对图样上注出公差等级为 IT6～IT18、公称尺寸至 500 的光滑工件尺寸的检验。标准规定了计量器具的选择原则，具体的选择方法如下：

(1) $u_1' \leqslant u_1$ 原则。按照计量器具的不确定度允许值 u_1 选择计量器具，以保证测量结果的可靠性。计量器具的不确定度允许值 $u_1 = 0.9A$，见表 6.1 和表 6.2。常用的游标卡尺、千分尺、指示表和比较仪的不确定度 u_1' 见表 6.3、表 6.4、表 6.5。在选择计量器具时，不仅要选择符合 $u_1' \leqslant u_1$ 条件，而且选择检测成本低、车间或生产现场具备的计量器具。

表 6.3　千分尺和游标卡尺的测量不确定度 u_1'　　mm

<table>
<tr><th colspan="2" rowspan="2">工件尺寸范围</th><th colspan="4">计量器具类型</th></tr>
<tr><th>分度值 0.01mm
外径千分尺</th><th>分度值 0.01mm
内径千分尺</th><th>分度值 0.02mm
游标卡尺</th><th>分度值 0.01mm
游标卡尺</th></tr>
<tr><th>大于</th><th>至</th><th colspan="4">测量不确定度 u_1'</th></tr>
<tr><td>0</td><td>50</td><td>0.004</td><td rowspan="3">0.08</td><td rowspan="10">0.020</td><td rowspan="4">0.050</td></tr>
<tr><td>50</td><td>100</td><td>0.005</td></tr>
<tr><td>100</td><td>150</td><td>0.006</td></tr>
<tr><td>150</td><td>200</td><td>0.007</td><td rowspan="3">0.013</td></tr>
<tr><td>200</td><td>250</td><td>0.008</td><td rowspan="6">0.100</td></tr>
<tr><td>250</td><td>300</td><td>0.009</td></tr>
<tr><td>300</td><td>350</td><td>0.010</td><td rowspan="3">0.020</td></tr>
<tr><td>350</td><td>400</td><td>0.011</td></tr>
<tr><td>400</td><td>450</td><td>0.012</td></tr>
<tr><td>450</td><td>500</td><td>0.013</td><td>0.025</td></tr>
</table>

<table>
<caption>表 6.4 指示表的测量不确定度 u_1' mm</caption>
<tr><td colspan="2" rowspan="2">工件尺寸范围</td><td colspan="4">计量器具类型</td></tr>
<tr><td>分度值为 0.001 的千分表(0 级在全程范围内、1 级在 0.2mm 内)、分度值为 0.002 的千分表在 1 转范围内</td><td>分度值为 0.001,0.002,0.005 的千分表(1 级在全程范围内)、分度值为 0.01 的百分表(0 级在任意 1mm 内)</td><td>分度值为 0.01 的百分表(0 级在全程范围内)(1 级在任意 1mm 内)</td><td>分度值为 0.01 的百分表(1 级在全程范围内)</td></tr>
<tr><td>大于</td><td>至</td><td colspan="4">测量不确定度 u_1'</td></tr>
<tr><td>—</td><td>25</td><td rowspan="5">0.005</td><td rowspan="9">0.010</td><td rowspan="9">0.018</td><td rowspan="9">0.030</td></tr>
<tr><td>25</td><td>40</td></tr>
<tr><td>40</td><td>65</td></tr>
<tr><td>65</td><td>90</td></tr>
<tr><td>90</td><td>115</td></tr>
<tr><td>115</td><td>165</td><td rowspan="4">0.006</td></tr>
<tr><td>165</td><td>215</td></tr>
<tr><td>215</td><td>265</td></tr>
<tr><td>265</td><td>315</td></tr>
</table>

注:测量时,使用的标准器由不多于四块、1 级(或 4 等)的量块组成。

<table>
<caption>表 6.5 比较仪的测量不确定度 u_1' mm</caption>
<tr><td colspan="2" rowspan="2">工件尺寸范围</td><td colspan="4">计量器具类型</td></tr>
<tr><td>分度值为 0.0005(相当于放大倍数 2000 倍)比较仪</td><td>分度值为 0.001(相当于放大倍数 1000 倍)比较仪</td><td>分度值为 0.002(相当于放大倍数 400 倍)比较仪</td><td>分度值为 0.005(相当于放大倍数 250 倍)比较仪</td></tr>
<tr><td>大于</td><td>至</td><td colspan="4">测量不确定度 u_1'</td></tr>
<tr><td>—</td><td>25</td><td>0.0006</td><td rowspan="2">0.0010</td><td>0.0017</td><td rowspan="6">0.0030</td></tr>
<tr><td>25</td><td>40</td><td>0.0007</td><td rowspan="3">0.0018</td></tr>
<tr><td>40</td><td>65</td><td rowspan="2">0.0008</td><td rowspan="2">0.0011</td></tr>
<tr><td>65</td><td>90</td></tr>
<tr><td>90</td><td>115</td><td>0.0009</td><td>0.0012</td><td rowspan="2">0.0019</td></tr>
<tr><td>115</td><td>165</td><td>0.0010</td><td>0.0013</td></tr>
<tr><td>165</td><td>215</td><td>0.0012</td><td>0.0014</td><td>0.0020</td><td rowspan="3">0.0035</td></tr>
<tr><td>215</td><td>265</td><td>0.0014</td><td>0.0016</td><td>0.0021</td></tr>
<tr><td>265</td><td>315</td><td>0.0016</td><td>0.0017</td><td>0.0022</td></tr>
</table>

注:测量时,使用的标准器由不多于四块、1 级(或 4 等)的量块组成。

(2) $0.4u_1' \leqslant u_1$ 原则。当采用比较法测量时,且所使用的标准器具形状与工件形状相同,千分尺的测量不确定度 u_1' 比采用绝对测量法的测量不确定度降低了 60%,这说明比较测量法的测量精度比绝对测量法高。

(3) $0.6u_1' \leqslant u_1$ 原则。当采用比较法测量时,且所使用的标准器具形状与工件形状不相同,千分尺的测量不确定度 u_1' 比采用绝对测量法的测量不确定度降低了 40%。由于标准器具的形状与工件形状不同,测量误差增大,所以测量精度比第(2)项选择原则低。

选择计量器具时除考虑测量不确定度外,还要考虑检测成本、计量器具的适用性和生产现场拥有的计量器具条件。所谓计量器具的适用性指计量器具的使用性能应适应被测工件的尺寸、结构、被测部位、重量、材质软硬以及批量的大小和检测效率等方面的要求。

在表6.3～表6.5中，计量器具的不确定度的数值摘自原机械部指导性技术文件JB/Z181—1982中，供参考。

3. 光滑工件尺寸检验及选择计量器具示例

【例6.1】 试确定某轴直径$\phi 55\mathrm{d}9(^{-0.100}_{-0.174})$尺寸(无配合要求)的验收极限，并选择计量器具。

【解】

(1) 确定检验尺寸$\phi 55\mathrm{d}9(^{-0.100}_{-0.174})$的验收极限。

因为轴直径$\phi 55\mathrm{d}9$无配合要求；

所以根据国家标准有关规定，验收极限应按照方式(2)，即按不内缩方式确定，$A=0$。

上验收极限＝MMS＝$d_{\max}$＝54.900mm

下验收极限＝LMS＝$d_{\min}$＝54.826mm

则$\phi 55\mathrm{d}9(^{-0.100}_{-0.174})$轴的尺寸公差带及验收极限见图6.3。

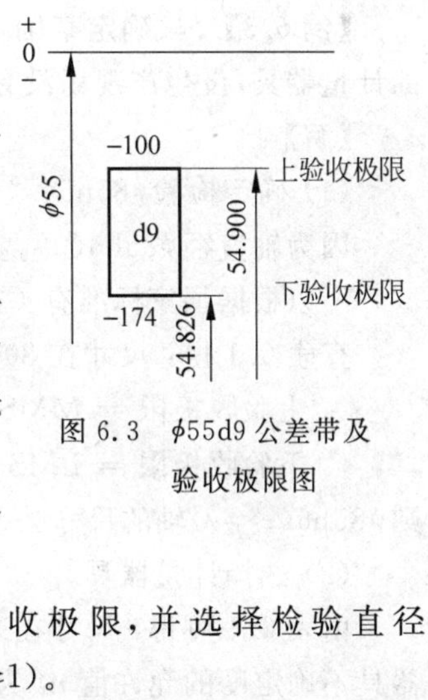

图6.3　$\phi 55\mathrm{d}9$公差带及验收极限图

(2) 选择计量器具。

查表6.2得：IT9对应的Ⅰ挡计量器具不确定度的允许值u_1为0.0067mm。

查表6.3得分度值0.01mm、测量范围在50～100mm、外径千分尺的测量不确定度u_1'为0.005mm。可见，该量具满足“$u_1' \leqslant u_1$”原则；而分度值为0.02mm的游标卡尺的u_1'为0.020mm，不满足“$u_1' \leqslant u_1$”原则，所以不能采用该游标卡尺。

选择结果：应采用分度值为0.01mm、测量范围在50～100mm、外径千分尺。

【例6.2】 试确定某孔直径$\phi 30\mathrm{H}6(^{+0.013}_{0})$Ⓔ的验收极限，并选择检验直径$\phi 30\mathrm{H}6(^{+0.013}_{0})$的计量器具(设生产现场的过程能力指数$C_P \geqslant 1$)。

【解】

(1) 确定检验$\phi 30\mathrm{H}6(^{+0.013}_{0})$Ⓔ的验收极限。

因为孔直径$\phi 30\mathrm{H}6(^{+0.013}_{0})$Ⓔ采用包容要求，且$C_P \geqslant 1$；

所以应采用方式(1)，其最大实体尺寸一边的验收极限按内缩方式确定，而另一验收极限按不内缩确定。

查表6.1得：尺寸在＞18～30mm的安全裕度$A=0.0013$mm，则

上验收极限 ＝ LMS ＝ $D_{\max}$ ＝ 30.013mm

下验收极限 ＝ MMS＋A ＝ $D_{\min}+A$ ＝ 30.000＋0.0013 ＝ 30.0013mm

则$\phi 30\mathrm{H}6(^{+0.013}_{0})$Ⓔ的尺寸公差带及验收极限见图6.4。

(2) 选择检验孔直径尺寸$\phi 30\mathrm{H}6(^{+0.013}_{0})$Ⓔ的计量器具。

由表6.1可得：尺寸在＞18～30mm、IT6、Ⅰ挡计量器具不确定度的允许值u_1为0.0012mm。

查表 6.5 可得：分度值 0.001mm、测量范围在 25～40mm、比较仪的测量不确定度 u_1' 为 0.001mm。可见，该比较仪满足"$u_1' \leqslant u_1$"原则；而分度值 0.002mm 比较仪的测量不确定度 u_1' 为 0.0018mm，不满足"$u_1' \leqslant u_1$"原则。故选择分度值为 0.001mm、测量内径的比较仪测量孔 $\phi 30\text{H}6(^{+0.013}_{0})$。

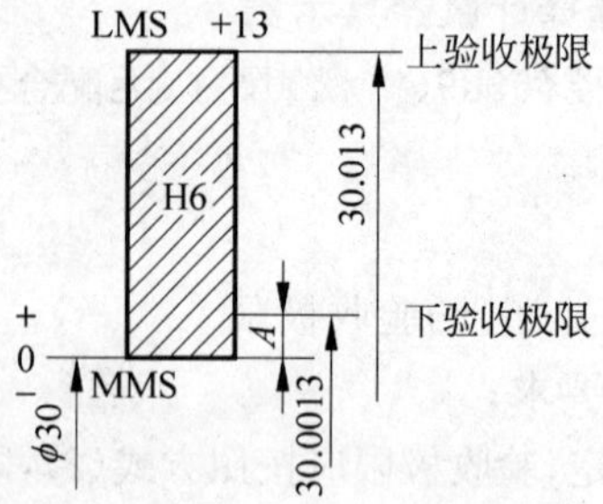

图 6.4　ϕ30H6 公差带及验收极限图

【例 6.3】 试确定某轴直径 $\phi 85\text{h}6(^{0}_{-0.022})$Ⓔ的验收极限，并选择检验轴 $\phi 85\text{h}6(^{0}_{-0.022})$ 的计量器具，设生产现场没有比较仪，有内、外径千分尺和游标卡尺等计量器具。

【解】

(1) 确定检验 $\phi 85\text{h}6(^{0}_{-0.022})$Ⓔ的验收极限。

因为轴直径 $\phi 85\text{h}6(^{0}_{-0.022})$Ⓔ，遵守包容要求，且精度较高；

所以根据国家标准有关规定，验收极限应按照方式(1)，即按内缩方式确定验收极限。

查表 6.1 得：尺寸在 80～120mm、IT6 的安全裕度 $A = 0.0022$mm，则

$$\text{上验收极限} = \text{MMS} - A = d_{\max} - A = 85.000 - 0.0022 = 84.9978\text{mm}$$

$$\text{下验收极限} = \text{LMS} + A = d_{\min} + A = 84.978 + 0.0022 = 84.9802\text{mm}$$

则 $\phi 85\text{h}6(^{0}_{-0.022})$ 轴的尺寸公差带及验收极限见图 6.5。

(2) 选择计量器具。

由表 6.1 可得：尺寸在＞80～120mm、IT6、Ⅰ挡计量器具不确定度的允许值 u_1 为 0.0020mm。

由表 6.5 可知，本应选择分度值 0.001mm、测量范围在 65～90mm、测量不确定度 u_1' 为 1.1μm 的比较仪，但生产现场没有比较仪，故应按选择方法(2)，即"$0.4\ u_1' \leqslant u_1$"原则确定检测量具。

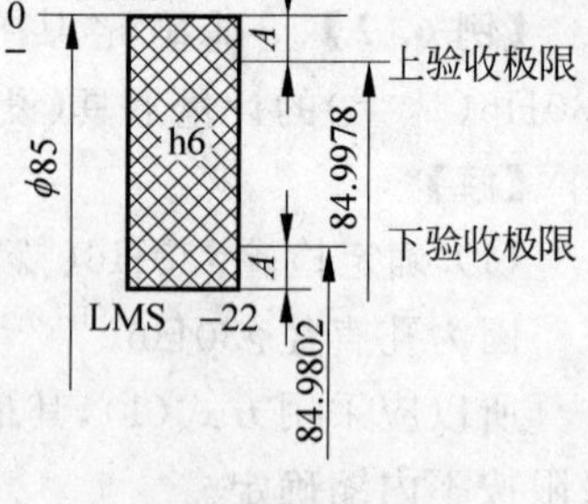

图 6.5　ϕ85h6 公差带及验收极限图

查表 6.3 得测量范围在 50～100mm、分度值为 0.01 的外径千分尺的测量不确定度：

$u_1' = 0.005$mm，$0.4\ u_1' = 0.0020$，$u_1 = 0.002$，满足"$0.4\ u_1' \leqslant u_1$"原则。

当选择分度值为 0.01 的外径千分尺检测 $\phi 85\text{h}6(^{0}_{-0.022})$ 轴尺寸时，应采用"比较法"测量，而且所采用的标准器具形状应与工件形状相同。

"比较法"测量是指测量前，将外径千分尺相对标准器调零，然后测量工件尺寸。比较法测量可减小计量器具的测量不确定度值，提高计量器具的测量精度。测量 $\phi 85^{0}_{-0.022}$mm

所使用的标准器具的形状应与工件的形状相同，即被测工件尺寸形状是外圆柱面，那么，体现ϕ85mm 标准尺寸的标准器具形状也应是外圆柱面。

6.2　光滑极限量规设计

GB/T 1957—2006《光滑极限量规　技术条件》用于检验遵守包容要求的单一实际要素，常用于判断轴、孔实际轮廓状态的合格性。

6.2.1　光滑极限量规的作用和分类

1. 光滑极限量规的作用

光滑极限量规是一种无刻度、成对使用的专用检验器具，它适用于大批量生产、遵守包容要求的轴、孔检验，以保证检验合格的轴与孔的配合性质。关于“包容要求”的内容见第 4.3 节“公差原则”部分。

用光滑极限量规的通规和止规检验被检轴或孔，当通规通过被检轴或孔，又止规不能通过被检轴或孔(止规沿着和环绕不少于 4 个位置上进行检验)，则被检轴或孔合格。

2. 光滑极限量规的分类

(1) 按被检工件类型可分为：

① 塞规　用以检验被测工件为孔的量规。

② 卡规　用以检验被测工件为轴的量规。

(2) 按量规用途可分为：

① 工作量规　在加工工件的过程中用于检验工件的量规，由操作者使用。为了使操作者提高加工精度，保证工件合格率，防止废品产生，要求通规是新的或磨损较小的量规。

② 验收量规　验收者(检验员或购买机械产品的客户代表)用以验收工件的量规。为了使更多的合格件得以验收，并减少纠纷，量规的通规应是旧的或已磨损较大但未超过磨损极限的量规。

③ 校对量规　专门用于校对轴用工作量规——卡规或环规的量规。卡规和环规的工作尺寸属于孔尺寸，由于尺寸精度高，难以用一般计量器具测量，故标准规定了校对量规。校对量规又分为

TT——在制造轴用通规时，用以校对的量规。当校对量规通过时，被校对的新的通规合格。

ZT——在制造轴用止规时，用以校对的量规。当校对量规通过时，被校对的新的止规合格。

TS——用以检验轴用旧的通规报废用的校对量规。当校对量规通过，轴用旧的通规磨损达到或超过极限，应作报废处理。

6.2.2　光滑极限量规的设计原理和工作量规的设计

1. 光滑极限量规的设计原理

由“公差原则中包容要求”可知：光滑极限量规应按照遵守“包容要求”的合格条件设

计,即"被测实际轮廓(提取组成要素)应处处不得超越最大实体边界,其局部实际尺寸不得超出最小实体尺寸"。因此,光滑极限量规的通规应模拟体现最大实体边界(MMB),止规模拟体现最小实体尺寸(LMS)。

2. 光滑极限量规的设计

光滑极限量规的设计主要有量规的结构形式设计、通规和止规的形状设计及其尺寸精度设计等。

量规的结构形式可根据实际需要,选用适当的结构。常用结构形式见图 6.6 和图 6.7所示。

下面重点介绍光滑极限量规中工作量规工作部分的形状及其几何参数的精度设计。

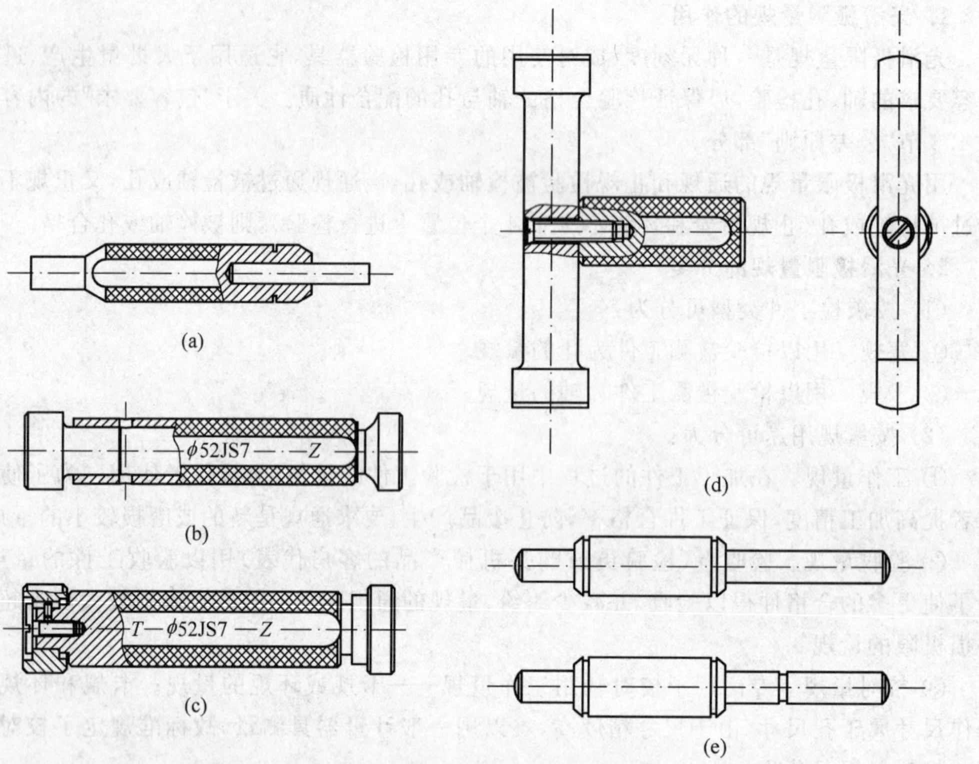

图 6.6 常见孔用塞规的结构形式

1) 工作量规通规、止规的形状设计

工作量规的通规、止规的形状设计应按照光滑极限量规的设计原理进行设计。

由光滑极限量规的设计原理可知:由于"通规模拟体现最大实体边界",则通规的形状为:被检要素遵守的最大实体边界的全形形状。而"止规模拟体现最小实体尺寸",则止规的形状为"两点接触式形状"。两点接触式的形状见图 6.6(d)、(e)所示。

在量规的实际设计中,由于加工、使用和成本的原因,量规的形状未能按照设计原理进行设计制造。国家标准规定:允许适当地偏离设计原理来设计量规的形状。例如,塞规的止规、检验大尺寸孔的塞规的通规和卡规的通、止规的形状就是按"偏离设计原理"进行设计的。

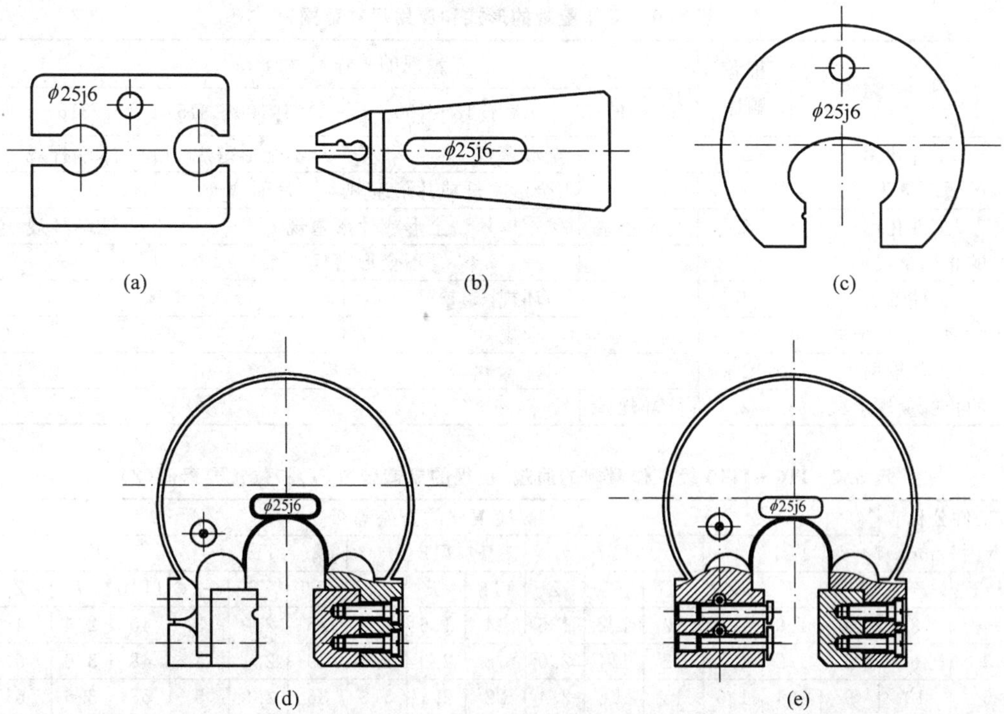

图 6.7　常见轴用卡规的结构形式

检验孔的塞规的止规未按“两点接触式”的形状设计，而是设计成“全形”，即设计成外圆柱面，如图 6.6(a)、(b)、(c)所示。这是因为“两点接触式”的形状加工复杂，而全形加工方便，但其圆柱厚度应薄。

对于检验大尺寸的通规，若按“全形”设计制造，则会因笨重而无法使用，只能设计成非“全形”的形状如图 6.6(d)所示。

卡规的通规形状设计，按照设计原理，应按“全形”设计成“内圆柱”表面的形状。而卡规的通规是两平行平面的内表面，与被检轴的形状不一致。按照设计原理，卡规的通规应设计成“环规”，即内圆柱表面，如图 4.71 所示(见第 4.3 节)。卡规的止规同样偏离了设计原理，非“两点接触式”，为“两平行平面的内表面”。可见，卡规的通、止规的形状设计均偏离了设计原理。

在 GB/T 1957—2006 附录 B 中推荐了量规形式和应用尺寸范围，见表 6.6，可供选择。

2) 工作量规的通规、止规的尺寸及其精度设计

工作量规的通规、止规的尺寸及其精度设计指通规、止规的公称尺寸及其公差带设计。

(1) 通规、止规的尺寸公差带。由于在制造通规、止规过程中，必定产生误差，国家标准规定了检验工件尺寸的公差等级在 IT6～IT16 级范围内的通规、止规的制造公差(T)。表 6.7 列出尺寸至 180mm 和被检工件的尺寸公差等级在 IT6～IT10 范围内的通规、止规的制造公差。

表 6.6 工作量规的形式和应用尺寸范围

<table>
<tr><th rowspan="2">用　途</th><th rowspan="2">推荐顺序</th><th colspan="4">量规的工作尺寸/mm</th></tr>
<tr><th>～18</th><th>大于 18～100</th><th>大于 100～315</th><th>大于 315～500</th></tr>
<tr><td rowspan="2">工件孔用的通端量规形式</td><td>1</td><td colspan="2">全形塞规</td><td>不全形塞规</td><td>球端杆规</td></tr>
<tr><td>2</td><td>—</td><td>不全形塞规或片形塞规</td><td>片形塞规</td><td>—</td></tr>
<tr><td rowspan="2">工件孔用的止端量规形式</td><td>1</td><td>全形塞规</td><td colspan="2">全形或片形塞规</td><td>球端杆规</td></tr>
<tr><td>2</td><td>—</td><td colspan="2">不全形塞规</td><td>—</td></tr>
<tr><td rowspan="2">工件轴用的通端量规形式</td><td>1</td><td colspan="2">环规</td><td colspan="2">卡规</td></tr>
<tr><td>2</td><td colspan="2">卡规</td><td colspan="2">—</td></tr>
<tr><td rowspan="2">工件轴用的止端量规形式</td><td>1</td><td colspan="4">卡规</td></tr>
<tr><td>2</td><td>环规</td><td colspan="3">—</td></tr>
</table>

表 6.7 IT6～IT10 级工作量规的通规、止规的制造公差(*T*)和位置要素值(*Z*) μm

工件公称尺寸 /mm		被检工件的公差等级														
		IT6			IT7			IT8			IT9			IT10		
大于	至	IT6	*T*	*Z*	IT7	*T*	*Z*	IT8	*T*	*Z*	IT9	*T*	*Z*	IT10	*T*	*Z*
—	3	6	1.0	1.0	10	1.2	1.6	14	1.6	2.0	25	2.0	3	40	2.4	4
3	6	8	1.2	1.4	12	1.4	2.0	18	2.0	2.6	30	2.4	4	48	3.0	5
6	10	9	1.4	1.6	15	1.8	2.4	22	2.4	3.2	36	2.8	5	58	3.6	6
10	18	11	1.6	2.0	18	2.0	2.8	27	2.8	4.0	43	3.4	6	70	4.0	8
18	30	13	2.0	2.4	21	2.4	3.4	33	3.4	5.0	52	4.0	7	84	5.0	9
30	50	16	2.4	2.8	25	3.0	4.0	39	4.0	6.0	62	5.0	8	100	6.0	11
50	80	19	2.8	3.4	30	3.6	4.6	46	4.6	7.0	74	6.0	9	120	7.0	13
80	120	22	3.2	3.8	35	4.2	5.4	54	5.4	8.0	87	7.0	10	140	8.0	15
120	180	25	3.8	4.4	40	4.8	6.0	63	6.0	9.0	100	8.0	12	160	9.0	18

(2) 通规公差带的位置要素(Z)。位置要素是为保证通规具有一定寿命而设置的公差带位置要素。在检验工件时，对于合格的工件，由于通规往往要通过被检孔(或轴)的实际轮廓，因此会产生磨损。所以，需要增大通规的最大实体量，即将通规的公差带向被检尺寸公差带内移动一个量，这个量为位置要素(Z)，位置要素值见表 6.7。

(3) 通规、止规的尺寸公差带位置设置。由于光滑极限量规的通规模拟体现的是最大实体边界(MMB)，止规模拟体现的是最小实体尺寸(LMS)，所以，通规的尺寸公差带按最大实体尺寸(MMS)设置位置，而且还需考虑内缩一个位置要素(Z)；止规的尺寸公差带按最小实体尺寸(LMS)设置位置，见图 6.8 通规、止规的尺寸公差带分布图。

通规、止规的尺寸公差带位置设置在被检工件尺寸公差带以内，即，采用"内缩"方式，使光滑极限量规验收工件时可有效地防止误收，保证了工件精度，但会出现误废。

(4) 通规、止规的工作部分的极限尺寸计算，见表 6.8。

3) 工作量规的通规、止规的几何精度及表面粗糙度设计

工作量规的通规、止规的几何公差主要有以下要求：几何公差 t 取值为量规尺寸公差值 T 的一半，即 $t=T/2$。当 $T\leqslant 0.002$mm 时，取 $t=0.001$mm。而且，通规、止规的尺寸公差与形状公差之间的关系遵守包容要求。

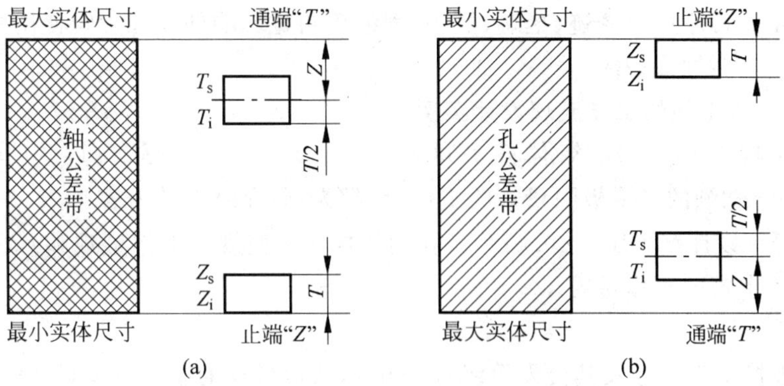

图 6.8　通规、止规的尺寸公差带分布图

(a) 轴用卡规；(b) 孔用塞规

表 6.8　通规、止规工作部分的极限尺寸计算公式表

光滑极限量规		极限尺寸计算公式	光滑极限量规		极限尺寸计算公式
孔用塞规	通规	$T_{max}=D+T_s=D+EI+Z+T/2$	轴用卡规	通规	$T_{max}=d+T_s=d+es-Z+T/2$
		$T_{min}=D+T_i=D+EI+Z-T/2$			$T_{min}=d+T_i=d+es-Z-T/2$
	止规	$Z_{max}=D+Z_s=D+ES$		止规	$Z_{max}=d+Z_s=d+ei+T$
		$Z_{min}=D+Z_i=D+ES-T$			$Z_{min}=d+Z_i=d+ei$

注：1. 表中 D,d 为被检工件表面的公称尺寸，ES(es)，EI(ei)分别为孔(轴)的上、下极限偏差；

2. 表中 T 为量规的制造公差，Z 为量规的位置要素；

3. 表中 T_s、T_i 为通规尺寸的上、下极限偏差；Z_s、Z_i 为止规尺寸的上、下极限偏差。

通规、止规的工作表面粗糙度要求的 Ra 值可按表 6.9 取值。

表 6.9　量规测量面的粗糙度参数 *Ra* 值

工作量规	工作量规的公称尺寸　/mm		
	≤120	>120～315	>315～500
	工作量规测量面的表面粗糙度 Ra 值/μm		
IT6 级孔用塞规	≤0.05	≤0.10	≤0.20
IT6～IT9 级轴用环规 IT7～IT9 级孔用塞规	≤0.10	≤0.20	≤0.40
IT10～IT12 级轴用环规、孔用塞规	≤0.20	≤0.40	≤0.80
IT13～IT16 级轴用环规、孔用塞规	≤0.40	≤0.80	

4) 工作量规的通规、止规工作部分的技术要求

量规工作部分的材料采用合金工具钢、碳素工具钢、渗碳钢及其他耐磨材料制造。这些材料的尺寸稳定性好且耐磨。若用碳素钢制造，其工作表面应进行镀铬或氮化处理，其厚度应大于磨损量，以提高量规工作表面的硬度。钢制量规工作面的硬度不应小于 700HV(或 60HRC)，并应经过稳定性处理。

量规的工作面不应有锈迹、毛刺、黑斑、划痕等明显影响外观和影响使用质量的缺陷。其他表面不应有锈蚀和裂纹。

3. 光滑极限量规的工作量规设计实例

以"设计检验图 2.23 箱体孔 ϕ52JS7(±0.015)Ⓔ和图 2.17 中花键套筒上 $\phi 25\text{j}6(^{+0.009}_{-0.004})$Ⓔ轴颈的光滑极限量规的工作量规"为例,介绍设计内容。

【例 6.4】 设计ϕ52JS7(±0.015)Ⓔ孔用量规——塞规的工作量规和$\phi 25\text{j}6(^{+0.009}_{-0.004})$Ⓔ轴用量规——卡规的工作量规。

【解】

(1) 按被检工件尺寸及其公差等级查表 6.7,获得量规的制造公差(T)和量规公差带的位置要素值(Z):

塞规的工作量规　$T=3.6\mu\text{m}, Z=4.6\mu\text{m}$;

卡规的工作量规　$T=2\mu\text{m}, Z=2.4\mu\text{m}$。

(2) 分别绘制塞规、卡规的通、止规的尺寸公差带分布图,见图 6.9 和图 6.10。

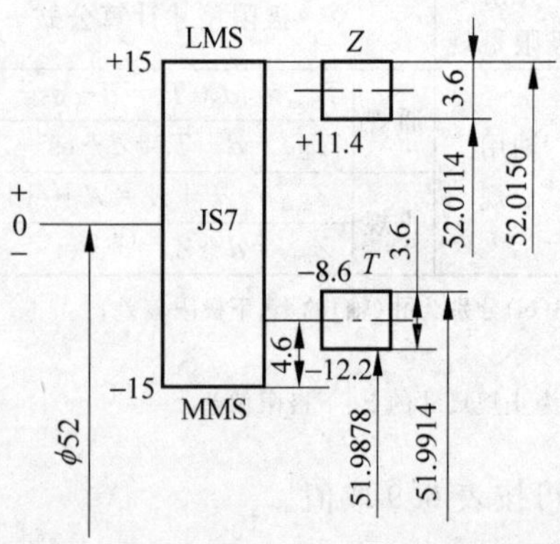

图 6.9　孔用塞规的尺寸公差带分布图

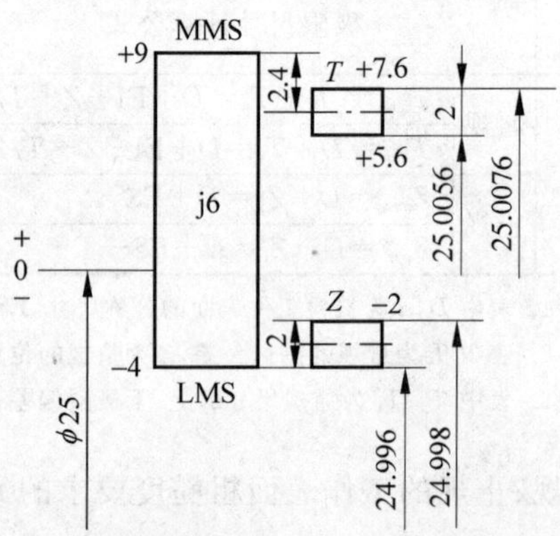

图 6.10　轴用卡规尺寸公差带分布图

(3) 分别计算塞规、卡规工作量规的通、止规的工作尺寸。

① ϕ52JS7(±0.015)Ⓔ孔用量规——塞规:

由图 6.9 可得通规的尺寸公差:$\phi 52^{-0.0086}_{-0.0122}\text{mm}=\phi 51.9914^{\ 0}_{-0.0036}\text{mm}$(按照"入体原则"标注);

止规的尺寸公差:$\phi 52^{+0.0150}_{+0.0114}\text{mm}=\phi 52.015^{\ 0}_{-0.0036}\text{mm}$(按照"入体原则"标注)。

② $\phi 25\text{j}6(^{+0.009}_{-0.004})$Ⓔ轴用量规——卡规:

由图 6.10 可得通规的尺寸公差:$25^{+0.0076}_{+0.0056}\text{mm}=25.0056^{+0.002}_{\ 0}\text{mm}$;

止规的尺寸公差:$25^{-0.002}_{-0.004}\text{mm}=24.996^{+0.002}_{\ 0}\text{mm}$。

(4) 设计塞规、卡规工作量规的通、止规的形状,确定几何公差项目及公差数值。

塞规工作量规的通规形状为长圆柱,止规的形状为短圆柱。其尺寸公差与几何公差之间的关系遵循"包容要求",且圆柱度公差 $t=T/2=0.0018\text{mm}$。

卡规工作量规的通、止规的形状均为两平行平面,其平行度公差值为尺寸公差一半,即 $t=0.001\text{mm}$。

(5) 确定表面粗糙度值及技术要求。

按表 6.9 推荐,公称尺寸≤120mm,IT7 级孔用塞规工作表面 Ra≤0.10μm,IT6 级轴用卡规工作表面 Ra≤0.10μm。

取:塞规工作表面 Ra≤0.10μm;卡规工作表面 Ra≤0.10μm。

技术要求(略)。

图 6.11 为塞规工作图,图 6.12 为卡规工作图。

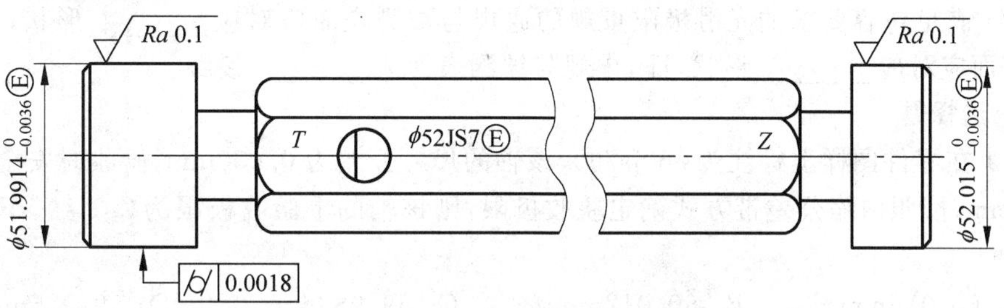

图 6.11　塞规工作图

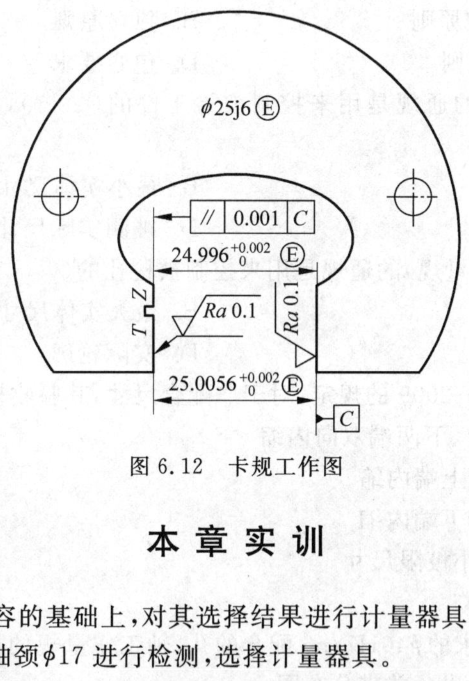

图 6.12　卡规工作图

本章实训

在第 2、4 章实训内容的基础上,对其选择结果进行计量器具的选择和设计。

(1) 对台钻主轴上轴颈φ17 进行检测,选择计量器具。

(2) 对台钻主轴箱体孔φ50、齿条套筒上轴颈φ50 和轴承位——孔φ40 进行检测,选择计量器具。若选择光滑极限量规检验工件,则设计光滑极限量规,并绘制量规工作图。

(3) 选择测量花键套筒上轴颈φ24 与键配合的轴键槽 4N9 的计量器具,确定验收极限。

习　题

1. 填空题

(1) 光滑极限量规按用途分为________类型。

(2) ________被测要素可以使用光滑极限量规检验。

(3) 用光滑极限量规检验工件时,通规用来控制________;止规用来控制________。被测工件合格条件是________。

(4) ________工作量规没有校对量规。

(5) 光滑极限量规的工作部分分为________规和________规。

(6) 检验$\phi 50^{+0.050}_{+0.025}$孔用的工作量规通规是按________尺寸设计,止规是按________尺寸设计。

(7) 满足包容要求的光滑极限量规的通规与被测表面应对应________形状;止规与被测表面应对应________形状,即,止规与被测表面呈________接触。

2. 选择题

(1) 在零件图样上标注为ϕ60js7Ⓔ,该轴的尺寸公差为0.030mm,验收时安全裕度为0.003mm,按照内缩公差带方式确定验收极限,则该轴的上验收极限为(　　),下验收极限为(　　)。

A. 60.015mm　　B. 60.012mm　　C. 59.988mm　　D. 59.985mm

(2) 光滑极限量规设计应符合(　　)。

A. 与理想要素比较原则　　B. 独立原则

C. 测量特征参数原则　　D. 包容要求

(3) 光滑极限量规的通规是用来控制被检工件的(　　),止规用来控制被检工件的(　　)。

A. 最大实体尺寸　　B. 最小实体尺寸

C. 被测实际轮廓　　D. 被测实际尺寸

(4) 塞规(光滑极限量规)的通规是用来控制被检孔的(　　)不得超越其(　　)。

A. 最小实体尺寸　　B. 最大实体尺寸

C. 最大实体边界　　D. 实际轮廓

(5) 按GB/T 3177—2009的规定,对于非配合尺寸,其验收极限应采用(　　)。

A. 从工件公差带上、下两端双向内缩

B. 只从工件公差带上端内缩

C. 只从工件公差带下端内缩

D. 工件的最大、最小极限尺寸

3. 填表题

试计算遵守包容要求的ϕ40H7/n6配合的孔、轴工作量规的极限尺寸,将计算的结果填入习题表6.1中,并画出公差带分布图。

习题表　6.1

工件	量规	量规公差 T/μm	位置要素 Z/μm	量规公称尺寸/mm	量规极限尺寸/mm		量规图样标注尺寸/mm
					上极限	下极限	
孔	通规						
ϕ40H7Ⓔ	止规						
轴	通规						
ϕ40n6Ⓔ	止规						

4. 简答题

(1) 为什么规定安全裕度和验收极限?

(2) 对于尺寸呈现正态分布和偏态分布,其验收极限有何不同?

(3) 光滑极限量规的通规和止规的形状各有什么特点? 为什么应具有这样的形状?

(4) 零件图样上被测要素的尺寸公差和几何公差按哪种公差原则标注时,才能使用光滑极限量规检验,为什么?

(5) 在使用偏离"包容要求"的光滑极限量规检验工件时,为了避免造成误判,应如何操作光滑极限量规?

5. 计算题

(1) 用普通计量器具测量下列孔和轴,试分别确定它们的安全裕度、验收极限以及使用的计量器具的名称和分度值:

① ϕ150h11　　② ϕ50H7　　③ ϕ35e9　　④ ϕ95p6

(2) 试计算检验ϕ60H7/r6Ⓔ孔、轴用的工作量规通规和止规的极限尺寸,并画出该孔和轴通规、止规公差带示意图。试在光滑极限量规(工作量规)的工作图上标注。

第 7 章　零件典型表面的公差配合与检测

本章要点及学习指导

(1) 根据绪论台式钻床主轴箱示例，通过主轴皮带轮与花键套筒联结、花键套筒与主轴的联结，掌握键联结和花键联结的配合精度、选择及检测。

(2) 根据主轴前端螺纹与螺母的结合、轴承挡圈紧定螺钉的选择，掌握螺纹的配合精度、选择与检测。

(3) 根据主轴前端莫氏锥度结合要求，掌握圆锥配合的精度、选择与检测。

(4) 根据主轴箱齿轮、齿条传动的使用要求，熟悉影响齿轮传动的偏差项目，正确进行标准圆柱齿轮的精度设计，掌握渐开线圆柱齿轮偏差的检测。

7.1　键与花键的公差配合与检测

键联结是机械产品中应用广泛的结合方式，通常用于轴和轴上零件(如齿轮、皮带轮、联轴器等)之间的联结，用来传递扭矩和运动。有时为轴上传动零件起轴向的导向作用，如汽车、机床等变速箱中的滑移齿轮，可以沿着花键轴向移动形成不同的变速机构。

在图 1.1 台式钻床主轴箱中，主轴是通过主轴皮带轮与花键套筒联结、花键套筒与主轴联结来传递运动和扭矩，下面结合实例分别介绍单键联结和花键联结的公差与配合，以选择键联结的尺寸，确定相应的配合公差。

7.1.1　键联结的公差配合与检测

1. 键联结的结构和几何参数

键联结又分为单键联结和花键联结。单键按其结构形式的不同分为平键(包括普通平键、导向平键、薄形平键)、半圆键、楔键(包括普通楔键、钩头楔键)和切向键 4 种。各种键的结构见表 7.1。

普通平键联结对中性好，装拆方便，应用最为方便。

导向平键用于轴与轮毂之间有相对轴向移动的联结。导向平键用螺钉固定在轴槽中，轴上零件沿轴作轴向移动，键的中部设有起键螺纹孔，以便于键的拆装。如机床变速箱的滑移齿轮。

薄形平键主要用于轮毂壁较薄、轴和轮毂强度要求不能削弱太多的场合。

半圆键具有定心性好、半圆键能在轴槽中摆动、装配方便的特点。但它的键槽较深，对轴的削弱较大，常用于轻载和锥形轴端的联结。

普通平键联结包括轴键槽、毂键槽和键 3 部分，其中 t_1、t_2 分别代表轴键槽深和毂键槽深，L 和 h 分别代表键长和键高，d 为轴和轮毂的公称直径。普通平键联结结构形式见图 7.1，普通平键键槽剖面尺寸及键槽公差见表 7.2。

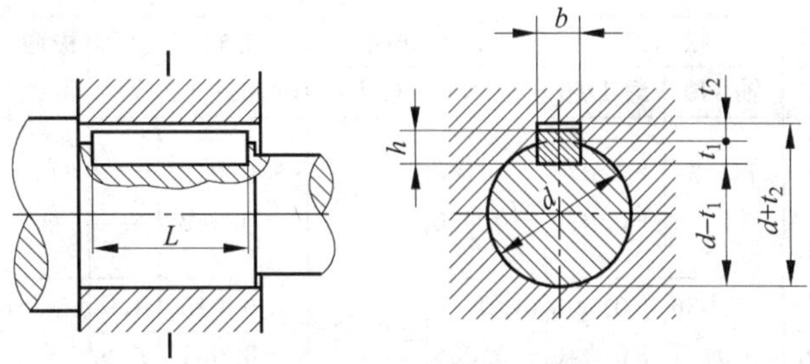

图 7.1　普通平键联结结构形式

表 7.1　单键的结构形式

类型			图　形	类型		图　形
平键	普通平键	A型	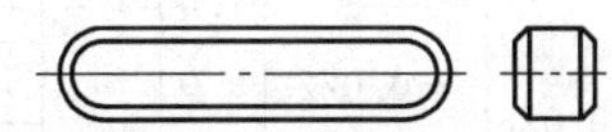	半圆键		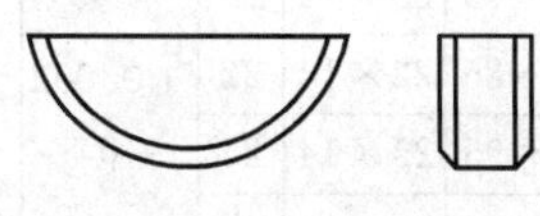
		B型	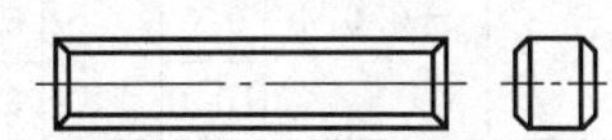			
		C型	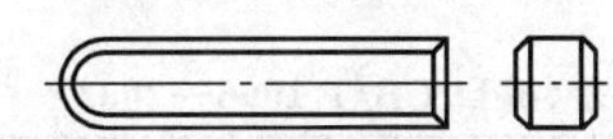	楔键	普通楔键	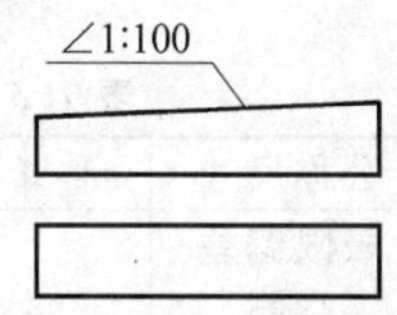
	导向平键	A型				
		B型			钩头楔键	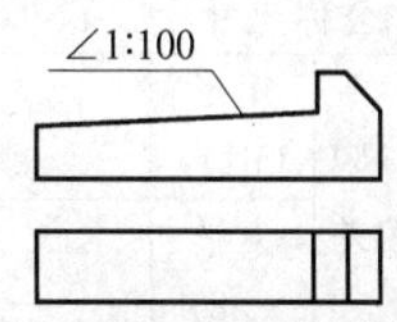
	薄形平键	A型	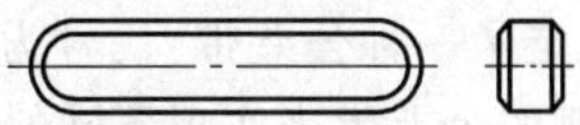	切向键		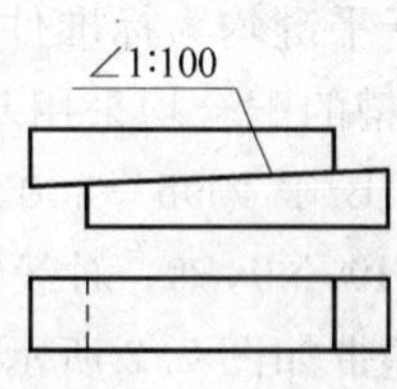
		B型	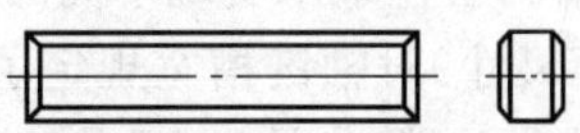			
		C型	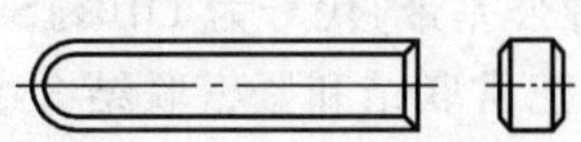			

2. 平键联结的公差配合

平键联结是在轴和轮毂孔中分别开具键槽，装入平键后，键的顶面和毂键槽之间留有一定的间隙，平键的两侧面分别与轴、毂键槽侧面相互接触传递扭矩，键宽 b 就是主要的配合尺寸，普通平键的尺寸与公差见表 7.3。

表 7.2　普通平键、键槽剖面尺寸及键槽公差(摘自 GB/T 1095—2003)　　mm

<table>
<tr><th>轴</th><th>键</th><th colspan="12">键　槽</th></tr>
<tr><th rowspan="2">公称尺寸</th><th rowspan="2">键尺寸</th><th colspan="6">宽度 b</th><th colspan="4">深度</th><th colspan="2" rowspan="2">半径 r</th></tr>
<tr><th rowspan="3">公称尺寸</th><th colspan="5">极限偏差</th><th colspan="2">轴 t_1</th><th colspan="2">毂 t_2</th></tr>
<tr><th rowspan="2">d</th><th rowspan="2">b×h</th><th colspan="2">松联结</th><th colspan="2">正常联结</th><th>紧密联结</th><th rowspan="2">公称尺寸</th><th rowspan="2">极限偏差</th><th rowspan="2">公称尺寸</th><th rowspan="2">极限偏差</th><th rowspan="2">min</th><th rowspan="2">max</th></tr>
<tr><th>轴 H9</th><th>毂 D10</th><th>轴 N9</th><th>毂 JS9</th><th>轴和毂 P9</th></tr>
<tr><td>>10～12</td><td>4×4</td><td>4</td><td rowspan="3">+0.030
0</td><td rowspan="3">+0.078
+0.030</td><td rowspan="3">0
−0.030</td><td rowspan="3">±0.015</td><td rowspan="3">−0.012
−0.042</td><td>2.5</td><td rowspan="5">+0.1
0</td><td>1.8</td><td rowspan="5">+0.1
0</td><td>0.08</td><td>0.16</td></tr>
<tr><td>>12～17</td><td>5×5</td><td>5</td><td>3.0</td><td>2.3</td><td rowspan="3">0.16</td><td rowspan="3">0.25</td></tr>
<tr><td>>17～22</td><td>6×6</td><td>6</td><td>3.5</td><td>2.8</td></tr>
<tr><td>>22～30</td><td>8×7</td><td>8</td><td rowspan="2">+0.036
0</td><td rowspan="2">+0.098
+0.040</td><td rowspan="2">0
−0.036</td><td rowspan="2">±0.018</td><td rowspan="2">−0.015
−0.051</td><td>4.0</td><td>3.3</td></tr>
<tr><td>>30～38</td><td>10×8</td><td>10</td><td>5.0</td><td>3.3</td><td rowspan="5">0.25</td><td rowspan="5">0.40</td></tr>
<tr><td>>38～44</td><td>12×8</td><td>12</td><td rowspan="4">+0.043
0</td><td rowspan="4">+0.120
+0.050</td><td rowspan="4">0
−0.043</td><td rowspan="4">±0.0215</td><td rowspan="4">−0.018
−0.061</td><td>5.0</td><td rowspan="8">+0.2
0</td><td>3.3</td><td rowspan="8">+0.2
0</td></tr>
<tr><td>>44～50</td><td>14×9</td><td>14</td><td>5.5</td><td>3.8</td></tr>
<tr><td>>50～58</td><td>16×10</td><td>16</td><td>6.0</td><td>4.3</td></tr>
<tr><td>>58～65</td><td>18×11</td><td>18</td><td>7.0</td><td>4.4</td></tr>
<tr><td>>65～75</td><td>20×12</td><td>20</td><td rowspan="4">+0.052
0</td><td rowspan="4">+0.149
+0.065</td><td rowspan="4">0
−0.052</td><td rowspan="4">±0.026</td><td rowspan="4">−0.022
−0.074</td><td>7.5</td><td>4.9</td><td rowspan="4">0.40</td><td rowspan="4">0.60</td></tr>
<tr><td>>75～85</td><td>22×14</td><td>22</td><td>9.0</td><td>5.4</td></tr>
<tr><td>>85～95</td><td>25×14</td><td>25</td><td>9.0</td><td>5.4</td></tr>
<tr><td>>95～110</td><td>28×16</td><td>28</td><td>10.0</td><td>6.4</td></tr>
</table>

表 7.3　普通平键的尺寸与公差(摘自 GB/T 1096—2003)　　mm

<table>
<tr><td rowspan="2">宽度 b</td><td colspan="2">公称尺寸</td><td>4</td><td>5</td><td>6</td><td>8</td><td>10</td><td>12</td><td>14</td><td>16</td><td>18</td><td>20</td><td>22</td><td>25</td><td>28</td></tr>
<tr><td colspan="2">极限偏差
(h8)</td><td colspan="3">0
−0.018</td><td colspan="2">0
−0.022</td><td colspan="4">0
−0.027</td><td colspan="4">0
−0.033</td></tr>
<tr><td rowspan="3">高度 h</td><td colspan="2">公称尺寸</td><td>4</td><td>5</td><td>6</td><td>7</td><td>8</td><td>8</td><td>9</td><td>10</td><td>11</td><td>12</td><td>14</td><td>14</td><td>16</td></tr>
<tr><td rowspan="2">极限
偏差</td><td>矩形
(h11)</td><td colspan="3">—</td><td colspan="5">0
−0.090</td><td colspan="5">0
−0.110</td></tr>
<tr><td>方形
(h8)</td><td colspan="3">0
−0.018</td><td colspan="5">—</td><td colspan="5">—</td></tr>
</table>

由于平键均为标准件,国家标准对键宽规定了一种公差带,代号为 h8,所以键与轴键槽、毂键槽的配合均采用基轴制,通过改变键槽的公差带来实现不同的配合性能要求。国家标准 GB/T 1095—2003《平键　键槽的剖面尺寸》对轴键槽宽规定了 3 种公差带,代号分别为 H9,N9,P9;对毂键槽宽也规定了 3 种公差带,代号为 D10,JS9,P9。键宽和键槽宽的公差带如图 7.2 所示。分别构成松联结、正常联结和紧密联结 3 组不同的配合,以满足不同的使用要求。平键联结的 3 组配合及其应用见表 7.4。

国标对键联结中的非配合尺寸也规定了相应的公差带。键高 h 的公差带代号为 h11,对于正方形截面的平键,键宽和键高相等,都选用 h8。键长 L 的公差带代号为 h14,轴键槽长度的公差带代号为 H14。轴键槽深 t_1 和毂键槽深 t_2 的公差参见表 7.2。

为了保证键联结的装配质量,键和键槽应给出相应的几何公差要求。

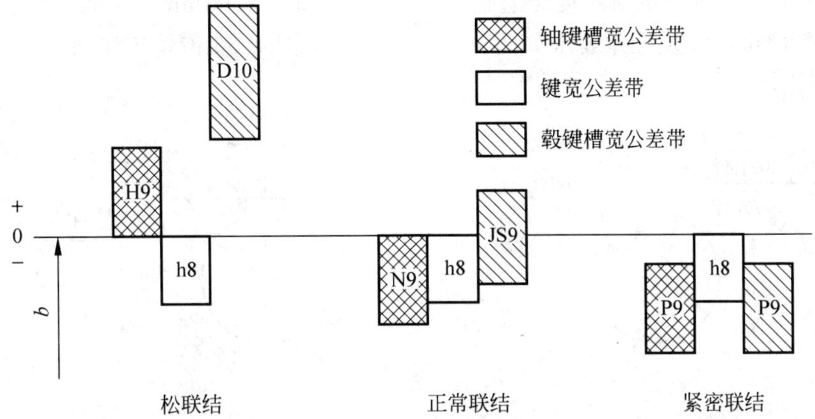

图 7.2．平键联结键宽与键槽宽的公差带图

表 7.4　平键联结的三组配合及应用

配合种类	尺寸 b 的公差			配合性质及应用
	键	轴键槽	毂键槽	
松联结	h8	H9	D10	键在轴上及轮毂中均能滑动，主要用于导向平键，轮毂可在轴上作轴向移动
正常联结		N9	JS9	键在轴上及轮毂中均固定，广泛用于一般机械制造中载荷不大的场合
紧密联结		P9	P9	键在轴上及轮毂中均牢固，且配合更紧，主要用于载荷较大，且有冲击以及需双向传递扭矩的场合

当平键的长宽比 $L/b \geqslant 8$ 时，键宽 b 的两个侧面在长度方向的平行度公差，应按照 GB/T 1184—1996《形状和位置公差》进行选取：当 $b < 6$mm 时，平行度公差等级取 7 级；当 $b \geqslant 8 \sim 36$mm 时，取 6 级；当 $b \geqslant 40$mm 时，取 5 级。

轴键槽和毂键槽两侧面的中心平面相对于轴心线要规定对称度公差，对称度公差按 GB/T 1184—1996《形状和位置公差》进行选取，一般取 7～9 级。

普通平键联结轴键槽和毂键槽宽 b 两侧面的表面粗糙度 Ra 推荐为 1.6～3.2μm，轴键槽和毂键槽底面的表面粗糙度参数 Ra 值为 6.3μm。

【例 7.1】 已知某齿轮减速器输出轴与齿轮配合 ϕ56H7/h6，采用普通平键联结传递扭矩，齿轮宽度 $B=63$mm，试选择平键的规格，确定键槽的相应尺寸及偏差，并作图表示。

【解】

(1) 根据孔、轴配合直径 ϕ56mm，查表 7.2，键宽 $b=16$mm，可选择平键 $b \times h = 16 \times 10$；齿轮宽度 $B=63$mm，可选择键长 $L=56$mm。

(2) 齿轮轴孔属于正常联结，查表 7.4，轴键槽选用 N9，毂键槽选用 JS9。

轴键槽宽 16N9($^{0}_{-0.043}$)，毂键槽宽 16JS9(± 0.021)；

轴键槽深 $t_1 = 6^{+0.2}_{0}$，毂键槽深 $t_2 = 4.3^{+0.2}_{0}$；

$d - t_1 = 50^{0}_{-0.2}$，$d + t_2 = 60.3^{+0.2}_{0}$。

(3) 一般要求键槽的对称度公差选择 8 级,公差值为 0.02mm。

键槽各部位尺寸及公差要求如图 7.3 所示并参考图 7.36 齿轮工作图。

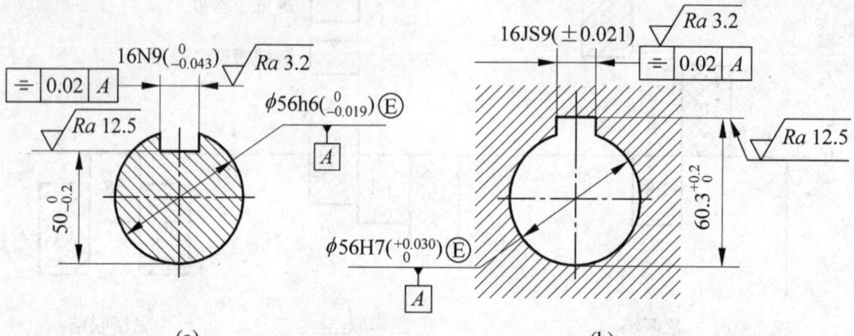

图 7.3　轴键槽和轮毂键槽的标注

(a) 轴键槽；(b) 轮毂键槽

3. 键及键槽的检测

在生产中一般采用游标卡尺、千分尺等通用计量器具对键进行检验。

在单件、小批量生产中,键槽宽度和深度的检验一般用通用量具检验,而在大批量生产中,常用专用的量规检验尺寸。键槽尺寸检验量规见图 7.4。

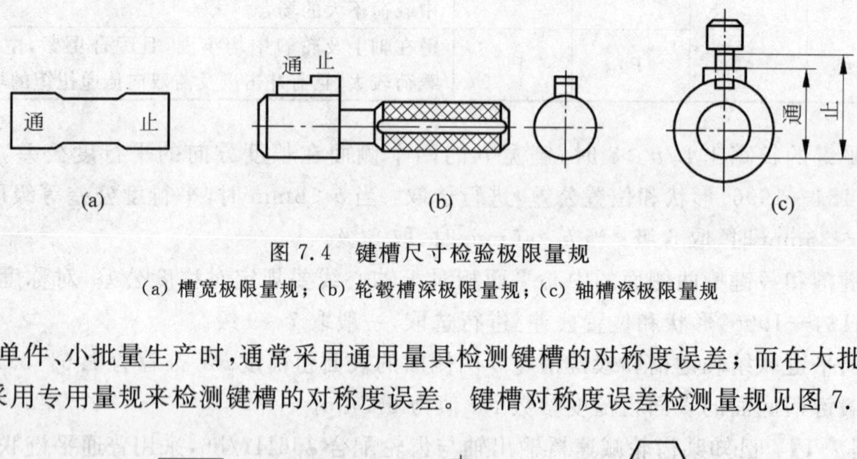

图 7.4　键槽尺寸检验极限量规

(a) 槽宽极限量规；(b) 轮毂槽深极限量规；(c) 轴槽深极限量规

在单件、小批量生产时,通常采用通用量具检测键槽的对称度误差；而在大批量生产时,可采用专用量规来检测键槽的对称度误差。键槽对称度误差检测量规见图 7.5。

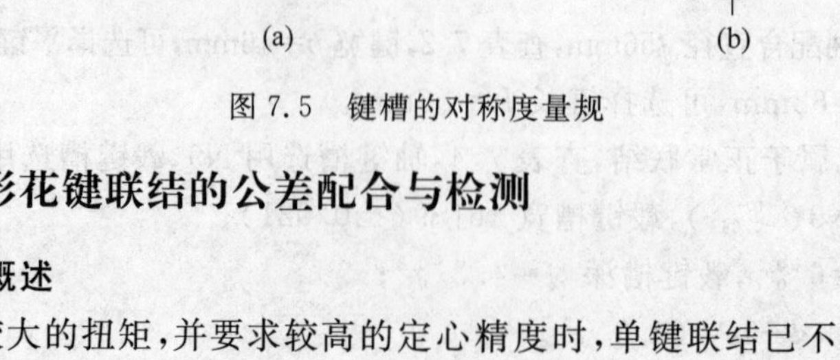

图 7.5　键槽的对称度量规

7.1.2　矩形花键联结的公差配合与检测

1. 花键联结概述

当需要传递较大的扭矩,并要求较高的定心精度时,单键联结已不能满足使用要求。

此时，通常选用花键联结。花键联结由内花键（花键孔）和外花键（花键轴）组成。它可以是固定联结，也可以是滑动联结。花键联结的优点是：由于是多齿传递载荷，承载能力较强；孔和轴的定心精度高、导向性好；花键齿槽浅，应力集中小，联结强度高。

花键分为矩形花键、渐开线花键和三角花键 3 种。生产中应用最多的是矩形花键。

2. 矩形花键的几何参数与定心方式

矩形花键联结后主要保证内、外花键具有较高的同轴度，并传递较大的扭矩。矩形花键有大径 D、小径 d 和键宽 B 3 个主要尺寸参数，如图 7.6 所示。

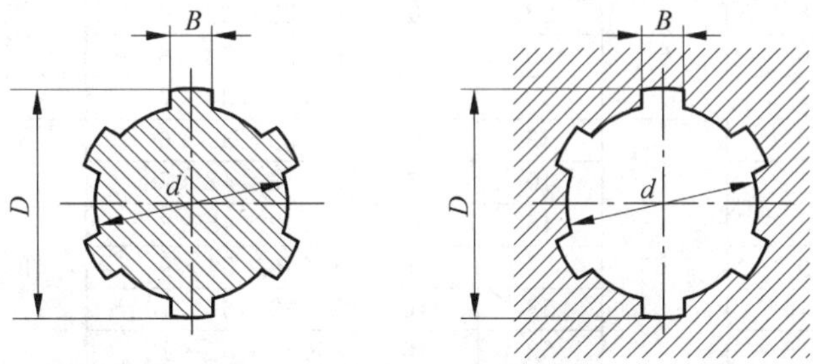

图 7.6　矩形花键的几何参数

由于花键联结具有大径、小径和键侧面 3 个结合面，如果要求这 3 个结合面的尺寸都有很高的加工精度是很困难的，而且也无必要。为了简化花键的加工工艺，提高花键的加工质量，保证装配的定心精度和稳定性，通常是在上述 3 个结合表面中选取一个作为定心表面，依此确定花键联结的配合性质。

在实际生产中，大批量生产花键孔主要采用拉削方式加工，花键孔的加工质量主要是由拉刀来保证。如果采用大径定心，生产中当花键孔要求较高的硬度时，热处理后花键孔变形就很难用拉刀进行修正；另外当花键联结要求较高的定心精度和表面粗糙度时，拉削工艺也很难保证加工的质量要求。如果采用小径定心，热处理后的花键孔小径变形可通过内圆磨削进行修复，使其具有更高的尺寸精度和更小的表面粗糙度值；同时花键轴的小径也可通过成形磨削，达到所要求的精度。为保证花键联结具有较高的定心精度、较好的定心稳定性、较长的使用寿命，所以国家标准规定采用小径定心。

GB/T 1144—2001《矩形花键　尺寸、公差和检验》规定了圆柱直齿小径定心矩形花键的公称尺寸、公差与配合、检验规则和标记方法。小径定心对定心直径（小径 d）规定了较高的精度要求，对非定心直径（大径 D）提出了较低的精度要求，装配后大径处具有较大的间隙。由于扭矩的传递是通过键和键槽侧面进行的，国标对键和键槽规定了较高的尺寸精度。

为了便于加工和检测，国标规定矩形花键的键数 N 为偶数，分别为 6，8，10 三种，沿圆周均匀分布。根据工作载荷的不同，矩形花键又分为轻、中两个系列，轻系列键高尺寸较小，承载能力较低；中系列键高尺寸较大，承载能力较强。矩形花键的公称尺寸见表 7.5。

表 7.5 矩形花键的公称尺寸系列(摘自 GB/T 1144—2001) mm

小径 d	轻系列				中系列			
	规格 $N\times d\times D\times B$	键数 N	大径 D	键宽 B	规格 $N\times d\times D\times B$	键数 N	大径 D	键宽 B
11					6×11×14×3		14	3
13					6×13×16×3.5		16	3.5
16	—	—	—	—	6×16×20×4		20	4
18					6×18×22×5		22	5
21					6×21×25×5	6	25	5
23	6×23×26×6		26	6	6×23×28×6		28	6
26	6×26×30×6	6	30	6	6×26×32×6		32	6
28	6×28×32×7		32	7	6×28×34×7		34	7
32	8×32×36×6		36	6	8×32×38×6		38	6
36	8×36×40×7		40	7	8×36×42×7		42	7
42	8×42×46×8		46	8	8×42×48×8		48	8
46	8×46×50×9	8	52	9	8×46×54×9	8	54	9
52	8×52×58×10		58	10	8×52×60×10		60	10
56	8×56×62×10		62	10	8×56×65×10		65	10
62	8×62×68×12		68	12	8×62×72×12		72	12
72	10×72×78×12		78	12	10×72×82×12		82	12
82	10×82×88×12		88	12	10×82×92×12		92	12
92	10×92×98×14	10	98	14	10×92×102×14	10	102	14
102	10×102×108×16		108	16	10×102×112×16		112	16
112	10×112×120×18		120	18	10×112×125×18		125	18

3. 矩形花键联结的公差与配合

矩形花键的公差与配合可分为一般用和精密传动用花键联结,其公差配合的选择可参考表 7.6。

表 7.6 矩形内、外花键的尺寸公差带(摘自 GB/T 1144—2001)

内花键				外花键			
d	D	B 拉削后不热处理	B 拉削后热处理	d	D	B	装配形式
一般用							
				f7		d10	滑动
H7	H10	H9	H11	g7	a11	f9	紧滑动
				h7		h10	固定
精密传动用							
				f6		d8	滑动
H6				g6		f7	紧滑动
	H10	H7、H9		h6	a11	h8	固定
				f5		d8	滑动
H5				g5		f7	紧滑动
				h5		h8	固定

注:1. 精密传动用的内花键,当需要控制键侧配合间隙时,槽宽可选 H7,一般情况下可选 H9。

2. d 为 H6 和 H7 的内花键,允许与提高一级的外花键配合。

国家标准 GB/T 1144—2001 规定，矩形花键的尺寸公差采用基孔制，主要的目的是为了减少拉刀的数量。

通过改变外花键的小径和外花键宽的尺寸公差带可形成不同的配合性质。按装配形式分为滑动、紧滑动和固定 3 种配合。滑动联结通常用于移动距离较长、移动频率高的条件下工作的花键，而当内、外花键定心精度要求高、传递扭矩大并常伴有反向转动的情况下，可选用配合间隙较小的紧滑动联结，这两种配合在工作过程中，内花键既可传递扭矩，又可沿花键轴作轴向移动。对于内花键在轴上固定不动，只用来传递扭矩的情况，应选用固定联结。

一般用内花键分为拉削后热处理和不热处理两种，拉削后需热处理的内花键，由于键槽产生变形，国标规定了较低的精度等级(由 H9 降为 H11)。精密传动用的内花键，当需要控制键侧配合间隙时，槽宽可选 H7，一般情况下可选 H9。

花键配合的定心精度要求越高、传递扭矩越大时，花键应选用较高的公差等级。常见汽车、拖拉机变速箱中多采用一般级花键；精密机床变速箱中多采用精密级花键。

由于矩形花键具有复杂的结合表面，各种几何误差将会严重影响花键的联结质量，国家标准对其几何公差做了具体要求。

矩形花键联结内、外花键定心小径的极限尺寸遵守包容要求。

内、外花键键侧的位置度误差将会影响花键联结的键侧配合间隙，国标规定了相应的位置度公差，并采用最大实体要求，矩形花键的位置度公差和标注见表 7.7。

表 7.7　矩形花键的位置度公差(摘自 GB/T 1144—2001)　mm

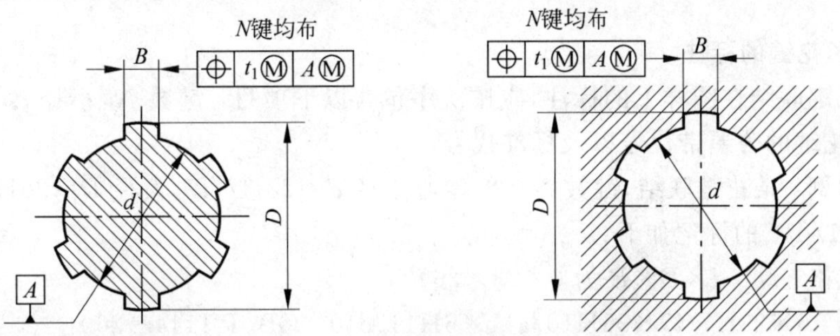

键槽宽或键宽 B		3	3.5～6	7～10	12～18
位置度公差 t_1					
键　槽　宽		0.010	0.015	0.020	0.025
键宽	滑动、固定	0.010	0.015	0.020	0.025
	紧滑动	0.006	0.010	0.013	0.016

国家标准还对矩形花键的对称度和等分度提出了公差要求，键宽和键槽宽的对称度公差和标注见表 7.8。

当生产中采用较长的花键联结时，可根据产品的性能要求具体规定键侧对轴线的平行度公差。

矩形花键各配合表面的表面粗糙度推荐值见表 7.9。

表 7.8　矩形花键键宽的对称度公差(摘自 GB/T 1144—2001)　mm

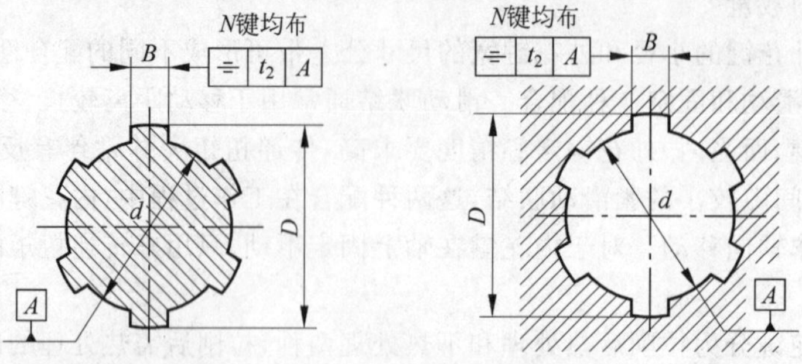

键槽宽或键宽 B	3	3.5～6	7～10	12～18
	对称度公差 t_2			
一　般　用	0.010	0.012	0.015	0.018
精密传动用	0.006	0.008	0.009	0.011

注：矩形花键的等分度公差与键宽的对称度公差相同。

表 7.9　矩形花键表面粗糙度推荐值

加 工 表 面	内　花　键	外　花　键
	Ra 不大于/μm	
小径	1.6	0.8
大径	6.3	3.2
键侧	3.2	0.8

4. 矩形花键的标注

矩形花键联结在图样上的标注，应按次序包含以下项目：键数 N，小径 d，大径 D，键(槽)宽 B，花键的公差带代号以及标准代号。

标注示例：某花键联结，键数 $N=6$，定心小径 $d=23\text{H}7/\text{f}7$，大径 $D=26\text{H}10/\text{a}11$，键宽 $B=6\text{H}11/\text{d}10$ 的标记如下：

花键规格：$N\times d\times D\times B$ 为 $6\times23\times26\times6$

花键副：6×23H7/f7×26H10/a11×6H11/d10　GB/T 1144—2001

内花键：6×23H7×26H10×6H11　GB/T 1144—2001

外花键：6×23f7×26a11×6d10　GB/T 1144—2001

5. 矩形花键的检测

1) 综合检验

在大批量生产中，一般都采用量规进行检验。用花键综合通规同时检验花键的小径 d、大径 D、键(槽)宽 B 的关联作用尺寸，使其控制在最大实体边界内，同时保证大径对小径的同轴度。内、外花键检验用综合通规的结构形式见图 7.7。

用单项检验法检验键槽的等分度、对称度，代替键槽的位置度公差，以保证配合要求和安装要求。

用单项止规(或其他量具)分别检验小径、大径、键槽宽的最小实体尺寸。花键单项检测极限量规见图 7.8。

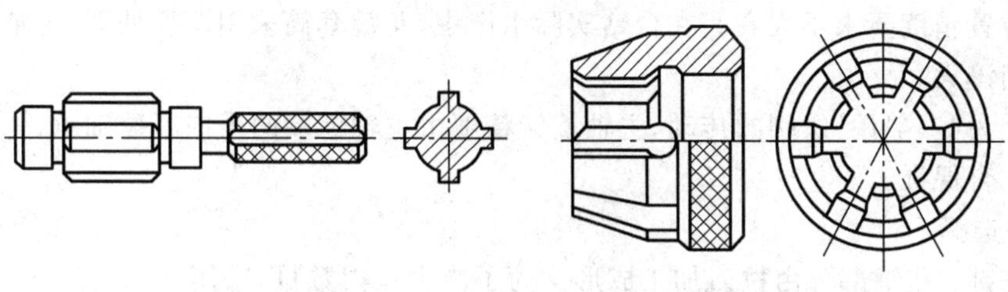

图 7.7　矩形花键综合量规

(a) 花键塞规；(b) 花键环规

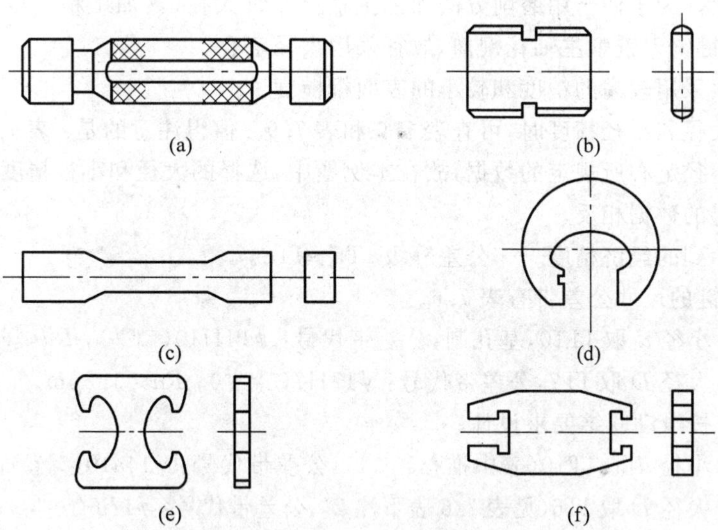

图 7.8　花键的极限塞规和卡规

(a) 内花键小径的光滑极限量规；(b) 内花键大径的板式塞规；(c) 内花键槽宽塞规；
(d) 外花键大径卡规；(e) 外花键小径卡规；(f) 外花键键宽卡规

检验时，当综合通规通过，单项止规通不过，则花键合格。若综合通规不能通过，则花键不合格。

2) 单项检验

在单件小批量生产中，可用通用量具分别检验花键的尺寸(d,D 和 B)误差、大径对小径的同轴度误差和键齿(槽)的位置度误差，以保证各尺寸偏差和几何误差在公差范围内。

6. 矩形花键连接应用的实例

【例 7.2】 试确定图 1.1 台钻中花键套筒上有关花键联结部分的尺寸公差和几何公差。

【解】

(1) 分析：台钻中的花键套筒(材料：45 钢)与主轴(40Gr)尾部的花键轴配合，主要任务是传递运动和转矩，将塔轮旋转运动通过花键联结传递给主轴。主轴前端部锥面通过钻夹头与孔刀具的柄部联结，孔加工(钻、扩孔)的位置精度由钻夹具保证。因此，花键联结的位置精度要求不太高。在台钻实际生产中,花键套筒采用调质处理,主轴花键部分采用表面淬火。

此处为"一般用"级别的传动,主轴旋转精度由主轴前端两个向心球轴承、一个推力球轴承的配合保证。

(2) 选择

内花键:花键部分由拉刀加工成形。为了减少拉刀数量,采用基孔制。

装配形式:由于主轴是在移动距离较长、移动频率较高的条件下工作,属于滑动联结。

本例题的花键套筒采用调质处理,花键孔可采用拉削加工,属于精加工;主轴外花键采取表面淬火。为了便于用磨削方法加工主轴上花键大径(其加工精度较高),用拉削加工内花键,花键铣刀铣削主轴花键槽,故宜采用大径定心。

定心尺寸采用较高的精度和较小的表面粗糙度。

在选择大径和小径精度时,可查表7.6和表7.9。值得注意的是:表7.6和表7.9推荐的值是以小径定心所规定的数据,故在本例题中,选择的大径和小径精度应与表7.6和表7.9中规定的数据相反。

拉削可达到的经济精度——公差等级IT5～IT8。

内、外花键的尺寸公差带查表7.6。

内花键:小径 d 取IT10,基孔制,公差带代号:$\phi14H10(^{+0.07}_{0})$;$Ra\leqslant6.3\mu m$。

　　　　大径 D 取IT7,公差带代号:$\phi17H7(^{+0.018}_{0})$;$Ra\leqslant1.6\mu m$。

外花键:按滑动联结要求设计。

　　　　小径 d 取IT10(表中推荐:a11),公差带代号:$\phi14a10(^{-0.29}_{-0.36})$;$Ra\leqslant6.3\mu m$。

　　　　大径 D 取IT6(见表7.6表下注2),公差带代号:$\phi17f6(^{-0.016}_{-0.027})$;$Ra\leqslant0.8\mu m$。

花键槽:键宽　$B=5H9(^{+0.03}_{0})$(因台钻结构限制,采用非标尺寸。拉削后不热处理)。

键槽位置要求查表7.7,按照"滑动、固定",取位置度公差0.015mm,且遵守最大实体要求;键槽的对称度查表7.8,按照"一般用",取对称度公差0.012mm。

将上述要求标注在花键套筒零件图中,见图2.17。

7.2　螺纹的公差配合与检测

在日常生活中,我们经常见到各种不同的螺纹联接的方式。如利用螺栓、螺母联接管道法兰,利用螺栓把变速箱固定在机座上,利用螺纹把构件联接形成桥梁、厂房等不同的桁架结构,利用锥管螺纹实现液压系统密封联接,利用丝杠、螺母形成螺旋运动副传递运动和扭矩等。螺纹联接的品种规格繁多,本节通过对米制普通螺纹的公差与配合的讲解,介绍螺纹零件实现互换的条件。

7.2.1　概述

螺纹联接在机电产品制造中应用十分广泛,根据结合性质和使用要求的不同,通常分为以下3类:

(1) 普通螺纹　又称紧固螺纹,其基本牙型为三角形,主要用于零、部件的联接与紧固。普通螺纹联接的主要使用要求是可旋合性和联接的可靠性。

(2) 传动螺纹　主要用来传递精确的位移和传递动力,如机床传动中的丝杠和螺母,量具中的测微螺杆和螺母,千斤顶中的起重螺杆和螺母等。牙型主要采用梯形、锯齿形、矩形等。使用要求主要是传递动力的可靠性,合理的间隙保证良好的润滑和传递位移的准确性。

(3) 紧密螺纹　指用于密封要求的螺纹联接,如液压、气动、管道等联接螺纹。要求螺纹具有良好的旋合性和密封性,使用过程中不得漏油、漏水、漏气。

1. 螺纹的基本牙型和几何参数

米制普通螺纹基本牙型是指在螺纹轴向剖面内,将正三角形(原始三角形)截去顶部和底部所形成的螺纹牙型。基本牙型见图 7.9 中粗实线所示。

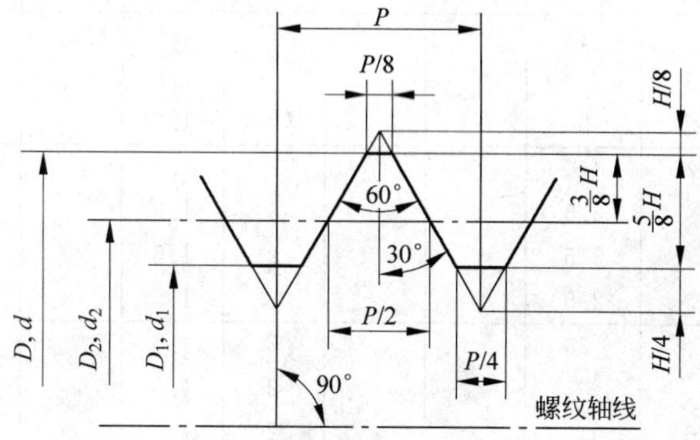

图 7.9　普通螺纹的基本牙型

(1) 牙型角(α)和牙型半角($\alpha/2$)　在螺纹牙型上,两相邻牙侧间的夹角,称为牙型角;牙型角的一半为牙型半角。米制普通螺纹的牙型角 $\alpha=60°$,牙型半角 $\alpha/2=30°$。

(2) 大径(D 或 d)　指与外螺纹牙顶或内螺纹牙底相切的假想圆柱或圆锥的直径。D 表示内螺纹的大径,d 表示外螺纹的大径。国家标准规定,普通螺纹大径的公称尺寸为螺纹的公称直径。普通螺纹的螺距分为粗牙和细牙两种,直径与螺距标准组合系列见表 7.10。

(3) 小径(D_1 或 d_1)　与外螺纹牙底或内螺纹牙顶相切的假想圆柱或圆锥的直径。

内螺纹的小径(D_1)和外螺纹的大径(d)又称螺纹的顶径,内螺纹的大径(D)和外螺纹的小径(d_1)又称为底径。

(4) 中径(D_2 或 d_2)　指一个假想圆柱或圆锥的直径,该圆柱或圆锥的母线通过牙型上沟槽和凸起宽度相等的地方。该假想圆柱或圆锥称为中径圆柱或中径圆锥。螺纹中径的大小、螺纹牙型相对于螺纹轴线的径向位置直接影响螺纹的旋合性能,它是螺纹公差与配合中一个重要的几何参数。

(5) 单一中径(d_{2a})　指一个假想圆柱或圆锥的直径,该圆柱或圆锥的母线通过牙型上的沟槽宽度等于 1/2 公称螺距的地方,见图 7.10。其中 P 为公称螺距,ΔP 为螺距误差。如果实际螺纹螺距没有误差,螺纹中径与单一中径一致。

表 7.10　普通螺纹的直径与螺距标准组合系列(摘自 GB/T 193—2003)　　mm

公称直径 D,d			螺　距　P								
第 1 系列	第 2 系列	第 3 系列	粗牙	细牙 4	3	2	1.5	1.25	1	0.75	0.5
5			0.8								0.5
	5.5										0.5
6			1							0.75	
	7		1							0.75	
8			1.25						1	0.75	
		9	1.25						1	0.75	
10			1.5					1.25	1	0.75	
		11	1.5						1	0.75	
12			1.75				1.5	1.25	1		
	14		2				1.5	1.25①	1		
		15					1.5		1		
16			2				1.5		1		
		17					1.5		1		
	18		2.5			2	1.5		1		
20			2.5			2	1.5		1		
	22		2.5			2	1.5		1		
24			3			2	1.5		1		
	25					2	1.5		1		
		26				2	1.5				
	27		3			2	1.5		1		
		28				2	1.5		1		
30			3.5		(3)	2	1.5				
		32				2	1.5				
	33		3.5		(3)	2	1.5				
		35②					1.5				
36			4		3	2	1.5				
		38					1.5				
	39		4		3	2	1.5				
		40			3	2	1.5				
42			4.5	4	3	2	1.5				

注：① 仅用于发动机的火花塞。

② 仅用于轴承的锁紧螺母。

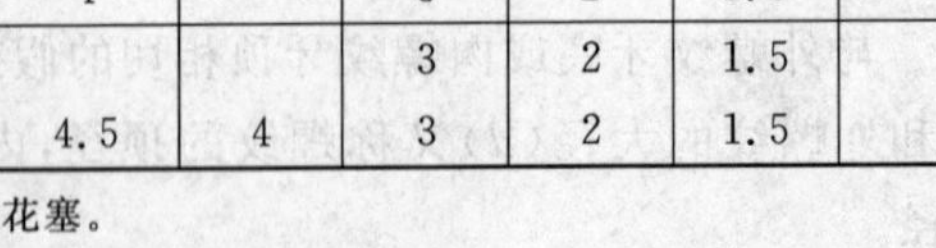

图 7.10　普通螺纹的中径与单一中径

(6) 作用中径(d_{2m})在规定的旋合长度内,恰好包容实际螺纹的一个假想螺纹的中径。这个假想螺纹具有理想的螺距、半角以及牙型高度,并在牙顶处和牙底处留有间隙,以保证包容时不与实际螺纹的大、小径发生干涉。内、外螺纹的作用中径见图 7.11。

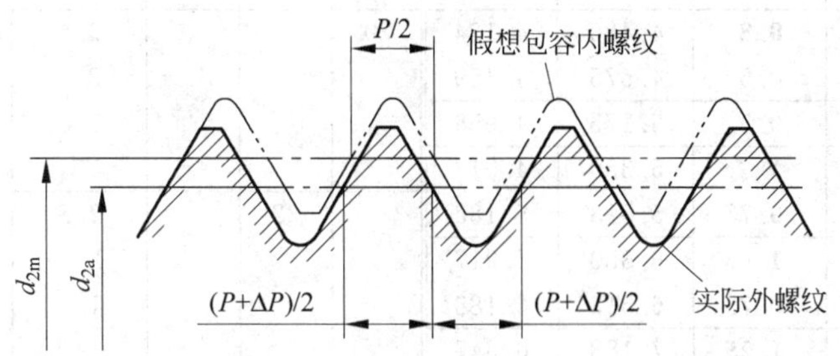

图 7.11　外螺纹的作用中径

(7) 螺距(P)　是指相邻两牙在中径线上对应两点间的轴向距离。普通螺纹的公称尺寸见表 7.11。

(8) 导程(Ph)　同一条螺旋线上的相邻两牙在中径线上对应两点间的轴向距离。对于单线(头)螺纹,$Ph=P$;对于多线(头)螺纹,导程等于螺距与线数 n 的乘积:$Ph=nP$。

(9) 螺纹升角(φ)　在中径圆柱或圆锥上,螺旋线的切线与垂直于螺纹轴线的平面的夹角。

$$\tan\varphi = \frac{nP}{\pi d_2}$$

式中,φ——螺纹升角;

n——螺纹线数;

P——螺距;

d_2——螺纹中径。

(10) 旋合长度　两个相互配合的螺纹沿螺纹轴线方向相互旋合部分的长度。

2. 螺纹几何参数偏差对螺纹结合精度的影响

螺纹的几何参数主要有大径、小径、中径、螺距、牙型半角以及螺纹升角等,加工制造过程中,这些参数不可避免地会产生误差,将会对螺纹互换性产生影响。对于不同的螺纹,不同几何参数的影响会有所差别。螺纹大径和小径处都留有间隙,一般不会影响螺纹的配合性质。

普通螺纹联接靠螺纹牙侧面接触承受载荷,旋合时每个螺纹牙能否同时接触均匀受力,对螺纹联结的质量至关重要。因此,影响配合质量的主要是螺距误差、牙型半角误差和中径的误差。

而对于传动螺纹要求传递运动稳定、准确,保证传动位移精度,因此,螺距和螺距的最大累积误差成为影响位移精度的主要因素。

1) 螺距误差对螺纹互换性的影响

对于普通紧固螺纹来说,螺距误差主要影响螺纹的可旋合性和联接的可靠性;对传动螺纹来讲,螺距误差会影响螺纹的传动精度,并影响螺纹牙上载荷分布的均匀性。

表 7.11　普通螺纹的公称尺寸(摘自 GB/T 196—2003)　　mm

公称直径 D,d			螺距 P	中径 D_2,d_2	小径 D_1,d_1
第1系列	第2系列	第3系列			
5			**0.8**	4.480	4.134
			0.5	4.675	4.459
	5.5		0.5	5.175	4.959
6			**1**	5.350	4.917
			0.75	5.513	5.188
	7		**1**	6.350	5.917
			0.75	6.513	6.188
8			**1.25**	7.188	6.647
			1	7.350	6.917
			0.75	7.513	7.188
		9	**1.25**	8.188	7.647
			1	8.350	7.917
			0.75	8.513	8.188
10			**1.5**	9.026	8.376
			1.25	9.188	8.647
			1	9.350	8.917
			0.75	9.513	9.188
		11	**1.5**	10.026	9.376
			1	10.350	9.917
			0.75	10.513	10.188
12			**1.75**	10.863	10.106
			1.5	11.026	10.376
			1.25	11.188	10.647
			1	11.350	10.917
	14		**2**	12.701	11.835
			1.5	13.026	12.376
			1.25	13.188	12.647
			1	13.350	12.917
		15	1.5	14.026	13.376
			1	14.350	13.917
16			**2**	14.701	13.835
			1.5	15.026	14.376
			1	15.350	14.917
		17	1.5	16.026	15.376
			1	16.350	15.917
	18		**2.5**	16.376	15.294
			2	16.701	15.835
			1.5	17.026	16.376
			1	17.350	16.917
20			**2.5**	18.376	17.294
			2	18.701	17.835
			1.5	19.026	18.376
			1	19.350	18.917
	22		**2.5**	20.376	19.294
			2	20.701	19.835
			1.5	21.026	20.376
			1	21.350	20.917
24			**3**	22.051	20.752
			2	22.701	21.835
			1.5	23.026	22.376
			1	23.350	22.917
		25	2	23.701	22.835
			1.5	24.026	23.376
			1	24.350	23.917
		26	1.5	25.026	24.376
	27		**3**	25.051	23.752
			2	25.701	24.835
			1.5	26.026	25.376
			1	26.350	25.917
		28	2	26.701	25.835
			1.5	27.026	26.376
			1	27.350	26.917
30			**3.5**	27.727	26.211
			3	28.051	26.752
			2	28.701	27.835
			1.5	29.026	28.376
			1	29.350	28.917
		32	2	30.727	29.835
			1.5	31.026	30.376
	33		**3.5**	30.727	29.211
			3	31.051	29.752
			2	31.701	30.835
			1.5	32.026	31.376
		35	1.5	34.026	33.376
36			**4**	33.402	34.670
			3	34.051	35.752
			2	34.701	33.835
			1.5	35.026	34.376

注：1. 表中用黑体表示的为粗牙螺纹。

2. 直径系列优先选用第1系列，其次是第2系列，特殊情况选用第3系列。

螺距误差包括螺距局部误差(ΔP)和螺距累积误差(ΔP_{Σ})。螺距局部误差是指在螺纹的全长上,任意单个实际螺距对公称螺距的最大差值,它与旋合长度无关;螺距累积误差是指在旋合长度内,任意实际螺距与其公称值的最大差值。它与旋合长度有关,是影响螺纹互换性的主要因素。

如图 7.12 所示,外螺纹只具有螺距偏差,内、外螺纹再没有其他误差,在旋合长度几个螺距内,外螺纹的螺距累积误差为 ΔP_{Σ},由图可知,内、外螺纹将产生干涉(图 7.12 中的阴影部分)而造成无法旋合。

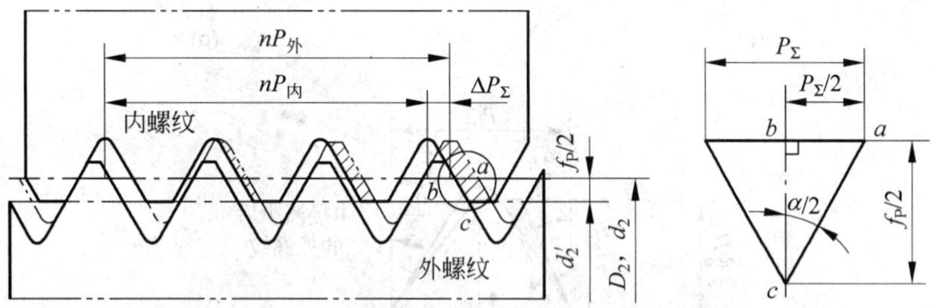

图 7.12 螺距误差对螺纹旋合性的影响

在制造过程中,由于螺距误差无法避免,为了保证有螺距误差的内、外螺纹能够正常旋合,把有螺距误差的外螺纹的中径缩小,或把有螺距误差的内螺纹的中径增大。将螺距误差折合成中径当量值为 f_P,即为中径的缩小量或增大量,计算公式如下:

$$f_P = \cot\frac{\alpha}{2}\ |\Delta P_{\Sigma}| \tag{7-1}$$

式中,f_P——螺距误差中径当量值,μm;

α——牙型角,(°);

ΔP_{Σ}——螺距最大累积误差,μm。

对于普通螺纹,因 $\alpha=60°$,所以,$f_P=1.732|\Delta P_{\Sigma}|$。

由于螺距误差不论正或负,都将影响螺纹的旋合性,只是发生干涉的左右牙侧面有所不同,所以公式中 ΔP_{Σ} 取其绝对值。

国家标准中,没有规定螺纹的螺距公差,而是将螺距累积误差折算成中径公差的一部分,通过控制螺纹中径偏差来控制螺距误差。

2) 牙型半角误差及其中径当量值

牙型半角误差是指实际牙型半角$\frac{\alpha'}{2}$与公称牙型半角$\frac{\alpha}{2}$之差,即 $\Delta\frac{\alpha}{2}=\frac{\alpha'}{2}-\frac{\alpha}{2}$。牙型半角误差产生的原因主要是实际牙型角的角度误差或牙型角方向偏斜。当实际牙型角只有角度误差而无方向偏斜时,左右两个牙型半角相等,但都不等于公称值;当实际牙型角无误差,而存在方向偏斜,即牙型半角平分线与螺纹轴线不垂直时,左右牙型半角不相等;也有可能是牙型角有误差,牙型角方向歪斜两个因素共同造成了牙型半角误差。

牙型半角误差也会使螺纹牙侧发生干涉而影响旋合性,还会影响牙侧面的接触面积,降低联接强度。牙型半角误差对旋合性的影响见图 7.13。

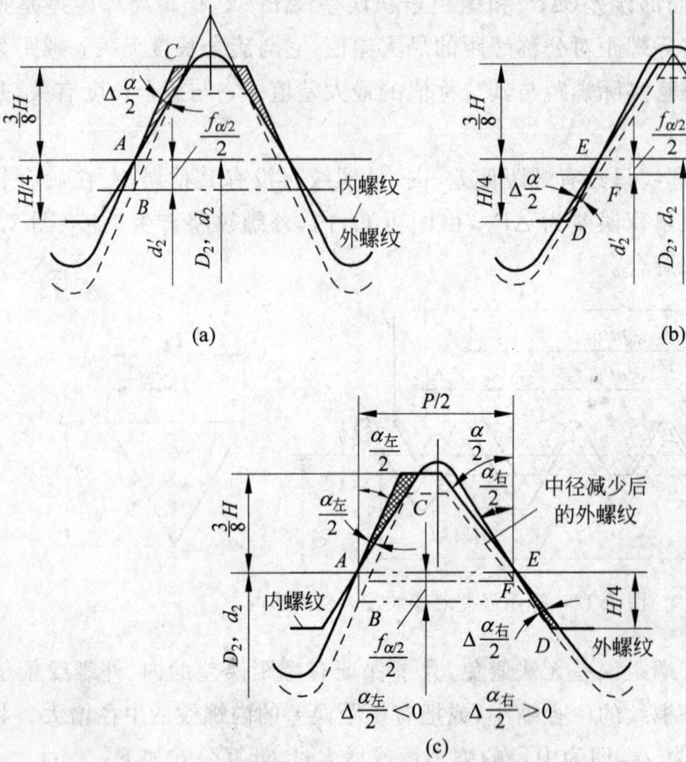

图 7.13 牙型半角误差对旋合性的影响

图 7.13 中内螺纹具有基本牙型,外螺纹的中径和螺距与内螺纹相同,外螺纹的左右牙型半角存在误差 $\Delta\frac{\alpha_{左}}{2}$ 和 $\Delta\frac{\alpha_{右}}{2}$,当内、外螺纹旋合时,牙型将产生干涉(见图中阴影部分)。此时,如果将外螺纹的中径减少 $f_{\frac{\alpha}{2}}$(或将内螺纹的中径增大 $f_{\frac{\alpha}{2}}$),外螺纹牙型下移至虚线位置,内、外螺纹可自由旋合。螺纹中径因牙型半角误差而减小(或增大)值 $f_{\frac{\alpha}{2}}$,称为牙型半角误差中径当量值。

对于普通螺纹,内、外螺纹都会产生牙型半角误差,中径当量值计算如下:

当 $\left(\frac{\alpha}{2}\right)_{外}<\left(\frac{\alpha}{2}\right)_{内}$ 时,见图 7.13(a),将会在外螺纹的顶部 $\frac{3H}{8}$ 处发生干涉:

$$f_{\frac{\alpha}{2}}=0.44P\Delta\frac{\alpha}{2} \tag{7-2}$$

当 $\left(\frac{\alpha}{2}\right)_{外}>\left(\frac{\alpha}{2}\right)_{内}$ 时,见图 7.13(b),将会在外螺纹的底部 $\frac{H}{4}$ 处发生干涉:

$$f_{\frac{\alpha}{2}}=0.291P\Delta\frac{\alpha}{2} \tag{7-3}$$

但实际情况是,同一牙型的左右半角并不一定对称,左右半角误差也并不一定相等,对互换性的影响也就不同,见图 7.13(c)。中径当量值 $f_{\frac{\alpha}{2}}$ 可根据具体情况按下式计算:

$$f_{\frac{\alpha}{2}} = 0.073P\left(k_1\left|\Delta\frac{\alpha_{左}}{2}\right| + k_2\left|\Delta\frac{\alpha_{右}}{2}\right|\right) \tag{7-4}$$

式中，当 $\Delta\frac{\alpha_{左}}{2}\left(或\ \Delta\frac{\alpha_{右}}{2}\right)>0$ 时，k_1（或 k_2）取 2（内螺纹取 3）；当 $\Delta\frac{\alpha_{左}}{2}\left(或\ \Delta\frac{\alpha_{右}}{2}\right)<0$ 时，k_1（或 k_2）取 3（内螺纹取 2）。

3）中径误差对螺纹互换性的影响

在螺纹制造过程中，螺纹中径也会出现误差，此时如果外螺纹的中径大于内螺纹的中径时，外螺纹无法旋合拧入；而当外螺纹的中径过小，外螺纹拧入后，内、外螺纹的间隙过大，配合过松，影响联接的紧密性和联接强度。为了保证螺纹联接的配合质量和联接强度，必须控制严格中径误差。

假设内、外螺纹的中径误差 ΔD_{2a}（Δd_{2a}），由于螺距误差 ΔP 折算成中径当量值 f_P，由牙型半角误差折算成中径当量值 $f_{\frac{\alpha}{2}}$。内、外螺纹中径总公差 T_{D_2}（T_{d_2}）应满足以下关系式：

$$T_{D_2} \geqslant \Delta D_{2a} + f_P + f_{\frac{\alpha}{2}} \tag{7-5}$$

$$T_{d_2} \geqslant \Delta d_{2a} + f_P + f_{\frac{\alpha}{2}} \tag{7-6}$$

当内螺纹存在螺距误差和牙型半角误差时，只能与一个中径较小的外螺纹正确旋合，相当于有误差的内螺纹的中径减小。当外螺纹存在螺距误差和牙型半角误差时，只能与一个中径较大的内螺纹正确旋合，相当于有误差的外螺纹的中径增大。这个减小（或增大）的假想中径称作螺纹的作用中径，用 D_{2m}（d_{2m}）表示。计算公式如下：

$$D_{2m} = D_{2a} - (f_P + f_{\frac{\alpha}{2}}) \tag{7-7}$$

$$d_{2m} = d_{2a} + (f_P + f_{\frac{\alpha}{2}}) \tag{7-8}$$

式中，D_{2a}，d_{2a} 为内、外螺纹的实际中径。

7.2.2　普通螺纹的公差配合

1. 普通螺纹的公差

普通螺纹国家标准（CB/T 197—2003）中，列出了普通螺纹的公差等级，分别规定了内、外螺纹的中径和顶径公差，普通螺纹的公差等级见表 7.12。其中 6 级是基本级，3 级公差值最小，精度最高，9 级精度最低。

表 7.12　普通螺纹公差等级

螺纹直径		公差等级	螺纹直径		公差等级
外螺纹	中径 d_2	3,4,5,6,7,8,9	内螺纹	中径 D_2	4,5,6,7,8
	大径（顶径）d	4,6,8		小径（顶径）D	4,5,6,7,8

内螺纹顶径（小径）公差 T_{D_1} 和外螺纹顶径（大径）公差 T_d 见表 7.13。

内螺纹中径公差 T_{D_2} 和外螺纹中径公差 T_{d_2} 见表 7.14。

表 7.13 内、外螺纹顶径公差(摘自 GB/T 197—2003) μm

公差项目	内螺纹顶径(小径)公差 T_{D_1}					外螺纹顶径(大径)公差 T_d		
公差等级 / 螺距 P/mm	4	5	6	7	8	4	6	8
0.5	90	112	140	180	—	67	106	—
0.6	100	125	160	200	—	80	125	—
0.7	112	140	180	224	—	90	140	—
0.75	118	150	190	236	—	90	140	—
0.8	125	160	200	250	315	95	150	236
1	150	190	236	300	375	112	180	280
1.25	170	212	265	335	425	132	212	335
1.5	190	236	300	375	475	150	236	375
1.75	212	265	335	425	530	170	265	425
2	236	300	375	475	600	180	280	450
2.5	280	355	450	560	710	212	335	530
3	315	400	500	630	800	236	375	600
3.5	355	450	560	710	900	265	425	670
4	375	475	600	750	950	300	475	750

表 7.14 普通螺纹中径公差(摘自 GB/T 197—2003) μm

公称大径/mm		螺距 P/mm	内螺纹中径公差 T_{D_2}					外螺纹中径公差 T_{d_2}						
			公差等级					公差等级						
>	≤		4	5	6	7	8	3	4	5	6	7	8	9
2.8	5.6	0.5	63	80	100	125	—	38	48	60	75	95	—	—
		0.6	71	90	112	140	—	42	53	67	85	106	—	—
		0.7	75	95	118	150	—	45	56	71	90	112	—	—
		0.75	75	95	118	150	—	45	56	71	90	112	—	—
		0.8	80	100	125	160	200	48	60	75	95	118	150	190
5.6	11.2	0.75	85	106	132	170	—	50	63	80	100	125	—	—
		1	95	118	150	190	236	56	71	90	112	140	180	224
		1.25	100	125	160	200	250	60	75	95	118	150	190	236
		1.5	112	140	180	224	280	67	85	106	132	170	212	265
11.2	22.4	1	100	125	160	200	250	60	75	95	118	150	190	236
		1.25	112	140	180	224	280	67	85	106	132	170	212	265
		1.5	118	150	190	236	300	71	90	112	140	180	224	280
		1.75	125	160	200	250	315	75	95	118	150	190	236	300
		2	132	170	212	265	335	80	100	125	160	200	250	315
		2.5	140	180	224	280	355	85	106	132	170	212	265	335
22.4	45	1	106	132	170	212	—	63	80	100	125	160	200	250
		1.5	125	160	200	250	315	75	95	118	150	190	236	300
		2	140	180	224	280	355	85	106	132	170	212	265	335
		3	170	212	265	335	425	100	125	160	200	250	315	400
		3.5	180	224	280	355	450	106	132	170	212	265	335	425
		4	190	236	300	375	475	112	140	180	224	280	355	450
		4.5	200	250	315	400	500	118	150	190	236	300	375	475

2. 普通螺纹的基本偏差

螺纹公差带是以基本牙型为零线布置的，其位置如图 7.14 所示。螺纹的基本牙型是计算螺纹偏差的基准。

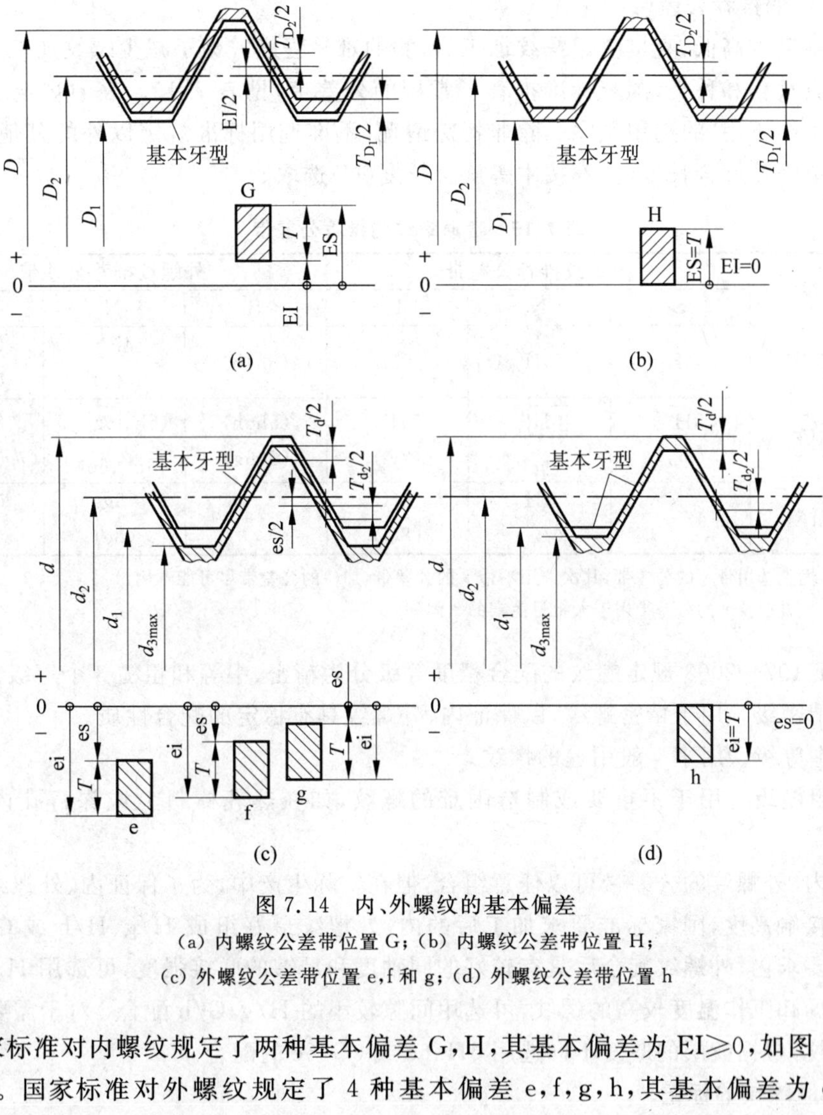

图 7.14　内、外螺纹的基本偏差

(a) 内螺纹公差带位置 G；(b) 内螺纹公差带位置 H；

(c) 外螺纹公差带位置 e,f 和 g；(d) 外螺纹公差带位置 h

国家标准对内螺纹规定了两种基本偏差 G,H，其基本偏差为 EI⩾0，如图 7.14(a)、(b)所示。国家标准对外螺纹规定了 4 种基本偏差 e,f,g,h，其基本偏差为 es⩽0，如图 7.14(c)、(d)所示。在图 7.14(c)、(d)中，d_{3max} 为外螺纹的最大底(小)径。GB 即：GB/T 197—2003 中，对 d_{3max} 也规定了基本偏差。

根据前面所述普通螺纹的公差等级和基本偏差，可以组成许多不同的公差带，普通螺纹的公差带代号由公差等级数字和基本偏差字母组成，如 6g,6H,5G 等。这与第 2 章所述的尺寸公差带代号有所不同，螺纹公差带代号其公差等级数字在前，基本偏差字母在后。

3. 旋合长度

螺纹长度的大小，直接关系到螺纹的加工和装配。短螺纹容易加工和装配，长螺纹的加工和装配难度都将加大。旋合长度将会影响螺纹联接件的配合精度和互换性，必须选择合理的旋合长度。

国家标准对螺纹联接规定了3组旋合长度,分别为短旋合长度组(S)、中等旋合长度组(N)和长旋合长度组(L)。

4. 螺纹的推荐公差带

螺纹精度的高低,直接决定螺纹加工、检测的难易程度。为了减少螺纹加工刀具和检测用的量具规格和种类,国家标准推荐了常用的公差带,见表7.15。表中规定了“优先、其次和尽可能不用”的选用顺序。除非特殊情况,不准选用标准规定以外的其他公差带。如果不知道螺纹旋合长度,推荐按中等旋合长度(N)选取。

表7.15　普通螺纹的推荐公差带

旋合长度		内螺纹推荐公差带			外螺纹推荐公差带		
		S	N	L	S	N	L
公差精度	精密	4H	5H	6H	(3h4h)	4h* (4g)	(5h4h) (5g4g)
	中等	5H* (5G)	6H* 6G*	7H* (7G)	(5h6h) (5g6g)	6h、6g* 6f*、6e*	(7h6h) (7g6g)(7e6e)
	粗糙	—	7H (7G)	8H (8G)	—	8g (8e)	(9g8g) (9e8e)

注:1. 优先选用带*的公差带,其次选用不带*的公差带,加()的公差带尽可能不用。
　2. 带方框及*的公差带用于大批量生产的紧固件。

GB/T 197—2003规定螺纹的配合精度等级分为精密、中等和粗糙3个等级。

(1) 精密级　用于精密螺纹,以保证内、外螺纹具有稳定的配合性质。

(2) 中等级　用于一般用途的螺纹。

(3) 粗糙级　用于不重要或制造困难的螺纹,如在热轧棒料上或深盲孔内加工的螺纹。

上述内、外螺纹的公差带可以任意组合,但在实际生产中,为了保证内、外螺纹旋合后有足够的接触高度,国家标准要求加工后的内、外螺纹最好组成H/g、H/h或G/h的配合。如果要求内、外螺纹旋合后具有较好的同轴度和足够的联接强度,可选用H/h配合;对于经常拆卸工作温度较高的螺纹,可选用间隙较小的H/g,G/h配合;对于需要涂镀保护层的螺纹,根据镀层的厚度不同选用6H/6e或6G/6e的配合。

5. 普通螺纹的标记

螺纹的完整标记由螺纹特征代号、尺寸代号、公差带代号及其他有必要说明的个别信息等组成。

(1) 普遍螺纹特征代号用字母“M”表示。

(2) 尺寸代号　螺纹的尺寸代号为“公称直径×螺距”,单位mm。对于粗牙螺纹,螺距项省略不标。如M8,M10×1。

(3) 公差带代号　公差带代号包括中径公差带代号和顶径公差带代号。中径公差带代号在前,顶径公差带代号在后,各直径的公差带代号见表7.15。如果中径公差带代号与顶径公差代号相同,则只标注一个公差带代号。螺纹尺寸代号与公差带代号之间用

“—”分开。

国家标准规定，下列中等精度螺纹不标注公差带代号(省略)：

内螺纹：5H　公称直径≤1.4mm；

　　　　6H　公称直径≥1.6mm；

外螺纹：6h　公称直径≤1.4mm；

　　　　6g　公称直径≥1.6mm。

内、外螺纹配合的公差带代号，内螺纹公差带代号在前，外螺纹公差带代号在后，中间用斜线“/”分开。

(4) 有必要说明的其他信息，包括螺纹的旋合长度和旋向。

对短旋合长度组和长旋合长度组的螺纹，应在公差带代号后分别标注“S”和“L”代号，旋合长度代号与公差带代号之间用“—”分开。中等旋合长度组螺纹不标注(省略)旋合长度代号“N”。

对左旋螺纹，应在旋合长度代号后标注“LH”代号，旋合长度代号与旋向代号之间用“—”分开。右旋螺纹不标注(省略)旋向代号。

普通螺纹标记示例：

外螺纹：

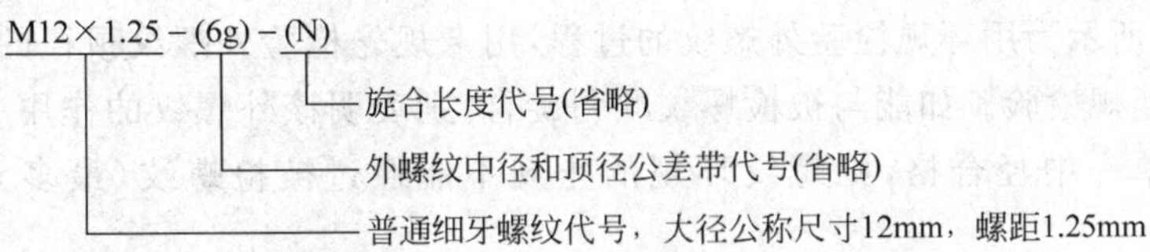

内螺纹：

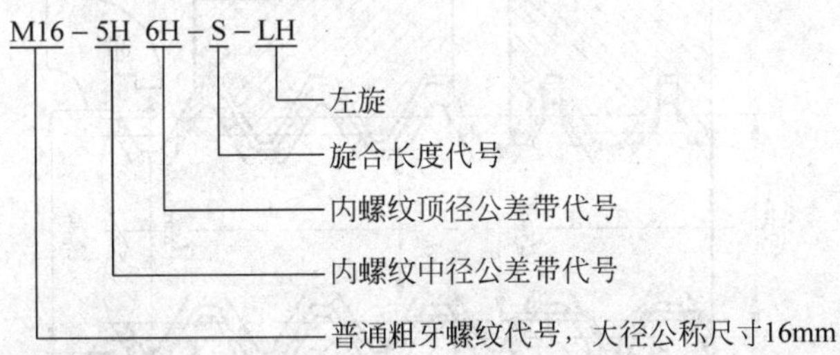

内、外螺纹装配标记示例：

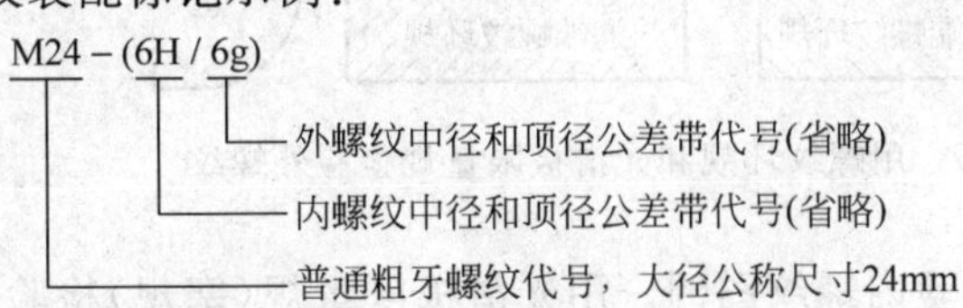

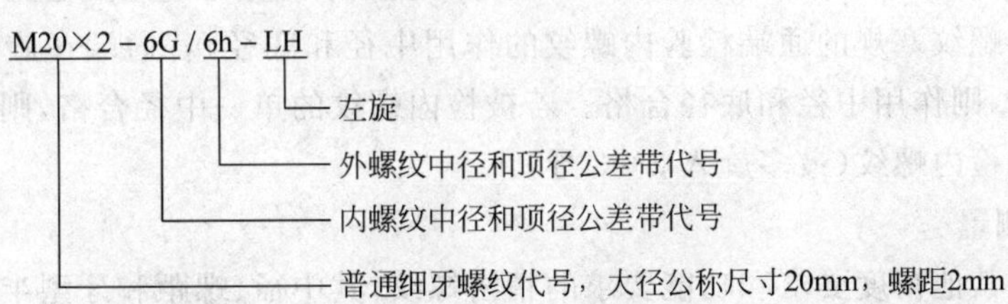

7.2.3　普通螺纹的检测

1. 综合检验

对于大批量生产用于紧固联接的普通螺纹,只要求保证可旋合性和一定的联接强度,其螺距误差及牙型半角误差按照包容要求,可由中径公差综合控制。在对螺纹进行综合检验时,使用螺纹综合极限量规进行检验。用螺纹量规的通规检验内、外螺纹的作用中径及底径的合格性,用螺纹量规的止规检验内、外螺纹单一中径的合格性。

螺纹量规是按照极限尺寸判断原则(泰勒原则)设计的,螺纹通规体现了最大实体牙型边界,具有完整的设计牙型,其长度等于被检螺纹的旋合长度,故能正确检验作用中径。如果螺纹通规在旋合长度上与被检螺纹顺利旋合,则表明螺纹的作用中径未超过螺纹的最大实体牙型中径,且螺纹底径也符合公差要求。

螺纹止规用来控制螺纹的实际中径,为了避免牙型半角误差及螺距误差对检验结果的影响,止规的牙型做成截短牙型,使止规只在单一中径处与被检螺纹牙侧接触,且止端的牙扣只做出几个牙。如果螺纹止规不能旋合或部分旋合,表明被测螺纹的单一中径没有超出最小实体牙型尺寸。

螺纹量规分为塞规和环规,分别用来检验内、外螺纹。

图 7.15 所示为用环规检验外螺纹的过程,用卡规先检验外螺纹顶径的合格性,再用螺纹环规的通规检验。如能与被检螺纹顺利旋合,则表明该外螺纹的作用中径合格。若被检螺纹的单一中径合格,则螺纹环规的止规不能通过被检螺纹(最多允许旋进 2～3 牙)。

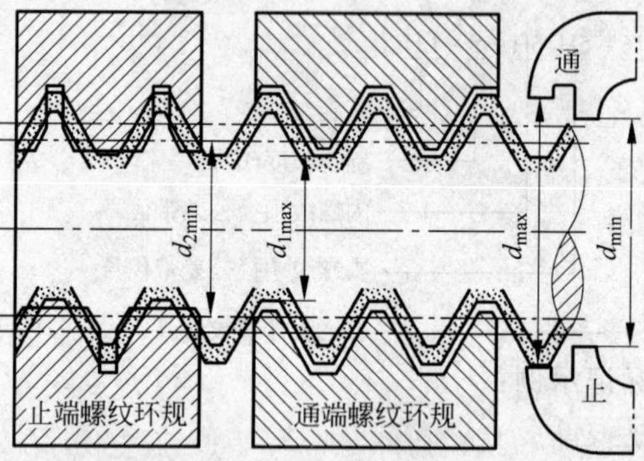

图 7.15　用螺纹环规和光滑极限量规检验外螺纹

图 7.16 所示为用塞规检验内螺纹图例。用光滑极限量规(塞规)检验内螺纹顶径的合格性。再用螺纹塞规的通端检验内螺纹的作用中径和底径,若通端在旋合长度内与内螺纹顺利旋合,则作用中径和底径合格。若被检内螺纹的单一中径合格,则螺纹塞规的止端不能通过被检内螺纹(最多旋入 2～3 牙)。

2. 单项测量

对于具有其他精度要求和功能要求的精密螺纹,其中径、螺距和牙型半角等参数规定了不同的公差要求,常进行单项测量。

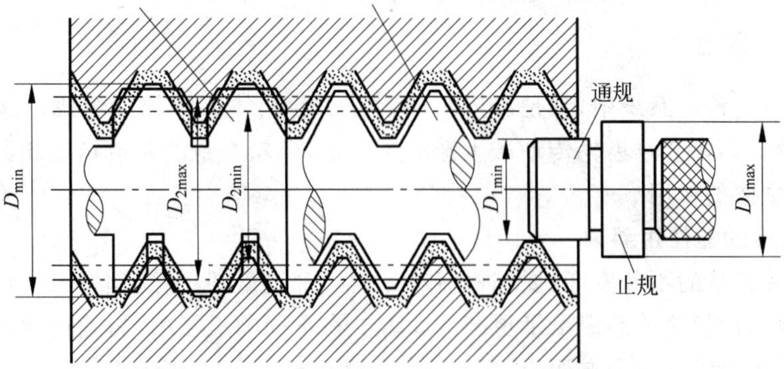

图 7.16　用螺纹塞规和光滑极限量规检验内螺纹

1) 用量针测量

在生产中,常采用“三针法”测量外螺纹的中径。它具有方法简单、测量精度高的优点,应用广泛。图 7.17 所示为三针法测量原理。测量时,根据被测螺纹的螺距,选取合适直径的三根精密量针,按图示位置放在被测螺纹的牙槽内,夹放在两测头之间。合适的量针直径,可以保证量针与牙槽接触点的轴间距离正好在公称螺距一半处,即三针法测量的是螺纹的单一中径。然后用精密测量仪器测出针距 M 值。根据螺纹的螺距 P、牙型半角 $\alpha/2$ 及量针的直径 d_0,按以下公式(推导过程略)计算出测量螺纹的单一中径 d_{2s}。

$$d_{2s}=M-d_0\left(1+\frac{1}{\sin\dfrac{\alpha}{2}}\right)+\frac{P}{2}\cot\frac{\alpha}{2}$$

对于米制普通螺纹,牙型半角 $\alpha/2=30°$,代入上式得

$$d_{2s}=M-3d_0+0.866P$$

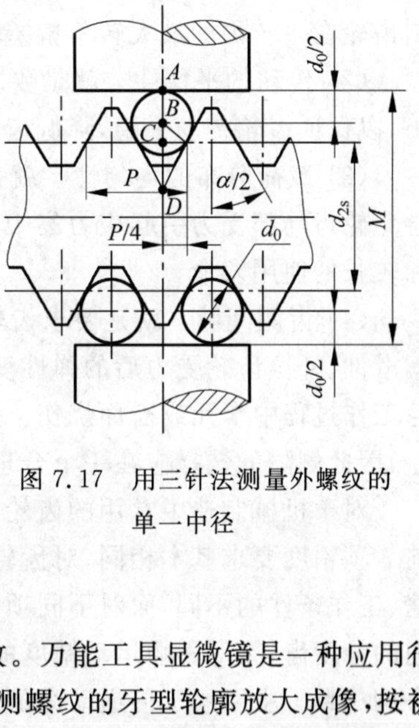

图 7.17　用三针法测量外螺纹的单一中径

2) 用万能工具显微镜测量

单项测量可用万能工具显微镜测量螺纹的各种参数。万能工具显微镜是一种应用很广泛的光学计量仪器。它采用影像法测量的原理,将被测螺纹的牙型轮廓放大成像,按被测螺纹的影像测量其螺距、牙型半角和中径等几何参数。各种精密螺纹,如螺纹量规、精密丝杠等,均可用万能工具显微镜测量。

7.3　圆柱齿轮传动的精度与检测

齿轮传动是应用最广泛的传动机构之一,它在机床、汽车、仪器仪表等行业得到了广泛的应用,其主要功能是传递运动、动力和精密分度等。齿轮传动精度将会直接影响机器的传动质量、效率和使用寿命。结合图 1.1 台钻主轴箱齿轮、齿条的使用要求,本节将着

重介绍国家最新颁布的渐开线圆柱齿轮精度标准,介绍齿轮的精度设计和检测方法。

7.3.1 概述

在各种齿轮传动系统中,都是由齿轮、轴、轴承和箱体等零部件组成。这些零部件的制造和安装精度,都会对齿轮传动产生影响。其中,齿轮本身的制造精度和齿轮副的安装精度又起着主要的作用。

1. 齿轮传动的使用要求

随着现代科技的不断发展,要求机械产品的自身重量轻、传递功率大、转动速度快、工作精度高,因而对齿轮传动提出了更高的要求。在不同的机械中,齿轮传动的精度要求有所不同,主要包括以下几个方面:

(1) 传递运动的准确性　就是要求齿轮在一转范围内传动比的变化尽量小,以保证从动齿轮与主动齿轮的相对运动协调一致。当主动齿轮转过一个角度 φ_1 时,从动齿轮根据齿轮的传动比 i 转过相应的角度 $\varphi_2=i\varphi_1$。根据齿廓啮合基本定律,齿轮传动比 i 应为一个常数,但由于齿轮加工和安装偏差,使得每一瞬时的传动比都不相同。从而造成了从动齿轮的实际转角偏离理论值产生了转角偏差。为了保证齿轮传递运动的准确性,应限制齿轮在一转内的最大转角偏差。

(2) 传动的平稳性　就是要求齿轮在转过一个齿的范围内,瞬时传动比的变化尽量小,以保证齿轮传动平稳,降低齿轮传动过程中的冲击、振动和噪声。

(3) 载荷分布的均匀性　就是要求齿轮在啮合时工作齿面接触良好,载荷分布均匀,避免轮齿局部受力引起应力集中,造成局部齿面的过度磨损和折齿,保证齿轮的承载能力和较长的使用寿命。

(4) 齿侧间隙　就是要求齿轮副啮合时,非工作齿面间应留有一定的间隙,用以储存润滑油、补偿齿轮受力后的弹性变形、热变形以及齿轮传动机构的制造、安装偏差,防止齿轮工作过程中卡死或齿面烧伤。但过大的间隙会在启动和反转时引起冲击,造成回程偏差,因此侧隙的选择应在一个合理的范围内。

对于机械制造中常用的齿轮,如机床、汽车、拖拉机、减速器等行业用的齿轮,对上述前 3 项精度要求基本相同,对齿轮的每项偏差可要求同样的精度等级。有些齿轮由于用途、工作条件的不同,而对不同项目的精度要求会有所差别。如控制系统和测试机构中使用的分度齿轮,对影响运动精度的偏差项目提出了较高的要求,以保证主、从动齿轮运动协调一致。主要用于传递动力的低速齿轮,如矿山机械、重型机械中的齿轮,工作载荷大,转动速度低,选用齿轮的模数和齿宽都较大,对控制载荷分布均匀的偏差项目要求较高。对于汽轮机、高速发动机中的齿轮,因其传递功率大,圆周速度高,要求工作时振动、冲击和噪声要小,对传动的平稳性有极其严格的要求,对传递运动的准确性和载荷分布的均匀性也有较高的要求,还要求较大的齿侧间隙,以补偿高速运动产生的热变形和保证良好的润滑。而对于齿侧间隙,根据使用条件的不同应规定一个合理的间隙,以保证齿轮传动的精度要求和使用的性能要求。

2. 齿轮偏差的来源

齿轮的切削加工方法很多,按齿廓形成的原理可分为两大类:成形法和展成法。

用成形法加工齿轮时，刀具的齿形与被加工齿轮的齿槽形状相同。常用盘状模数铣刀和指状模数铣刀在铣床上借助分度装置铣削加工齿轮。

用展成法加工齿轮时，齿轮表面通过专用齿轮加工机床的展成运动形成渐开线齿面。常用的加工方法有滚齿、插齿、磨齿、剃齿、珩齿、研齿等。

由于齿轮加工系统中的机床、刀具、齿坯的制造、安装等存在着多种误差因素，致使加工后的齿轮存在各种形式的偏差。下面以在滚齿机上加工齿轮为例，见图 7.18，分析齿轮偏差产生的主要原因。

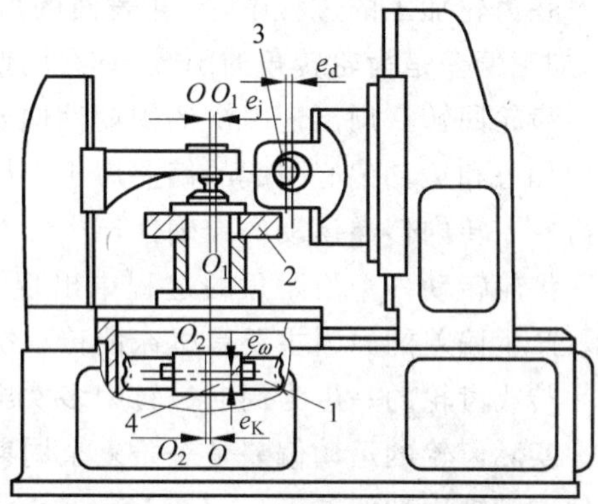

图 7.18　滚齿加工示意图

1—分度蜗轮；2—工件(齿坯)；3—滚刀；4—蜗杆

1) 几何偏心

几何偏心产生的原因是由于加工时齿坯的基准孔轴线与滚齿机工作台旋转轴线不重合而引起的安装偏心，这造成了齿轮齿圈的基准轴线与齿轮工作时的旋转轴线不重合。几何偏心使加工过程中齿坯基准孔的轴线与滚刀的距离发生变化，使切出的齿轮轮齿一边短而肥、一边瘦而长。还会引起齿轮的径向偏差，产生径向跳动，同时齿距和齿厚也产生周期性变化。

2) 运动偏心

运动偏心是由于齿轮加工机床分度蜗轮加工误差，以及安装过程中分度蜗轮轴线与工作台旋转轴线不重合引起的。运动偏心使齿坯相对于滚刀的转速不均匀，而使被加工齿轮的齿廓产生切向位移。齿轮加工时，蜗杆的线速度是恒定不变的，只是蜗轮、蜗杆的中心距周期性变化，即蜗轮(齿坯)在一转内的转速呈现周期性的变化。当蜗轮的角速度由 ω 增加到 $\omega+\Delta\omega$ 时，使被切齿轮的齿距和公法线都变长；当角速度由 ω 减少到 $\omega-\Delta\omega$ 时，又会使齿距和公法线都变短，从而使齿轮产生周期性变化的切向偏差。

3) 机床传动链周期误差

加工直齿轮时，传动链中分度机构各元件的误差，尤其是分度蜗杆由于安装偏心引起的径向跳动和轴向窜动，将会造成蜗轮(齿坯)在一周范围内的转速出现多次的变化，引起加工齿轮的齿距偏差和齿形偏差。加工斜齿轮时，除分度机构各元件的误差外，还受到差动链误差的影响。

4) 滚刀的制造和安装误差

在制造滚刀过程中，滚刀本身的齿距、齿形等偏差，都会在加工齿轮的过程中被复映到被加工齿轮的每一个齿上，使被加工齿轮产生齿距偏差和齿廓形状偏差。

滚刀由于安装偏心，会使被加工齿轮产生径向偏差。滚刀刀架导轨或齿坯轴线相对于工作台旋转轴线的倾斜及轴向窜动，会使进刀方向与轮齿的理论方向产生偏差，引起加工齿面沿齿长方向的歪斜，造成齿廓倾斜偏差和螺旋线偏差，将会影响载荷分布的均匀性。

3. 齿轮加工偏差的分类

由于齿轮加工过程中造成工艺误差的因素很多,齿轮加工后的偏差形式也很多。为了区别和分析齿轮各种偏差的性质、规律以及对传动质量的影响,将齿轮的加工偏差分类如下。

(1) 按偏差出现的频率分为长周期(低频)偏差和短周期(高频)偏差,见图7.19。

在齿轮加工的过程中,齿廓表面的形成是由滚刀对齿坯周期性连续滚切的结果,因此,加工偏差是齿轮转角的函数,具有周期性。

齿轮回转一周出现一次的周期性偏差称为长周期(低频)偏差。齿轮加工过程中由于几何偏心和运动偏心引起的偏差属于长周期偏差,它以齿轮的一转为周期,见图7.19(a)对齿轮一转内传递运动的准确性产生影响。高速时,还会影响齿轮传动的平稳性。

齿轮转动一个齿距角的过程中出现一次或多次的周期性偏差称为短周期(高频)偏差。产生偏差的原因主要是机床的传动链和滚刀的制造和安装误差引起的,以分度蜗杆的一转或齿轮的一齿为周期一转中多次出现,见图7.19(b),对齿轮传动的平稳性产生影响。实际齿轮的运动偏差是一条复杂周期函数曲线,如图7.19(c)所示,其中包含了长周期偏差和短周期偏差。

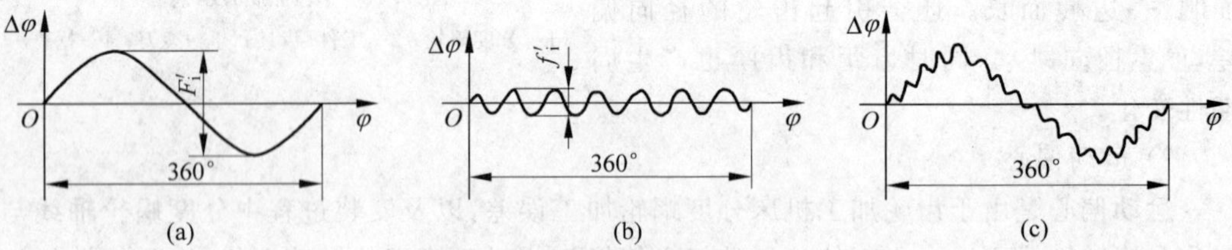

图7.19 齿轮的周期性偏差

(2) 按偏差产生的方向分为径向偏差、切向偏差和轴向偏差。

在齿轮加工的过程中,由于切齿刀具与齿坯之间的径向距离变化而引起的加工偏差为齿廓的径向偏差。如齿轮的几何偏心和滚刀的安装偏心,都会在切齿的过程中使齿坯相对于滚刀的距离产生变动,导致切出的齿廓相对于齿轮基准孔轴线产生径向位置的变动,造成径向偏差。

在齿轮加工的过程中,由于滚刀的运动相对于齿坯回转速度的不均匀,致使齿廓沿齿轮切线方向产生的偏差,称为齿廓切向偏差。如分度蜗轮的运动偏心、分度蜗杆的径向跳动和轴向跳动以及滚刀的轴向跳动等,都会使齿坯相对于滚刀回转速度不均匀,产生切向偏差。

在齿轮加工的过程中,由于切齿刀具沿齿轮轴线方向进给运动偏斜产生的加工偏差为齿廓的轴向偏差。如刀架导轨与机床工作台回转轴线不平行、齿坯安装歪斜等,均会造成齿廓的轴向偏差。

7.3.2 单个齿轮的评定指标及检测

由于齿轮加工机床传动链误差、刀具和齿坯的制造和安装误差,以及加工过程中受力变形、受热变形等因素,都会使加工的齿轮存在偏差。

国家标准 GB/T 10095—2008《圆柱齿轮　精度制》包括两部分内容：

第1部分：轮齿同侧齿面偏差的定义和允许值；

第2部分：径向综合偏差与径向跳动的定义和允许值。

国家标准 GB/T 10095—2008 中将齿轮的误差和偏差统称为齿轮偏差，将原标准中的"极限偏差"均改为"偏差"，将"总公差"均改为"总偏差"，共用一个符号表示，如 F_p 表示齿距累积总偏差、F_i'表示切向综合总偏差，f_{pt}表示单个齿距偏差、$f_{H\alpha}$表示齿廓倾斜偏差等。单项要素偏差符号用小写字母，加上相应的下标组成（如 f_{pt}）；而表示多项要素偏差组成的"总偏差"或"累积偏差"用大写字母，加上相应的下标表示（如 F_α、F_β、F_{pk}等）。

1. 轮齿同侧齿面偏差的定义和允许值（GB/T 10095.1—2008）

国家标准 GB/T 10095.1—2008《圆柱齿轮　精度制　第1部分：轮齿同侧齿面偏差的定义和允许值》，适用于基本齿廓符合 GB/T 1356—2001《通用机械和重型机械用圆柱齿轮　标准基本齿条齿廓》规定，法向模数 $m_n \geqslant 0.5 \sim 70$mm，分度圆直径 $d \geqslant 0.5 \sim 10000$mm，$b \geqslant 4 \sim 1000$mm 的单个渐开线圆柱齿轮。

1）齿距偏差

（1）单个齿距偏差（f_{pt}）　在端平面上，在接近齿高中部的一个与齿轮轴线同心的圆上，实际齿距与理论齿距的代数差，见图7.20。

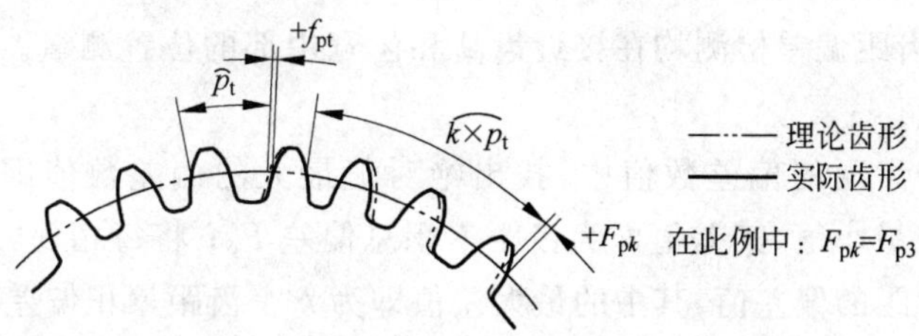

图7.20　齿距偏差

当齿轮存在齿距偏差时，无论实际齿距大于还是小于公称齿距，都会在一对齿啮合完了而另一对齿进入啮合时，由于齿距的偏差造成主动齿和被动齿发生冲撞，从而影响齿轮传动的平稳性。

（2）齿距累积偏差（F_{pk}）　在端平面上，在接近齿高中部的一个与齿轮轴线同心的圆上，任意 k 个齿距的实际弧长与理论弧长的代数差（见图7.20、图7.21）。理论上它等于

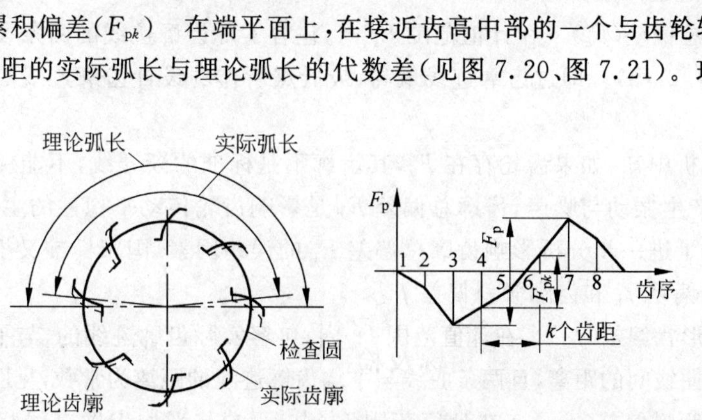

图7.21　齿距累积偏差

这 k 个齿距的各单个齿距偏差的代数和。国标指出(除非另有规定),F_{pk} 的计值仅限于不超过 1/8 的弧段内。F_{pk} 的允许值适用于齿距数 k 为 $2\sim z/8$ 的弧段内。F_{pk} 通常取 $k\approx z/8$ 就足够了,对于特殊应用的高速齿轮还需检验较小弧段,并规定相应的 k 值。

齿距累积偏差(F_{pk})控制了在局部圆周上($2\sim z/8$ 个齿距)的齿距累积偏差,如果此项偏差过大,将会产生振动和噪声,影响传动的平稳性。

(3) 齿距累积总偏差(F_p) 齿轮同侧齿面任意弧段($k=1\sim z$)内的最大齿距累积偏差。它表现为齿距累积偏差曲线的总幅值。齿距累积总偏差 F_p 反映了齿轮一转中传动比的变化,故可作为评定齿轮运动准确性的偏差项目。

齿距累积偏差的检验是沿着同侧齿面间的实际弧长与理论弧长做比较测量,能够反映几何偏心和运动偏心对加工齿轮的综合影响,故 F_p 可代替 F_i' 作为评定齿轮运动准确性的必检项目。

F_i' 是"产品齿轮"与"测量齿轮"在单面啮合连续运转中测得的一条连续记录偏差的曲线,反映了齿轮每瞬间的传动比的变化,其测量时的运动情况接近于工作状态。但 F_p 是沿着与基准孔同心的圆周上逐齿测得的折线状偏差曲线,只反映了齿侧有限点的偏差,而不能反映齿面上任意两点间的传动比的变化。故对齿轮运动准确性的评价不如切向综合总偏差 F_i' 准确。

除另有规定,齿距偏差检测均在接近齿高和齿宽中部的位置测量。f_{pt} 需对每个轮齿的两侧面进行测量。

从测得的各个齿距的偏差数值中,找出绝对值最大的偏差数值即为单个齿距偏差 f_{pt};找出最大值和最小值,其差值即为齿距累积总偏差 F_p;将每相邻 k 个齿距的偏差数值相加得到 k 个齿距的偏差值,其中的最大差值即为 k 个齿距累积偏差 F_{pk}。

2) 齿廓偏差

齿廓偏差是指实际齿廓偏离设计齿廓的量,该偏离量在端平面内且垂直于渐开线齿廓的方向计值。

设计齿廓是指符合设计规定的齿廓,一般指端面齿廓。在齿廓的曲线图中,未经修形的渐开线齿廓迹线一般为直线。

(1) 齿廓总偏差(F_α) 在计值范围 L_α 内,包容实际齿廓迹线的两条设计齿廓迹线间的距离,见图 7.22(a)。即过齿廓迹线最高、最低点所作的设计齿廓迹线的两条平行线间的距离为 F_α。

从上述分析中知,如果齿轮存在 F_α,其齿廓不是标准的渐开线,不能保证瞬时传动比为常数,容易产生振动与噪声,齿廓总偏差 F_α 是影响齿轮传动平稳性的主要因素。

生产中为了进一步分析影响齿廓总偏差 F_α 的误差因素,国家标准又把齿廓总偏差细分为齿廓形状偏差 $f_{f\alpha}$ 和齿廓倾斜偏差 $f_{H\alpha}$。

(2) 齿廓形状偏差($f_{f\alpha}$) 在计值范围 L_α 内,包容实际齿廓迹线的,与平均齿廓迹线完全相同的两条曲线间的距离,且两条曲线与平均齿廓迹线的距离为常数,见图 7.22(b)。

(3) 齿廓倾斜偏差($f_{H\alpha}$) 在计值范围 L_α 内,两端与平均齿廓迹线相交的两条设计齿廓迹线间的距离,见图 7.22(c)。

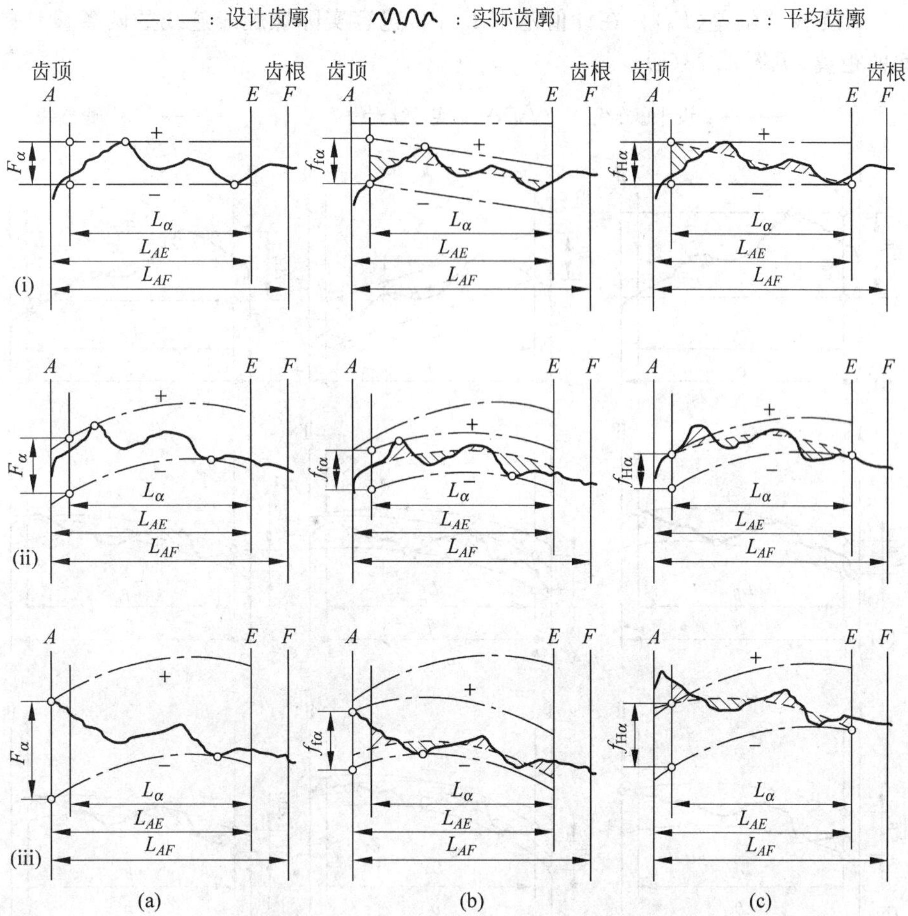

图 7.22　齿廓偏差

(i) 设计齿廓，未修形的渐开线；实际齿廓，在减薄区偏向体内

(ii) 设计齿廓，修形的渐开线；实际齿廓，在减薄区偏向体内

(iii) 设计齿廓，修形的渐开线；实际齿廓，在减薄区偏向体外

(a) 齿廓总偏差；(b) 齿廓形状偏差；(c) 齿廓倾斜偏差

齿廓倾斜偏差 $f_{H\alpha}$的产生主要是由于压力角偏差造成，也可按照下式换算成压力角偏差 f_α(单位 rad)：

$$f_\alpha = -\frac{f_{H\alpha}}{(L_\alpha \tan\alpha_t) \times 10^3} \tag{7-9}$$

式中，L_α——齿廓计值范围，mm。

齿廓的形状偏差和倾斜偏差不是强制性的单项检验项目，但对齿轮的性能有重要的影响，国标 GB/T 10095.1—2008 附录 B(资料性附录)给出了齿廓形状偏差和倾斜偏差的数值。

3) 螺旋线偏差

螺旋线偏差是指在端面基圆切线方向上测得的，实际螺旋线偏离设计螺旋线的量。设计螺旋线是指符合设计规定的螺旋线。在螺旋线曲线图中，未经修形的螺旋线的迹线一般为直线。

(1) 螺旋线总偏差(F_β)　在计值范围 L_β 内,包容实际螺旋线迹线的两条设计螺旋线迹线间的距离,见图 7.23(a)。

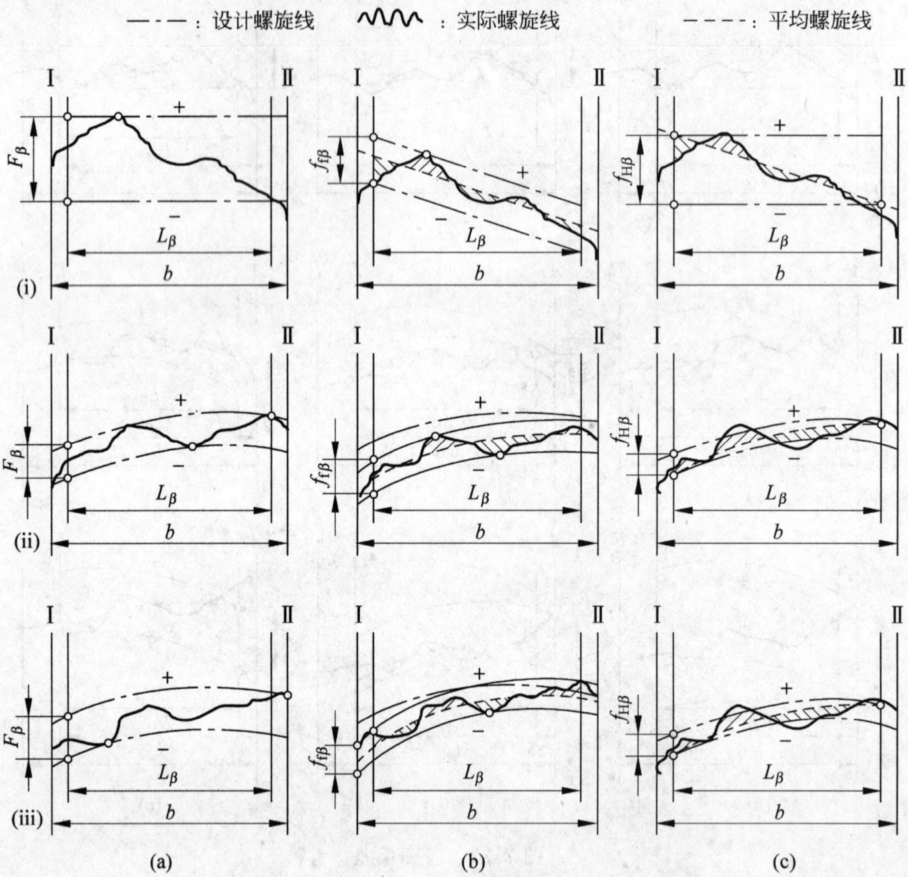

图 7.23　螺旋线偏差

(i) 设计螺旋线,不修形的螺旋线;实际螺旋线,在减薄区偏向体内

(ii) 设计螺旋线,修形的螺旋线;实际螺旋线,在减薄区偏向体内

(iii) 设计螺旋线,修形的螺旋线;实际螺旋线,在减薄区偏向体外

(a) 螺旋线总偏差;(b) 螺旋线形状偏差;(c) 螺旋线倾斜偏差

有时,为了进一步分析 F_β 产生的原因,又将 F_β 细分为螺旋线形状偏差 $f_{f\beta}$ 和螺旋线倾斜偏差 $f_{H\beta}$。

(2) 螺旋线形状偏差($f_{f\beta}$)　在计值范围 L_β 内,包容实际螺旋线迹线的,与平均螺旋线迹线完全相同的两条曲线间的距离,且两条曲线与平均螺旋线迹线的距离为常数,见图 7.23(b)。

(3) 螺旋线倾斜偏差($f_{H\beta}$)　在计值范围 L_β 的两端与平均螺旋线迹线相交的设计螺旋线迹线间的距离,见图 7.23(c)。

螺旋线的形状偏差和倾斜偏差不是强制性的单项检验项目,但对齿轮的性能有重要的影响,国标 GB/T 10095.1—2008 附录 B(资料性附录)给出了螺旋线形状偏差和倾斜偏差的数值。

4) 切向综合偏差

(1) 切向综合总偏差(F'_i)　"产品齿轮"与"测量齿轮"单面啮合检验时,"产品齿轮"一转内,齿轮分度圆上实际圆周位移与理论圆周位移的最大差值,见图 7.24。在检测过程中,齿轮的同侧齿面处于单面啮合状态。

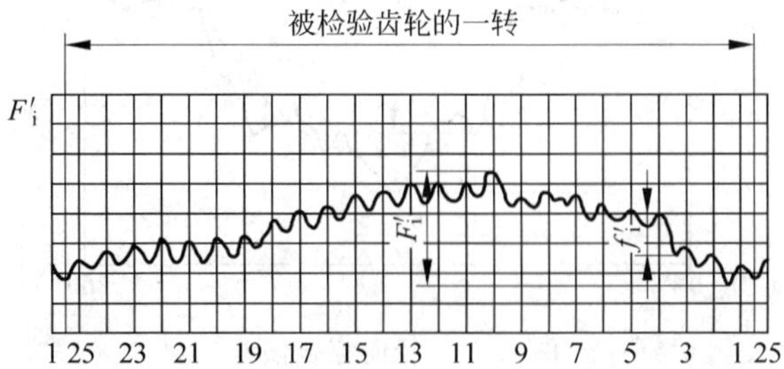

图 7.24　切向综合偏差

"产品齿轮"是指正在被测量或评定的齿轮。

"测量齿轮"精度的高低将会影响检测结果,一般"测量齿轮"的精度比"产品齿轮"的精度高 4 个等级。

切向综合总偏差反映了齿轮一转的转角偏差,说明齿轮运动的不均匀性,在一转过程中,转速时快时慢,作周期性变化。由于测量切向综合总偏差时"产品齿轮"与"测量齿轮"单面啮合(无载荷),接近于齿轮的工作状态,综合反映了几何偏心、运动偏心等引起的长、短周期偏差对齿轮转角偏差综合影响的结果,所以切向综合总偏差是评定齿轮运动准确性的较好的参数,但切向综合总偏差的测量不是强制性的检验项目。由于切向综合总偏差是在单啮仪上进行测量的,所以仅限于评定高精度的齿轮。

(2) 一齿切向综合偏差(f'_i)　"产品齿轮"与"测量齿轮"单面啮合检验时,"产品齿轮"一齿距内的切向综合偏差值,见图 7.24。

f'_i是通过单啮仪测量切向综合总偏差 F'_i时同时测得的,主要反映了刀具制造和安装误差,以及机床传动链的短周期误差影响。这种齿轮一转中多次重复出现每个齿距角内的转角的变化,将会影响到齿轮传动的平稳性。

2. 径向综合偏差与径向跳动(GB/T 10095.2—2008)

国家标准 GB/T 10095.2—2008《圆柱齿轮　精度制　第 2 部分:径向综合偏差与径向跳动的定义和允许值》,适用于基本齿廓符合 GB 1356—2001《渐开线圆柱齿轮基本齿廓》规定,径向综合偏差的法向模数 m_n 范围从 0.2mm 到 10mm,分度圆直径 d 从 5mm 到 1000mm 的单个渐开线圆柱齿轮。

1) 径向综合偏差

径向综合偏差是指"产品齿轮"与"测量齿轮"双面啮合综合检验时,齿轮中心距的变化量。

径向综合偏差的测量值受到"测量齿轮"的精度、"产品齿轮"与"测量齿轮"的总重合度的影响。对于直齿轮可按规定的公差确定其精度等级,对于斜齿轮因纵向重合度 ϵ_β 会影响其径向综合测量的结果,其“测量齿轮”的齿宽应使与“产品齿轮”啮合时的 ε_β 小于或等于 0.5。

(1) 径向综合总偏差(F_i'') 在径向(双面)综合检验时,“产品齿轮”的左、右齿面同时与“测量齿轮”接触,并转过一整圈时出现的中心距最大值和最小值之差,见图 7.25。

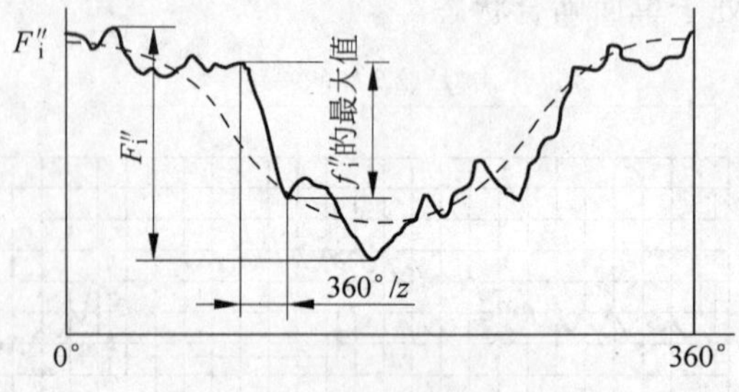

图 7.25 径向综合偏差

(2) 一齿径向综合偏差(f_i'') 当齿轮啮合一整圈时,对应一个齿距(360°/z)的径向综合偏差值。“产品齿轮”所有轮齿的 f_i''最大值不应超过规定的允许值。

径向综合偏差包含了右侧和左侧齿面综合偏差的成分,无法确定同侧齿面的单项偏差。径向综合总偏差 F_i''主要反映了机床、刀具或齿轮装夹产生的径向长、短周期偏差的综合影响,采用双面接触连续检查,测量效率高,并可得到一条连续的偏差曲线,主要用于大批量生产的齿轮以及小模数齿轮的检测。

径向综合偏差仅适用于“产品齿轮”与“测量齿轮”的啮合检查,而不适用于两个“产品齿轮”的测量。

2) 径向跳动

国家标准 GB/T 10095.2—2008《圆柱齿轮 精度制 第 2 部分:径向综合偏差与径向跳动的定义和允许值》标准正文没有给出径向跳动的定义,而是在标准的附录 B(资料性附录)给出了径向跳动的定义和确定精度等级为 5 级的径向跳动公差。当供需双方协商一致,可使用附录 B 提供的径向跳动的参考数值。

径向跳动的法向模数 m_n 范围从 0.5mm 到 70mm,分度圆直径 d 从 5mm 到 10000mm 的单个渐开线圆柱齿轮。

齿轮径向跳动 F_r 为测头(球形、圆柱形、砧形)相继置于每个齿槽内,从它到齿轮轴线的最大和最小径向距离之差。检测时,测头在近似齿高中部与左右齿面接触。

齿轮径向跳动 F_r 主要是由于几何偏心引起的。切齿加工时,由于齿坯孔与心轴之间存在间隙,齿坯轴线与旋转轴线不重合,使切出的齿圈与齿坯孔产生偏心量 f_e,造成齿圈各齿到孔轴线距离不相等,并按正弦规律变化。它以齿轮的一转为周期,称为长周期偏差,产生径向跳动,见图 7.26。

由于几何偏心引起的径向跳动,主要是由两倍的偏心量组成。另外,再加上齿轮的齿距偏差和齿廓偏差的综合影响,使与齿轮孔同轴线的圆柱面上的齿距或齿厚不均匀,齿圈靠近孔一侧的齿距变长,远离孔一侧的齿距变小,从而引起齿距累积偏差。使齿轮一转过程中时快时慢,产生加速度和减速度,影响传递运动的准确性。此外,几何偏心引起的齿

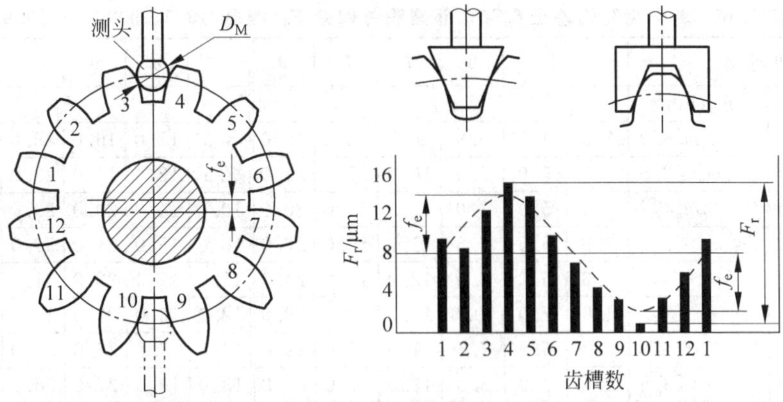

图 7.26　齿轮径向跳动

距偏差，还会使齿轮转动过程中侧隙发生变化。

7.3.3　渐开线圆柱齿轮精度标准

1. 齿轮的精度等级

国标 GB/T 10095.1—2008 对轮齿同侧齿面偏差(如齿距、齿廓、螺旋线和切向综合偏差)规定了 13 个精度等级，用数字 0～12 由高到低的顺序排列，其中 0 级精度最高，12 级精度最低。

国标 GB/T 10095.2—2008 对径向综合偏差 F_i'' 和 f_i'' 规定了 9 个精度等级，其中 4 级精度最高，12 级精度最低。在标准的附录 A(资料性附录)中给出了径向综合偏差的允许值。在标准的附录 B(资料性附录)中给出了径向跳动的允许值及公差表，对 F_r 规定了 13 个精度等级，其中，0 级为最高精度等级，12 级为最低精度等级。

2. 齿轮偏差的允许值

单个齿距偏差 $\pm f_{pt}$ 和齿距累积总偏差 F_p 值见表 7.16。对于没有提供数值表的齿距累积偏差 F_{pk} 的允许值，可利用表 7.16 $\pm f_{pt}$ 值通过公式计算求得。

齿廓总偏差 F_α 和 f_i'/K 值见表 7.17，表中 K 为与齿轮的总重合度 ε_γ 有关的系数。当 $\varepsilon_\gamma<4$ 时，$K=0.2\left(\frac{\varepsilon_\gamma+4}{\varepsilon_\gamma}\right)$；当 $\varepsilon_\gamma\geqslant4$ 时，$K=0.4$。

螺旋线总偏差 F_β、螺旋线形状偏差 $f_{f\beta}$ 和螺旋线倾斜偏差 $\pm f_{H\beta}$ 见表 7.18。

齿廓形状偏差 $f_{f\alpha}$ 和齿廓倾斜偏差 $\pm f_{H\alpha}$ 见表 7.19。

径向跳动公差 F_r 见表 7.20。

径向综合总偏差 F_i'' 和一齿径向综合偏差 f_i'' 见表 7.21。

3. 齿轮坯的精度

齿轮坯是指在轮齿加工前供制造齿轮用的工件，齿轮坯的内孔或轴颈、端面和顶圆常作为齿轮加工、装配和检验的基准。因此，齿轮坯的精度将直接影响齿轮的加工精度和安装精度。提高齿轮坯的加工精度，要比提高齿轮的加工精度要经济得多。因此应根据现场的制造设备条件，尽量使齿轮坯的制造公差保持最小值。这样可使加工的齿轮具有较松的公差，从而获得更为经济的整体设计。

表 7.16　单个齿距偏差 $\pm f_{pt}$ 和齿距累积总偏差 F_p(摘自 GB/T 10095.1—2008)　μm

精度等级		4	5	6	7	8	9	4	5	6	7	8	9
d/mm	m_n/mm	$\pm f_{pt}$						F_p					
$5\leqslant d\leqslant 20$	$0.5\leqslant m_n\leqslant 2$	3.3	4.7	6.5	9.5	13.0	19.0	8.0	11.0	16.0	23.0	32.0	45.0
	$2<m_n\leqslant 3.5$	3.7	5.0	7.5	10.0	15.0	21.0	8.5	12.0	17.0	23.0	33.0	47.0
$20<d\leqslant 50$	$0.5\leqslant m_n\leqslant 2$	3.5	5.0	7.0	10.0	14.0	20.0	10.0	14.0	20.0	29.0	41.0	57.0
	$2<m_n\leqslant 3.5$	3.9	5.5	7.5	11.0	15.0	22.0	10.0	15.0	21.0	30.0	42.0	59.0
	$3.5<m_n\leqslant 6$	4.3	6.0	8.5	12.0	17.0	24.0	11.0	15.0	22.0	31.0	44.0	62.0
	$6<m_n\leqslant 10$	4.9	7.0	10.0	14.0	20.0	28.0	12.0	16.0	23.0	33.0	46.0	62.0
$50<d\leqslant 125$	$0.5\leqslant m_n\leqslant 2$	3.8	5.5	7.5	11.0	15.0	21.0	13.0	18.0	26.0	37.0	52.0	74.0
	$2<m_n\leqslant 3.5$	4.1	6.0	8.5	12.0	17.0	23.0	13.0	19.0	27.0	38.0	53.0	76.0
	$3.5<m_n\leqslant 6$	4.6	6.5	9.0	13.0	18.0	26.0	14.0	19.0	28.0	39.0	55.0	78.0
	$6<m_n\leqslant 10$	5.0	7.5	10.0	15.0	21.0	30.0	14.0	20.0	29.0	41.0	58.0	82.0
$125<d\leqslant 280$	$0.5\leqslant m_n\leqslant 2$	4.2	6.0	8.5	12.0	17.0	24.0	17.0	24.0	35.0	49.0	69.0	98.0
	$2<m_n\leqslant 3.5$	4.6	6.5	9.0	13.0	18.0	26.0	18.0	25.0	35.0	50.0	70.0	100.0
	$3.5<m_n\leqslant 6$	5.0	7.0	10.0	14.0	20.0	28.0	18.0	25.0	36.0	51.0	72.0	102.0
	$6<m_n\leqslant 10$	5.5	8.0	11.0	16.0	23.0	32.0	19.0	26.0	37.0	53.0	75.0	106.0
$280<d\leqslant 560$	$0.5\leqslant m_n\leqslant 2$	4.7	6.5	9.5	13.0	19.0	27.0	23.0	32.0	46.0	64.0	91.0	129.0
	$2<m_n\leqslant 3.5$	5.0	7.0	10.0	14.0	20.0	29.0	23.0	33.0	46.0	65.0	92.0	131.0
	$3.5<m_n\leqslant 6$	5.5	8.0	11.0	16.0	22.0	31.0	24.0	33.0	47.0	66.0	94.0	133.0
	$6<m_n\leqslant 10$	6.0	8.5	12.0	17.0	25.0	35.0	24.0	34.0	48.0	68.0	97.0	137.0

表 7.17　齿廓总偏差 F_α 和 f_i'/K 值(摘自 GB/T 10095.1—2008)　μm

精度等级		4	5	6	7	8	9	4	5	6	7	8	9
d/mm	m_n/mm	F_α						f_i'/K					
$5\leqslant d\leqslant 20$	$0.5\leqslant m_n\leqslant 2$	3.2	4.6	6.5	9.0	13.0	18.0	9.5	14.0	19.0	27.0	38.0	54.0
	$2<m_n\leqslant 3.5$	4.7	6.5	9.5	13.0	19.0	26.0	11.0	16.0	23.0	32.0	45.0	64.0
$20<d\leqslant 50$	$0.5\leqslant m_n\leqslant 2$	3.6	5.0	7.5	10.0	15.0	21.0	10.0	14.0	20.0	29.0	41.0	58.0
	$2<m_n\leqslant 3.5$	5.0	7.0	10.0	14.0	20.0	29.0	12.0	17.0	24.0	34.0	48.0	68.0
	$3.5<m_n\leqslant 6$	6.0	9.0	12.0	18.0	25.0	35.0	14.0	19.0	27.0	38.0	54.0	77.0
	$6<m_n\leqslant 10$	7.5	11.0	15.0	22.0	31.0	43.0	16.0	22.0	31.0	44.0	63.0	89.0
$50<d\leqslant 125$	$0.5\leqslant m_n\leqslant 2$	4.1	6.0	8.5	12.0	17.0	23.0	11.0	16.0	22.0	31.0	44.0	62.0
	$2<m_n\leqslant 3.5$	5.5	8.0	11.0	16.0	22.0	31.0	13.0	18.0	25.0	36.0	51.0	72.0
	$3.5<m_n\leqslant 6$	6.5	9.5	13.0	19.0	27.0	38.0	14.0	20.0	29.0	40.0	57.0	81.0
	$6<m_n\leqslant 10$	8.0	12.0	16.0	23.0	33.0	46.0	16.0	23.0	33.0	47.0	66.0	93.0
$125<d\leqslant 280$	$0.5\leqslant m_n\leqslant 2$	4.9	7.0	10.0	14.0	20.0	28.0	12.0	17.0	24.0	34.0	49.0	69.0
	$2<m_n\leqslant 3.5$	6.5	9.0	13.0	18.0	25.0	36.0	14.0	20.0	28.0	39.0	56.0	79.0
	$3.5<m_n\leqslant 6$	7.5	11.0	15.0	21.0	30.0	42.0	15.0	22.0	31.0	44.0	62.0	88.0
	$6<m_n\leqslant 10$	9.0	13.0	18.0	25.0	36.0	50.0	18.0	25.0	35.0	50.0	70.0	100.0
$280<d\leqslant 560$	$0.5\leqslant m_n\leqslant 2$	6.0	8.5	12.0	17.0	23.0	33.0	14.0	19.0	27.0	39.0	54.0	77.0
	$2<m_n\leqslant 3.5$	7.5	10.0	15.0	21.0	29.0	41.0	15.0	22.0	31.0	44.0	62.0	87.0
	$3.5<m_n\leqslant 6$	8.5	12.0	17.0	24.0	34.0	48.0	17.0	24.0	34.0	48.0	68.0	96.0
	$6<m_n\leqslant 10$	10.0	14.0	20.0	28.0	40.0	56.0	19.0	27.0	38.0	54.0	76.0	108.0

表 7.18 螺旋线总偏差 F_β、螺旋线形状偏差 $f_{f\beta}$ 和螺旋线倾斜偏差 $\pm f_{H\beta}$

（摘自 GB/T 10095.1—2008） μm

精度等级		4	5	6	7	8	9	4	5	6	7	8	9
d/mm	b/mm	F_β						$f_{f\beta}$，$\pm f_{H\beta}$					
$5 \leqslant d \leqslant 20$	$4 \leqslant b \leqslant 10$	4.3	6.0	8.5	12.0	17.0	24.0	3.1	4.4	6.0	8.5	12.0	17.0
	$10 < b \leqslant 20$	4.9	7.0	9.5	14.0	19.0	28.0	3.5	4.9	7.0	10.0	14.0	20.0
	$20 < b \leqslant 40$	5.5	8.0	11.0	16.0	22.0	31.0	4.0	5.5	8.0	11.0	16.0	22.0
$20 < d \leqslant 50$	$4 \leqslant b \leqslant 10$	4.5	6.5	9.0	13.0	18.0	25.0	3.2	4.5	6.5	9.0	13.0	18.0
	$10 < b \leqslant 20$	5.0	7.0	10.0	14.0	20.0	29.0	3.6	5.0	7.0	10.0	14.0	20.0
	$20 < b \leqslant 40$	5.5	8.0	11.0	16.0	23.0	32.0	4.1	6.0	8.0	12.0	16.0	23.0
	$40 < b \leqslant 80$	6.5	9.5	13.0	19.0	27.0	38.0	4.8	7.0	9.5	14.0	19.0	27.0
$50 < d \leqslant 125$	$4 \leqslant b \leqslant 10$	4.7	6.5	9.5	13.0	19.0	27.0	3.4	4.8	6.5	9.5	13.0	19.0
	$10 < b \leqslant 20$	5.5	7.5	11.0	15.0	21.0	30.0	3.8	5.5	7.5	11.0	15.0	21.0
	$20 < b \leqslant 40$	6.0	8.5	12.0	17.0	24.0	34.0	4.3	6.0	8.5	12.0	17.0	24.0
	$40 < b \leqslant 80$	7.0	10.0	14.0	20.0	28.0	39.0	5.0	7.0	10.0	14.0	20.0	28.0
$125 < d \leqslant 280$	$10 < b \leqslant 20$	5.5	8.0	11.0	16.0	22.0	32.0	4.0	5.5	8.0	11.0	16.0	23.0
	$20 < b \leqslant 40$	6.5	9.0	13.0	18.0	25.0	36.0	4.5	6.5	9.0	13.0	18.0	25.0
	$40 < b \leqslant 80$	7.5	10.0	15.0	21.0	29.0	41.0	5.0	7.5	10.0	15.0	21.0	29.0
	$80 < b \leqslant 160$	8.5	12.0	17.0	25.0	35.0	49.0	6.0	8.5	12.0	17.0	25.0	35.0
$280 < d \leqslant 560$	$10 < b \leqslant 20$	6.0	8.5	12.0	17.0	24.0	34.0	4.3	6.0	8.5	12.0	17.0	24.0
	$20 < b \leqslant 40$	6.5	9.5	13.0	19.0	27.0	38.0	4.8	7.0	9.5	14.0	19.0	27.0
	$40 < b \leqslant 80$	7.5	11.0	15.0	22.0	31.0	44.0	5.5	8.0	11.0	16.0	22.0	31.0
	$80 < b \leqslant 160$	9.0	13.0	18.0	26.0	36.0	52.0	6.5	9.0	13.0	18.0	26.0	37.0
	$160 < b \leqslant 250$	11.0	15.0	21.0	30.0	43.0	60.0	7.5	11.0	15.0	22.0	30.0	43.0

表 7.19 齿廓形状偏差 $f_{f\alpha}$ 和齿廓倾斜偏差 $\pm f_{H\alpha}$（摘自 GB/T 10095.1—2008） μm

精度等级		4	5	6	7	8	9	4	5	6	7	8	9
d/mm	m_n/mm	$f_{f\alpha}$						$\pm f_{H\alpha}$					
$5 \leqslant d \leqslant 20$	$0.5 \leqslant m_n \leqslant 2$	2.5	3.5	5.0	7.0	10.0	14.0	2.1	2.9	4.2	6.0	8.5	12.0
	$2 < m_n \leqslant 3.5$	3.6	5.0	7.0	10.0	14.0	20.0	3.0	4.2	6.0	8.5	12.0	17.0
$20 < d \leqslant 50$	$0.5 \leqslant m_n \leqslant 2$	2.8	4.0	5.5	8.0	11.0	16.0	2.3	3.3	4.6	6.5	9.5	13.0
	$2 < m_n \leqslant 3.5$	3.9	5.5	8.0	11.0	16.0	22.0	3.2	4.5	6.5	9.0	13.0	18.0
	$3.5 < m_n \leqslant 6$	4.8	7.0	9.5	14.0	19.0	27.0	3.9	5.5	8.0	11.0	16.0	22.0
	$6 < m_n \leqslant 10$	6.0	8.5	12.0	17.0	24.0	34.0	4.8	7.0	9.5	14.0	19.0	27.0
$50 < d \leqslant 125$	$0.5 \leqslant m_n \leqslant 2$	3.2	4.5	6.5	9.0	13.0	18.0	2.6	3.7	5.5	7.5	11.0	15.0
	$2 < m_n \leqslant 3.5$	4.3	6.0	8.5	12.0	17.0	24.0	3.5	5.0	7.0	10.0	14.0	20.0
	$3.5 < m_n \leqslant 6$	5.0	7.5	10.0	15.0	21.0	29.0	4.3	6.0	8.5	12.0	17.0	24.0
	$6 < m_n \leqslant 10$	6.5	9.0	13.0	18.0	25.0	36.0	5.0	7.5	10.0	15.0	21.0	29.0
$125 < d \leqslant 280$	$0.5 \leqslant m_n \leqslant 2$	3.8	5.5	7.5	11.0	15.0	21.0	3.1	4.4	6.0	9.0	12.0	18.0
	$2 < m_n \leqslant 3.5$	4.9	7.0	9.5	14.0	19.0	28.0	4.0	5.5	8.0	11.0	16.0	23.0
	$3.5 < m_n \leqslant 6$	6.0	8.0	12.0	16.0	23.0	33.0	4.7	6.5	9.5	13.0	19.0	27.0
	$6 < m_n \leqslant 10$	7.0	10.0	14.0	20.0	28.0	39.0	5.5	8.0	11.0	16.0	23.0	32.0

续表

精度等级		4	5	6	7	8	9	4	5	6	7	8	9
d/mm	m_n/mm	$f_{f\alpha}$						$\pm f_{H\alpha}$					
280<d≤560	0.5≤m_n≤2	4.5	6.5	9.0	13.0	18.0	26.0	3.7	5.5	7.5	11.0	15.0	21.0
	2<m_n≤3.5	5.5	8.0	11.0	16.0	22.0	32.0	4.6	6.5	9.0	13.0	18.0	26.0
	3.5<m_n≤6	6.5	9.0	13.0	18.0	26.0	37.0	5.5	7.5	11.0	15.0	21.0	30.0
	6<m_n≤10	7.5	11.0	15.0	22.0	31.0	43.0	6.5	9.0	13.0	18.0	25.0	35.0

表 7.20　径向跳动公差 F_r(摘自 GB/T 10095.2—2008)　　μm

分度圆直径	法向模数	精度等级					
d/mm	m_n/mm	4	5	6	7	8	9
5≤d≤20	0.5≤m_n≤2	6.5	9.0	13	18	25	36
	2<m_n≤3.5	6.5	9.5	13	19	27	38
20<d≤50	0.5≤m_n≤2	8.0	11	16	23	32	46
	2<m_n≤3.5	8.5	12	17	24	34	47
	3.5<m_n≤6	8.5	12	17	25	35	49
	6<m_n≤10	9.5	13	19	26	37	52
50<d≤125	0.5≤m_n≤2	10	15	21	29	42	59
	2<m_n≤3.5	11	15	21	30	43	61
	3.5<m_n≤6	11	16	22	31	44	62
	6<m_n≤10	12	16	23	33	46	65
125<d≤280	0.5≤m_n≤2	14	20	28	39	55	78
	2<m_n≤3.5	14	20	28	40	56	80
	3.5<m_n≤6	14	20	29	41	58	82
	6<m_n≤10	15	21	30	42	60	85
280<d≤560	0.5≤m_n≤2	18	26	36	51	73	103
	2<m_n≤3.5	18	26	37	52	74	105
	3.5<m_n≤6	19	27	38	53	75	106
	6<m_n≤10	19	27	39	55	77	109

表 7.21　径向综合总偏差 F_i''和一齿径向综合偏差 f_i''(摘自 GB/T 10095.2—2008)　　μm

精度等级		5	6	7	8	9	10	5	6	7	8	9	10
d/mm	m_n/mm	F_i''						f_i''					
5≤d≤20	0.2≤m_n≤0.5	11	15	21	30	42	60	2.0	2.5	3.5	5.0	7.0	10
	0.5<m_n≤0.8	12	16	23	33	46	66	2.5	4.0	5.5	7.5	11	15
	0.8<m_n≤1.0	12	18	25	35	50	70	3.5	5.0	7.0	10	14	20
	1.0<m_n≤1.5	14	19	27	38	54	76	4.5	6.5	9.0	13	18	25
20<d≤50	0.5<m_n≤0.8	14	20	28	40	56	80	2.5	4.0	5.5	7.5	11	15
	0.8<m_n≤1.0	15	21	30	42	60	85	3.5	5.0	7.0	10	14	20
	1.0<m_n≤1.5	16	23	32	45	64	91	4.5	6.5	9.0	13	18	25
	1.5<m_n≤2.5	18	26	37	52	73	103	6.5	9.5	13	19	26	37
	2.5<m_n≤4.0	22	31	44	63	89	126	10	14	20	29	41	58

续表

精度等级		5	6	7	8	9	10	5	6	7	8	9	10
d/mm	m_n/mm	F_i''						f_i''					
$50<d\leqslant125$	$0.8<m_n\leqslant1.0$	18	26	36	52	73	103	3.5	5.0	7.0	10	14	20
	$1.0<m_n\leqslant1.5$	19	27	39	55	77	109	4.5	6.5	9.0	13	18	26
	$1.5<m_n\leqslant2.5$	22	31	43	61	86	122	6.5	9.5	13	19	26	37
	$2.5<m_n\leqslant4.0$	25	36	51	72	102	144	10	14	20	29	41	58
	$4.0<m_n\leqslant6.0$	31	44	62	88	124	176	15	22	31	44	62	87
$125<d\leqslant280$	$1.0<m_n\leqslant1.5$	24	34	48	68	97	137	4.5	6.5	9.0	13	18	26
	$1.5<m_n\leqslant2.5$	26	37	53	75	106	149	6.5	9.5	13	19	27	38
	$2.5<m_n\leqslant4.0$	30	43	61	86	121	172	10	15	21	29	41	58
	$4.0<m_n\leqslant6.0$	36	51	72	102	144	203	15	22	31	44	62	87
	$6.0<m_n\leqslant10$	45	64	90	127	180	255	24	34	48	67	95	135
$280<d\leqslant560$	$1.0<m_n\leqslant1.5$	30	43	61	86	122	172	4.5	6.5	9.0	13	18	26
	$1.5<m_n\leqslant2.5$	33	46	65	92	131	185	6.5	9.5	13	19	27	38
	$2.5<m_n\leqslant4.0$	37	52	73	104	146	207	10	15	21	29	41	59
	$4.0<m_n\leqslant6.0$	42	60	84	119	169	239	15	22	31	44	62	88
	$6.0<m_n\leqslant10$	51	73	103	145	205	290	24	34	48	68	96	135

齿轮坯的尺寸公差按表 7.22 确定。

表 7.22　齿轮坯的尺寸公差

齿轮精度等级		5	6	7	8	9	10	11	12
孔	尺寸公差	IT5	IT6	IT7		IT8		IT9	
轴	尺寸公差	IT5		IT6		IT7		IT8	
顶圆直径①		$\pm0.05m_n$							

注：① 当齿顶圆不作测量齿厚的基准时，其尺寸公差按 IT11 给定，但不大于 $0.1m_n$。

有关齿轮轮齿精度（齿廓偏差、相邻齿距偏差等）参数的数值，只有明确其特定的旋转轴线时才有意义。当测量时，齿轮的旋转轴线发生改变，则这些参数测量值也会发生变化。因此，在齿轮的图纸上必须明确标注出规定齿轮公差的基准轴线。

1）基准轴线的确定

基准轴线是齿轮制造、检验时的基准。

齿轮的加工、检验和装配，应尽量采取"基准统一"的原则。通常将基准轴线与工作轴线重合，即将安装面作为基准面。一般我们采用齿坯内孔和端面作为基准，因此，基准轴线的确定有以下 4 种基本方法：

（1）用由两个"短的"圆柱或圆锥形基准面上设定的两个圆的圆心来确定基准轴线，见图 7.27。

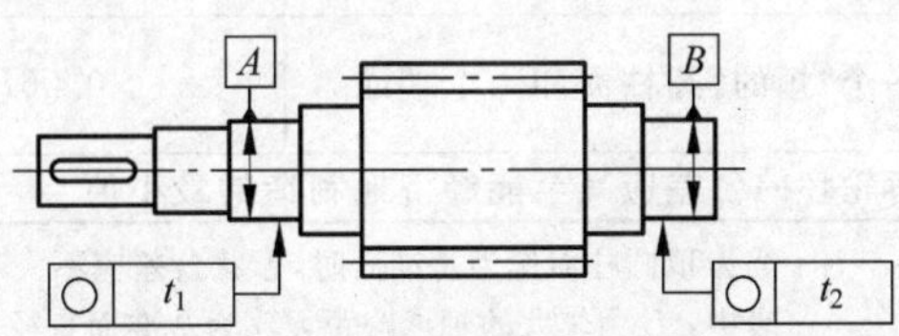

图 7.27　用两个"短的"基准面确定的基准轴线

（2）用一个"长的"圆柱或圆锥形的面来同时确定轴线的位置和方向，孔的轴线可以用与之正确装配的工作心轴的轴线来代表,见图 7.28。

(3) 用一个"短的"圆柱形基准面上的一个圆的圆心来确定轴线的位置,轴线方向垂直于一个基准端面,见图 7.29。

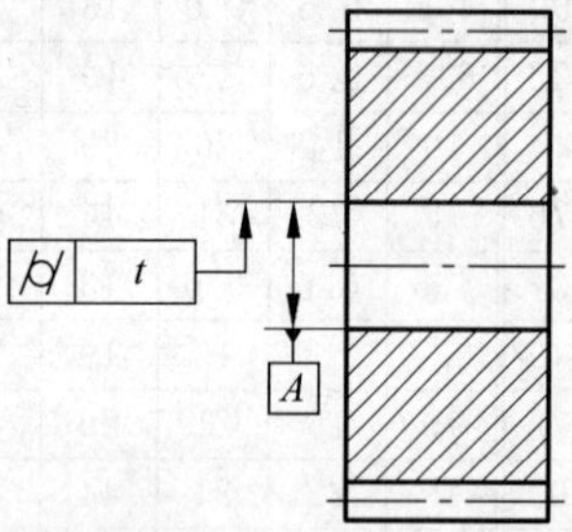

图 7.28 由一个"长的" 基准面确定的基准轴线

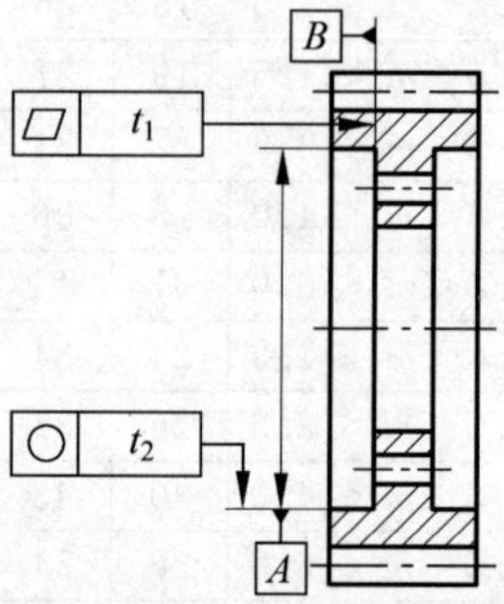

图 7.29 由一个圆柱面和一个端面确定的基准轴线

(4) 对于和轴做成一体的小齿轮,通常是把零件安装在两端的顶尖上加工和检测,两个中心孔确定了齿轮轴的基准轴线。因此,轴承的安装面相对于中心孔必须规定较高的跳动公差,见图 7.30。

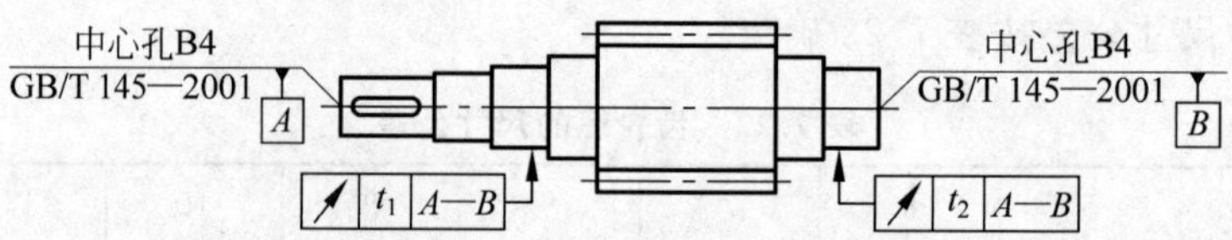

图 7.30 用中心孔确定的基准轴线

2) 齿轮坯的几何公差

上述齿轮坯的基准面或工作安装面的精度对齿轮的加工质量有很大的影响,因此,应控制其几何误差。这些面的精度要求,必须在零件图上规定,所有基准面和工作安装面的形状公差应不大于表 7.23 中的规定值。

表 7.23 基准面与安装面的形状公差

确定轴线的基准面	公差项目		
	圆度	圆柱度	平面度
两个"短的"圆柱或圆锥形基准面	$0.04(L/b)F_\beta$ 或 $0.1F_p$,取两者中之小值	—	—
一个"长的"圆柱或圆锥形基准面	—	$0.04(L/b)F_\beta$ 或 $0.1F_p$,取两者中之小值	—
一个"短的"圆柱面和一个端面	$0.06F_p$	—	$0.06(D_d/b)F_\beta$
齿轮坯的公差应减至能经济地制造的最小值			

注:当齿顶圆柱面作为基准面时,形状公差应不大于表中规定的相关数值。

表中:L 为较大的轴承跨距,D_d 为基准面直径,b 为齿宽。

如果齿轮工作安装面作为基准面，则不用考虑跳动公差。但当齿轮加工或检验的基准轴线与工作轴线不重合时，则要规定工作安装面的跳动公差。工作安装面相对于基准轴线的跳动公差见表 7.24。

表 7.24　安装面的跳动公差

确定轴线的基准面	跳动量（总的指示幅度）	
	径　向	轴　向
仅指圆柱或圆锥形基准面	$0.15(L/b)F_\beta$ 或 $0.3F_p$，取两者中之大值	—
一个圆柱基准面和一个端面基准面	$0.3F_p$	$0.2(D_d/b)F_\beta$
齿轮坯的公差应减至能经济地制造的最小值		

注：当齿顶圆作为基准面时，跳动公差应不大于表中规定的相关数值。

齿轮各表面的表面粗糙度 Ra 推荐值见表 7.25。

表 7.25　齿轮各表面的表面粗糙度 *Ra* 推荐值　　μm

精度等级	5		6		7		8		9	
轮齿齿面	硬	软	硬	软	硬	软	硬	软	硬	软
	≤0.8	≤1.6	≤0.8	≤1.6	≤1.6	≤3.2	≤3.2	≤6.3	≤3.2	≤6.3
齿面加工方法	磨齿		磨或珩齿		剃或珩齿	精滚精插	插或滚齿		滚或铣齿	
齿轮基准孔	0.4～0.8		1.6		1.6～3.2				6.3	
齿轮轴基准轴颈	0.4		0.8		1.6		3.2			
齿轮基准端面	1.6～3.2		3.2～6.3				6.3			
齿轮顶圆	1.6～3.2		6.3							

4. 齿轮精度的标注示例

齿轮的精度要求应与齿轮的主要参数（齿数 z、法向模数 m_n、齿形角 α 和变位系数 x 等）一起标注在零件图右上角的框格中。

1）齿轮精度等级的标注方法示例

7 GB/T 10095.1—2008

表示：轮齿同侧齿面偏差项目符合 GB/T 10095.1—2008 的要求，精度均为 7 级。

$7F_p6(F_\alpha、F_\beta)$GB/T 10095.1—2008

表示：轮齿同侧齿面偏差项目符合 GB/T 10095.1—2008 的要求，但是 F_p 精度为 7 级，F_α 与 F_β 精度均为 6 级。

$6(F''_i、f''_i)$GB/T 10095.2—2008

表示：齿轮径向综合偏差 F''_i，f''_i符合 GB/T 10095.2—2008 的要求，精度均为 6 级。

2）齿厚偏差常用标注方法

$s_{n\,E_{sni}}^{\;\;E_{sns}}$——其中 s_n 为法向齿厚，E_{sns}，E_{sni} 为齿厚的上、下极限偏差。

$W_{k\,E_{bni}}^{\;\;E_{bns}}$——其中 W_k 为跨 k 个齿数的公法线长度，E_{bns}，E_{bni} 为公法线长度上、下极限偏差。

7.3.4　齿轮副的精度和齿侧间隙

1. 齿轮副的精度

7.3.3 节介绍了单个齿轮的偏差项目，齿轮副的安装偏差也会影响到齿轮的使用性能,因此需对齿轮副的偏差加以控制。

1) 齿轮副的中心距极限偏差$\pm f_a$

中心距偏差f_a是指在齿轮副的齿宽中间平面内,实际中心距与公称中心距之差,见图7.31。齿轮副中心距的尺寸偏差大小不但会影响齿轮侧隙,而且对齿轮的重合度产生影响,因此必须加以控制。

2) 轴线平行度偏差$f_{\Sigma\delta}$和$f_{\Sigma\beta}$

由于轴线平行度偏差的影响与其向量的方向有关,所以规定了"轴线平面内的平行度偏差"$f_{\Sigma\delta}$和"垂直平面上的平行度偏差"$f_{\Sigma\beta}$。如果一对啮合的圆柱齿轮的两条轴线1和2不平行,形成了空间的异面(交叉)直线,则将影响齿轮的接触精度,因此必须加以控制,如图7.31所示。

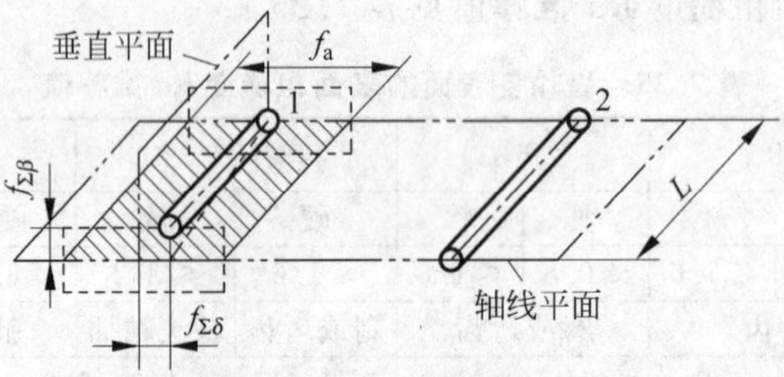

图7.31 齿轮副轴线的平行度偏差和中心距偏差

表7.26给出了中心距极限偏差$\pm f_a$,供参考。

表7.26 中心距极限偏差$\pm f_a$ μm

中心距 a /mm	齿轮精度等级				
	3,4	5,6	7,8	9,10	11,12
≥6~10	4.5	7.5	11.0	18.0	45
>10~18	5.5	9.0	13.5	21.5	55
>18~30	6.5	10.5	16.5	26.0	65
>30~50	8.0	12.5	19.5	31.0	80
>50~80	9.5	15.0	23.0	37.0	90
>80~120	11.0	17.5	27.0	43.5	110
>120~180	12.5	20.0	31.5	50.0	125
>180~250	14.5	23.0	36.0	57.5	145
>250~315	16.0	26.0	40.5	65.0	160
>315~400	18.0	28.5	44.5	70.0	180
>400~500	20.0	31.5	48.5	77.5	200

"轴线平面内的平行度偏差"$f_{\Sigma\delta}$是在两轴线的公共平面上测量的,此公共平面是用两轴承跨距中较长的一个L和另一根轴上的一个轴承来确定的。如果两个轴承的跨距相同,则用小齿轮轴和大齿轮轴的一个轴承确定。"垂直平面上的平行度偏差"$f_{\Sigma\beta}$是在与轴线公共平面相垂直的"交错轴平面"上测量的。$f_{\Sigma\delta}$和$f_{\Sigma\beta}$均在全齿宽的长度上测量。

轴线平行度偏差将影响螺旋线啮合偏差。轴线平面内的平行度偏差对啮合偏差的影响是工作压力角的正弦函数，而垂直平面上的平行度偏差的影响则是工作压力角的余弦函数。因此，垂直平面上的偏差所导致的啮合偏差要比同样大小的轴线平面内偏差导致的啮合偏差大 2～3 倍。

$f_{\Sigma\delta}$ 和 $f_{\Sigma\beta}$ 的最大推荐值为

$$f_{\Sigma\beta} = \frac{L}{2b}F_{\beta} \tag{7-10}$$

$$f_{\Sigma\beta} = 2f_{\Sigma\beta} \tag{7-11}$$

式中，L——轴承跨距；

b——齿宽。

3）接触斑点

接触斑点是指装配好的齿轮副，在轻微制动下，运转后齿面上分布的接触擦亮痕迹，见图 7.32。齿面上分布的接触斑点大小，可用于评估轮齿间载荷的分布情况。也可以将“产品齿轮”安装在机架上与“测量齿轮”在轻载下测量接触斑点，评估装配后齿轮螺旋线精度和齿廓精度。

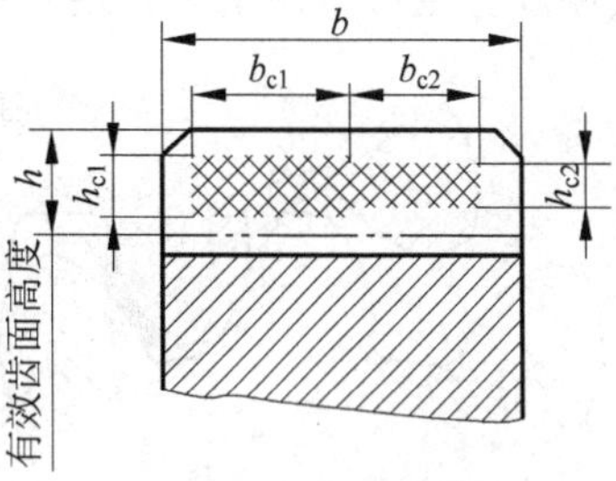

图 7.32　接触斑点分布示意图

接触斑点在齿面展开图上用百分比计算。

沿齿高方向：接触痕迹高度 h_c 与有效齿面高度 h 之比的百分数，即 $h_c/h\times100\%$。

沿齿长方向：接触痕迹宽度 b_c 与工作长度 b 之比的百分数，即 $b_c/b\times100\%$。

国家标准给出了装配后齿轮副接触斑点的最低要求，见表 7.27。

表 7.27　齿轮装配后接触斑点（摘自 GB/Z 18620.4—2008）

参数 精度等级	$b_{c1}/b\times100\%$		$h_{c1}/h\times100\%$		$b_{c2}/b\times100\%$		$h_{c2}/h\times100\%$	
	直齿轮	斜齿轮	直齿轮	斜齿轮	直齿轮	斜齿轮	直齿轮	斜齿轮
4 级及更高	50	50	70	50	40	40	50	30
5 和 6	45	45	50	40	35	35	30	20
7 和 8	35	35	50	40	35	35	30	20
9～12	25	25	50	40	25	25	30	20

上述轮齿接触斑点的检测，不适用对轮齿和螺旋线修形的齿轮齿面。

2. 齿轮副的侧隙

在一对装配好的齿轮副中，侧隙 j 是相啮齿轮齿间的间隙，它是在节圆上齿槽宽度超过相啮齿轮齿厚的量。

在齿轮的设计中，为了保证啮合传动比的恒定，消除反向的空程和减少冲击，都是按照无侧隙啮合进行设计。但在实际生产过程中，为保证齿轮良好的润滑，补偿齿轮因制造偏差、安装偏差以及热变形等对齿轮传动造成不良的影响，必须在非工作面留有侧隙。

侧隙需要的量与齿轮的大小、精度、安装和应用情况有关。

齿轮副的侧隙是在齿轮装配后自然形成的，侧隙的大小主要取决于齿厚和中心距。在最小的中心距条件下，通过改变齿厚偏差来获得不同的齿侧间隙。

1）齿侧间隙的分类

齿侧间隙分为圆周侧隙 j_{wt} 和法向侧隙 j_{bn}。

圆周侧隙 j_{wt} 是指安装好的齿轮副，当其中一个齿轮固定时，另一个齿轮在圆周方向的转动量，以节圆弧长计值。

法向侧隙 j_{bn} 是指当两个齿轮在工作齿面相互接触时，非工作齿面间的最小距离。法向侧隙 j_{bn} 的测量沿着齿廓的法线方向，也就是啮合线的方向测量，通常可用压铅丝的方法进行测量，即在齿轮的啮合过程中在齿间放入一块铅丝，啮合后取出压扁了的铅丝测量其厚度。也可以用塞尺直接测量 j_{bn}，见图7.33。

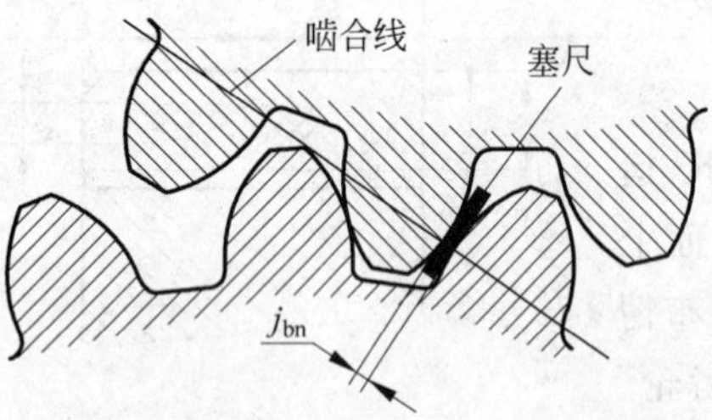

图7.33　用塞尺测量齿轮副的法向侧隙 j_{bn}

圆周侧隙 j_{wt} 和法向侧隙 j_{bn} 之间的关系如下：

$$j_{bn} = j_{wt}\cos\alpha_{wt} \cdot \cos\beta_b \tag{7-12}$$

式中，α_{wt}——齿轮端面的压力角；

β_b——齿轮基圆的螺旋角。

2）最小侧隙 $j_{bn\min}$ 的确定

最小侧隙 $j_{bn\min}$ 是当一个齿轮的齿以最大允许实效齿厚(实效齿厚是指测量所得的齿厚加上轮齿各要素偏差及安装所产生的综合影响在齿厚方向的量)与一个也具有最大允许实效齿厚的相匹配的齿在最小的允许中心距相啮合时，在静态下存在的最小允许侧隙。

齿轮副侧隙的大小，受以下因素的影响：

- 箱体、轴和轴承的安装偏斜；
- 由于箱体的偏差和轴承的间隙导致齿轮轴线的不对准或歪斜；
- 温度影响(由中心距和材料差异引起的箱体与齿轮零件的温差)；
- 安装误差，例如轴的偏心；
- 轴承的径向跳动；
- 旋转零件的离心胀大；
- 其他因素，例如由于润滑剂的允许污染以及非金属齿轮材料的溶胀等。

为了保证齿轮的正常工作，避免因安装偏差、温升等引起卡死现象，并保证良好的润滑，在齿轮副的非工作齿面间留有合理的最小侧隙 $j_{bn\min}$。

对于用黑色金属材料制造的齿轮和箱体，工作时齿轮节圆线速度小于15m/s，其箱体、轴和轴承都采用常用的商业制造公差的齿轮传动，最小侧隙 $j_{bn\min}$（单位 mm）可按下式计算：

$$j_{bn\min} = \frac{2}{3}(0.06 + 0.0005a_i + 0.03m_n) \tag{7-13}$$

按上式计算可以得出如表7.28所示的推荐数据。

3）齿厚偏差与公差

法向齿厚是指齿厚的理论值，两个具有法向齿厚 s_n 的齿轮在公称中心距下啮合是无侧隙的。为了得到合理的齿侧间隙，通过将轮齿齿厚减薄一定的数值，在装配后侧隙就会自然形成。

表 7.28　大、中模数齿轮最小间隙 $j_{bn\,min}$ 的推荐数据(摘自 GB/Z 18620.2—2008)　mm

模数 m_n	最小中心距 a_i					
	50	100	200	400	800	1600
1.5	0.09	0.11	—	—	—	—
2	0.10	0.12	0.15	—	—	—
3	0.12	0.14	0.17	0.24	—	—
5	—	0.18	0.21	0.28	—	—
8	—	0.24	0.27	0.34	0.47	—
12	—	—	0.35	0.42	0.55	—
18	—	—	—	0.54	0.67	0.94

法向齿厚可按下式计算：

对外齿轮：

$$s_n = m_n\left(\frac{\pi}{2} + 2x\tan\alpha_n\right) \tag{7-14}$$

对内齿轮：

$$s_n = m_n\left(\frac{\pi}{2} - 2x\tan\alpha_n\right) \tag{7-15}$$

式中，x——齿轮的变位系数。

对于斜齿轮，s_n 值应在法向平面内测量。

齿轮副的侧隙是在理论中心距的条件下，通过减薄轮齿的齿厚获得的。为获得最小侧隙 $j_{bn\,min}$ 齿厚应保证有最小的减薄量，必须规定齿厚的上极限偏差 E_{sns}；为了保证齿侧间隙不致过大，又必须规定齿厚公差 T_{sn}(及齿厚下极限偏差 E_{sni})，齿厚偏差见图 7.34。

由于实际齿轮的齿厚都是在理论齿厚的基础上，减薄一定的数值来获得齿侧间隙，故齿厚的上、下极限偏差都应取负值。齿厚上极限偏差的数值决定了侧隙的大小，其选择大体上与齿轮精度无关。

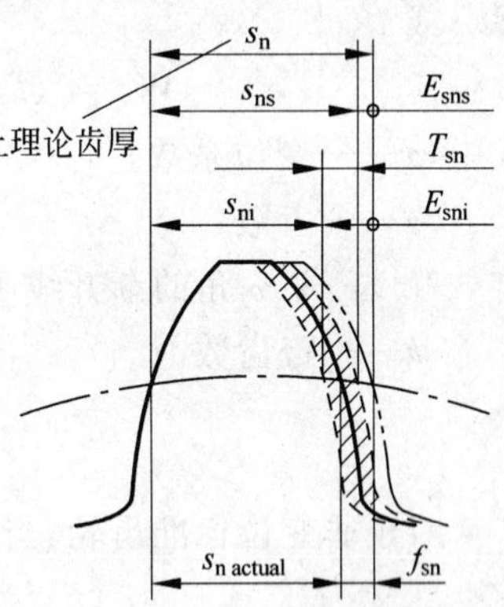

图 7.34　齿厚的允许偏差

当主动轮与被动轮齿厚都做成最大值，即做成齿厚上极限偏差 E_{sns} 时，可获得最小侧隙 $j_{bn\,min}$：

$$j_{bn\,min} = |(E_{sns1} + E_{sns2})|\cos\alpha_n \tag{7-16}$$

如果两齿轮的齿厚上极限偏差相等，即 $E_{sns1} = E_{sns2} = E_{sns}$，则 $j_{bn\,min} = 2|E_{sns}\cos\alpha_n|$，此时两齿轮的齿厚上极限偏差为

$$E_{sns} = -\frac{j_{bn\,min}}{2\cos\alpha_n} \tag{7-17}$$

为了保证齿侧间隙不能过大，还应根据齿轮的使用要求和加工设备适当控制齿厚的下极限偏差 E_{sni}，E_{sni} 可按下式计算：

$$E_{sni} = E_{sns} - T_{sn} \tag{7-18}$$

式中，T_{sn}——齿厚公差。

齿厚公差 T_{sn} 的选择，大体上与齿轮的精度无关，主要由制造设备来控制。齿厚公差过小将会增加齿轮的制造成本，公差过大又会使侧隙加大，使齿轮正、反转时空程过大，造成冲击，必须确定一个合理的数值。齿厚公差由径向跳动公差 F_r 和切齿径向进刀公差 b_r 组成，为了满足使用要求必须控制最大间隙时，计算公式如下：

$$T_{sn} = 2\tan\alpha_n \sqrt{F_r^2 + b_r^2} \tag{7-19}$$

式中切齿径向进刀公差 b_r 按表 7.29 选取。

表 7.29　切齿径向进刀公差 b_r

齿轮精度等级	3	4	5	6	7	8	9	10
b_r	IT7	1.26IT7	IT8	1.26IT8	IT9	1.26IT9	IT10	1.26IT10

注：IT 值按齿轮分度圆直径为主参数查表确定。

4) 公法线长度偏差 E_{bn}

公法线长度偏差为公法线实际长度与公称长度之差。公法线长度 W 是在基圆柱切平面(公法线平面)上跨 k 个齿(对外齿轮)或 k 个齿槽(对内齿轮)，在接触到一个齿的右齿面和另一个齿的左齿面的两个平行平面之间测得的距离，见图 7.35。

对于大模数的齿轮，生产中通常测量齿厚控制侧隙；齿轮齿厚的变化必然会引起公法线长度的变化，在中、小模数齿轮的批量生产中，常采用测量公法线长度的方法来控制齿侧间隙。

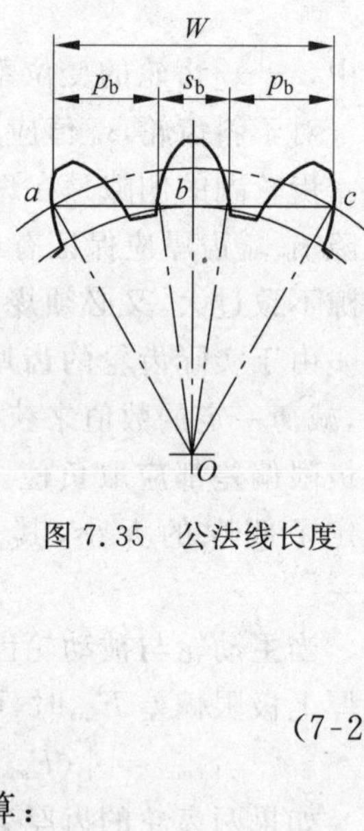

图 7.35　公法线长度

公法线长度尺寸的公称值由下式计算：

$$W_k = m_n\cos\alpha_n[(k-0.5)\pi + z\mathrm{inv}\alpha_t + 2x\tan\alpha_n] \tag{7-20}$$

或

$$W_k = (k-1)p_{bn} + s_{bn} \tag{7-21}$$

式中，x——变位系数；

z——齿数；

$\mathrm{inv}\alpha$——α 角的渐开线函数，inv20°＝0.014 904；

k——跨齿数。

$$k = \frac{\alpha}{180°} + 0.5 \tag{7-22}$$

对于非变位标准齿轮，当 $\alpha=20°$ 时，k 值用下列近似公式计算：

$$k = \frac{z}{9} + 0.5\text{(四舍五入取整数)}$$

公法线长度偏差(E_{bns}，E_{bni})与齿厚极限偏差(E_{sns}，E_{sni})的换算关系为

$$E_{bns} = E_{sns}\cos\alpha_n - 0.72F_r\sin\alpha_n \tag{7-23}$$

$$E_{bni} = E_{sni}\cos\alpha_n + 0.72F_r\sin\alpha_n \tag{7-24}$$

$W_{k}{}_{E_{bni}}^{E_{bns}}$——其中 W_k 为跨 k 个齿数的公法线长度，E_{bns} 为公法线长度上极限偏差，E_{bni} 为公法线长度下极限偏差。

7.3.5 圆柱齿轮的精度设计

1. 齿轮精度设计方法及步骤

1）确定齿轮的精度等级

精度等级的选择主要依据是齿轮的用途、使用要求和工作条件等。选择的方法主要有计算法和经验法（类比法）两种。

计算法主要用于精密传动链设计，可按传动链精度要求，计算出允许的转角偏差大小，根据传递运动准确性偏差项目，选择适宜的精度等级。

经验法是参考同类产品的齿轮精度，结合所设计齿轮的具体要求来确定精度等级。表 7.30 是生产实践中搜集到的各种用途齿轮的大致精度等级，可供设计者参考。

表 7.30 精度等级的应用（供参考）

齿轮用途	精度等级	齿轮用途	精度等级	齿轮用途	精度等级
测量齿轮	2～5	轻型汽车	5～8	轧钢机	5～10
汽轮机减速器	3～6	机车	6～7	起重机械	6～10
金属切削机床	3～8	通用减速器	6～8	矿山绞车	8～10
航空发动机	3～7	载重汽车、拖拉机	6～9	农业机械	8～10

在机械传动中应用最多的齿轮是既传递运动又传递动力，其精度等级与圆周速度密切相关，因此可计算出齿轮的最高圆周速度，参考表 7.31 确定齿轮的精度等级。

表 7.31 齿轮精度等级的选用（供参考）

精度等级	圆周速度/(m/s)		齿面的终加工	工作条件
	直齿	斜齿		
3 级（极精密）	到 40	到 75	特别精密的磨削和研齿；用精密滚刀或单边剃齿后的大多数不经淬火的齿轮	要求特别精密的或在最平稳且无噪声的特别高速下工作的齿轮传动；特别精密机构中的齿轮；特别高速传动（透平齿轮）；检测 5～6 级齿轮用的测量齿轮
4 级（特别精密）	到 35	到 70	精密磨齿；用精密滚刀和挤齿或单边剃齿后的大多数齿轮	特别精密分度机构中或在最平稳且无噪声的极高速下工作的齿轮传动；高速透平传动；检测 7 级齿轮用的测量齿轮
5 级（高精密）	到 20	到 40	精密磨齿；大多数用精密滚刀加工，进而挤齿或剃齿的齿轮	精密分度机构中或要求极平稳且无噪声的高速工作的齿轮传动；精密机构用齿轮；透平齿轮；检测 8 级和 9 级齿轮用测量齿轮
6 级（高精密）	到 16	到 30	精密磨齿或剃齿	要求高效率且无噪声的高速下平稳工作的齿轮传动或分度机构的齿轮传动；特别重要的航空、汽车齿轮；读数装置用特别精密传动的齿轮
7 级（精密）	到 10	到 15	无须热处理仅用精确刀具加工的齿轮；淬火齿轮必须精整加工（磨齿、挤齿、珩齿等）	增速和减速用齿轮传动；金属切削机床送刀机构用齿轮；高速减速器用齿轮；航空、汽车用齿轮；读数装置用齿轮

续表

精度等级	圆周速度/(m/s)		齿面的终加工	工作条件
	直齿	斜齿		
8级 (中等精密)	到6	到10	不磨齿,必要时光整加工或对研	无须特别精密的一般机械制造用齿轮;包括在分度链中的机床传动齿轮;飞机、汽车制造业中的不重要齿轮;起重机构用齿轮;农业机械中的重要齿轮,通用减速器齿轮
9级 (较低精度)	到2	到4	无须特殊光整工作	用于粗糙工作的齿轮

2) 选择检验项目

考虑选用齿轮检验项目的因素很多,概括起来大致有以下几方面:

(1) 齿轮的精度等级和用途。

(2) 检验的目的,是工序间检验还是完工检验。

(3) 齿轮的切齿工艺。

(4) 齿轮的生产批量。

(5) 齿轮的尺寸大小和结构形式。

(6) 生产企业现有测试设备情况等。

在齿轮精度标准GB/T 10095.1—2008及其指导性技术文件中,给出的偏差项目虽然很多,但作为评价齿轮质量的客观标准,齿轮质量的检验项目主要是齿距偏差(F_p、f_{pt}、F_{pk})、齿廓总偏差F_α、螺旋线总偏差F_β及齿厚极限偏差E_{sns}(E_{sni})。标准中给出的其他参数,一般不是必检项目,而是根据供需双方具体要求协商确定的。

齿轮精度标准GB/T 10095.2—2008及其指导性技术文件中给出了径向综合偏差的精度等级,可根据需求选用与GB/T 10095.1—2008中的要素偏差(如齿距、齿廓、螺旋线等)相同或不同的精度等级。径向综合偏差仅适用于“产品齿轮”与“测量齿轮”的啮合检验,而不适用于两个“产品齿轮”啮合的检验。

当文件需要叙述齿轮的精度等级时,应注明GB/T 10095.2—2008或GB/T 10095.1—2008。

根据我国多年来的生产实践及目前齿轮生产的质量控制水平,建议供需双方依据齿轮的功能要求、生产批量和检测条件,在表7.32中推荐的检验组中选取一个检验组来评定齿轮的精度等级。

3) 选择最小侧隙和计算齿厚极限偏差

参照本章7.3.4节的内容,由齿轮副的中心距合理地确定最小侧隙值,计算确定齿厚极限偏差。

4) 确定齿坯公差和表面粗糙度

根据齿轮的工作条件和使用要求,参照7.3.3节的内容确定齿坯的尺寸公差、几何公差和表面粗糙度。

表 7.32　推荐的齿轮检验组

检验组	检验项目	适用等级	测量仪器
1	$F_p, F_\alpha, F_\beta, E_{sn}$	3～9	齿距仪、齿形仪、齿向仪或导程仪，齿厚卡尺或公法线千分尺
2	$F_p, F_{pk}, F_\alpha, F_\beta, E_{sn}$	3～9	齿距仪、齿形仪、齿向仪或导程仪，齿厚卡尺或公法线千分尺
3	$F_p, f_{pt}, F_\alpha, F_\beta, E_{sn}$	3～9	齿距仪、齿形仪、齿向仪或导程仪，齿厚卡尺或公法线千分尺
4	$F_i'', f_i', F_\beta, E_{sn}$	6～9	双面啮合测量仪，齿厚卡尺或公法线千分尺，齿向仪或导程仪
5	$F_r, f_{pt}, F_\beta, E_{sn}$	8～12	齿轮跳动检查仪、齿距仪、齿厚卡尺或公法线千分尺，齿向仪或导程仪
6	$F_i', f_i', F_\beta, E_{sn}$	3～6	单啮仪、齿向仪或导程仪，齿厚卡尺或公法线千分尺
7	$F_r, f_{pt}, F_\beta, E_{sn}$	10～12	齿轮跳动检查仪、齿距仪、齿向仪，齿厚卡尺或公法线千分尺

5）绘制齿轮工作图

绘制齿轮工作图，填写规格数据表，标注相应的技术要求。

2. 齿轮精度设计应用举例

【例 7.3】 某减速器中输出轴直齿圆柱齿轮，已知：模数 $m=2.75$mm，齿数 $z=82$，中心距 $a=143$mm，孔径 $D=56$mm，齿形角 $\alpha=20°$，齿宽 $b=63$mm，输出转速 $n=805$r/min，轴承跨距 $L=110$mm，齿轮材料为 45 钢，减速器箱体材料为铸铁，齿轮工作温度 55℃，减速器箱体工作温度为 35℃，小批量生产。

试确定齿轮的精度等级，检验组，有关侧隙的指标，齿坯公差和表面粗糙度，并绘制齿轮工作图。

【解】

（1）确定齿轮的精度等级

普通减速器传动齿轮，由表 7.30 初步选定，齿轮的精度等级在 6～8 级。根据齿轮输出轴转速 $n=805$r/min，齿轮的圆周速度为

$$v=\frac{\pi dn}{1000\times 60}=\frac{3.14\times 2.75\times 82\times 805}{1000\times 60}=9.5(\text{m/s})$$

查表 7.31，可确定该齿轮的精度等级选择 7 级。

（2）选择检验项目，确定其公差或极限偏差

参考表 7.32，普通减速器齿轮，小批量生产，中等精度，无振动、噪声等特殊要求，拟选用第 1 检验组，即选择检验项目 F_p，F_α，F_β 和 E_{sn}。

齿轮分度圆直径 $d=mz=2.75\times 82=225.5$mm

查表 7.16 得：$F_p=0.050$mm，查表 7.17 得：$F_\alpha=0.018$mm，查表 7.18 得：$F_\beta=0.021$mm。

（3）选择最小侧隙和齿厚偏差

已知齿轮中心距：$a=143$mm

按公式(7-13)计算(或查表7.28)

$$j_{\mathrm{bn\,min}}=\frac{2}{3}(0.06+0.0005a+0.03m_{\mathrm{n}})$$

$$=\frac{2}{3}(0.06+0.0005\times 143+0.03\times 2.75)=0.143\mathrm{mm}$$

由公式(7-14)计算齿轮的法向齿厚 s_{n}：

$$s_{\mathrm{n}}=m_{\mathrm{n}}\left(\frac{\pi}{2}+2x\tan\alpha_{\mathrm{n}}\right)=2.75\times\left(\frac{\pi}{2}+2\times 0\times\tan 20^\circ\right)=4.320\mathrm{mm}$$

由公式(7-17)得齿厚上极限偏差：

$$E_{\mathrm{sns}}=-\frac{j_{\mathrm{bn\,min}}}{2\cos\alpha_{\mathrm{n}}}=-\frac{0.143}{2\cos 20^\circ}=-0.076\mathrm{mm}$$

查表7.20得：$F_{\mathrm{r}}=0.040\mathrm{mm}$

由表7.29查得：$b_{\mathrm{r}}=\mathrm{IT9}=0.115\mathrm{mm}$

按公式(7-19)计算：

$$T_{\mathrm{sn}}=\sqrt{F_{\mathrm{r}}^2+b_{\mathrm{r}}^2}\times 2\tan 20^\circ=\sqrt{0.040^2+0.115^2}\times 2\tan 20^\circ=0.089\mathrm{mm}$$

由公式(7-18)得齿厚下极限偏差：

$$E_{\mathrm{sni}}=E_{\mathrm{sns}}-T_{\mathrm{sn}}=-0.076-0.089=-0.165\mathrm{mm}$$

齿厚公称尺寸及上、下极限偏差为

$$s_{\mathrm{n}}=4.320_{-0.165}^{-0.076}\mathrm{mm}$$

(4) 齿坯公差和表面粗糙度

① 内孔尺寸及极限偏差

查表7.22得：内孔精度等级IT7，即$\phi 56\mathrm{H7}$Ⓔ$=\phi 56_{0}^{+0.030}$Ⓔ

当以齿顶圆作为测量齿厚的基准时，齿顶圆直径为

$$d_{\mathrm{a}}=(z+2)m_{\mathrm{n}}=(82+2)\times 2.75=231\mathrm{mm}$$

$$T_{\mathrm{da}}=\pm 0.05m_{\mathrm{n}}=\pm 0.05\times 2.75\approx\pm 0.138\mathrm{mm}$$

$$d_{\mathrm{a}}=(231\pm 0.138)\mathrm{mm}$$

② 各基准面的几何公差

内孔圆柱度公差 t_1：根据表7.23得

$$0.04(L/b)F_\beta=0.04\times(110/63)\times 0.021\approx 0.002\mathrm{mm}$$

$$0.1F_{\mathrm{p}}=0.1\times 0.050=0.005\mathrm{mm}$$

选取上述两项中较小者，即 $t_1=0.002\mathrm{mm}$

端面圆跳动公差 t_2：由表7.24查得

$$t_2=0.2(D_{\mathrm{d}}/b)F_\beta=0.2\times(231/63)\times 0.021=0.015\mathrm{mm}$$

齿顶圆径向圆跳动公差 t_3：查表7.24得

$$t_3=0.3F_{\mathrm{p}}=0.3\times 0.050=0.015\mathrm{mm}$$

③ 齿坯表面粗糙度

查表7.25得齿坯内孔 Ra 上限值1.6μm，端面 Ra 上限值3.2μm，顶圆 Ra 上限值6.3μm，其余表面的表面粗糙度 Ra 上限值12.5μm。

(5) 齿轮工作图见图7.36。

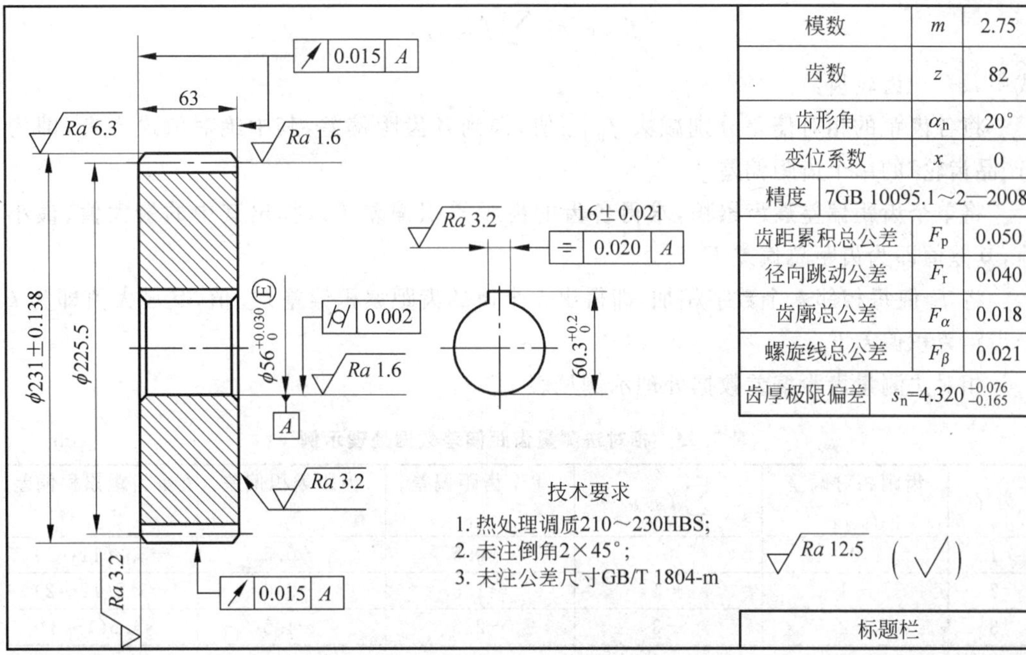

图 7.36　齿轮工作图

7.3.6　齿轮精度检测

齿轮精度的检测(GB/Z 18620—2008)包括单个齿轮的精度检测和齿轮副的精度检测,本节主要介绍单个齿轮主要偏差项目的检测方法。

1. 齿距的测量

齿距偏差常用齿距比较仪、万能测齿仪、光学分度头等仪器进行测量。测量方法分为绝对测量和相对测量,相对测量方法应用最为广泛。

图 7.37 为使用齿距仪测量齿距的工作原理。测量时,先将固定量爪 5 经过调整大致固定在仪器刻度线的一个齿距值上,利用齿顶圆定位通过调整支脚 1 和 3,使固定量爪 5 和活动量爪 4 同时与相邻两同侧的齿面接触于分度圆上。以任一齿距作为基准齿距并将指示表 2 调零,然后逐个齿距进行测量,得到各个齿距相对于基准齿距的相对偏差 $f_{pt相对}$。再将测得的逐齿累积求出相对齿距累积偏差 $\left(\sum_{1}^{n} f_{pt相对}\right)$。

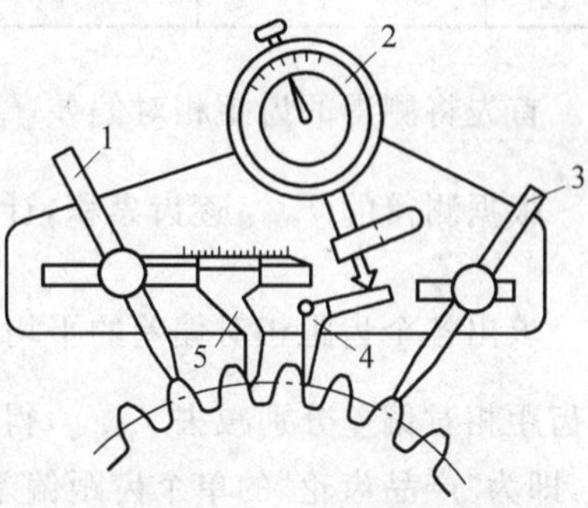

图 7.37　用齿距仪测量齿距偏差

由于第一个齿距是任意选定的,假设各个齿距相对偏差的平均值为 $f_{pt平均}$,则基准齿距对公称齿距的偏差 $f_{pt平均}$ 为

$$f_{\text{pt平均}} = \sum_{1}^{n} f_{\text{pt相对}} / z$$

式中，z——齿轮齿数。

将各齿距的相对偏差分别减去 $f_{\text{pt平均}}$ 值，得到各齿距偏差，其中绝对值最大者，即为"产品齿轮"的单个齿距偏差 f_{pt}。

将单个齿距偏差逐齿累积，求得各齿的齿距累积偏差 F_{pi}，找出其中的最大值、最小值，其差值即为齿距总偏差 F_{p}。

将 f_{pt} 值每相邻 k 个数字相加，即得出 k 个齿的齿距累积偏差 $F_{\text{p}ki}$ 值，其最大值即为 k 个齿距累积偏差 $F_{\text{p}k}$。

相对法测量齿距偏差数据处理示例见表7.33。

表7.33 相对法测量齿距偏差数据处理示例 μm

齿序	齿距相对偏差 $f_{\text{pt相对}}$	$\sum_{1}^{n} f_{\text{pt相对}}$	单个齿距偏差 f_{pt}	齿距累积偏差 F_{pi}	k 个齿距累积偏差 $F_{\text{p}ki}$
1	0	0	−0.5	−0.5	−3.5(11～1)
2	−1	−1	−1.5	−2.0	−3.5(12～2)
3	−2	−3	−2.5	−4.5	−4.5(1～3)
4	−1	−4	−1.5	−6.0	−5.5(2～4)
5	−2	−6	−2.5	[−8.5]	−6.5(3～5)
6	+3	−3	+2.5	−6.0	−1.5(4～6)
7	+2	−1	+1.5	−4.5	+1.5(5～7)
8	+3	+2	+2.5	−2	+6.5(6～8)
9	+2	+4	+1.5	−0.5	+5.5(7～9)
10	+4	+8	[+3.5]	[+3.0]	[+7.5] (8～10)
11	−1	+7	−1.5	+1.5	+3.5(9～11)
12	−1	+6	−1.5	0	+0.5(10～12)

首先将测得的齿距相对偏差 $f_{\text{pt相对}}$ 记入表中第二列。

根据测得的 $f_{\text{pt相对}}$ 逐齿累积，计算出相对齿距累积偏差 $\sum_{1}^{n} f_{\text{pt相对}}$，记入第三列。

求出各个齿距相对偏差的平均值为 $f_{\text{pt平均}}$，$f_{\text{pt平均}} = \sum_{1}^{n} f_{\text{pt相对}} / z = +6/12 = +0.5\mu\text{m}$，各齿距相对偏差分别减去 $f_{\text{pt平均}}$，得单个齿距偏差值，记入表中第四列。其中绝对值最大者，即为"产品齿轮"的单个齿距偏差 $f_{\text{pt}} = +3.5\mu\text{m}$。

各齿距偏差逐齿累积，求得各齿的齿距累积偏差 F_{pi}，记入表中第五列，其中最大值与最小值之差即为"产品齿轮"的齿距总偏差 F_{p}：

$$F_{\text{p}} = F_{\text{pi max}} - F_{\text{pi min}} = [+3 - (-8.5)] = 11.5\mu\text{m}。$$

将 f_{pt} 每相邻 $k(k=3)$ 个数字相加，求得 $k(k=3)$ 个齿距累积偏差 $F_{\text{p}ki}$，记入表中第六列，其中最大值即为"产品齿轮"的 $k(k=3)$ 个齿距累积偏差 $F_{\text{p}k}$：

$$F_{pk}=+7.5\mu m$$

除另有规定，齿距偏差均在接近齿高和齿宽中部的位置测量。f_{pt}需对每个轮齿的两侧面进行测量。

2. 齿廓偏差测量

齿廓偏差的测量通常在渐开线检查仪上进行。渐开线检查仪分为万能渐开线检查仪和单盘式渐开线检查仪两种。图7.38为单盘式渐开线检查仪示意图。图7.38(a)为单盘式渐开线检查仪的工作原理图，(b)为单盘式渐开线检查仪结构图。将"产品齿轮"1和可更换的基圆盘2装在同一心轴上，基圆盘直径等于"产品齿轮"的理论基圆直径并与装在滑板上的直尺3相切，当转动手轮8带动直尺相对基圆盘作纯滚动时，带动基圆盘和"产品齿轮"同步转动，测量杠杆4一端为测量头，与被测齿面接触，沿着齿面从齿根向齿顶方向滑动。根据渐开线的形成原理，若"产品齿轮"没有齿廓偏差，千分表的测头不动，即千分表9的指针读数不变，测头走出的轨迹为理论渐开线。但是当存在齿廓偏差时，测头就会偏离理论齿廓曲线，产生附加位移并通过千分表9指示出来，或通过杠杆4、圆筒7，利用记录笔6，在记录纸5上由记录器画出齿廓偏差曲线。根据F_α定义从记录曲线上求出F_α数值，有时为了进行工艺分析或应订货方要求，也可从曲线上进一步分析出$f_{f\alpha}$和$f_{H\alpha}$数值。

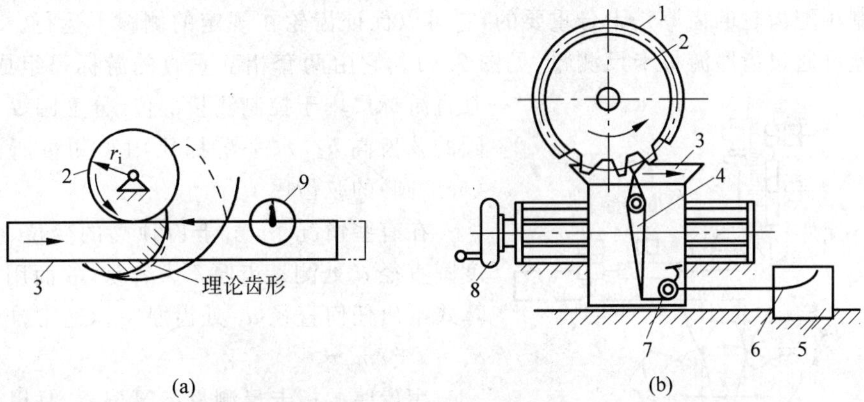

图7.38 单盘式渐开线检查仪

(a) 单盘式渐开线检查仪工作原理图；(b) 单盘式渐开线检查仪结构图

除另有规定，检测部位应在齿宽中间位置测量。当齿宽大于250mm，应增加两个测量部位，即在距齿宽每侧15%的齿宽处测量。检测齿面至少要测量沿圆周均布的3个轮齿的左、右齿面。

3. 螺旋线偏差测量

直齿圆柱齿轮的F_β可用如图7.39所示的方法测量。"产品齿轮"连同测量心轴安装在具有前后顶尖的测量仪器上，将测量棒分别置于齿轮相隔90°的齿槽间1，2的位置，分别在测量棒两端打表，测得的两次示值差就可近似的作为直齿圆柱齿轮的螺旋线总偏差（齿向偏差）。

斜齿轮的螺旋线偏差可在导程仪或螺旋角测量仪上测量，见图7.40。当滑板1沿着齿轮轴线方向移动时，其上的正弦尺 2 带动滑板 5 作径向运动，滑板 5 又带动与产品齿轮 4 同轴的圆盘 6 转动，从而使齿轮与圆盘同步转动，此时装在滑板 1 上的测头 7 相对于齿轮 4 来说，其运动轨迹为理论螺旋线，它与齿轮实际螺旋线进行比较从而测出螺旋线或导程偏差，并由指示表 3 显示出或记录器画出偏差曲线。按照 F_β 定义，可从偏差曲线上求出 F_β 值。有时，为了进行工艺分析或应订货方要求，可以从曲线上进一步分析出 $f_{f\beta}$ 或 $f_{H\beta}$ 值。

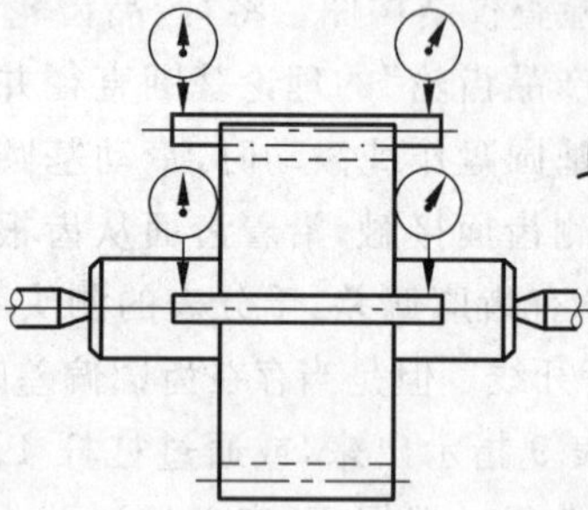

图 7.39　直齿齿轮齿向检测

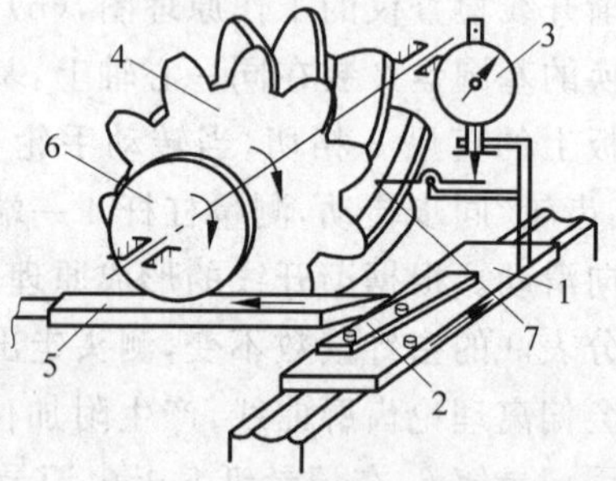

图 7.40　导程仪测螺旋线偏差

4. 齿厚测量

控制相配齿轮的齿厚是十分重要的，它可以保证齿轮在规定的侧隙下运行。齿轮的齿厚偏差可通过齿厚游标卡尺测量，见图 7.41。它由两套相互垂直的游标尺组成，其中垂直游标尺用于控制测量部位，分度圆 d 至齿顶圆的弦齿高 h_c，水平游标尺用于测量所测部位(分度圆)的弦齿厚 s_{nc}。

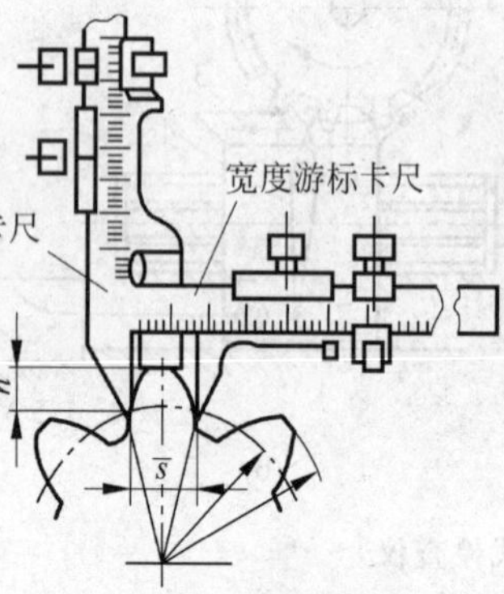

图 7.41　齿厚偏差测量

在有些情况下，由于齿顶高的变位，要在分度圆直径 d 处测量齿厚不太容易，故而用一个计算式给出任何直径 d_y 处齿厚 s_{ync}，通常推荐选取 $d_y = d + 2m_n x$。

用齿厚游标卡尺测量齿厚偏差，是以齿顶圆为基准。测量前，首先计算"产品齿轮"的弦齿高 h_{yc} 和弦齿厚 s_{ync}，当齿顶圆直径为公称值时，计算公式如下：

$$s_{yn} = s_{yt}\cos\beta_y \tag{7-25}$$

式中，

$$s_{yt} = d_y\left(\frac{s_t}{d} + \mathrm{inv}\alpha_t - \mathrm{inv}\alpha_{yt}\right);\ \tan\beta_y = \frac{d_y}{d}\tan\beta$$

$$s_{ync} = d_{yn}\sin\left(\frac{s_{yn}}{d_{yn}}\frac{180}{\pi}\right) \tag{7-26}$$

$$d_{yn} = d_y - d + \frac{d}{\cos^2\beta_b} \tag{7-27}$$

$$\sin\beta_b = \sin\beta\cos\alpha_n \tag{7-28}$$

对于外齿轮：

$$h_{yc}=h_y+\frac{d_{yn}}{2}\left[1-\cos\left(\frac{S_{yn}}{d_{yn}}\cdot\frac{180}{\pi}\right)\right] \tag{7-29}$$

测量时，首先用外径千分尺测量齿顶圆直径，计算“产品齿轮”的弦齿高 h_{yc} 和弦齿厚 s_{ync}，按照 h_{yc} 值调整齿厚游标卡尺的垂直游标尺，并与齿顶相接触。移动水平游标尺卡角靠紧齿面，并从水平游标尺上读出齿厚的实际尺寸。按照齿轮图样标注的齿厚极限偏差，判断被测实际齿厚是否合格。

5. 径向跳动测量

径向跳动通常用径向跳动检查仪、万能测齿仪等仪器进行测量。将一个适当的测头(球、砧、圆柱体等)在齿轮旋转时逐齿放置入每个齿槽中，测出相对于齿轮轴线的最大和最小径向位置之差。跳动检查仪外形如图 7.42 所示，它主要由底座 1、滑板 2、手轮 3、立柱 4、紧固螺钉 5、紧固手柄 6、顶尖座 7、调节螺母 8、回转盘 9、提升手把 10 和指示表 11 等组成。为了测量不同模数的齿轮，测量仪器备有不同尺寸的测量头。

为了保证测量径向跳动时测头在分度圆附近与齿面接触(见图 7.26)，检测前，应首先根据“产品齿轮”的模数，选择合适直径的球形或圆柱形测量头，装入指示表测量杆下端。

检测时，用心轴固定好“产品齿轮”，通过升降调整使测量头位于齿槽内，测头在近似齿高中部与左、右齿面接触。调整指示表零位，并使其指针压缩 1～2 圈。将测量头相继置于每个齿槽内时，逐齿测量一圈，并记下指示表的读数。求出测头到齿轮轴线的最大和最小径向距离之差，即为“产品齿轮”径向跳动，见图 7.43。

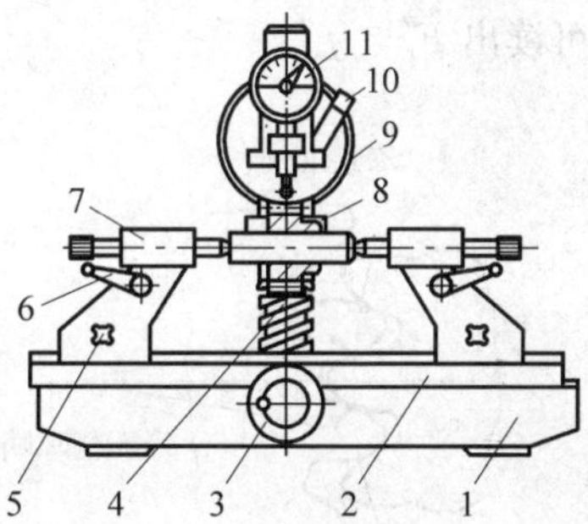

图 7.42　径向跳动检测

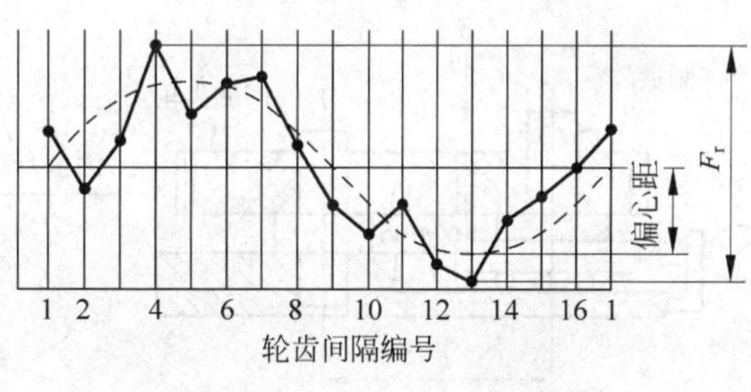

图 7.43　齿轮径向跳动

6. 切向综合偏差测量

切向综合总偏差 F_i' 和一齿切向综合偏差 f_i' 采用齿轮单啮仪进行测量。图 7.44 为光栅式单啮仪原理图，将标准蜗杆和“产品齿轮”单面啮合组成实际传动。蜗杆轴和“产品齿轮”主轴上，分别装有刻线数相同的圆光栅，用以产生精确的传动比。当电动机通过传动系统带动标准蜗杆和圆光栅盘Ⅰ转动，标准蜗杆又带动“产品齿轮”及其同轴上的圆光栅盘Ⅱ转动。高频光栅盘Ⅰ和低频光栅盘Ⅱ将标准蜗杆和“产品齿轮”的角位移通过光电信号发生器转变成电信号，并根据标准蜗杆的头数 K 和“产品齿轮”的齿数 z，通过分频器将高频信号 f_1 作 z 分频，低频信号 f_2 作 K 分频，两路信号便具有相同的频率。若“产品齿轮”无偏差，则两路信号无相位差变化，记录仪输出图形为一个圆；否则，所记录的图形为

“产品齿轮”的切向综合偏差曲线。

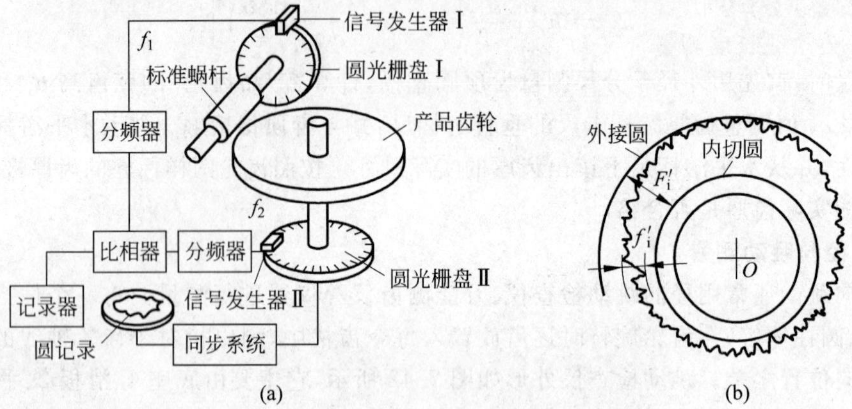

图 7.44　光栅式单啮仪工作原理图

7. 径向综合偏差测量

径向综合偏差采用齿轮双面啮合综合检查仪测量，见图 7.45。测量时，将“产品齿轮”和“测量齿轮”分别安装在双啮仪的固定心轴和移动心轴上，借助于弹簧的拉力，使两个齿轮保持双面紧密啮合，此时的中心距为度量中心距。当两个齿轮相对转动时，由于“产品齿轮”存在加工偏差，使得度量中心距发生变化，通过测量台架的移动传到指示表，“产品齿轮”一转中测出两轮中心距最大变动量即为径向综合总偏差 F''_i。或由记录装置画出双啮中心距的变动曲线，即为齿轮的径向综合偏差曲线，从偏差曲线上可读出 F''_i 与 f''_i。

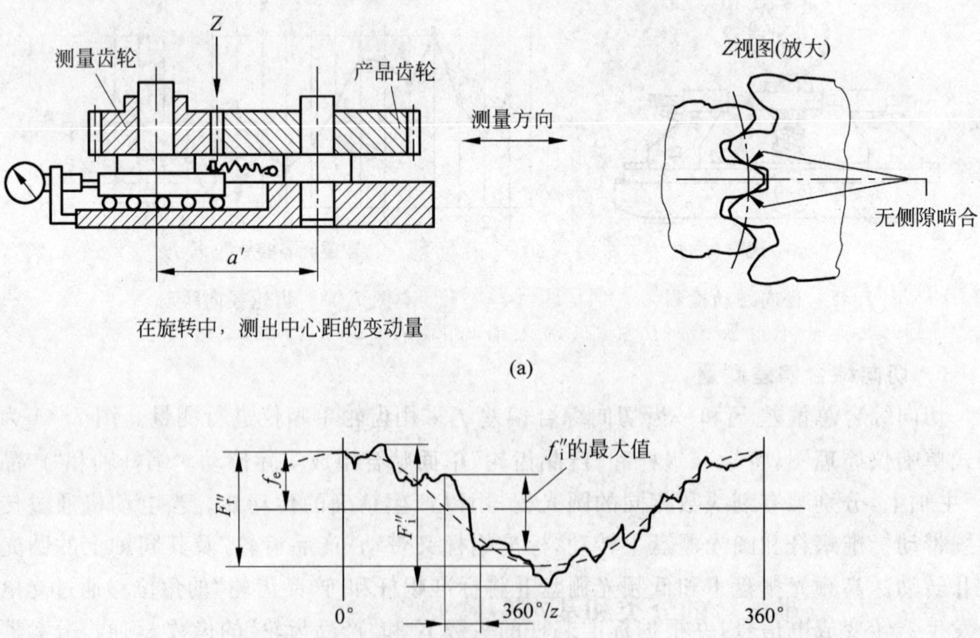

图 7.45　齿轮双面啮合综合测量

径向综合偏差包括了左、右齿面的啮合偏差成分，它不能得到同侧齿面的单项偏差。因此，此测量方法可用于大量生产的中等精度齿轮及小模数齿轮的检测。

8. 公法线长度测量

公法线长度常用公法线指示卡规、公法线千分尺或万能测齿仪测量。图7.46(a)为用公法线千分尺测量，将公法线千分尺的两平行测头按事先算好的跨齿数插入相应的齿间，并与两异名齿面接触。沿齿轮一周测量，从千分尺上依次读出公法线长度数值。

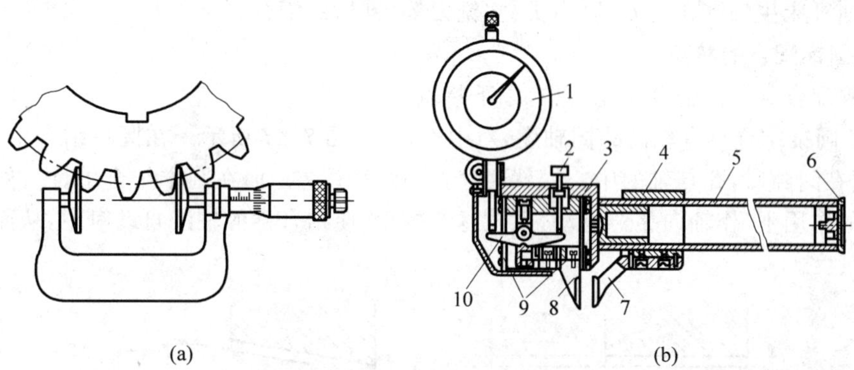

图7.46 公法线长度测量

(a) 公法线千分尺；(b) 公法线指示卡规

图7.46(b)为用公法线指示卡规测量，在卡规本体圆管5上装有活动卡脚8和固定卡脚7，活动卡脚通过片弹簧9及杠杆10与千分表1相连接，3为固定框架，2为拨销，将调节手柄6从圆管上拧下，插入套筒4的开口中，拧动后可以调节固定卡脚7在圆管上的轴向位置。测量时用公法线公称长度(量块组合)调整卡规的零位，然后按预定的卡量齿数将测量卡脚插入相应的齿槽与两异名齿面接触，从千分表上读取公法线长度偏差的数值。

将所测得公法线长度值求取平均值，并与公法线长度公称值比较，其差值即为公法线长度偏差 E_{bn}。

上述测量公法线长度值中，其最大值与最小值之差即为公法线长度变动 F_w，在新的齿轮国家标准中没有此项参数，在我国过去的齿轮实际生产中，常用 F_r 和 F_w 组合来代替 F_p 或 F_i'，作为小批量生产齿轮、低成本检验的一种手段，仅供参考。

7.4 圆锥结合的公差配合与检测

圆锥面是组成机械零件的一种常用的典型几何要素。圆锥结合是机器、仪器和工具结构中常用的联结与配合形式。

7.4.1 圆锥配合的分类和基本参数

1. 圆锥配合分类

圆锥配合可分为3类：间隙配合、紧密配合和过盈配合。

(1) 间隙配合　间隙配合具有间隙,间隙大小可以调整,零件易拆开,相互配合的内、外圆锥能相对运动。例如机床顶尖、车床主轴的圆锥轴颈与滑动轴承的配合等。

(2) 紧密配合　紧密配合很严密,可以防止漏气、漏水。例如内燃机中阀门与阀门座的配合。然而,为了使配合的圆锥面有良好的密封性,内、外圆锥要成对研磨,因而这类圆锥不具有互换性。

(3) 过盈配合　过盈配合具有自锁性,过盈量大小可调,用以传递扭矩,而且装卸方便。例如机床主轴锥孔与刀具(钻头、立铣刀等)锥柄的配合。

2. 圆锥配合的特点

圆锥配合与圆柱配合相比,具有以下特点:

(1) 圆锥结合具有较高的同轴度,对中性好,如图 7.47 所示。在圆柱结合中,当配合孔、轴存在间隙时,孔与轴的中心线就会存在同轴度误差;而在圆锥结合中,内、外圆锥在轴向力的作用下,作轴向相对运动,间隙逐渐减少,使结合件的轴线自动对中,从而具有较高的同轴度。

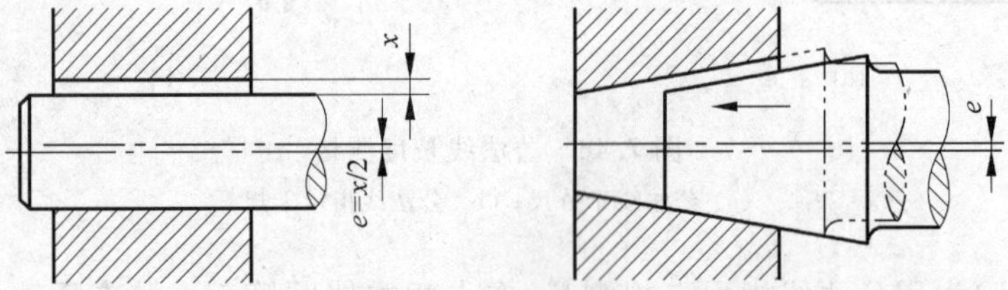

图 7.47　圆柱配合与圆锥配合的比较

(2) 配合性质可以调整。在圆柱结合中,相互配合的孔、轴之间的间隙或过盈是由孔、轴的基本偏差和标准公差确定的,加工完成后不再变化;而在圆锥结合中,通过内、外圆锥在轴向相对位置的移动,可以改变其配合间隙或过盈的大小,从而改变配合的性质,且反向移动时又容易拆卸。

(3) 密封性好。内、外圆锥的表面经过配对研磨后,配合起来具有良好的自锁性和密封性,常被用在防止漏气、漏水等场合。

但圆锥结合的结构比较复杂,影响互换性的参数比较多,加工和检测也较困难,故其应用不如圆柱配合广泛。

3. 圆锥配合的基本参数

圆锥配合中的基本参数见图 7.48。

(1) 圆锥角　指在通过圆锥轴线的截面内,两条素线之间的夹角,用符号 α 表示。

(2) 圆锥素线角　指圆锥素线与其轴线之间的夹角,它等于圆锥角之半,即 $\alpha/2$。

(3) 圆锥直径　指与圆锥轴线垂直的截面内的直径,有内、外圆锥的最大直径 D_i,D_e,内、外圆锥的最小直径 d_i、d_e,给定截面 x 处圆锥直径 d_x。设计时,一般选用内圆锥的最大直径 D_i 或外圆锥的最小直径 d_e 作为公称直径。

(4) 圆锥长度　指圆锥的最大直径截面与最小直径截面之间的轴向距离。圆锥长度用 L 表示。

(5) 圆锥配合长度　指内、外圆锥配合面的轴向距离,用符号 H 表示。

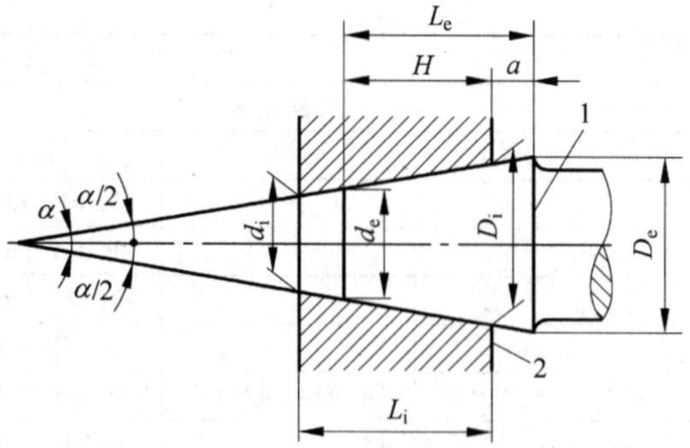

图 7.48　圆锥配合的基本参数
1—外圆锥基准面；2—内圆锥基准面

(6) 锥度　指两个垂直于圆锥轴线截面的圆锥直径之差与该两截面之间的轴向距离之比，用符号 C 表示。如圆锥最大直径 D 和圆锥最小直径 d 之差与圆锥长度 L 之比即为锥度 C，即

$$C=\frac{D-d}{L}=2\tan\frac{\alpha}{2}=1:\frac{1}{2}\cot\frac{\alpha}{2} \tag{7-30}$$

锥度常用比例或分式形式表示，例如 $C=1:20$ 或 $C=1/20$ 等。

(7) 基面距　指相互结合的内、外圆锥基准面间的距离，用符号 a 表示。

(8) 轴向位移　指相互结合的内、外圆锥，从实际初始位置(P_a)到终止位置(P_f)移动的距离，用符号 E_a 表示，见图 7.49。

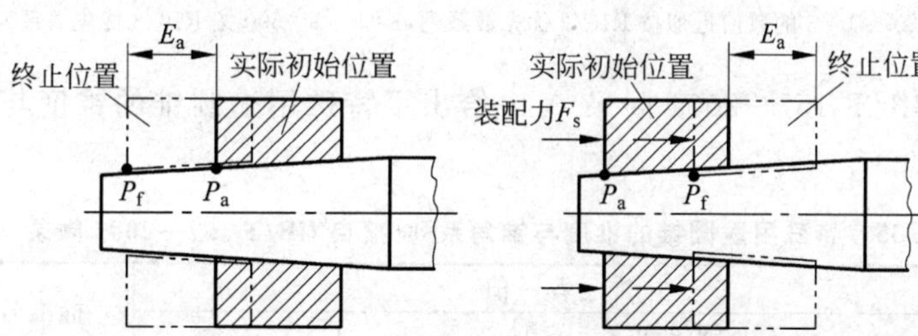

图 7.49　圆锥配合轴向位移
(a) 间隙配合；(b) 过盈配合

GB/T 157—2001《产品几何量技术规范(GPS)　圆锥的锥度与锥角系列》规定了机械工程一般用途圆锥的锥度与锥角系列，适用于光滑圆锥，见表 7.34。

表 7.34　一般用途圆锥的锥度与锥角系列(摘自 GB/T 157—2001)

基本值		推算值			
		圆锥角 α			锥度 C
系列 1	系列 2	(°)(′)(″)	(°)	rad	
120°		—	—	2.094 395 10	1 : 0.288 675 1
90°		—	—	1.570 796 33	1 : 0.500 000 0

续表

基本值		推算值			
		圆锥角α			锥度C
系列1	系列2	(°)(′)(″)	(°)	rad	
	75°	—	—	1.308 996 94	1∶0.651 612 7
60°		—	—	1.047 197 55	1∶0.866 025 4
45°		—	—	0.785 398 16	1∶1.207 106 8
30°		—	—	0.523 598 78	1∶1.866 025 4
1∶3		18°55′28.719 9″	18.924 644 42°	0.330 297 35	—
	1∶4	14°15′0.117 7″	14.250 032 70°	0.248 709 99	—
1∶5		11°25′16.270 6″	11.421 186 27°	0.199 337 30	—
	1∶6	9°31′38.220 2″	9.527 283 38°	0.166 282 46	—
	1∶7	8°10′16.440 8″	8.171 233 56°	0.142 614 93	—
	1∶8	7°9′9.607 5″	7.152 668 75°	0.124 837 62	—
1∶10		5°43′29.317 6″	5.724 810 45°	0.099 916 79	—
	1∶12	4°46′18.797 0″	4.771 888 06°	0.083 285 16	—
	1∶15	3°49′5.897 5″	3.818 304 87°	0.066 641 99	—
1∶20		2°51′51.092 5″	2.864 192 37°	0.049 989 59	—
1∶30		1°54′34.857 0″	1.909 682 51°	0.033 330 25	—
1∶50		1°8′45.158 6″	1.145 877 40°	0.019 999 33	—
1∶100		34′22.630 9″	0.572 953 02°	0.009 999 92	—
1∶200		17′11.321 9″	0.286 478 30°	0.004 999 99	—
1∶500		6′52.529 5″	0.114 591 52°	0.002 000 00	—

注：系列1中120°～1∶3的数值近似按R10/2优先数系列，1∶5～1∶500按R10/3优先数系列(见GB/T 321)。

国家标准GB/T 157—2001附录A中给出了特殊用途圆锥的锥度与锥角系列，见表7.35。

表7.35　特殊用途圆锥的锥度与锥角系列(摘自GB/T 157—2001附录A)

基本值	推荐值				标准号 GB/T (ISO)	用途
	圆锥角α			锥度C		
	(°)(′)(″)	(°)	rad			
11°54′	—	—	0.207 694 18	1∶4.797 451 1	(5237) (8489-5)	纺织机械和附件
8°40′	—	—	0.151 261 87	1∶6.598 441 5	(8489-3) (8489-4) (324.575)	
7°	—	—	0.122 173 05	1∶8.174 927 7	(8489-2)	
1∶38	1°30′27.7080″	1.507 696 67°	0.026 314 27	—	(368)	
1∶64	0°53′42.8220″	0.895 228 34°	0.015 624 68	—	(368)	
7∶24	16°35′39.4443″	16.59429008°	0.289 625 00	1∶3.428 571 4	3837.3 (297)	机床主轴工具配合
1∶12.262	4°40′12.1514″	4.670 042 05°	0.081 507 61	—	(239)	贾各锥度No.2

续表

基本值	推荐值				标准号 GB/T (ISO)	用途
	圆锥角 α			锥度 C		
	(°)(′)(″)	(°)	rad			
1∶12.972	4°24′52.9039″	4.414 695 52°	0.077 050 97	—	(239)	贾各锥度 No.1
1∶15.748	3°38′13.4429″	3.367 067 47°	0.063 478 80	—	(239)	贾各锥度 No.33
6∶100	3°26′12.1776″	3.436 716 00°	0.059 982 01	1∶16.666 666 7	1962 (594—1) (595—1、2)	医疗设备
1∶18.779	3°3′1.2070″	3.050 335 27°	0.053 238 39	—	(239)	贾各锥度 No.3
1∶19.002	3°0′52.3956″	3.014 554 34°	0.052 613 90	—	1443(296)	莫氏锥度 No.5
1∶19.180	2°58′11.7258″	2.986 590 50°	0.052 125 84	—	1443(296)	莫氏锥度 No.6
1∶19.212	2°58′53.8256″	2.981 618 20°	0.052 039 05	—	1443(296)	莫氏锥度 No.0
1∶19.254	2°58′30.4217″	2.975 117 13°	0.051 925 59	—	1443(296)	莫氏锥度 No.4
1∶19.264	2°58′24.8644″	2.973 573 43°	0.051 898 65	—	(239)	贾各锥度 No.6
1∶19.922	2°52′31.4463″	2.875 401 76°	0.050 185 23	—	1443(296)	莫氏锥度 No.3
1∶20.020	2°51′40.7960″	2.861 332 23°	0.049 939 67	—	1443(296)	莫氏锥度 No.2
1∶20.047	2°51′26.9283″	2.857 480 08°	0.049 872 44	—	1443(296)	莫氏锥度 No.1
1∶20.288	2°23′47.6244″	2.396 562 32°	0.049 280 25	—	(239)	贾各锥度 No.0
1∶23.904	2°23′47.6244″	2.396 562 32°	0.041 827 90	—	1443(296)	布朗夏普锥度 No.1～3
1∶28	2°2′45.8174″	2.046 060 38°	0.035 710 49	—	(8382)	复苏器（医用）
1∶36	1°35′29.2096″	1.591 447 11°	0.027 775 99	—	(5356-1)	麻醉器具
1∶40	1°25′56.3516″	1.432 319 89°	0.024 998 70	—		

7.4.2 圆锥公差

GB/T 11334—2005《圆锥公差》国家标准规定了圆锥公差的项目、给定方法和公差数值；适用于锥度 C 从 1∶3 至 1∶500、圆锥长度 L 从 6 至 630mm 的光滑圆锥。标准中的圆锥角公差也适用于棱体的角度与斜度。

标准将圆锥公差分为：圆锥直径公差、圆锥角公差、圆锥的形状公差及给定截面圆锥直径公差，其特点如下。

1. 圆锥直径公差(T_D)

圆锥直径公差 T_D 是指圆锥直径的允许变动量，即允许的最大极限圆锥直径 D_{max}(或 d_{max})与最小极限圆锥直径 D_{min}(或 d_{min})之差，如图 7.50 所示。

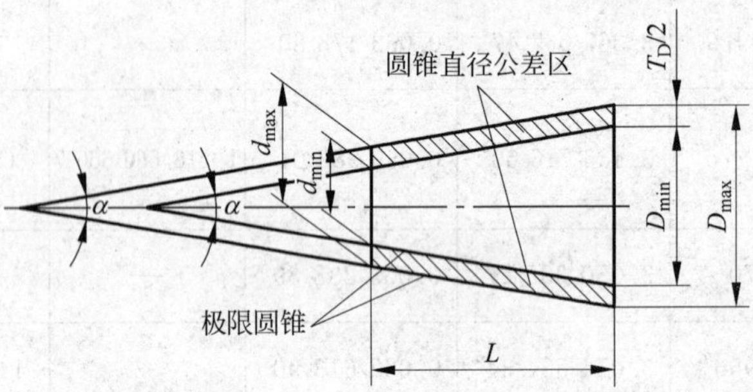

图 7.50　圆锥直径公差区

极限圆锥是与公称圆锥同轴且圆锥角相等，直径分别为上极限尺寸和下极限尺寸的两个圆锥。在垂直圆锥轴线的任一截面上，这两个圆锥的直径差都相等。两个极限圆锥所限定的区域就是圆锥直径公差区。

圆锥直径公差值 T_D，以公称圆锥直径(一般取最大圆锥直径 D)为公称尺寸，按 GB 1800.2—2009 规定的标准公差选取，它适用于圆锥的全长 L。

2. 圆锥角公差(AT)

圆锥角公差 AT 是指圆锥角允许的变动量，即上极限圆锥角 α_{max} 与下极限圆锥角 α_{min} 之差，如图 7.51 所示。在圆锥轴向截面内，由最大和最小极限圆锥角所限定的区域称为圆锥角公差区。

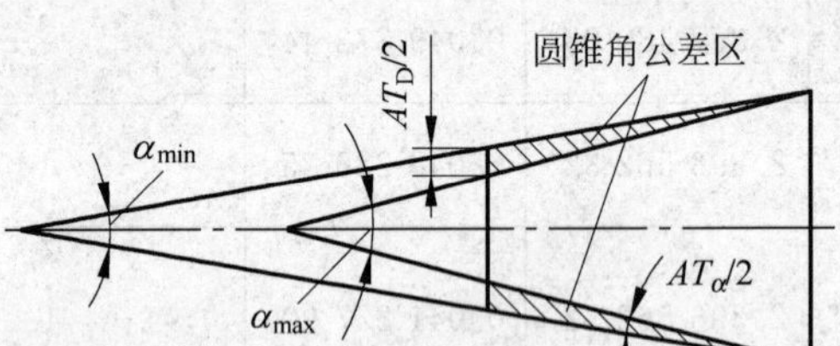

图 7.51　极限圆锥角

圆锥角公差 AT 有 AT_α 与 AT_D 两种表示方法。二者关系为

$$AT_D = AT_\alpha \cdot L \times 10^{-3} \tag{7-31}$$

式中，AT_D 单位为 μm；

AT_α 单位为 μrad；

L——圆锥长度，mm。

国标规定，圆锥角公差 AT 共分 12 个公差等级，用符号 $AT1$，$AT2$，…，$AT12$ 表示，$AT4$～$AT10$ 圆锥公差数值见表 7.36。

表 7.36　圆锥公差数值(摘自 GB/T 11334—2005)

公称圆锥长度 L/mm		圆锥角公差等级								
		$AT4$			$AT5$			$AT6$		
		AT_α		AT_D	AT_α		AT_D	AT_α		AT_D
大于	至	μrad	(″)	μm	μrad	(′)(″)	μm	μrad	(′)(″)	μm
6	10	200	41″	>1.3～2.0	315	1′05″	>2.0～3.2	500	1′43″	>3.2～5.0
10	16	160	33″	>1.6～2.5	250	52″	>2.5～4.0	400	1′22″	>4.0～6.3
16	25	125	26″	>2.0～3.2	200	41″	>3.2～5.0	315	1′05″	>5.0～8.0
25	40	100	21″	>2.5～4.0	160	33″	>4.0～6.3	250	52″	>6.3～10.0
40	63	80	16″	>3.2～5.0	125	26″	>5.0～8.0	200	41″	>8.0～12.5
63	100	63	13″	>4.0～6.3	100	21″	>6.3～10.0	160	33″	>10.0～16.0
100	160	50	10″	>5.0～8.0	80	16″	>8.0～12.5	125	26″	>12.5～20.0
160	250	40	8″	>6.3～10.0	63	13″	>10.0～16.0	100	21″	>16.0～25.0
250	400	31.5	6″	>8.0～12.5	50	10″	>12.5～20.0	80	16″	>20.0～32.0
400	630	25	5″	>10.0～16.0	40	8″	>16.0～25.0	63	13″	>25.0～40.0

公称圆锥长度 L/mm		圆锥角公差等级								
		$AT7$			$AT8$			$AT9$		
		AT_α		AT_D	AT_α		AT_D	AT_α		AT_D
大于	至	μrad	(′)(″)	μm	μrad	(′)(″)	μm	μrad	(′)(″)	μm
6	10	800	2′45″	>5.0～8.0	1250	4′18″	>8.0～12.5	2000	6′52″	>12.5～20.0
10	16	630	2′10″	>6.3～10.0	1000	3′26″	>10.0～16.0	1600	5′30″	>16.0～25.0
16	25	500	1′43″	>8.0～12.5	800	2′45″	>12.5～20.0	1250	4′18″	>20.0～32.0
25	40	400	1′22″	>10.0～16.0	630	2′10″	>16.0～25.0	1000	3′26″	>25.0～40.0
40	63	315	1′05″	>12.5～20.0	500	1′43″	>20.0～32.0	800	2′45″	>32.0～50.0
63	100	250	52″	>16.0～25.0	400	1′22″	>25.0～40.0	630	2′10″	>40.0～63.0
100	160	200	41″	>20.0～32.0	315	1′05″	>32.0～50.0	500	1′43″	>50.0～80.0
160	250	160	33″	>25.0～40.0	250	52″	>40.0～63.0	400	1′22″	>63.0～100
250	400	125	26″	>32.0～50.0	200	41″	>50.0～80.0	315	1′05″	>80～125
400	630	100	21″	>40.0～63.0	160	33″	>63.0～100.0	250	52″	>100～160

注：1μrad 等于半径为 1m,弧长为 1μm 所对应的圆心角。5μrad≈1″(秒)；300μrad≈1′(分)。

3. 圆锥的形状公差(T_F)

圆锥的形状公差包括圆锥素线直线度公差、倾斜度公差和圆度公差等。对于要求不高的圆锥工件,其形状误差一般也用直径公差 T_D 控制。对于要求较高的圆锥工件,应单独按要求给定形状公差 T_F,T_F 的数值按 GB/T 1184—1996 选取。

4. 给定截面圆锥直径公差(T_{DS})

给定截面圆锥直径公差 T_{DS}是指在垂直圆锥轴线的给定截面内,圆锥直径的允许变动量。其圆锥直径公差区为在给定的圆锥截面内,由两个同心圆所限定的区域,如图 7.52 所示。

给定截面圆锥直径公差数值是以给定截面圆锥直径 d 为公称尺寸,按 GB/T 1800.2—2009 的标准公差选取。

一般情况不规定给定截面圆锥直径公差,只有对圆锥工件有特殊需求(如阀类零件中，在配合的圆锥给定截面上要求接触良好，以保证密封性)时，才规定此项公差，但必须同时规定锥角公差 AT，它们之间的关系如图 7.53 所示。

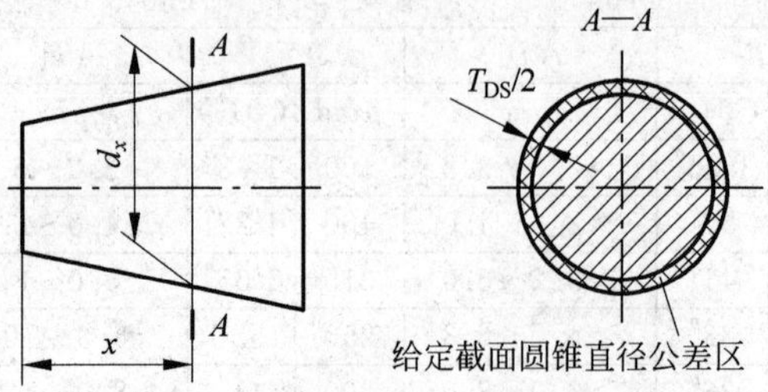

图 7.52　给定截面圆锥直径公差区

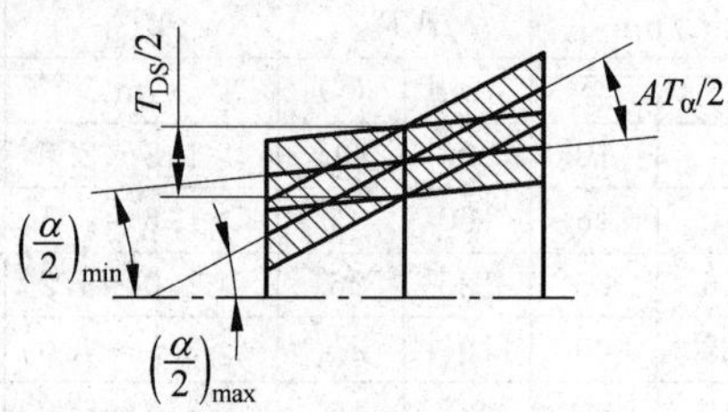

图 7.53　T_{DS} 与 AT 的关系

由图 7.53 可见，给定截面圆锥直径公差 T_{DS} 不能控制圆锥角误差 $\Delta\alpha$，两者相互无关，应分别满足要求。在给定截面上圆锥角误差的影响最小，故它是精度要求最高的一个截面。按 GB/T 11334—2005 规定，圆锥公差的给定方法有两种：

(1) 给出圆锥的理论正确圆锥角 α(或锥度 C)和圆锥直径公差 T_D。此时，圆锥角误差和圆锥形状误差均应在极限圆锥所限定的区域内。当圆锥角公差和圆锥形状公差有更高要求时，可再给出圆锥角公差 AT 和圆锥形状公差 T_F。此时 AT 和 T_F 仅占 T_D 的一部分。按这种方法给定圆锥公差时，在圆锥直径公差后边加注符号Ⓣ。

(2) 给出给定截面圆锥直径公差 T_{DS} 和圆锥角公差 AT。此时，给定截面圆锥直径和圆锥角应分别满足这两项公差的要求。当对圆锥形状公差有更高要求时，可再给出圆锥形状公差 T_F。

7.4.3　圆锥配合

GB/T 12360—2005《圆锥配合》适用于锥度 C 在 1∶500～1∶3、圆锥长度 L 在 6～630mm，直径至 500mm 光滑圆锥的配合。

圆锥公差与配合制是由基准制、圆锥公差和圆锥配合组成。圆锥配合的基准制分基孔制和基轴制，标准推荐优先采用基孔制；圆锥公差按 GB/T 11334—2005 确定，即“给出圆锥的公称圆锥角 α(或锥度 C)和圆锥直径公差 T_D，由 T_D 确定两个极限圆锥，此时的圆锥角误差和圆锥的形状误差均应在极限圆锥所限定的区域内”。

GB/T 12360—2005 中给出了圆锥配合的形成、圆锥配合的一般规定和内、外圆锥轴向极限偏差的确定。

圆锥配合分间隙配合、过渡配合和过盈配合，相互配合的两圆锥公称尺寸应相同。

对于结构型圆锥配合由内、外圆锥直径公差区决定；对于位移型圆锥配合由内、外圆锥相对轴向位移量(E_a)决定。

1. 圆锥配合的特征

圆锥配合的配合特征是通过相互结合的内、外圆锥规定的轴向位置来形成间隙或过盈。间隙或过盈是在垂直于圆锥表面方向起作用，但按照垂直于圆锥轴线方向给定并测量。

根据确定相互结合的内、外圆锥轴向位置方法的不同，圆锥配合有结构型圆锥配合和位移型圆锥配合两种。

(1) 由内、外圆锥的结构确定装配的最终位置而获得配合。这种方式可以得到间隙配合、过渡配合和过盈配合。图 7.54(a)为由轴肩接触得到间隙配合的示例。

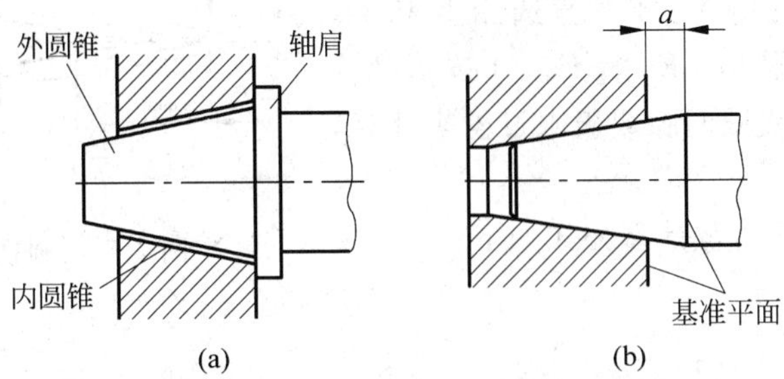

图 7.54　结构型圆锥配合

(a) 间隙配合；(b) 过盈配合

(2) 由内、外圆锥基准平面之间的尺寸确定装配的最终位置而形成配合。这种方式可以得到间隙配合、过渡配合和过盈配合。图 7.54(b)为由结构尺寸 a 得到过盈配合的示例。

(3) 由内、外圆锥实际初始位置 P_a 开始，作一定的相对轴向位移 E_a 而形成配合。这种方式可以得到间隙配合和过盈配合。图 7.49(a)为间隙配合的示例。

(4) 由内、外圆锥实际初始位置 P_a 开始，施加一定的装配力产生轴向位移而形成配合。这种方式只能得到过盈配合，如图 7.49(b)所示。

2. 圆锥直径配合量

圆锥配合在配合的直径上允许的间隙或过盈的变动量称为圆锥直径配合量，用符号 T_{Df} 表示。

对于结构型圆锥配合，圆锥直径配合量也等于内、外圆锥的直径公差之和，即

间隙配合：
$$T_{Df}=|X_{max}-X_{min}| \tag{7-32}$$

过盈配合：
$$T_{Df}=|Y_{max}-Y_{min}| \tag{7-33}$$

过渡配合：
$$T_{Df}=|X_{max}-Y_{max}| \tag{7-34}$$

$$T_{Df}=T_{Di}+T_{De} \tag{7-35}$$

式中，T_{Di}，T_{De}——内、外圆锥的直径公差；

X——间隙量；

Y——过盈量。

对于位移型圆锥配合，其圆锥直径配合量 T_{Df} 等于最大间隙(过盈)与最小间隙(或过盈)之差的绝对值，也等于轴向位移公差 T_E 和锥度 C 之积，即

$$T_{Df}=|X_{max}-X_{min}|=|Y_{max}-Y_{min}|$$
$$T_{Df}=C\cdot T_E \tag{7-36}$$

3. 圆锥配合的一般规定

(1) 对于结构型圆锥配合推荐优先采用基孔制，内、外圆锥公差带代号及配合按 GB/T 1801—2009 选取。如 GB/T 1801—2009 给出的常用配合仍不能满足需要，可按

GB/T 1800.2—2009 规定的基本偏差和标准公差选取符合要求的公差带和配合。

(2) 对于位移型圆锥配合的内圆锥直径公差带代号的基本偏差推荐选用 H 和 JS,外圆锥直径公差带的基本偏差代号推荐选用 h 和 js。其轴向位移的极限值(E_{amin},E_{amax})按 GB/T 1801—2009 规定的极限间隙或极限过盈来计算,见图 7.55。

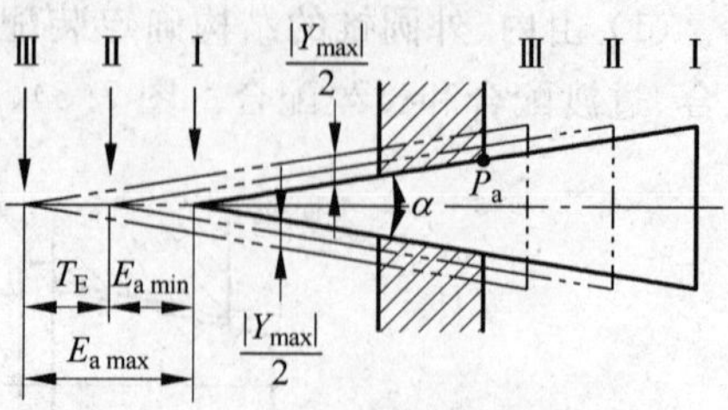

图 7.55 圆锥的轴向位移

极限间隙或极限过盈计算公式如下:

对于间隙配合:

$$E_{a\,min} = \frac{1}{C}X_{min} \tag{7-37}$$

$$E_{a\,max} = \frac{1}{C}X_{max} \tag{7-38}$$

$$T_E = E_{a\,max} - E_{a\,min} = \frac{1}{C}(X_{max} - X_{min}) \tag{7-39}$$

式中,C——锥度;

X_{max}——配合的最大间隙;

X_{min}——配合的最小间隙;

T_E——轴向位移公差。

对于过盈配合:

$$E_{a\,min} = \frac{1}{C}|Y_{min}| \tag{7-40}$$

$$E_{a\,max} = \frac{1}{C}|Y_{max}| \tag{7-41}$$

$$T_E = E_{a\,max} - E_{a\,min} = \frac{1}{C}|Y_{max} - Y_{min}| \tag{7-42}$$

式中,C——锥度;

Y_{max}——配合的最大过盈;

Y_{min}——配合的最小过盈。

4. 圆锥角误差对圆锥配合的影响

国家标准 GB/T 12360—2005 的附录 A 给出了圆锥角偏离公称圆锥角时对圆锥配合的影响。

(1) 内、外圆锥的圆锥角偏离其公称圆锥角的圆锥角偏差,将影响圆锥配合表面的接触质量和对中性能。GB/T 11334—2005 的附录 A 中给出了由圆锥直径公差(T_D)限制的最大圆锥角误差($\Delta\alpha_{max}$)。当完全利用圆锥直径公差区时,内、外圆锥的圆锥角极限偏差可达$\pm\Delta\alpha_{max}$。

(2) 为了使圆锥配合尽可能获得较大的接触长度,应选较小的圆锥直径公差(T_D),或在圆锥直径公差区内给出更高要求的圆锥角公差。如在给定的圆锥直径公差(T_D)后,还需要给出圆锥角公差(AT),它们之间的关系应满足下列条件:

① 当圆锥角规定为单向极限偏差($+AT$ 或 $-AT$)时：

$$AT_D < \Delta\alpha_{D\max} = T_D \tag{7-43}$$

$$AT_\alpha < \Delta\alpha_{\max} = \frac{T_D}{L} \times 10^3 \tag{7-44}$$

式中，AT_D——以长度单位表示的圆锥角公差，μm；

AT_α——以角度单位表示的圆锥角公差，μrad；

$\Delta\alpha_{D\max}$——以长度单位表示的最大圆锥角误差，μm；

L——公称圆锥长度，mm。

② 当圆锥角规定为对称极限偏差$\left(\pm\dfrac{AT}{2}\right)$时：

$$\frac{AT_D}{2} < \Delta\alpha_{D\max} = T_D \tag{7-45}$$

$$\frac{AT_\alpha}{2} < \Delta\alpha_{\max} = \frac{T_D}{L} \times 10^3 \tag{7-46}$$

③ 若内、外圆锥的圆锥角给定不同的偏差方向和不同的组合，将会影响配合圆锥初始接触的部位。在实际生产中，可根据不同的需要选择不同方向的偏差和组合。

当要求初始接触部位为最小圆锥直径时，应规定圆锥角为单向极限偏差，外圆锥为负($-AT_e$)，内圆锥为正($+AT_i$)，见图 7.56(a)。

当要求初始接触部位为最大圆锥直径时，应规定圆锥角为单向极限偏差，外圆锥为正($+AT_e$)，内圆锥为负($-AT_i$)，见图 7.56(b)。

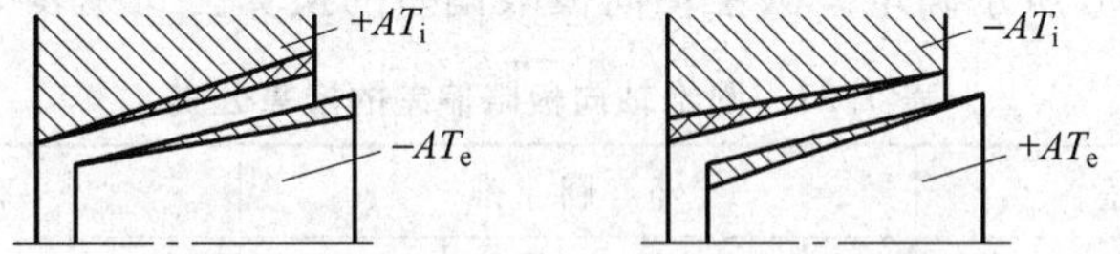

图 7.56　内、外圆锥初始接触部位

(a) 最小圆锥直径接触；(b) 最大圆锥直径接触

当初始接触部位无特殊要求，而要求保证配合圆锥角之间的差别为最小时，内、外圆锥角的极限偏差的方向应相同，可以是对称的$\left(\pm\dfrac{AT_e}{2}、\pm\dfrac{AT_i}{2}\right)$，也可以是单向的($+AT_e$、$+AT_i$ 或 $-AT_e$、$-AT_i$)，见图 7.57。

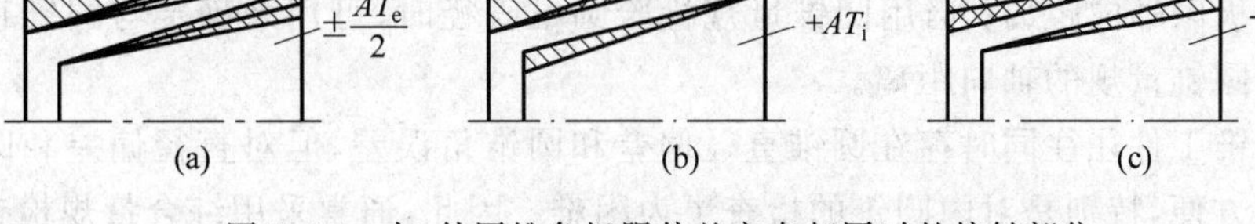

图 7.57　内、外圆锥角极限偏差方向相同时的接触部位

5. 圆锥轴向极限偏差

圆锥的轴向极限偏差是圆锥的某一极限圆锥与其公称圆锥轴向位置的偏离,见图7.58。规定下极限圆锥与公称圆锥的偏离为轴向上极限偏差(es_z,ES_z);上极限圆锥与公称圆锥的偏离为轴向下极限偏差(ei_z,EI_z);轴向上极限偏差与轴向下极限偏差的代数差的绝对值为轴向公差(T_z)。

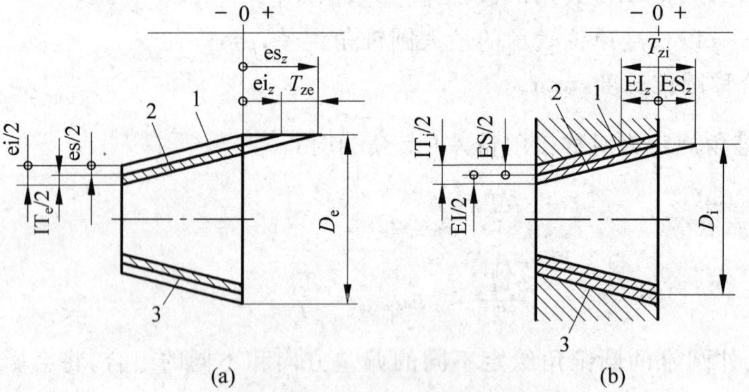

图7.58 圆锥轴向极限偏差

(a) 外圆锥;(b) 内圆锥

1—公称圆锥;2—下极限圆锥;3—上极限圆锥

圆锥轴向极限偏差即轴向上极限偏差(es_z,ES_z)、轴向下极限偏差(ei_z,EI_z)和轴向公差 T_z 可根据图7.58所示确定。圆锥轴向极限偏差的换算公式见表7.37。

表7.37 圆锥轴向极限偏差的换算公式

轴向极限偏差	外 圆 锥	内 圆 锥
轴向上极限偏差	$es_z=-\frac{1}{C}ei$	$ES_z=-\frac{1}{C}EI$
轴向下极限偏差	$ei_z=-\frac{1}{C}es$	$EI_z=-\frac{1}{C}ES$
轴向基本偏差	$e_z=-\frac{1}{C}\times$直径基本偏差	$E_z=-\frac{1}{C}\times$直径基本偏差
轴向公差	$T_{ze}=\frac{1}{C}IT_e$	$T_{zi}=\frac{1}{C}IT_i$

GB/T 12360—2005的附录B给出了圆锥配合的内圆锥或外圆锥直径极限偏差转换为轴向极限偏差的计算方法,可以用来确定圆锥配合的极限初始位置和圆锥配合后基准平面之间的极限轴向距离;当用圆锥量规检验圆锥直径时,可用来确定与圆锥直径极限偏差相应的圆锥量规的轴向距离。

由于圆锥工件往往同时存在圆锥直径偏差和圆锥角误差,但对直径偏差和圆锥角误差的检查不方便,特别是对内圆锥的检查更为困难。因此,通常采用综合量规检查控制圆锥工件相对公称圆锥的轴向位移量,一般轴向位移量必须控制在轴向极限偏差范围内。

7.4.4 圆锥的公差注法

GB/T 15754—1995《技术制图　圆锥的尺寸和公差注法》规定了光滑正圆锥的尺寸和公差注法。生产中通常采用基本锥度法和公差锥度法进行标注。

1. 基本锥度法

基本锥度法通常适用于有配合要求的结构型内、外圆锥。基本锥度法是表示圆锥要素尺寸与其几何特征具有相互从属关系的一种公差带的标注方法，即由两同轴圆锥面(圆锥要素的最大实体尺寸和最小实体尺寸)形成两个具有理想形状的包容面公差带。实际圆锥处处不得超越这两个包容面。这样，该公差带即控制了圆锥直径的大小及圆锥角的偏差，也控制了圆锥面的形状误差。

给定圆锥直径公差，标注见图 7.59。此时，圆锥的直径偏差、锥角偏差和圆锥形状误差都由圆锥直径公差控制。如果对圆锥角及其素线精度有更高的要求，应另外规定它们的公差。但其公差数值应小于圆锥的直径公差。

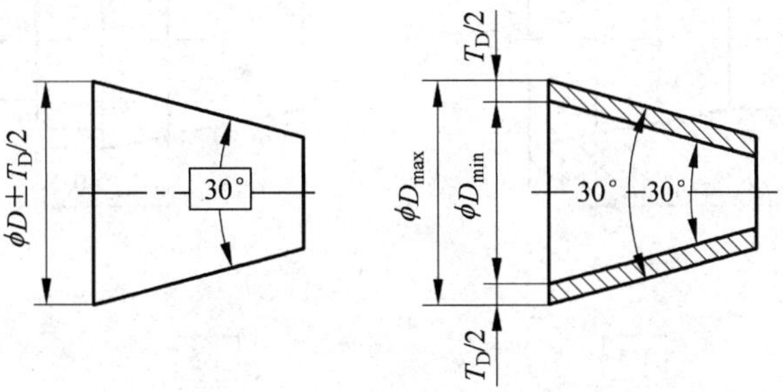

图 7.59　给定圆锥直径公差的标注

给定截面圆锥直径公差，标注见图 7.60。给定截面圆锥直径公差，可以保证两个相互配合的圆锥在规定的截面上具有良好的密封性。

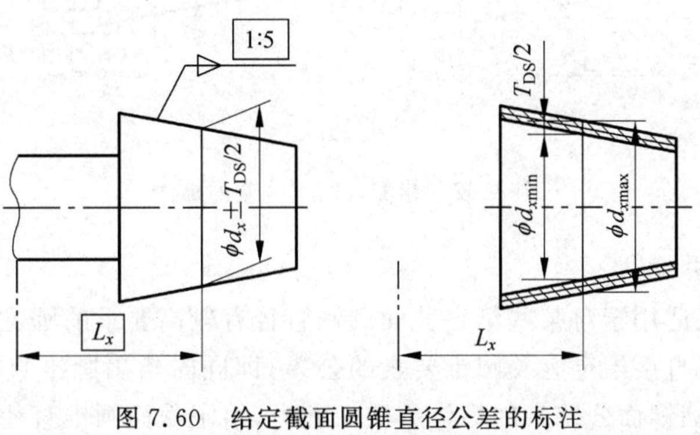

图 7.60　给定截面圆锥直径公差的标注

给定圆锥几何公差，标注见图 7.61。倾斜度公差带(包括素线的直线度)在轮廓度公差带内浮动。

相配合圆锥的公差注法见图 7.62。

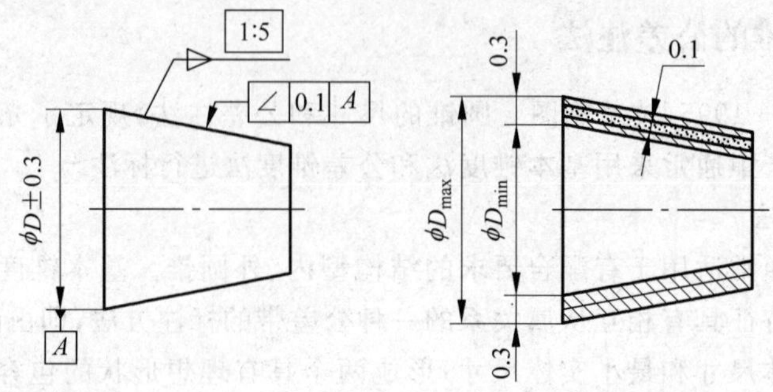

图 7.61 给定圆锥形位公差的标注

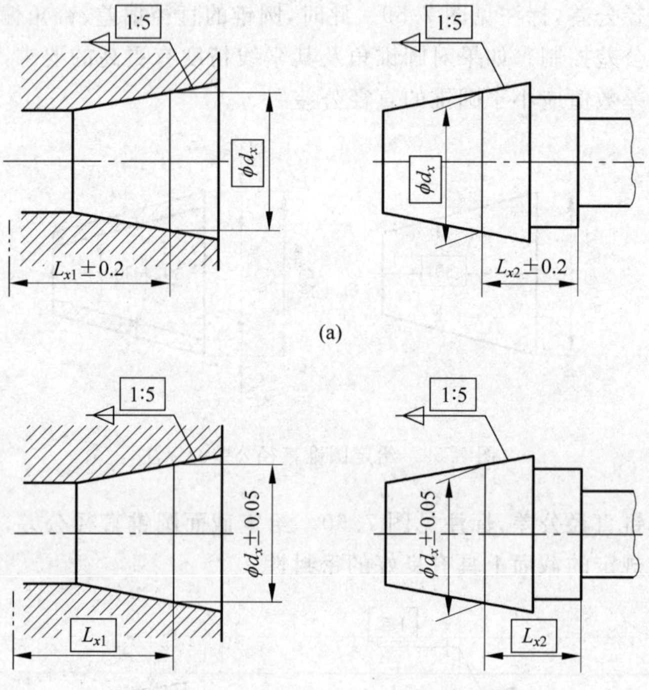

图 7.62 相配合圆锥公差的标注

2. 公差锥度法

公差锥度法仅适用于对某些给定截面圆锥直径有较高要求的圆锥和密封及非配合圆锥。公差锥度法是直接给定有关圆锥要素的公差，即同时给出圆锥直径公差和圆锥角公差，不构成两同轴圆锥面公差带的标注方法。此时，给定截面圆锥直径公差仅控制该截面圆锥直径偏差，不再控制圆锥角误差，T_{DS}和 AT 各自分别规定，分别满足要求，按照独立原则解释。根据要求也可附加给出有关几何公差要求作进一步控制。

给定最大圆锥直径公差 T_{DS}、圆锥角公差 AT，标注见图 7.63(a)。该圆锥的最大圆锥直径应由$\phi D+\frac{T_D}{2}$和$\phi D-\frac{T_D}{2}$确定；锥角应在 24°30′与 25°30′之间变化；圆锥素线直线

度公差为 t。以上要求应独立考虑。

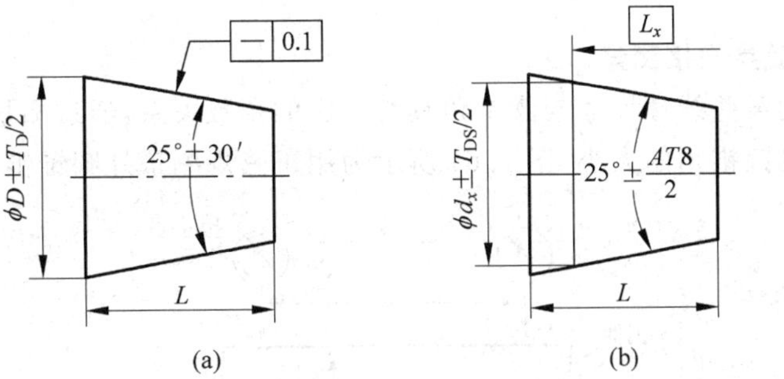

图 7.63　公差锥度法标注

给定截面圆锥直径公差 T_D、圆锥角公差 AT，标注见图 7.63(b)。给定截面处的圆锥直径由 $\phi d_x+\frac{T_{DS}}{2}$ 和 $\phi d_x-\frac{T_{DS}}{2}$ 确定；锥角应在 $25°-\frac{AT8}{2}$ 与 $25°+\frac{AT8}{2}$ 之间变化。以上要求应独立考虑。

3. 未注公差角度尺寸的极限偏差

国标 GB/T 1804—2000 对于金属切削加工件的角度，包括在图样上标注的角度和通常不需标注的角度（如 90°等），规定了未注角度尺寸的极限偏差（见表 7.38）。该极限偏差值应为一般工艺方法可以保证达到的精度。实际应用中可根据不同产品的需要，从标准中规定的角度尺寸公差等级（精密级、中等级、粗糙级、最粗级）中选择合适的等级。

表 7.38　未注公差角度尺寸的极限偏差数值（摘自 GB/T 1804—2000）

公差等级	长度分段/mm				
	～10	＞10～50	＞50～120	＞120～400	＞400
精密级（f） 中等级（m）	±1°	±30′	±20′	±10′	±5′
粗糙级（c）	±1°30′	±1°	±30′	±15′	±10′
最粗级（v）	±3°	±2°	±1°	±30′	±20′

未注公差角度的极限偏差按角度短边长度确定，若工件为圆锥时，则按圆锥素线长度确定。

未注公差角度的公差等级在图样或技术文件上用标准号和公差等级表示。例如若选用中等级时，则在图样或技术文件上可表示为：GB/T 1804-m。

7.4.5　锥度与圆锥角的检测

锥度与圆锥角的检测方法很多，生产中常用的检测方法如下。

1. 用通用量仪直接测量

对于精度要求不太高的圆锥零件，通常用万能量角器直接测量其斜角或锥角，它可测量 0°～320°范围内的任意角度值，分度值有 2′、5′两种。

对于精度要求较高的圆锥零件，常用光学分度头或测角仪进行测量。光学分度头的测量范围 0°～360°,分度值有 10″、5″、2″、1″等。测角仪的分度值可高达 0.1″,测量精度更高。

2. 用通用量具间接测量

被测圆锥的某些线性尺寸与圆锥角具有一定的函数关系,通过测量线性尺寸的差值,然后计算出被测圆锥角的大小,图 7.64 所示为用正弦规测量外圆锥锥角的示意图。

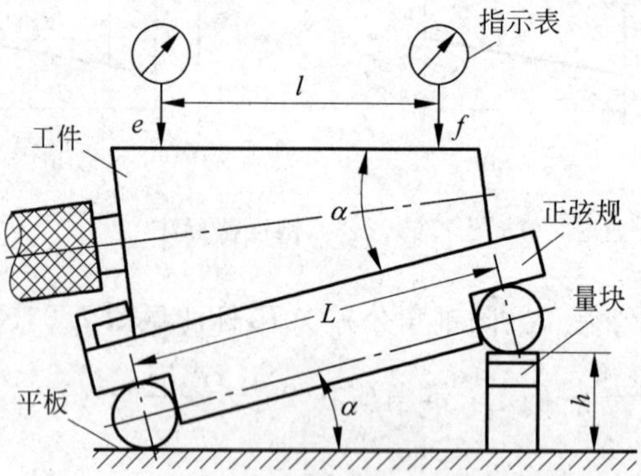

图 7.64 用正弦规测量圆锥角偏差

正弦规通常与量块、千分表、平板等配合使用,测量前,先根据被测圆锥的公称圆锥角 α,按下式计算出量块组的高度 h:

$$h = L\sin\alpha$$

式中,L——正弦规两圆柱之间的中心距(100mm 或 200mm)。

根据计算的 h 值组合量块,并将量块组和正弦规按照图 7.64 所示放在平板上。此时,正弦规的工作面与平板的夹角为 α。然后,将被测圆锥放在正弦规的工作面上,如果被测圆锥没有圆锥角误差,则千分表在 e,f 两点的示值相同,即圆锥的素线与平板平行。反之,当 e,f 两点的示值存在某一差值,则表明存在圆锥角偏差 $\Delta\alpha$。

根据被测圆锥在 e,f 两点之间的读数差 $\Delta F(\mu\text{m})$,锥度偏差 ΔC 为

$$\Delta C = \frac{\Delta F}{l}(\text{rad}) = \frac{\Delta F}{l} \times 10^6(\mu\text{rad})$$

若 e 点高于 f 点,则锥度实际偏差 ΔC 为正偏差;反之,为负偏差。

换算成圆锥角偏差,可按下式近似计算:

$$\Delta\alpha = \frac{\Delta F}{l} \times 2 \times 10^5(″)$$

3. 用量规检验

圆锥还可用锥度塞规和锥度环规进行检验,内圆锥用锥度塞规检验,外圆锥用锥度环规检验,见图 7.65。在用量规检验圆锥工件时,通过涂色检查接触线的长度,用以检验圆锥角误差;检验时要求在锥体的大端接触,高精度工件的接触线不低于圆锥长度的 85%,精密工件的接触线不低于圆锥长度的 80%,普通工件的接触线不低于圆锥长度的 75%。

用圆锥量规还可检验圆锥的基面距偏差,在圆锥量规的基准端刻有两条距离为 m 的刻线(塞规),或加工成一个轴向距为 m 的台阶(环规),当被测圆锥的端面在量规刻线或

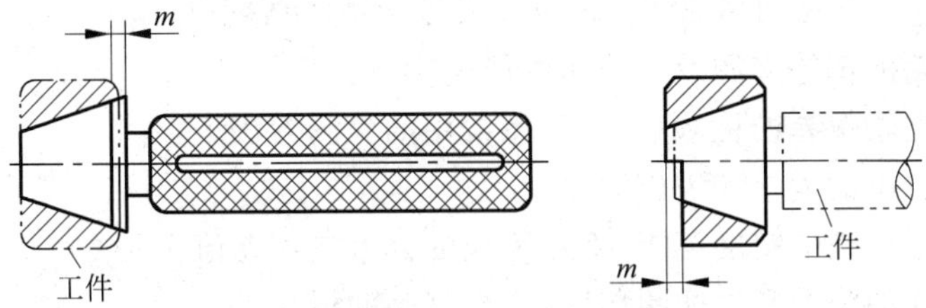

图 7.65　圆锥量规

台阶的两端面之间的 m 区域，则被检圆锥的基面距合格。

本章实训

1. 以图 1.1 立式台钻为例，说明以下问题：

(1) 说明立式台钻花键套筒与主轴皮带轮(ϕ24mm)选用哪种单键联结？选择键的规格尺寸，并确定相应键槽的尺寸与公差。

(2) 若要合理地检测轴键槽，请问用何种方法来测量尺寸误差和几何误差？

(3) 如果主轴轴端选用楔键进行联结，能否满足使用要求？容易产生什么问题？

2. 某机床变速箱中，某一滑移齿轮拟选用矩形花键联结，规格为 6×32×36×6，内、外花键表面的硬度要求 40～45HRC，齿轮的精度等级为 6GB/T 10095.1～2—2008，试确定：

(1) 内、外花键的尺寸极限偏差、几何公差和表面粗糙度。

(2) 用综合通规和单项止规分别检测内、外花键是否合格？

(3) 分析花键联结所采用的公差原则。

3. 以图 1.1 台式钻床主轴箱为例，说明以下问题：

(1) 在台式钻床主轴箱设计中，都有哪些部位采用了螺纹联接？问各应选用哪一种螺纹牙型？

(2) 主轴前端采用 M24×1.5 螺纹联接，确定螺纹联接的内、外螺纹的公差带代号，并写出内、外螺纹联接的配合标记代号。

(3) 螺纹的螺距误差和牙型半角误差在螺纹联接中通过何种方式进行控制？

(4) 主轴前端压紧螺母采用 M42×1.5 螺纹固定，试确定螺纹的精度等级。

4. 以图 1.1 立式台钻为例，说明以下问题：

(1) 台钻中花键套筒支承轴承通过挡圈固定，选用 M6×18GB/T 75—1985 开槽长圆柱端紧定螺钉，问螺纹中径、大径的公差带代号是什么？

(2) 查表确定螺纹中径、大径和小径的极限偏差。

(3)用螺纹环规检验螺纹是否合格，再用光滑极限量规检验螺纹大径是否合格。

5. 在立式台钻主轴箱中，用手转动齿轮轴上的操纵盘，通过齿条套筒带动主轴沿轴线上、下移动，完成钻削加工。已知：齿轮轴的模数 m=2mm，压力角 α=20°，齿数 z_1=13，齿宽 b_1=31mm，齿轮变位系数 x=+0.235。轴承跨距 L=50mm，齿轮轴材料为 45

钢,主轴箱体材料为铸铁,小批量生产,试完成齿轮轴的精度设计。

(1) 了解齿轮的偏差来源及对使用性能的影响。

(2) 确定齿轮轴偏差的检验项目,熟悉常用的检测方法。

(3) 掌握齿轮副的偏差和齿侧间隙。

(4) 合理选择齿轮的精度等级,确定相应的公差或偏差值。

(5) 选择齿坯的公差和表面粗糙度,进行正确的标注。

6. 以图1.1立式台钻主轴箱为例,说明以下问题:

(1) 说明立式台钻主轴前端选用圆锥配合联结具有什么优点?

(2) 为了保证联结的可靠性,应对配合圆锥规定何种公差要求?

(3) 思考:在机械设备、机电产品中,哪些地方常采用圆锥联结?

7. C620-1车床尾座顶尖套与顶尖结合采用莫氏4号圆锥,顶尖的公称圆锥长度$L=118$mm,圆锥角公差为$AT8$,试确定:

(1) 顶尖的公称圆锥角α、锥度C和圆锥角公差的数值。

(2) 用正弦规测量顶尖的圆锥角是否合格。

习 题

1. 填空题

(1) 键联结按其结构形式分为________、________、________和________4种。

(2) 平键联结的主要配合尺寸是指________,配合制采用________。

(3) 根据用途不同,螺纹分为________、________和________3类。

(4) 为了传递动力可靠,传动比稳定,最常见的传动螺纹牙型是________、________和________等。

(5) 影响螺纹互换性的主要因素有________、________和________。

(6) 齿轮传动的使用要求包括________、________、________和________。

(7) GB/T 10095.1—2008给出了________的偏差项目;

GB/T 10095.2—2008给出的是________和________。

(8) 齿轮传动规定齿侧间隙主要是为保证________、补偿齿轮的________、________以及热变形等因素对齿轮传动性能的影响。

(9) 齿轮回转一周出现一次的周期性偏差称为________偏差。齿轮转动一个齿距角的过程中出现一次或多次的周期性偏差称为________偏差。

(10) 圆锥配合的主要特点是________、________、________。

(11) 根据圆锥的配合特征,圆锥配合分为________型圆锥配合和________型圆锥配合。

2. 选择题

(1) 单键联结的主要工作尺寸键宽b由(   )确定。

A. 轮毂宽度   B. 轴的直径   C. 扭矩大小   D. 电机功率

(2) 为了保证可旋合性和联接的可靠性,紧固螺纹采用(   )牙型。

A. 梯形　　B. 矩形　　C. 三角形　　D. 锯齿形

(3) 外螺纹代号 M24-5g6g 中,5g 指的是(　　)公差带。

A. 大径　　B. 中径　　C. 小径　　D. 螺距

(4) 切向综合总偏差是反映齿轮(　　)偏差项目。

A. 传递运动准确性　　B. 传动平稳性

C. 载荷分布均匀性　　D. 齿轮副侧隙

(5) 齿轮径向跳动 F_r 主要是由(　　)引起的。

A. 运动偏心 e_y　　B. 几何偏心 e_j

C. 分度蜗杆安装偏心 e_w　　D. 滚刀安装偏心 e_d

(6) 齿廓总偏差 F_α 是影响(　　)的主要因素。

A. 传递运动准确性　　B. 传动平稳性

C. 载荷分布均匀性　　D. 齿轮副侧隙

3. 简答题

(1) 平键联结有几种配合类型?

(2) 矩形花键的配合种类有哪些?

(3) 螺纹的螺距误差和中径误差对螺纹互换性有什么影响?

(4) 齿轮的精度等级分为几级?如何表示精度等级?试举例说明。

(5) 影响齿轮副精度的偏差项目有哪些?

(6) 为什么规定齿坯公差?齿坯的精度包含哪些方面?

4. 问答题

(1) 矩形花键的结合面有哪些?通常选用哪一个结合面作为定心表面?为什么?

(2) 以外螺纹为例,试说明螺纹中径 d_2、单一中径 $d_{2单一}$、作用中径 d_{2m} 有何异同,三者在什么情况下相等?

(3) 如果螺纹的实际中径在规定的极限尺寸内,中径是否合格?为什么?

(4) 内、外螺纹配合代号 M16-6H/5g6g,试查表确定内螺纹的中径、小径和外螺纹的大径、中径的极限偏差。

(5) 有一圆锥体,其尺寸参数为 D,d,L,C,α,试说明:能否把这些参数的尺寸和极限偏差全都标注在零件图上?为什么?

(6) 圆锥公差的给定方法有哪几种?它们各适用于什么场合?

(7) 为什么钻头、铰刀、铣刀等的尾柄与机床主轴孔联结多用圆锥结合?从使用要求出发,说明这些工具的锥体应有哪些要求?

(8) 锥度的检测常用哪几种方法?

5. 计算题

(1) 某机床变速箱中一滑动变速齿轮与矩形花键轴的联结,已知花键的公称尺寸为:6×26×30×6,花键孔长 30mm,花键轴长 75mm,内、外花键表面的热处理硬度 40～45HRC,齿轮花键孔在花键轴上经常移动,且定心精度要求较高。试确定:

① 内、外花键的大径、小径和键宽的公差带代号,计算极限偏差;

② 确定内、外花键的几何公差和主要表面的表面粗糙度;

③ 写出花键副的配合代号和内、外花键的公差带代号。

(2) 有一 M20-7H 内螺纹,测得螺距累积误差 $\Delta P_{\Sigma}=-0.034$mm,牙型半角偏差分别为$\frac{\Delta\alpha_{左}}{2}=+30'$,$\frac{\Delta\alpha_{右}}{2}=-40'$,试问:此内螺纹的中径是否合格?

(3) 某螺栓 M20-5h6h,加工后测得实际大径 $d_a=19.980$mm,实际中径 $d_{2a}=18.255$mm,螺距累积误差 $\Delta P_{\Sigma}=+0.04$mm,牙型半角误差分别为$\frac{\Delta\alpha_{左}}{2}=-35'$,$\frac{\Delta\alpha_{右}}{2}=-40'$,试判断该螺栓是否合格。

(4) 某机床主轴箱一对标准直齿圆柱齿轮,$z_1=26$,$z_2=56$,$m=2.75$mm,$b_1=28$mm,$b_2=24$mm,内孔 $D_2=42$mm,两轴承跨距 $L=90$mm,$n_2=780$r/min,齿轮材料 45 钢,箱体材料 HT200,单件小批生产。试对大齿轮进行精度设计,并绘制齿轮工作图。

(5) 已知某直齿圆柱齿轮,$m=3$mm,$z=12$,$\alpha=20°$,$x=0$,用齿距仪采用齿距相对测量法测得如下数据:0,+6,+9,-3,-9,+15,+9,+10,0,+9,+5,-3(单位 μm),齿轮精度为 7GB/T 10095.1—2008。试判断 F_p、f_{pt}、$F_{pk}(k=3)$是否合格。

(6) 有一减速器用直齿圆柱齿轮,模数 $m=5$mm,齿数 $z_1=20$,$z_2=60$,齿宽 $b_1=50$mm,齿形角 $\alpha=20°$,两轴承跨距 $L=100$mm,齿轮基准孔直径 $D=52$mm,转速 $n_1=960$r/min,要求转动平稳,小批量生产。试选择:

① 小齿轮的齿轮精度等级;

② 齿轮的检验项目及公差值(或极限偏差);

③ 确定齿轮的齿厚偏差;

④ 齿坯的尺寸公差、几何公差和表面粗糙度;

⑤ 键槽宽度和深度的公称尺寸和极限偏差。

(7) 有一外圆锥,锥度为 1∶20,圆锥最大直径为 100mm,圆锥长度为 200mm。试确定圆锥角、圆锥最小直径。

(8) 相互结合的内、外圆锥的锥度为 1∶50,公称圆锥直径为 100mm,要求装配后得到 H8/u7 的配合性质。试计算所需的轴向位移和轴向位移公差。

(9) 某钻床主轴孔与钻套结合采用莫氏 4 号锥度,钻套的公称圆锥长度 $L=118$mm,圆锥角公差为 $AT8$,试查表确定其公称圆锥角 α 和锥度 C 以及圆锥角公差的数值。

(10) 有一外圆锥最大圆锥直径 D 为 120mm,圆锥长度 L 为 260mm,圆锥直径公差 T_D 取为 IT9,求 T_D 所能限制的最大圆锥角误差 $\Delta\alpha_{max}$。

第8章 尺 寸 链

本章要点及学习指导

(1) 尺寸链的含义、组成及分类。

(2) 解尺寸链的基本公式。

(3) 尺寸链的求解法。

(4) 尺寸链的查找、分析、建立及求解。

8.1 概　　述

尺寸链是研究机械产品中尺寸之间的相互关系，分析影响装配精度与技术要求的因素，确定各有关零部件尺寸和位置的适宜公差，从而求得保证产品达到设计精度要求的经济合理的方法。

8.1.1 尺寸链的定义

在一个零件或一台机器的结构中，构成封闭形式、相互联系的尺寸组合，称为尺寸链。

8.1.2 尺寸链的组成

尺寸链由一个封闭环和若干个组成环组成。其环为列入尺寸链中的每一个尺寸。

1. 封闭环 A_0

在加工或装配过程中间接获得的派生尺寸(最后自然形成的尺寸)，称为封闭环，如图 8.1 中的 A_0。

2. 组成环 A_i

在加工或装配过程中直接获得的尺寸(除 A_0 外对封闭环有影响的其他全部各环)，如图 8.1 中的 A_1，A_2。

(1) 增环　在组成环中，该环自身增大封闭环随之增大，该环自身减小封闭环随之减小的组成环，如图 8.1 中的 A_1。

(2) 减环　在组成环中，该环自身增大使封闭环随之减小，该环自身减小使封闭环随之增大的组成环，如图 8.1 中的 A_2。

(3) 增减环的确定方法　首先给封闭环任意确定一个方向，然后沿此方向作一回路。回路方向与封闭环方向一致的环为减环，回路方向与封闭环方向相反的环为增环，见图 8.2。

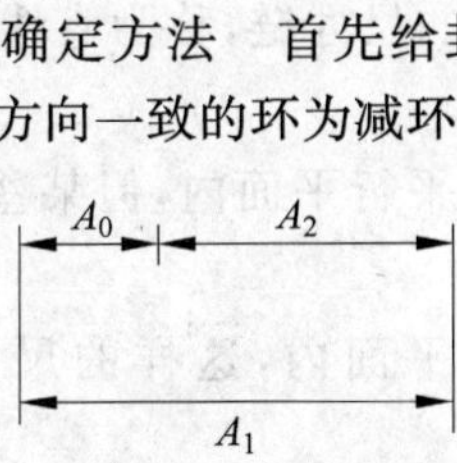

图 8.1　尺寸链

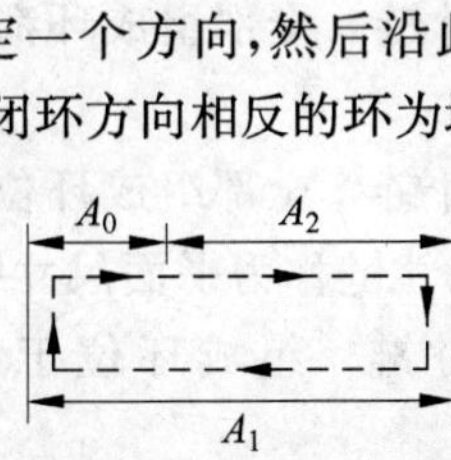

图 8.2　增减环的确定

8.1.3 尺寸链的种类

1. 按研究对象分

(1) 零件尺寸链　由零件上的设计尺寸组成的尺寸链,称为零件尺寸链。图 8.3(a)反映了齿轮轴零件轴向的设计尺寸之间的关系,构成了一个零件尺寸链,见图 8.3(b)。

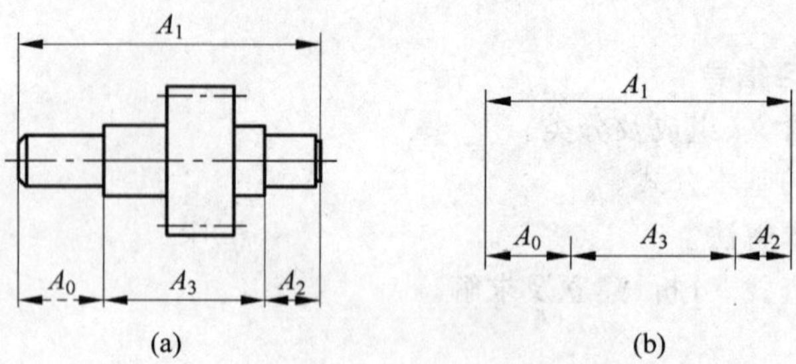

图 8.3　零件尺寸链

(2) 工艺尺寸链　由同一零件上的工艺尺寸形成的尺寸链,称为工艺尺寸链。图 8.4(a)中的阶梯工件在加工过程中,已加工尺寸 A_2 和本工序尺寸 A_1 直接影响设计尺寸 A_0,反映了工艺尺寸之间的关系,构成了一个工艺尺寸链,见图 8.4(b)。

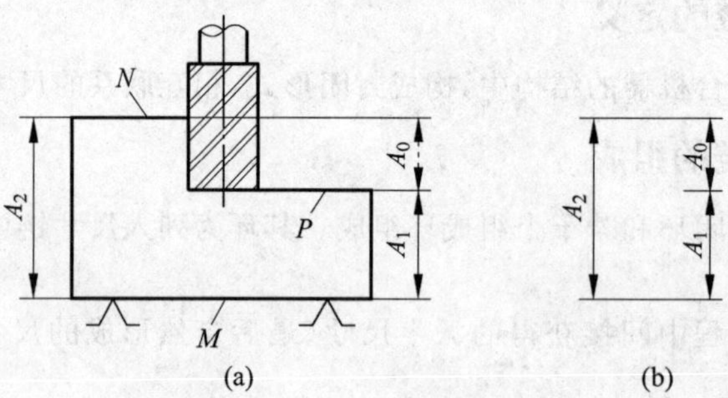

图 8.4　工艺尺寸链

(3) 装配尺寸链　由不同零件设计尺寸所形成的尺寸链,称为装配尺寸链。在图 8.5(a)齿轮与轴的装配关系中,A_1,A_2,A_3,A_4,A_5 分别为 5 个不同零件的轴向设计尺寸,A_0 是各个零件装配后,在齿轮右端面与挡圈端面之间形成的间隙,A_0 受其他 5 个零件轴向设计尺寸变化的影响。因而 A_0 和 A_1,A_2,A_3,A_4,A_5 构成一个装配尺寸链,见图 8.5(b)。

2. 按形态分

(1) 直线尺寸链　全部组成环都平行于封闭环的尺寸链,称为直线尺寸链(见图 8.3 至图 8.5)。

(2) 平面尺寸链　全部组成环位于一个或几个平行平面内,但某些组成环不平行于封闭环,这样的尺寸链称为平面尺寸链。

(3) 空间尺寸链　组成环位于几个不平行的平面内,这样的尺寸链称为空间尺寸链。

尺寸链中常见的是直线尺寸链,平面尺寸链和空间尺寸链可以用坐标投影法转换为

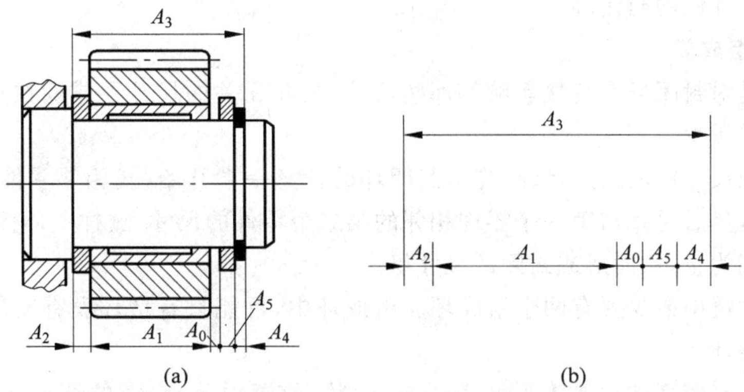

图 8.5　装配尺寸链

直线尺寸链。

3. 按几何特征分

(1) 长度尺寸链　链中各环均为长度尺寸的尺寸链，称为长度尺寸链(见图 8.3 至图 8.5)。

(2) 角度尺寸链　链中各环为角度尺寸的尺寸链，称为角度尺寸链。

4. 按相互关系分

(1) 独立尺寸链　链中的所有组成环和封闭环都只属于一个尺寸链，不参与其他尺寸链的组成。

(2) 相关尺寸链　链中的某些环不只属于这一个尺寸链，还参与其他尺寸链的组成。因此在相关尺寸链中还可分为并联、串联和混联尺寸链。

本章重点讨论直线尺寸链。

8.2　尺寸链的确立与分析

8.2.1　尺寸链的确立

正确地查明尺寸链的组成，是进行尺寸链计算的依据。其具体步骤如下。

1. 确定封闭环

建立尺寸链，首先要正确地确定封闭环。

零件尺寸链的封闭环应为公差等级要求最低的环，一般在零件图上不进行标注，以免引起加工中的混乱。例如，图 8.3(a)中的尺寸 A_0 是不标注的。

工艺尺寸链的封闭环是在加工中最后自然形成的环，一般为被加工零件要求达到的设计尺寸或工艺过程中需要的余量尺寸。加工顺序不同，封闭环也不同。所以，工艺尺寸链的封闭环必须在加工顺序确定之后才能判断。

装配尺寸链的封闭环是在装配之后形成的，往往是机器上有装配精度要求的尺寸，如保证机器可靠工作的相对位置尺寸或保证零件相对运动的间隙等。在着手建立尺寸链之前，必须查明在机器装配和验收的技术要求中规定的所有几何精度要求项目，这些项目往往就是某些尺寸链的封闭环。

2. 查找组成环

组成环是对封闭环有直接影响的那些尺寸,与此无关的尺寸要排除在外。一个尺寸链的环数应尽量少。

查找装配尺寸链的组成环时,先从封闭环的任意一端开始,找相邻零件(设为第一个零件)的尺寸,然后再找与第一个零件相邻的第二个零件的尺寸,这样一环接一环,直到封闭环的另一端为止,从而形成封闭的尺寸组。

一个尺寸链中最少要有两个组成环。组成环中,可能只有增环没有减环。但不能只有减环没有增环。

在封闭环有较高技术要求或几何误差(形状、位置误差)较大的情况下,建立尺寸链时,还要考虑几何误差对封闭环的影响。

3. 绘制尺寸链图

为了讨论问题方便,更清楚地表达尺寸链的组成,通常不需要画出零件或部件的具体结构,也不必按照严格的比例,只需将链中各尺寸依次画出,形成封闭的图形即可,如图8.1、图8.2、图8.3(b)、图8.4(b)、图8.5(b)所示。

8.2.2 尺寸链的分析及尺寸链计算要解决的问题

尺寸链的计算,包括分析确定封闭环与组成环公称尺寸之间及其公差或极限偏差之间的关系等。组成环公称尺寸是设计给定的尺寸,通常都是已知量,通过尺寸链分析计算,主要是校核各组成环公称尺寸是否有误。对组成环的公差与极限偏差,通常情况下可直接给出经济可行的数值,但需应用尺寸链的分析计算来审核所给数值能否满足封闭环的技术要求,从而决定达到封闭环技术要求的工艺方法。因此,尺寸链计算可分为下列3种情况。

(1) 正计算　已知组成环,求解封闭环。这种情况简称正计算,用于验算、校核及某些需要解算封闭环的情况。可以看出,正计算时封闭环的计算结果是唯一确定的。

(2) 反计算　已知封闭环,求解各组成环。这种情况简称反计算,用于产品设计、加工和装配工艺计算等方面。在计算中,将封闭环公差正确合理地分配到各组成环(包括公差大小和公差带分布位置),不是一个单纯计算的问题,而是需要按具体情况选择最佳方案的问题。

(3) 中间计算　已知封闭环及部分组成环,求解其余各组成环。它用于设计、工艺计算及校验等场合。

通常正计算又称为校核计算,反计算和中间计算又称为设计计算。

8.3 尺寸链的计算方法

根据产品互换程度的不同要求,尺寸链的计算方法有以下几种。

8.3.1 极值法(完全互换法)

在机械产品中,装配时各组成零件不需挑选或改变其大小或位置,装入后即能达到装配精度要求，该法称完全互换装配法。

极值法的特点是：装配质量稳定可靠，装配过程简单，生产率高，易于实现装配工作机械化、自动化，便于组织流水作业和零、部件的协作与专业化生产。但当装配精度要求较高，尤其是组成环较多时，则零件难以按经济精度加工。因此它常用于高精度及少环尺寸链或低精度、多环尺寸链以及大批大量生产中的装配场合。

采用完全互换装配法时，装配尺寸链采用极值公差公式计算。

1. 公称尺寸的计算公式

设 A_0 表示封闭环的公称尺寸，A_i 表示第 i 个组成环的公称尺寸，m 表示组成环的环数，ξ_i 表示第 i 个组成环的传递系数。根据封闭环与组成环之间的函数关系，得

$$A_0 = \sum_{i=1}^{m} \xi_i A_i \tag{8-1}$$

对于直线尺寸链，增环的传递系数 $\xi_z = +1$，减环的传递系数 $\xi_j = -1$。设增环数为 n，则减环数为 $m-n$，若以下角标 z 表示增环序号，j 表示减环序号，则式(8-1)可以写成

$$A_0 = \sum_{z=1}^{n} A_z - \sum_{j=n+1}^{m} A_j \tag{8-2}$$

式(8-2)表明，对于直线尺寸链，封闭环的公称尺寸等于所有增环公称尺寸之和，减去所有减环公称尺寸之和。

2. 极限尺寸的计算公式

封闭环的上极限尺寸 $A_{0\max}$ 等于所有增环的上极限尺寸 $A_{z\max}$ 之和，减去所有减环下极限尺寸 $A_{j\min}$ 之和；封闭环的下极限尺寸 $A_{0\min}$ 等于所有增环的下极限尺寸 $A_{z\min}$ 之和，减去所有减环的上极限尺寸 $A_{j\max}$ 之和。即

$$\left.\begin{aligned} A_{0\max} &= \sum_{z=1}^{n} A_{z\max} - \sum_{j=n+1}^{m} A_{j\min} \\ A_{0\min} &= \sum_{z=1}^{n} A_{z\min} - \sum_{j=n+1}^{m} A_{j\max} \end{aligned}\right\} \tag{8-3}$$

3. 极限偏差的计算公式

封闭环的上极限偏差 ES_0 等于所有增环的上极限偏差 ES_z 之和，减去所有减环的下极限偏差 EI_j 之和；封闭环的下极限偏差 EI_0 等于所有增环的下极限偏差 EI_z 之和，减去所有减环的上极限偏差 ES_j 之和。即

$$\left.\begin{aligned} \mathrm{ES}_0 &= \sum_{z=1}^{n} \mathrm{ES}_z - \sum_{j=n+1}^{m} \mathrm{EI}_j \\ \mathrm{EI}_0 &= \sum_{z=1}^{n} \mathrm{EI}_z - \sum_{j=n+1}^{m} \mathrm{ES}_j \end{aligned}\right\} \tag{8-4}$$

4. 公差的计算公式

由式(8-3)或由式(8-4)可得各组成环与封闭环公差之间的关系：封闭环的公差 T_0 等于各组成环的公差 T_i 之和，即

$$T_0 = \sum_{i=1}^{m} T_i \tag{8-5}$$

式(8-5)是直线尺寸链公差的计算公式。又称为极值公差公式。由此可知,尺寸链各环公差中封闭环的公差最大,所以封闭环是尺寸链中精度最低的环。

【例 8.1】 图 8.4(a)所示工件设计要求 M 面到 N 面之间的尺寸为 $60_{-0.10}^{\ 0}$ mm,N 面到 P 面之间的尺寸为$25_{\ 0}^{+0.25}$ mm。加工中,在以前工序中已加工出平面 M,N,并已保证 M 面到 N 面之间的尺寸为 $60_{-0.10}^{\ 0}$ mm。现欲以平面 M 定位加工平面 P(调整法加工)。试确定本工序的工序尺寸及极限偏差(即铣刀端面至夹具定位面的尺寸调整为多少时,才能保证零件加工后的设计尺寸$25_{\ 0}^{+0.25}$ mm)。

【解】

本题是解工艺尺寸链问题,依据题意画出尺寸链图,见图 8.4(b)所示。在该尺寸链中,尺寸 $60_{-0.10}^{\ 0}$ mm 是本工序未加工之前已经具有的,尺寸(P 面到 M 面之间的尺寸)A_1,是本工序加工时直接保证的,只有尺寸$25_{\ 0}^{+0.25}$ mm 是依赖于前两个尺寸而间接形成的。所以 $A_0 = 25_{\ 0}^{+0.25}$ mm 为封闭环。尺寸 $A_2 = 60_{-0.10}^{\ 0}$ mm 为组成环的增环,尺寸 $A_1 = x$ 为组成环的减环。并且显然是直线尺寸链,即 $\xi_1 = -1$,$\xi_2 = +1$。

(1) 求未知尺寸 A_1。

按式(8-2)计算减环 A_1 的公称尺寸

因为 $A_0 = A_2 - A_1$　　所以 $A_1 = A_2 - A_0 = 60 - 25 = 35\text{mm}$。

(2) 计算尺寸 A_1 的极限偏差。

按式(8-4) 计算极限偏差

因为 $ES_0 = ES_2 - EI_1$,$EI_0 = EI_2 - ES_1$

所以 $EI_1 = ES_2 - ES_0 = 0 - (+0.25) = -0.25\text{mm}$

$ES_1 = EI_2 - EI_0 = -0.10 - 0 = -0.10\text{mm}$。

所以本例欲求的工序尺寸及极限偏差为:$A_1 = 35_{-0.25}^{-0.10}$ mm。

将其按入体原则标注,则为:$A_1 = 34.9_{-0.15}^{\ 0}$ mm。

8.3.2 统计法(概率法或大数法)

在绝大多数(通常为 99.73%)产品中,装配时各组成零件不需挑选或改变其大小或位置,装入后即能达到装配精度要求,该法称大数互换装配法。

大数互换装配法的装配特点与完全互换装配法相同。但由于零件所规定的公差要大于完全互换法所规定的公差,有利于零件的经济加工。装配过程与完全互换法一样简单、方便,结果使绝大多数产品能保证装配精度要求。对于极少量不合格的予以报废或采取措施进行修复。

大数互换法是以概率论为理论根据,从保证大数互换着眼,在正常生产条件下,零件加工尺寸获得极限尺寸的可能性是较小的,而在装配时,各零、部件的误差同时为极大、极小的组合,其可能性就更小。因此,在尺寸链环数较多,封闭环精度又要求较高时。就不适宜用极值法,而使用概率法计算。

大数互换装配法适用于大批大量生产装配精度要求较高、组成环数多的情况。采用大数互换装配法时,装配尺寸链采用统计公差公式计算。

1. 公称尺寸的计算公式

封闭环与组成环的公称尺寸关系仍按式(8-1)或式(8-2)计算。

2. 公差的计算公式

当各组成环的实际尺寸按正态分布，封闭环公差为

$$T_0=\sqrt{\sum_{i=1}^{m}\xi_i^2T_i^2} \tag{8-6}$$

对于直线尺寸链，增环的传递系数 $\xi_z=+1$，减环的传递系数 $\xi_j=-1$。则式(8-6)可以写成

$$T_0=\sqrt{\sum_{i=1}^{m}T_i^2} \tag{8-7}$$

各组成环平均公差为

$$T_{av}=\frac{T_0}{\sqrt{m}} \tag{8-8}$$

3. 中间偏差的计算公式

各环的中间偏差等于其上极限偏差与下极限偏差的平均值；并且封闭环的中间偏差 Δ_0 还等于所有增环的中间偏差 Δ_z 之和，减去所有减环的中间偏差 Δ_j 之和。即

$$\left.\begin{aligned}\Delta_i&=\frac{1}{2}(ES_i+EI_i)\\ \Delta_0&=\frac{1}{2}(ES_0+EI_0)\\ \Delta_0&=\sum_{z=1}^{n}\Delta_z-\sum_{j=n+1}^{m}\Delta_j\end{aligned}\right\} \tag{8-9}$$

式(8-8)同样适用于极值法。

4. 极限偏差的计算公式

各环的上极限偏差等于其中间偏差加上该环公差之半；各环的下极限偏差等于其中间偏差减去该环公差之半，即

$$\left.\begin{aligned}ES_0&=\Delta_0+\frac{T_0}{2},\quad EI_0=\Delta_0-\frac{T_0}{2}\\ ES_i&=\Delta_i+\frac{T_i}{2},\quad EI_i=\Delta_i-\frac{T_i}{2}\end{aligned}\right\} \tag{8-10}$$

式(8-9)同样适用于极值法。

【例 8.2】 见图 8.5(a)所示装配关系，轴是固定的，齿轮在轴上回转，要求保证齿轮与挡圈之间的轴向间隙为 0.10～0.35mm。已知：$A_1=30$mm、$A_2=5$mm、$A_3=43$mm、$A_4=3_{-0.05}^{\ 0}$mm(标准件——轴用卡圈)、$A_5=5$mm。组成环的分布皆服从正态分布，且分布中心与公差带中心重合，分布范围与公差范围相同。现采用大数互换法装配，试确定各组成环公差和极限偏差。

【解】

本题是公差的合理分配问题。

(1) 画出装配尺寸链图,校验各环公称尺寸

按题意,轴向间隙为 0.10～0.35mm,则封闭环 $A_0 = 0^{+0.35}_{+0.10}$ mm,封闭环公差 $T_0 =$ 0.25mm,本尺寸链共有5个组成环,其中 A_3 为增环,A_1,A_2,A_4,A_5 都是减环,装配尺寸链如图8.5(b)所示。

封闭环公称尺寸为

$$A_0 = \sum_{i=1}^{m} \xi_i A_i = A_3 - (A_1 + A_2 + A_4 + A_5) = 43 - (30 + 5 + 3 + 5) = 0\text{mm}$$

由计算可知,各组成环公称尺寸的已定数值无误。

(2) 确定各组成环的公差

首先按式(8-8)计算各组成环平均公差。

$$T_{\text{av}} = \frac{T_0}{\sqrt{m}} = \frac{0.25}{2.23} \approx 0.11\text{mm}$$

然后调整各组成环公差。A_3 为一轴类零件,与其他组成环相比较加工难度较大,先选择较难加工尺寸 A_3 为协调环,再根据各组成环公称尺寸和零件加工难易程度,以平均公差为基础,相对从严选取各组成环公差:$T_1 = 0.14$mm、$T_2 = T_5 = 0.08$mm,其公差等级约为IT11,$A_4 = 3_{-0.05}^{\ 0}$ mm(标准件),$T_4 = 0.05$mm。由式(8-7)可得

$$\begin{aligned} T_3 &= \sqrt{T_0^2 - (T_1^2 + T_2^2 + T_4^2 + T_5^2)} \\ &= \sqrt{0.25^2 - (0.14^2 + 0.08^2 + 0.05^2 + 0.08^2)} \\ &= 0.16\text{mm(只舍不入)} \end{aligned}$$

(3) 确定各组成环的极限偏差

A_1,A_2,A_5 皆为外尺寸,按“偏差入体原则”确定其极限偏差得

$$A_1 = 30_{-0.14}^{\ 0}\text{mm},\quad A_2 = 5_{-0.08}^{\ 0}\text{mm},\quad A_5 = 5_{-0.08}^{\ 0}\text{mm}。$$

按式(8-9)求得:封闭环 A_0 和组成环 A_1,A_2,A_4,A_5 的中间偏差分别为

$$\Delta_0 = +0.225\text{mm},\quad \Delta_1 = -0.07\text{mm},\quad \Delta_2 = -0.04\text{mm},$$
$$\Delta_4 = -0.025\text{mm},\quad \Delta_5 = -0.04\text{mm}$$

按式(8-9)求得协调环 A_3 的中间偏差为

$$\begin{aligned} \Delta_3 &= \Delta_0 + (\Delta_1 + \Delta_2 + \Delta_4 + \Delta_5) \\ &= +0.225 + (-0.07 - 0.04 - 0.025 - 0.04) \\ &= +0.05\text{mm} \end{aligned}$$

按式(8-10)求得协调环的极限偏差为

$$\text{ES}_3 = \Delta_3 + \frac{1}{2}T_3 = +0.05 + \frac{1}{2} \times 0.16 = +0.13\text{mm}$$

$$\text{EI}_3 = \Delta_3 - \frac{1}{2}T_3 = +0.05 - \frac{1}{2} \times 0.16 = -0.03\text{mm}$$

所以 A_3 的极限尺寸为

$$A_3 = 43_{-0.03}^{+0.13}\text{mm}$$

8.3.3 分组法

分组装配法是在成批或大量生产中,将产品各配合副的零件按实测尺寸分组。装配

时按组进行互换装配，以达到装配精度的方法。

分组装配法适用于封闭环精度要求很高、生产批量很大而且组成环环数较少的情况。分组装配法是先将组成环的公差相对于互换装配法所求之值放大若干倍，使其能经济地加工出来。然后，将各组成环按其实际尺寸大小分为若干组，并按对应组进行互换装配，从而达到封闭环公差要求。例如，汽车拖拉机上发动机的活塞销孔与活塞销的配合要求、活塞销与连杆小头孔的配合要求以及滚动轴承的内圈、外圈和滚动体间的配合要求，还有某些精密机床中轴与孔的精密配合要求等，就是用分组装配法达到要求。

分组装配法优点是组成环能获得经济可行的制造公差。缺点是增加了分组工序，生产组织较复杂，存在一定失配零件。

选用分组装配时应注意以下两点：

(1) 要保证分组后各组的配合性质、精度与原来的要求相同，因此配合件的公差范围应相等，公差增大时要向同方向增大，增大的倍数就是以后的分组数。

(2) 分组数不宜太多，尺寸公差只要放大到经济加工精度就可以了。否则，由于零件的测量、分组、保管等工作量增加，会使组织工作过于复杂，易造成生产混乱。

分组法通常用极值法计算公差。

【例 8.3】 活塞与活塞销的装配，如图 8.6(a)所示。活塞与活塞销在冷态装配时，要求有 0.0025～0.0075mm 的过盈量。若活塞销孔与活塞销直径的公称尺寸为 28，加工经济公差为 0.01mm。现采用分组选配法进行装配，试确定活塞销孔与活塞销直径分组数目和分组尺寸。

【解】

本题是分组互换问题。

(1) 由题意得知：

$$Y_{\min} = D_{\max} - d_{\min} = -0.0025\text{mm}$$
$$Y_{\max} = D_{\min} - d_{\max} = -0.0075\text{mm}$$

(2) 依题意画出尺寸链，见图 8.6(b)。

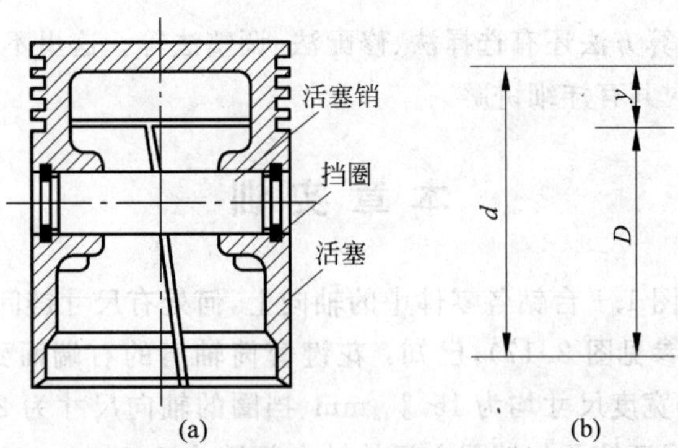

图 8.6　活塞与活塞销组件图

(3) 各环公差及偏差。

$$\text{封闭环公差(配合公差)}T_y = |Y_{\min} - Y_{\max}| = |(-0.0025) - (-0.0075)| = 0.0050\text{mm}$$

$$销与销孔的平均公差\ T_{avl} = \frac{T_y}{2} = \frac{0.005}{2} = 0.0025\text{mm}$$

选用基轴制，则：$d=28_{-0.0025}^{\ 0}$ mm　$D=28_{-0.0075}^{-0.0050}$ mm

销轴与销孔的公差在相同方向上扩大4倍，达到经济加工公差0.01，则

$$d = 28_{-0.0100}^{\ 0} \quad D = 28_{-0.0150}^{-0.0050}$$

活塞销与活塞销孔分组公差带位置见图8.7。

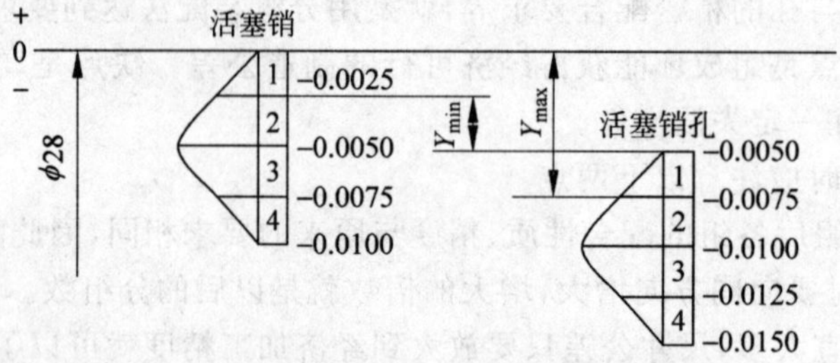

图8.7　活塞销与活塞销孔分组公差带位置

(4) 分组尺寸。

分4组后各组的尺寸见表8.1。

表8.1　活塞销与活塞销孔的分组尺寸　mm

组　别	活塞销直径 $d=\phi28_{-0.0100}^{\ 0}$	活塞销孔直径 $D=\phi28_{-0.0150}^{-0.0050}$	配合情况	
			最小过盈	最大过盈
1	28～27.9975	27.9950～27.9925	0.0025	0.0075
2	<27.9975～27.9950	<27.9925～27.9900		
3	<27.9950～27.9925	<27.9900～27.9875		
4	<27.9925～27.9900	<27.9875～27.9850		

关于尺寸链的计算方法还有选择法、修配法、调整法等。这里不一一介绍，在“机械制造技术基础”课程中对其有详细讲解。

本章实训

1. 分析、思考在图1.1台钻各零件中的轴向上，何处有尺寸链问题。

2. 在图1.1中(参见图2.17)，已知：花键套筒轴肩的右端面到环槽左侧面尺寸为51.2mm、两个轴承的宽度尺寸均为$15_{-0.12}^{\ 0}$mm、挡圈的轴向尺寸为20mm、弹性挡圈的宽度为$1.2_{-0.05}^{\ 0}$。要求保证轴承与挡圈之间的轴向间隙为0.1～0.35mm(即轴向总间隙量为0.2～0.7mm)。现采用完全互换法装配，试确定尺寸51.2mm和20mm的公差及上、下极限偏差，以保证上述各零件在台钻中轴向定位，使轴承运转正常。在图2.17中标注尺寸51.2mm的上、下极限偏差。

习　题

1. 简答题

(1) 什么是尺寸链？尺寸链具有什么特征？

(2) 正计算、反计算和中间计算的特点和应用场合是什么？

(3) 极值法和概率法解尺寸链的根本区别是什么？

2. 计算题

(1) 某轴磨削加工后表面镀铬，镀铬层深为 0.025～0.040mm。镀铬后轴的直径尺寸为$\phi 28_{-0.045}^{\ 0}$mm。试用极值法求该轴镀铬前的尺寸。

(2) 装配关系如图 8.5(a)所示，已知 $A_1=30_{-0.06}^{\ 0}$mm，$A_2=5_{-0.04}^{\ 0}$mm，$A_3=43_{\ 0}^{+0.07}$mm，$A_4=3_{-0.05}^{\ 0}$mm，$A_5=5_{-0.13}^{-0.10}$mm。组成环的分布皆服从正态分布，且分布中心与公差带中心重合，分布范围与公差范围相同。试用统计法求封闭环的公称尺寸、公差值及分布。

参考文献

1. 韩进宏. 互换性与技术测量. 北京：机械工业出版社，2005
2. 李晓沛，张琳娜，赵凤霞. 简明公差标准应用手册. 上海：上海科学技术出版社，2005
3. 陈于萍，周兆元. 互换性与测量技术基础. 北京：机械工业出版社，2006
4. 王伯平. 互换性与测量技术基础. 北京：机械工业出版社，2003
5. 甘永立. 几何量公差与检测(第四版). 上海：上海科学技术出版社，2003
6. 甘永立. 几何量公差与检测习题试题集(第四版). 上海：上海科技出版社，2000
7. 黄云清. 公差配合与测量技术. 北京：机械工业出版社，2001
8. 何锡方，唐家才. 形位误差测量. 北京：中国计量出版社，1998
9. GB/T 1801—2009　产品几何技术规范(GPS)极限与配合　公差带和配合的选择. 北京：中国标准出版社，2009
10. GB/T 1800.1—2009　产品几何技术规范(GPS)极限与配合　第1部分：公差、偏差和配合的基础. 北京：中国标准出版社，2009
11. GB/T 1800.2—2009　产品几何技术规范(GPS)极限与配合　第2部分：标准公差等级和孔、轴极限偏差表. 北京：中国标准出版社，2009
12. GB/T 275—1993　滚动轴承与轴和外壳的配合. 北京：中国标准出版社，1993
13. GB/T 4199—2003　滚动轴承　公差　定义. 北京：中国标准出版社，2004
14. GB/T 307.1—2005　滚动轴承　向心轴承　公差. 北京：中国标准出版社，2005
15. GB/T 307.3—2005　滚动轴承　通用技术规则. 北京：中国标准出版社，2005
16. GB/T 6093—2001　产品几何技术规范(GPS) 长度标准　量块. 北京：中国标准出版社，2001
17. GB/T 3505—2009　产品几何技术规范(GPS)表面结构　轮廓法　术语 定义及表面结构参数. 北京：中国标准出版社，2009
18. GB/T 131—2006　产品几何技术规范(GPS)技术产品文件中表面结构的表示法. 北京：中国标准出版社，2007
19. GB/T 1031—2009　产品几何技术规范(GPS)表面结构　轮廓法　表面粗糙度参数及其数值. 北京：中国标准出版社，2009
20. GB/T 6062—2002　产品几何技术规范(GPS) 表面结构　轮廓法　接触(触针)式仪器标称特性. 北京：中国标准出版社，2002
21. GB/T 18780.1—2002　产品几何技术规范(GPS)几何要素　第1部分：基本术语和定义. 北京：中国标准出版社，2002
22. GB/T 18780.2—2003　产品几何技术规范(GPS) 几何要素　第2部分：圆柱面和圆锥面的提取中心线平行平面的提取中心面提取要素的局部尺寸. 北京：中国标准出版社，2003
23. GB/T 17851—2010　产品几何技术规范(GPS)几何公差　基准和基准体系. 北京：中国标准出版社，2010
24. GB/T 1182—2008　产品几何技术规范(GPS)几何公差　形状、方向、位置和跳动公差标注. 北京：中国标准出版社，2008
25. GB/T 13319—2003　产品几何技术规范(GPS)几何公差　位置度公差注法. 北京：中国标准出版社，2003
26. GB/T 4249—2009　产品几何技术规范(GPS)公差原则. 北京：中国标准出版社，2009

27. GB/T 16671—2008 产品几何技术规范(GPS)几何公差 最大实体要求、最小实体要求和可逆要求.北京：中国标准出版社，2009
28. GB/T 1184—1996 形状和位置公差 未注公差值.北京：中国标准出版社，1996
29. GB/T 1958—2004 产品几何量技术规范(GPS)形状和位置公差 检测规定. 北京：中国标准出版社，2005
30. GB/T 3177—2009 产品几何技术规范(GPS)光滑工件尺寸的检验. 北京：中国标准出版社，2009
31. GB/T 1957—2006 光滑极限量规 技术条件. 北京：中国标准出版社，2006
32. GB/T 1095—2003 平键 键槽的剖面尺寸. 北京：中国标准出版社，2003
33. GB/T 1096—2003 普通型 平键. 北京：中国标准出版社，2004
34. GB/T 1097—2003 导向型 平键. 北京：中国标准出版社，2003
35. GB/T 1099.1—2003 普通型 半圆键. 北京：中国标准出版社，2003
36. GB/T 1144—2001 矩形花键尺寸 公差和检验. 北京：中国标准出版社，2002
37. GB/T 192—2003 普通螺纹 基本牙型. 北京：中国标准出版社，2003
38. GB/T 193—2003 普通螺纹 直径与螺距系列. 北京：中国标准出版社，2004
39. GB/T 196—2003 普通螺纹 基本尺寸. 北京：中国标准出版社，2004
40. GB/T 197—2003 普通螺纹 公差. 北京：中国标准出版社，2004
41. GB/T 10095.1—2008 圆柱齿轮 精度制 第1部分：轮齿同侧齿面偏差的定义和允许值. 北京：中国标准出版社，2008
42. GB/T 10095.2—2008 圆柱齿轮 精度制 第2部分：径向综合偏差与径向跳动的定义和允许值. 北京：中国标准出版社，2008
43. GB /Z 18620.1—2008 圆柱齿轮 检验实施规范 第1部分：轮齿同侧齿面的检验.北京：中国标准出版社，2008
44. GB /Z 18620.2—2008 圆柱齿轮 检验实施规范 第2部分：径向综合偏差 径向跳动 齿厚偏差和侧隙的检验. 北京：中国标准出版社，2008
45. GB /Z 18620.3—2008 圆柱齿轮 检验实施规范 第3部分：齿轮坯 轴中心距和轴线平行度的检验. 北京：中国标准出版社，2008
46. GB /Z 18620.4—2008 圆柱齿轮 检验实施规范 第4部分：表面结构和轮齿接触斑点的检验. 北京：中国标准出版社，2008
47. GB/T 157—2001 产品几何量技术规范(GPS)圆锥的锥度与锥角系列. 北京：中国标准出版社，2002
48. GB/T 11334—2005 产品几何量技术规范(GPS)圆锥公差. 北京：中国标准出版社，2005
49. GB/T 12360—2005 产品几何量技术规范(GPS)圆锥配合. 北京：中国标准出版社，2005
50. GB/T 15754—1995 技术制图 圆锥的尺寸和公差注法. 北京：中国标准出版社，1995
51. GB/T 5847—2004 尺寸链计算方法. 北京：中国标准出版社，2004
52. 任嘉卉. 公差与配合手册(第2版). 北京：机械工业出版社，2000

27. GB/T [illegible]—2008 [illegible]. [illegible]. 北京：中国标准出版社，[illegible]

28. GB/T [illegible] [illegible]. 北京：中国标准出版社，[illegible]

29. GB/Z [illegible] 产品几何量技术规范(GPS) [illegible]. 北京：中国标准出版社，2005

30. [illegible]

31. [illegible]

32. GB/T [illegible]. 北京：中国标准出版社，[illegible]

33. GB/T [illegible]. 北京：中国标准出版社，[illegible]

34. GB/T [illegible]

35. GB/T [illegible]. 北京：中国标准出版社，[illegible]

36. GB/T [illegible]

37. GB/T [illegible]. 北京：中国标准出版社，2002

38. GB/T [illegible]

39. GB/T [illegible]

40. GB/T [illegible]

41. GB/T [illegible]

42. GB/T [illegible]

43. [illegible]

44. GB/T [illegible]. 北京：中国标准出版社，[illegible]

45. GB/T [illegible]. 北京：中国标准出版社，2009

46. GB/T [illegible]

47. GB/T [illegible]

48. GB/T [illegible]

49. GB/T [illegible]. 北京：中国标准出版社，[illegible]

50. GB/T [illegible]. 北京：中国标准出版社，[illegible]

51. GB/T [illegible]. 北京：中国标准出版社，[illegible]

52. [illegible]. 北京：[illegible]出版社，2008